사회복지학개론

문수열 · 김병 · 박순미 · 김수정 · 김예경

창지사

머리말

모든 사회구성원들의 인간다운 삶을 보장하고 삶의 질을 향상하기 위한 사회복지는 이제는 어느 사회를 막론하고 보편적으로 발전하고 있다. 각 나라마다 사회복지 발전 과정이나 정도는 다르지만 오늘날 대부분의 국가들이 복지국가의 실현을 중요한 목표로 삼고 있다.

최근 들어, 사회서비스를 중심으로 사회안전망이 강화되고 있으며, 다른 분야의 영역과 혼합되거나 융합 그리고 연합하는 방향으로 발전하고 있는 추세이다. 따라서, 앞으로 사회복지 분야는 사회구성원들의 생애주기별로 보편적인 사회적 욕구를 충족시킬 수 있는 방향으로 확대될 것이다.

사회복지학개론은 사회복지 전반에 대한 개괄적인 이해뿐만 아니라 미시적·거시적 차원에서의 접근, 대상 및 영역별 사회복지 분야를 살펴봄으로써 사회복지학을 전공하는 학생들에게 사회복지의 학문적 연구와 실천에 관한 지식과 가치를 개괄적으로 소개하고 이해시키는 데 목적이 있다. 이를 통해 사회복지학을 전공하는 학생들의 관심 분야나 예비 사회복지사에 대한 방향성에도 영향을 미치는 중요한 교과목이라고 할 수 있다.

이에 본서에는 사회복지학 교과목 지침에 근거하여, 인간의 삶과 사회복지, 사회복지의 개념과 동기, 이념과 윤리, 인권과 사회복지 등 사회복지를 둘러싼 가치적 측면과 더불어 구체적으로 사회복지의 발달 역사, 복지국가, 사회복지 실천적·제도적 접근 방법, 사회복지 실천분야 등을 살펴보고, 마지막으로 사회복지의 전망에 대해 알아본다.

본서는 사회복지학 전공 학생을 위한 전공 기본서이나 일반인도 사회복지에 쉽게 접근할 수 있도록 내용을 구성하였다. 코로나 팬데믹으로 어느 누구도 상상하지 못한 위험의 보편성이 일국에 그치는 것이 아니라 전 세계적으로 영향을 끼치는 현실을 경험하면서 이제는 사회복지가 시혜나 자선이 아닌 기본적 권리로서 보편적으로 제공되어야 한다는 인식이 확대되고 있다.

아무쪼록 본서를 통해 사회복지학을 시작하는 분들에게 사회복지를 이해하고 체계를 세우는 데 조금이나마 도움이 되기를 바라며, 부족한 부분은 향후에 수정·보완할 것을 약속드린다. 아울러 어려운 사정에도 부족한 원고의 출판을 허락해 주신 창지사 김기섭 사장님 이하 관계자 여러분에게도 깊은 감사를 드린다.

2022년 2월

저자 일동

차 례

CHAPTER 1 인간의 삶과 사회복지 • 11

1. 인간과 사회환경 12
2. 욕구와 사회문제 15
   1) 욕구의 개념 및 분류 / 16
   2) 사회문제 / 25
3. 생애주기별 욕구와 사회적 위험 28
   1) 생애주기별 욕구 / 28
   2) 사회적 위험 / 29
4. 사회제도와 사회복지 30

CHAPTER 2 사회복지의 개념과 성격 • 33

1. 사회복지의 개념 및 목적 34
   1) 사회복지의 개념 / 34
   2) 사회복지의 목적 / 44
2. 사회복지의 대상과 범위 45
   1) 광의의 사회복지 / 45
   2) 협의의 사회복지 / 46
3. 사회복지의 모형 46
   1) 윌렌스키와 르보의 모형 / 46
   2) 티트머스의 모형 / 51
   3) 미쉬라 모형 / 52

4. 사회복지와 유사개념 53
1) 사회복지와 사회사업 / 53
2) 사회적 서비스 / 54
3) 사회보장 / 54

5. 사회복지의 개념변화 55

6. 사회복지학의 학문적 성격 57

CHAPTER 3 사회복지의 가치, 윤리와 이념 • 59

1. 사회복지의 가치 및 윤리 60
1) 사회복지의 가치 / 60
2) 사회복지의 윤리 / 65

2. 사회복지와 이념 70
1) 이념의 유형 / 71
2) 조지와 윌딩의 이념분류 / 77

CHAPTER 4 사회복지와 인권 • 87

1. 인권과 정의 88
1) 인권의 개념과 특성 / 88
2) 인권의 내용 / 92
3) 인권와 사회정의 / 95

2. 권리로서의 사회복지 97

3. 인권과 사회복지 99
1) 아동과 인권 / 101
2) 노인과 인권 / 102
3) 장애인과 인권 / 104

CHAPTER 5 사회복지의 구성요소 • 109

1. 사회복지 대상과 욕구 111

1) 국민: 선별 대 보편 / 111
2) 사회적 욕구 / 112
3) 사회적 위험 / 113

2. 사회복지의 주체 114

1) 공공 부문 / 115
2) 민간 부문 / 116

3. 사회복지의 전달체계와 방법 117

1) 사회복지 전달체계 / 117
2) 사회복지 접근방법 / 119

4. 사회복지의 재원 120

1) 공공재원 / 121
2) 민간재원 / 122

CHAPTER 6 사회복지의 역사 • 125

1. 시대별 사회복지 과제 128

1) 고대사회 / 128
2) 중세사회 / 128
3) 근대사회 / 129
4) 현대사회 / 129

2. 사회복지 발달의 결정요인 130

3. 서양의 사회복지 발달과정 131

1) 구빈법 이전 시기 / 132
2) 구빈법 이후 시기 / 134
3) 신(개정)구빈법(New Poor Law) 시행 시기 / 140

4) 근대 사회사업 시기 / 142
5) 사회보험의 제도화 / 147
6) 베버리지 보고서 시기 / 149
7) 복지국가 시기 / 152
8) 신자유주의 시기 / 154

4. 한국의 사회복지 발달 156

1) 근대 이전의 사회복지 / 156
2) 근대 이후의 사회복지 / 157

CHAPTER 7 사회복지와 복지국가 • 161

1. 복지국가의 개념 및 발전 162

1) 복지국가의 개념 / 162
2) 복지국가의 발전 / 164

2. 복지국가의 유형 166

1) 윌렌스키의 분류 / 167
2) 퍼니스와 틸톤의 분류 / 168
3) 미쉬라의 유형 / 171
4) 에스핑-엔더슨의 유형 / 172

3. 복지국가의 위기와 재편 174

1) 스칸디나비아의 길 / 176
2) 신자유주의의 길 / 176
3) 노동감축의 길 / 176

CHAPTER 8 사회복지의 실천대상과 공급자 • 177

1. 사회복지의 실천대상 179

1) 개인 / 179
2) 체계 / 180

2. 사회복지 공급자로서 국가와 민간의 역할 관계 183
1) 국가의 역할 / 184
2) 민간의 역할 / 185
3) 국가와 민간의 역할 분담 / 186

CHAPTER 9 사회복지의 미시적 실천방법 • 189

1. 사회복지실천의 정의와 유형 190
1) 사회복지실천의 정의 / 190
2) 사회복지실천의 목적 / 191
3) 사회복지실천의 기능 / 192
4) 사회복지실천의 유형 / 193

2. 사회복지실천 가치와 이론 196
1) 사회복지실천 가치 / 196
2) 사회복지실천 이론 / 197

3. 사회복지실천 과정과 기술 209
1) 사회복지실천의 과정 / 209
2) 사회복지실천의 기술 / 217

4. 사례관리 231
1) 사례관리의 정의 및 목적 / 231

CHAPTER 10 사회복지의 중범위 거시적 실천방법 • 233

1. 지역사회복지 234
1) 지역사회복지 / 234
2) 지역사회복지실천 / 242

2. 사회복지행정 250

1) 사회복지행정의 개념 및 특성 / 250
2) 사회복지행정의 이론적 배경 / 257
3) 사회복지서비스의 전달체계 / 268

3. 사회복지정책 275

1) 사회복지정책의 개요 / 275
2) 사회복지정책의 목표 / 279
3) 사회복지정책의 가치 / 281
4) 사회복지정책의 형성과정 / 284
5) 사회복지정책의 분석 / 297

CHAPTER 11 사회복지의 정책 분야 • 307

1. 사회보험 308

1) 국민연금 / 308
2) 건강보험 / 312
3) 고용보험 / 315
4) 산재보험 / 319
5) 노인장기요양보험 / 323

2. 공공부조 326

1) 공공부조 / 326
2) 국민기초생활보장제도 / 329
3) 의료급여 제도 / 334
4) 긴급복지지원제도 / 334

CHAPTER 12 사회복지의 실천현장 • 337

1. 사회복지 실천현장의 의미 338

2. 대상별 실천현장 340

1) 아동복지 / 340
2) 청소년복지 / 341
3) 노인복지 / 342
4) 장애인복지 / 344
5) 여성복지 / 345

3. 직능별 실천현장 347

1) 학교사회복지 / 347
2) 의료사회복지 / 349
3) 군사회복지 / 351
4) 교정복지 / 353
5) 국제사회복지 / 354

4. 사회복지사 356

CHAPTER 13 사회복지의 전망 • 361

1. 사회적 가치와 제도의 변화 362

2. 4차 혁명시대의 사회복지 364

1) 4차 산업혁명 / 364
2) 사회복지 분야 내 기술 활용 / 366

3. 사회복지의 대응 368

참고문헌 / 371

CHAPTER 1

인간의 삶과 사회복지

CHAPTER 1 인간의 삶과 사회복지

학습목표

- 개인의 삶은 사회적으로 연결되어 있고 사회환경의 영향을 받고 있음을 설명할 수 있다.
- 욕구와 사회문제의 개념을 정의하고 설명할 수 있다.
- 생애주기별로 나타나는 욕구를 제시할 수 있다.
- 현대사회에서 나타나는 사회적 위험을 열거하고 설명할 수 있다.

인간(human)은 생각을 하고 언어를 사용하며, 도구를 만들어 쓰고 사회를 이루어 사는 사람을 말한다. 고대사회부터 인간은 가족 등 집단을 이루어 사회적으로 살아왔고 사회구성원 생활영역, 즉 사회환경 속에서 생활을 영위하였다. 여기서는 인간의 삶에서 사회환경의 중요성에 알아보고 충족되지 못하는 인간의 욕구가 어떤 사회문제를 일으키는지, 그리고 사회복지와의 관련성에 대해 학습한다.

1. 인간과 사회환경

고대부터 인간은 사회라는 집단을 이루어 살아왔다. 집단의 가장 기초적인 가족집단부터 씨족, 부족 그리고 국가라는 집단의 사회를 이루고 생활하여 왔다. 따라서 현대사회를 살아가는 개인도 혼자만으로는 살아갈 수 없으며, 사회 구성원으로 사회적 관계를 유지하면서 살아가게 된다. 즉, 사회환경과 지속적이며 역동적으로 상호작용을 하는 집단에서 개별적인 구성원을 의미하며, 개인은 주어진 사회적 환경 속에서 사회 구성원의 일원으로 생활한다. 그러므로 개인은 각자가 속한 사회에서 집단을 구성하는 환경과의 긍정적인 상호작용으로 만족한 삶을 영위하여 살아간다면 궁극적으로 사회구성원 전체가 행복한 삶을 영위하게 되어 결과적으로 바람직하고 이상적인 사회가 될 것이다.

반대로 개인이 생활하는 사회환경에서 부적응하거나 불충분한 자원 등으로 병리적인 상태에 있다면 개인의 행동이나 갈등은 사회에 어느 정도 영향을 끼칠 것이고, 그것은 또 다른 개인이나 사회 전체에 부정적인 영향을 미칠 것이다. 결국 개인의 문제는 주어진 사회환경 속에서 생활하는 개인에게 한정되는 문제가 아니라 사회환경 속에 살아가는 전체 집단과 관련된다. 이러한 문제는 동일한 사회환경 속에서 생활하는 개인의 행동이나 상태는 다른 개인이나 또 다른 환경에 영향을 미칠 수 있다는 것을 의미한다.

바꾸어 말하면, 한 사회에서 구성원 개인으로 존재하는 인간은 사회환경과 지속적이며 역동적으로 상호작용을 하면서 살아가야 하는 존재 즉, 사회구성원인 인간은 사회환경과 지속적이며 역동으로 상호작용하면서 그 결과로 서로에게 영향을 주고받으며 살아가게 되는 것이다. 이러한 측면에서 보면, 사회구성원인 개인은 사회환경과 지속적이며 역동적으로 상호작용을 하면서 영향을 주고받는 존재라는 것을 알 수 있다. 그러므로 특정 사회구성원의 문제를 해결하기 위해서는 사회구성원보다 먼저 개인인 인간에 대한 이해가 선행되어야 하며, 그 전제조건으로 구성원 개인을 둘러싼 사회환경에 대한 이해가 중요하다고 볼 수 있다.

그러므로 다음 장에서 다루겠지만, 사회복지의 궁극적 목적이 개인의 미충족된 욕구와 사회문제를 해결하여 사회구성원 전체의 행복을 추구하도록 원조하는 것이라고 한다면, 특정 개인이 속한 사회환경의 역할을 살펴보는 것은 사회복지를 입문하는 사람들에게 아주 중요하고 반드시 이해해야 하는 영역으로써 의미가 있다.

따라서 사회복지의 가장 기본적인 개념을 이야기할 때 인간에 대한 이해에서 출발해야 하고 사회구성원으로써 인간에 대한 이해는 사회환경과 분리된 실체가 아니라 사회복지라는 환경과 통합된 총체로 이해되어야 한다. 즉, 우리가 이야기하는 사회복지는 환경 속의 인간(person in environment)이라는 관점이 유지되어야 한다. 이러한 관점은 사회복지를 이해하기 위한 이전 단계로서 중요하고 또 사회복지를 전공하는 사람들이 지녀야 할 마음가짐이라 할 수 있다.

예를 들어, 어느 가정에 가출한 청소년이 있다고 가정해 보자. 이 문제는 작게는 구성원의 개인 문제이지만 가족 전체에 영향을 미칠 수 있고, 이러한 개인이 다수가 존재한다면 사회적인 문제가 될 수도 있다. 또한, 반대로 이 문제의 원인을 자신의 존재를 무시하거나 소홀한 부모의 양육태도나 가족의 분위기에서 찾을 수 있다. 그러므로 개인의 문제는 개인의 성격적 특성이나 기질의 원인으로 보는 것보다 사회구성원의 일원으로 살아가면서 사회와 상호작용의 영향으로 나타난 결과로 보고 이해해야 하는 것이다. 개인을 둘러싸고 있는 사회환경을 살펴보면 [그림 1-1]과 같다.

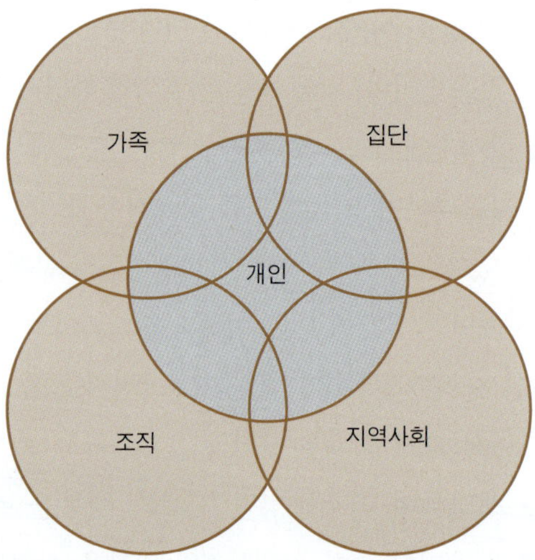

[그림 1-1] 개인과 사회 환경

따라서 사회복지는 개인과 개인이 속한 사회환경 사이에 일어나는 상호작용 영역에 초점을 두고, 양자 간의 상호교환을 통하여 어떤 일이 진행되고 있는가에 관심을 둔다. 즉, 서로 간의 영향력 정도나 영향력으로 변화된 행동이 무엇인지에 초점을 둔다. 그러므로 사회복지가 개인이 속한 사회환경과 개인의 행동에 관심을 두는 이유는, 바람직하지 못한 개인의 행동(이상행동, 부적응행동, 역기능 행동)은 욕구 미충족에 의한 사회문제의 발생 원인으로 개인의 생활이나 사회에 부정적인 영향이나 어려움을 주기 때문이다.

이와 같이 사회복지는 사회구성원으로서 개인의 사회적 기능과 문제해결 능력을 향상시키고, 이상행동, 부적응행동, 역기능행동을 감소시키거나 제거하게 하여 결국은 사회전체의 안녕(well-being)을 유지하는 역할을 한다. 이러한 역할을 달성하기 위하여 개인과 개인이 속한 사회환경에 초점을 둔다. 이것은 역동적으로 변화하는 총체인 인간이 환경적 조건에 자신을 맞추어 가기도 하지만 환경을 자신에게 맞게 수정하거나 변화시키기도 하여 삶에서 능동적 주체가 되기도 한다는 것을 함축한다. 결국, 개인과 사회환경과의 연관성을 이해함으로써 각 구성원 개인의 욕구와 사회문제들을 해결하는 것이 사회복지의 중심개념이다.

2. 욕구와 사회문제

인간의 삶과 사회문제를 취급하는 전제조건으로 제기되는 개념 중의 하나가 욕구와 사회문제인데, 이 개념은 사회복지학 분야에서 가장 널리 사용되는 핵심적인 단어로 의미가 있다. 이 개념은 사회복지 대상자인 클라이언트에게 서비스를 제공하는 전문적인 사회사업의 실무뿐만 아니라 사회복지 정책을 수립하는 데 있어서도 중심적으로 사용된다.

일반적으로 욕구의 개념을 '원하는 것을 구한다' 또는 '바라는 것을 찾는다'로 해석해 본다면, 인간이 가진 욕구는 상상하기 어려울 정도로 다양하고 무한하다고 볼 수 있다. 또한, 사회문제를 사회환경이나 사회구성원에서 발생한 문제라고 단순하게 생각해 본다면, 그 유형과 개념정의가 다양하게 존재할 것이다. 그러므로 여기서는 욕구와 사회문제를 사회복지 측면에서 고찰하여 사회복지학의 이해를 돕고자 한다.

1) 욕구의 개념 및 분류

욕구(欲求, needs)는 인간이 생존하기 위해 필요한 요소를 충족하기 위한 상태를 의미하는 것으로, 사전적 의미로는 '본능적, 충동적으로 뭔가를 구하거나 얻고 싶어하는 생리적, 심리적 상태'라고 정의하고 있다. 이렇듯 모든 인간에게는 본능적으로 생존을 유지하고 유기체가 발전할 수 있도록 얻고 싶어 하는 것이 있으며 이것은 인간에게 있어서 기본적인 욕구란 개념으로 표현된다. 욕구의 개념을 좀 더 구체적으로 살펴보면, 국어사전에서는 무엇을 얻거나 무슨 일을 하고자 바라는 일로 정의되어 있고, 심리학에서는 유기체가 건강한 상태를 유지하여야만 하는 세포가 지닌 본질로 규정되어 있다. 일반적인 의미에서 욕구는 개인이 그의 복지에 유해한 것으로 느껴지는 어떠한 결핍 또는 부족을 의미한다. 그 외에 욕구의 개념을 제시한 문헌에서 개념을 살펴보면 다음과 같다.

- 본능적, 충동적으로 뭔가를 구하거나 얻고 싶어 하는 생리적, 심리적 상태
- 개인이 그의 복지에 유해한 것으로 느껴지는 어떠한 결핍 또는 부족
- 어떤 목적을 위해 좋은 것, 필요한 것, 필수적인 것을 의미하는 것으로 목적을 위해 필요하거나 필수적인 것이 결여되거나 결핍된 상태(사회복지학사전)
- 생존이나 안녕, 충족을 위한 신체적, 심리적, 경제적, 문화적, 사회적 필요(Robert)
- 인간이 사회생활을 영위함에 있어서 충족시켜야 할 기본적인 욕구(대구대사회복지연구소)
- 인간의 생존과 성장, 발전을 위해 필요한 것, 필수적인 것이 미충족되거나 결핍된 상태

그중에서 사회복지학에서 욕구의 의미는 유기체가 존재하기 위해 필요한 무엇인가를 구하는 본질적인 것 또는 어떠한 목적을 위해 좋은 것, 필요한 것, 필수적인 것 그리고 목적을 위해 필요하거나 필수적인 것이 결여되거나 결핍된 것으로 정의하고 있다.

이상의 내용을 요약해서 정리해 보면, 욕구는 유기체가 존재하기 위해 무엇인가 필요한 것을 구하는 본질적인 현상을 의미하고 따라서 모든 생명체는 그 존립을 위해 무엇인가를 소모하고 필요로 한다고 볼 수 있다. 이런 의미로 본다면 모든 유기체는 욕구를 가지고 있다고 해도 무방할 것이다.

그렇다면 사회복지에서 욕구와 사회문제에 관심을 갖는 이유는 무엇일까? 그 이유는 개인이 가진 문제나 사회적인 문제는 욕구로 표현되고, 표현된 욕구는 결국 해결되어야 하는 대상이기 때문이다. 즉, 욕구를 가진 개인이나 대다수의 사람들이 해결을 바라는 사회문제는 문제해결이 되지 않으면 그 역기능이나 부정적인 기능으로 인해 개인이나 사회에 심각한 또 다른 문제를 유발하거나 치명적인 상태로 나타날 수 있기 때문이다. 그러므로 욕구는 인간과 사회문제를 취급하는 데 가장 기본적인 요소가 되고 사회복지의 중심개념이 된다고 볼 수 있다. 그리고 문제와 욕구는 일대일의 상대적 대응관계에 있는데, 사회복지의 문제는 욕구와 연관된 것으로 존재하며 사회복지의 중요한 관심거리가 된다. 그러므로 사회복지를 통한 욕구의 충족은 사회문제의 예방과 해결책이 되는 것이다.

욕구와 관련하여 우리의 일상생활에서 사용되는 용어 중에 욕망(desire)이라는 단어가 있는데, 욕구와 차이점을 비교해 보면 다음과 같다. 욕구는 인간이 최소한의 생존 유지를 위해 필수적인 것과 사회생활을 하면서 기본적으로 가져야 하는 것의 부족이나 결핍을 의미하는 것에 비하여, 욕망이나 욕심은 필수적이거나 기본적인 것들이 충족된 상태에서 정신적으로나 물질적으로 더 많이 가지려는 바람이나 행동을 의미하므로 욕구와 분명한 차이가 있다.

따라서 이상의 논의된 욕구의 개념을 요약해 보면, 욕구란 유기체가 존립하기 위해서 꼭 필요한 무엇가를 구하는 본질적인 현상을 의미한다. 즉, 모든 생명체는 그 존립을 위해 무엇인가를 소모하고 필요로 하며 따라서 모든 유기체는 욕구를 가지고 있다고 할 수 있다.

사회복지와 관련하여 중요하게 고려되고 있는 욕구는 기본 욕구(basic needs), 사회적 욕구(social needs), 인간 욕구(human needs)(남세진·조흥식, 1995:34)를 들 수 있다.

(1) 기본 욕구

기본 욕구(basic needs)는 인간이라면 누구나 가지는 욕구를 의미하는 것으로 어떤 최소한의 필요를 포함하고 필수불가결한 요소를 포함하는 것으로 인간이 가진 욕구 중에서 모든 개인에게 있어야 하는 공통적이면서 동시에 필수 불가결한 최소한의 욕구를 의미한다(Richards & Thomson, 1984). 그런데 문제는 개인이 스스로 자신의 욕구를 충족시킬 수 없을 때 사회적 개입을 통해 사회적, 집단적으로 욕구충족을 돕게 되는데, 이때 사회적 개입을 통한 사회복지의 수준과 내용은 어디까지인가 하는 문제가 생기게 된다. 인간이 지닌 모든 욕구를, 그리고 각 개인이 원하는 모든 욕구를 충족시켜야 하는가? 그렇지 않다면, 과연 무엇을 어느 정도의 수준으로 원조해야 하는가? 이러한 문제와 연관된 개념이 바로 기본 욕구인 것이다.

기본 욕구는 인종, 종교, 성별, 연령, 교육 수준과 사회경제적 지위에 관계없이, 최소한의 존엄성을 가진 인간으로 존재하기 위해 가지는 동일한 수준의 욕구로 의식주를 포함하여 건강, 직업, 가족 등이 포함된다. 그러므로 기본 욕구의 이러한 특성 때문에 무차별 평등의 원리로 표현되기도 한다. 따라서 어떤 사회에서 인간의 욕구가 기본 욕구로 채택되기 위해서는 그 사회에서 존엄성을 가진 인간다운 생활을 할 수 있는 수준이면서 동시에 그 최소한에 그친다는 점이다. 대체로 현대사회로 진행되고 경제가 발전되면서, 그리고 복지국가, 복지사회를 지향할수록 기본 욕구는 그 내용이 다양해지고, 그 수준이 상승되는 경향이 있다.

기본 욕구는 다음의 세 가지로 설명된다. 첫째, 공통적인 욕구이다. 이는 특정한 개인이 갖는 인종, 종교, 성, 연령, 교육 수준, 사회·경제적 지위 등에 관계없이 모든 인간이 지니는 욕구를 말한다. 공통적인 욕구에는 의식주를 중심으로 직업, 건강, 가족 등이 포함될 수 있다.

둘째, 필수불가결한 욕구이다. 인간의 생활유지에 필수적으로 요구되는 욕구를 의미한다. 이러한 욕구가 충족되지 않는다면 인간다운 생활이 보장될 수 없을 것이다.

셋째, 최소한의 욕구이다. 위의 두 가지 내용이 기본 욕구의 내용적 측면이라면 최소한의 욕구의 특징은 욕구의 정도, 수준적 측면에 관한 것으로 해석할 수 있다.

각 개인이 인간으로서의 생활을 영위할 수 있는 정도로 충족되어야 하는 욕구를 의미한다.

기본 욕구는 사회를 구성하는 가장 기본조건이 되므로 현대사회에서 각 나라의 헌법에서 기본 욕구 충족을 위한 규정을 두어 사회구성원이 최소한의 인간다운 삶을 살아갈 수 있도록 하고 있다.

(2) 인간 욕구

인간 욕구(human needs)는 이상적이고 보편적인 인간형을 전제로 하여 인간이 어떠한 목적을 위하여 필요하거나 필수적인 것이 결핍될 때 갖게 되는 공통적인 모든 욕구를 말한다. 매슬로우(A. H. Maslow)[1]는 인간 욕구를 다섯 가지로 분류하여 욕구단계설을 제안하였다.

욕구단계설은 인간이 어떤 이유로 동기유발을 하게 되는지를 심리학적으로 해석한 이론으로 현대 조직이론에서 광범위하게 응용되고 있는데 기본전제 조건은 먼저, 인간의 충족되지 않은 욕구는 행동을 유발하게 한다는 것이다. 이는 인간은 무엇인가를 필요로 하는 결핍된 존재임을 의미한다. 다시 말하면, 충족되지 못한 어떤 욕구를 충족시키기 위해서 동기가 유발된다는 것이다. 그리고 충족된 욕구는 더 이상 동기로서의 기능을 가지지 않으며 충족되지 않은 욕구만이 행동으로 연결되는 것이다. 예를 들면, 배가 고파서 음식을 먹게 되면 다시 배가 고파질 때까지는 먹으려는 행동을 하지 않는다. 한 번 충족된 욕구는 다음에 그 욕구가 발생할 때까지 행동을 동기화시키지 않는다. 다음으로 인간이 가진 욕구들은 계층을 이루고 있다는 것이다. 인간의 욕구는 생리적 욕구, 안전의 욕구, 소속 및 애정의 욕구, 존경의 욕구, 자기실현의 욕구로 나누어지며, 이 욕구들이 충족되어야 할 순서대로 계층화되어 있다. 하위단계의 욕구가 충족되면 그 다음단계의

1) 매슬로우(1908~1970)는 러시아로부터 이민 온 유태인의 집안에서 7남매 중 장남으로 뉴욕에서 출생하여 위스콘신 대학교로 전학하여 심리학을 전공하였고, 박사학위 논문은 "원숭이의 성적 특성과 지배 특성에 관한 관찰 연구"로 학위를 받았으며 1951년부터 1969년까지 브랜다이스 대학교 심리학과 교수로 지내면서 평생을 인본주의적 심리학에 대해 연구를 하였다.

욕구를 충족시키기 위해서 동기화된다는 것이다. 다시 말하면, 상위단계의 욕구가 일어나기 위해서는 하위단계의 욕구충족이 선행조건이 된다. 이러한 매슬로우의 욕구단계설을 각 단계별로 설명하면 다음과 같다.

첫째, 생리적 욕구(physiological needs) 단계이다. 생리적 욕구단계는 인간이 삶 그 자체를 유지하기 위한 가장 기초적이면서도 가장 강력하며 필수적인 욕구를 말한다. 생존에 필요한 가장 낮은 욕구가 지배하는 단계로 기본적인 의식주 문제와 종족 보존이 최고의 관심사가 되는 단계이다. 이는 굶주림, 갈증, 수면부족, 피로, 졸음, 모성애적 반응 등 인간의 욕구 중 가장 강한 욕구로서 유기체가 생리적 욕구의 지배를 받게 되면 다른 모든 욕구는 존재하지 않거나 뒤로 밀려나게 되는 가장 필수적이며 근본적인 욕구를 의미한다.

둘째, 안전의 욕구(safety needs) 단계이다. 이 단계는 개인이 확실하고 잘 정돈된 범위에서 조직화되어 있으며 예측할 수 있는 환경 내에서 생활하고, 외부로부터의 침입 없이 안전하게 살고 싶어 하는 욕구를 의미하는데, 생리적 욕구가 어느 정도 충족되면서 나타나는 새로운 단계의 욕구를 의미한다. 이 단계는 인간이 지속적인 생존을 보장하고 영위하기 위해 나타나는 단계로 추위나 질병 또는 위험으로부터 자신을 보존하고자 하는 단계이다. 안전의 욕구단계에는 신체적 안전뿐만 아니라 심리적 안정성, 위험과 위협으로부터의 보호, 공포로부터의 자유, 불안과 혼돈으로부터의 해방 및 구조화 및 질서 등의 위험으로부터 도피에 해당되는 개념들이 포함된다. 건강한 사회에서 고용 안정이나 예금 및 사회 보장이 강화되는 것도 이러한 맥락에서 보면 안전의 욕구에 해당한다.

셋째, 소속감 및 애정의 욕구(love needs) 단계이다. 이 단계는 타인과의 애정관계를 형성하고 인생의 동반자와 함께 가족이나 집단에 소속되고 싶은 욕구를 말한다. 집단에의 소속감과 사랑하고 싶어 하는 욕구로 생리적 욕구와 안전의 욕구가 충족되면, 인간의 사회적이고 사교적인 동료의식을 조성하기 위한 욕구로서 애정, 귀속, 우정, 사랑, 소속의 욕구들이 나타난다. 이는 특히 이혼이나 사회적 배제 등 사회로부터 소외되었을 때 매우 강하게 나타나는 특징이 있다.

이 단계는 사회적으로 타인들과의 상호관계를 맺고자 하는 욕구가 지배하는 단계로 가정을 이루거나 친구를 사귀는 등 어떤 단체에 소속되어 애정을 주고받고자 하는 단계이다. 이 욕구는 생리적 욕구와 안전의 욕구가 만족되면 애정과 호의 및 소속감이 나타나며, 친구나 애인, 아내와 자식의 필요성을 느끼게 된다는 것이다. 여기서 애정은 성욕과 다르며 상호 간에 주고받는 사랑으로 해석된다.

넷째, 자존의 욕구(self-esteem needs) 단계이다. 이 단계는 자기 존중과 다른 사람으로부터 존경받고 싶은 욕구를 말하는데 소속과 애정의 욕구가 어느 정도 충족되면서 나타나는 욕구이다. 인간은 어느 집단이나 조직에서 단순히 구성원의 상태로서 남아 있기를 원하지 않고 존재감을 나타내고자 하는 특성이 있다. 즉, 명목상의 구성원이 아닌 그 이상의 존재가 되기를 바라는 것이다. 이 단계에서는 자아존중의 욕구가 지배하는 단계로 소속된 단체의 구성원으로서 명예나 권력을 추구하고자 하는 단계이다. 자존의 욕구는 두 가지로 나누어지는데, 하나는 자기 자신에 대한 존중이고, 다른 하나는 타인으로부터 인정과 존경을 받고자 하는 것이다. 자기존중의 한 부류는 강인함과 성취감, 타당성, 전문성과 적성, 자신감, 독립성과 자유 등으로 구성되며, 또 다른 부류는 명망, 존경, 신분, 명성과 명예, 우월감, 인정, 관심과 중요성, 존엄 및 진가의 인정 등으로 구성되는 욕구를 의미한다. 자기존중이 부족할 경우에는 열등감, 나약함 및 무력감을 느끼게 된다.

다섯째, 자아실현의 욕구(self-actualization needs) 단계이다. 이 단계는 자존의 욕구가 어느 정도 충족되면 그 다음으로 나타나는 최상위 욕구인 자아실현의 욕구가 발생하게 된다. 자아실현의 욕구는 자신의 잠재능력을 최대한으로 발휘하여 최상의 인간으로서 자기완성을 이루려는 욕구를 말한다.

이 단계는 자아실현의 욕구가 지배하는 단계로 자신의 잠재력을 충분히 발휘하여 스스로 이룰 수 있는 모든 것을 성취하고자 하는 최고의 단계이다. 앞의 네 가지 욕구가 모두 충족되더라도 자신에게 가장 적합한 일을 하지 않으면 불만과 불안이 새롭게 나타나게 된다. 궁극적으로 개인이 평화를 구하기 위해서는 음악가는 음악을, 그리고 시인은 시를 써야 하는 것처럼 인간은 자신이 할 수 있는 것을 해야 하며 자신의 본성에 충실해야 한다는 것이다.

최근에는 이 단계에 추가하여 2가지 단계를 더 제시하였는데, 6단계는 인식에 대한 지적인 욕구가 지배하는 단계로 자신이 처한 상황이나 문제를 명확히 인지하고자 하는 단계이고, 마지막 7단계는 심미적인 욕구가 지배하는 단계로 아름다움과 일관성의 조화를 유지하고자 하는 단계이다.

매슬로우의 욕구별 단계에 따라 나타나는 상황과 충족되면 느낄 수 있는 상태를 정리하면 〈표 1-1〉과 같다.

표 1-1 매슬로우의 5단계 욕구와 그 내용

욕구단계	결핍상황	충족	예
생리적 욕구	• 배고픔, 갈증 • 긴장 • 피로 • 질병	• 편안함 • 긴장의 해소 • 감각으로부터 만족감 • 신체적인 건강	좋은 음식을 먹은 후 누리는 만족
안전의 욕구	• 적당한 주거의 결핍 • 불안 • 갈구 • 상실감 • 두려움	• 안락함 • 안전 • 안락감 • 평정 • 안정	안정된 직업에서 갖는 안전감
소속감 및 애정의 욕구	• 과잉 자의식 • 바라지 않는 느낌 • 고독	• 평온, 평정 • 감정의 자유로운 표현 • 자애로운 감정	사랑의 관계에서 전체적인 수용의 경험
자존의 욕구	• 무능력한 감정 • 열등감	• 자신감 • 긍정적인 자아관	어떤 일을 성취시킴에 대한 보상을 받음
자아실현의 욕구	• 소외 • 삶의 의미상실 • 권태	• 행복한 삶의 실현 • 가능성의 실현 • 창조적인 생활	깊은 통찰력을 경험함

출처: 현외성, 2008: 182에서 요약

매슬로우의 욕구단계설은 인간이 가지고 있는 일반적인 욕구의 내용을 적절하게 제시하였다는 점에서 사회복지학 분야에서 흔히 인용된다. 그의 욕구단계설이 사회복지학에 주는 시사점을 정리하면 다음과 같다(현외성 외, 1998: 12-14).

첫째, 인간의 욕구는 위계적인 특성을 지니고 있다는 것이다. 이것은 욕구충족을 위한 사회복지서비스는 일반적으로 낮은 수준의 욕구충족에서 시작하여 높은 수준의 욕구충족으로 진행된다는 점이다. 이것은 제한된 사회적 자원으로써 가능한 한 복지 프로그램의 효율성을 제고시키기 위해서는 낮은 수준의 욕구충족부터 높은 수준의 욕구해결을 위해 노력해야 된다는 점을 암시하고 있는 것으로 해석할 수 있다.

둘째, 사회복지서비스 프로그램을 비교할 수 있는 비교연구의 기준이 될 수 있다는 점이다. 각국의 사회복지서비스의 지향점이 어떤 욕구를 중심으로 하고 있는가를 분석함으로써 복지 프로그램의 발달 수준을 가늠할 수 있다. 즉, 어떤 나라의 사회복지가 국민의 생리적 욕구를 충족시키는 데 역점을 두고, 다른 나라의 사회복지가 안전의 욕구를 충족시키는 데 역점을 두고 있다면, 후자가 더 복지선진국이라고 말할 수 있다.

셋째, 인간의 욕구는 무한하다는 것이다. 인간의 욕구가 현실 사회에서 완전하게 충족될 수는 없고, 끊임없이 보다 높은 수준의 욕구를 충족하기 위하여 저마다 일생동안 노력하는 것이 삶이라는 점이다. 인간의 욕구는 생활 수준의 향상에 따라서 끊임없이 변하기 때문에, 바라던 것이 충족된 이후에도 새로운 욕구를 충족시키기 위해서 다시 노력하게 된다.

(3) 사회적 욕구

사회적 욕구(social needs)는 인간이 다른 동물과 다른 차원의 사회적 존재로서의 인간 특유의 욕구이며 인간이 지닌 기본 욕구가 개인적 차원에서가 아니라 사회적 차원에서 발생 가능하다는 인식에서 출발한다. 그리고 사회적 욕구가 함축하고 있는 중요한 의미는, 욕구 미충족의 원인이 사회구조적인 요인으로 발생하기 때문에 욕구 해결의 책임을 개인에게 물을 수 없다는 것이고, 또한 사회구조적으로 발생한 욕구는 사회적 위험을 발생시키는 원인이나 그 주체를 찾아내기가 어렵기 때문에 사회가 공동으로 해결할 수밖에 없다는 특징이 있다.

브래드쇼(J. Bradshaw)는 사회적 욕구를 기본적 욕구 중에 사회적 맥락을 지닌 욕구 즉, 기본 욕구의 사회적 특성을 반영하여 욕구 인식 기준에 따라 욕구를 다음과 같이 네 가지 측면으로 구분하여 제시하고 있다.

첫째, 규범적 욕구(normative needs)이다. 규범적 욕구는 전문가로 인정되는 사람이 주어진 상황에서 욕구라고 정의한 것이다. 즉, 전문가나 사회과학자가 바람직한 수준과 실질적으로 존재하는 욕구 수준을 비교하여 주어진 상황에서 욕구라고 정의한 것으로 관습, 권위, 일정한 기준설정 등이 규범적 욕구를 산정하는 기준이 된다. 그러므로 규범적 욕구는 욕구 당사자가 아닌 전문가가 정할 수 있는 관점인 것이다. 규범적 욕구의 대표적인 예는, '라운트리의 빈곤조사 때 설문지 항목에서 성인 남성의 하루 필요한 열량은?'이라는 항목에서 그 분야의 전문가인 영양사가 2,500 칼로리라고 할 때 이것이 규범적 욕구의 기준이 된다. 또 기초생활수급자에게 지급되는 생계급여액의 지급 금액을 산정하는 것도 여기에 해당한다.

둘째, 느낀 욕구(felt needs)이다. 느낀 욕구는 전문가의 시각이 아닌 욕구를 가지고 있는 당사자의 입장을 강조한 욕구이다. 이 욕구는 개인이나 집단의 욕망과 동일시되는 욕구, 즉 주관적 욕구로 본인의 느낌이나 판단에 의해서 인식되는 욕구를 의미하는데 감지된 욕구라고도 한다. 그러므로 느낀 욕구는 규범적 욕구보다 내용이 다양하고 수준도 높다고 볼 수 있는 특징이 있으나 모든 개인이 인지한 욕구가 사회적 욕구기준으로 되기에는 어려움이 있다.

느낀 욕구는 개인이나 집단의 바람(want)이나 욕망과 동일시되는 것으로 사람들에게 특정 서비스가 필요하다고 느끼고 있는지의 여부를 물음으로써 측정한다. 예를 들어, 한국은 과거 빈민에게 쌀을 '정부미'로 제공하였지만, 당사자들이 현금으로 받기를 바랐기 때문에 현재는 쌀값에 상응하는 현금을 주고 있다. 여기에서 대상자에게 필요한 쌀의 양을 정하는 것은 규범적 욕구이며 당사자가 쌀보다 쌀값을 바라는 것은 느낀 욕구가 반영된 기준이라고 보면 된다.

셋째, 표현된 욕구(expressed needs)이다. 이 욕구는 사람들이 어떤 서비스가 필요하다고 인지하면서 욕구가 충족되길 요청하거나 요구하는 행동을 취하는 경우를 말한다. 느낀 욕구가 강렬하여 실제의 욕구 충족행위로 나타난 것을 의미한다. 예를 들어, 1980년대 후반 주택가격이 폭등하면서 도시 빈민들이 도시재개발지역을 중심으로 영구 임대주택을 건립하도록 조직적 항의를 하거나 신청서 쓰기, 시위나 폭동 등 비합법적인 방법 그리고 자살과 같은 극단적인 방법 등이 여기에 해당된다.

넷째, 비교 욕구(comparative needs)이다. 이 욕구는 욕구 대상자와 비슷한 상황에 있는 대상자를 비교하거나 수혜자와 비수혜자 간의 비교를 통해서 나타나는 욕구를 말한다. 즉, 공평성과 관련이 있는 욕구이자 서비스 대상자들을 연구함으로써 나타나는 욕구이기도 하다. 예를 들어, 도시빈민이 많이 거주하는 지역에 독거노인이 있는데, 한 가구는 국민기초생활보장제도의 수급권자이고 다른 한 가구는 법적으로 자녀가 있다는 이유로(연락조차 되지 않거나 부양능력이 없음에도 불구하고) 복지서비스를 받지 못하는 경우에 비교 욕구 측면에서 보면 욕구가 있다고 보는 것이다.

2) 사회문제

사회문제(social problems)는 개인적인 문제들이 해결되지 않아 사회구성원 대다수가 해결되기를 바라는 욕구를 사회문제라고 말할 수 있다. 여기에서는 사회문제를 내용에 따라 분류하고 개념화하며 간단히 살펴보기로 한다.

사회사업사전에서 사회문제를 정의할 때, 사람들의 가치규범을 침해하고 정서적, 경제적 고통을 주는 사회적 반응을 유발하는 인간과 인간, 인간과 환경 간의 조건들이라고 정의하고, 사회문제의 예로는 범죄, 사회적 일탈행위, 사회적 불평등, 빈곤, 인종차별주의, 약물남용, 가족문제, 제한된 자원의 불공정 분배 등이 있다고 정의하고 있다(중앙사회복지연구회 역, 1996: 109). 그러므로 사회문제는 개인적 차원에서 해결이 어렵거나 불가능한 문제로 문제 발생의 원인과 특성이 사회·구조적 맥락과 관계가 있는 문제들을 말한다. 즉, 사회가 공동체적 차원에서 공동으로 대처하기로 명시적·문서적으로 승인한 문제들인 것이다. 따라서 사회문제란 사회구조의 결함이나 모순을 원인으로 하여 정상적인 사회조직이나 사회질서를 유지하는 데 역기능적으로 작용하는 제반 사회현상이 사회적으로 확산되어 많은 사람들이 의식하게 되고 사회적인 해결을 요구하는 것을 의미한다.

일반적으로 사회에서 어떤 사회적 현상이 발생하여 사회문제가 되기 위한 조건을 정리하면 다음과 같다.

- 요인이 사회적일 것
- 사회적 가치(규범)에서 벗어난 것일 것
- 사회문제는 다수인에게 영향을 주는 조건일 것
- 사회현상에 영향을 미치는 조건은 〈바람직하지 못함〉
- 이러한 조건에 대해 〈무엇이 행해지기를 원함〉
- 집단적 사회행동에 의해 〈사회개입이 존재〉하는 것

그리고 사회문제가 개인문제와 구별되는 특성은 다음과 같다. 먼저, 사회성으로 개인의 욕구충족이 어려운 사건과 상태가 특정 문제에 직면한 개인의 책임보다는 상대적으로 사회제도나 구조상의 결함과 실패로 인하여 야기되는 경우로 환경문제 등을 들 수가 있다. 다음은, 보편성으로 사회문제가 지닌 부정적인 영향력이 특정 개인에게만 한정된 것이 아니라 사회구성원 전체에 보편적으로 미칠 수 있음을 의미하는 것으로 환경오염 문제 등을 들 수가 있다. 그러므로 사회문제는 다음과 같은 특징을 가진 문제를 말하며, 공공 문제야 말로 진정한 의미의 사회문제라고 볼 수 있다.

- 범주성: 사회의 상당수의 사람이 특별한 결과를 공유
- 고유성: 연령, 성별, 민족과 같은 일부 집단에서 공통적으로 또는 불특정적으로 발견
- 영속성: 결과가 수년간 지속된 상태로 나타남

- 역기능성: 결과가 특정한 사람들에 의하여 경험되는 동안 반드시 그들에 의해서만 야기되는 것이 아니라, 정치, 경제, 교육, 보건과 같은 주요한 제도가 그러한 결과를 경험하는 자와 관련

사회문제는 매우 다양하기 때문에 그 문제의 원인과 성격에 따라서 다양하게 분류할 수 있을 것이다. 사회문제를 일반적인 유형으로 나누어 분류하면, 먼저 사회생활을 저해하는 직접적인 원인에 의한 분류로 실업문제, 빈곤문제, 불평등문제, 주택문제, 공해문제, 환경문제, 교육문제, 마약문제, 매매춘문제, 비행문제, 범죄문제 등으로 나눌 수 있다. 그리고 사회문제의 발생지역에 따라 나누어 보면, 도시 사회문제, 농촌 사회문제, 지역 사회문제 등으로 나눌 수 있고, 인적 요인으로 분류해 보면, 아동문제, 청소년문제, 노인문제, 장애인문제, 노동자문제, 농민문제, 미혼부모문제 등으로 구분할 수 있다. 또한 사회문제의 성격으로 유형화하면, 구조적 문제에는 빈곤문제, 소득재분배문제, 노동문제 등으로, 해체적 문제에는 가족해체, 환경문제, 인구문제로, 일탈적 문제에는 범죄문제, 청소년 비행문제, 알코올 중독문제 등으로 분류할 수 있다.

〈표 1-2〉는 국내외 학자들에 의한 사회문제를 분류한 것을 정리한 것이다.

표 1-2 사회문제의 분류

학자	분류체계	종류/예시
김영모 (1982)	구조적 문제	빈곤, 소득분배, 노동, 교육불평등
	해제적 문제	가족해체, 빈민지역, 인구문제, 환경문제
	탈선적 문제	법죄, 소년비행, 매춘, 자살, 알콜중독, 정신질환
고영복 (1993)	사회구조적 문제	도시문제, 노사문제, 빈곤, 범죄
	가족과 세대문제	가족문제, 여성문제, 청소년문제, 노인문제
	삶의 질 문제	환경문제, 인구문제, 보건의료문제, 여가문제
	한국적 특수 문제	부정부패, 지역감정, 학력주의/경쟁, 의사종교현상
최일섭 (1995)	사회변동(사회해체)	가족문제, 환경문제, 노인문제
	사회적 불평등 문제	빈곤문제, 성차별문제, 노사문제
	사회적 일탈 문제	청소년비행, 범죄, 성폭력, 약물중독, 정신건강

학자	분류체계	종류/예시
권태환 (1996)	산업화와 사회적 불평등	노동문제, 도시문제, 농촌문제
	일상생활에서 긴장과 갈등	가족문제, 노인문제, 성차별문제
	제도적 긴장과 사회운동	종교문제, 환경문제, 사회운동, 세대문제
슈나이드 (Schneider) (1981)	불공정(injustice)	성차별, 인종차별, 빈곤
	비극	자살
	위협	범죄문제, 약물남용문제, 인구증가
	추정된 사회결함	관료제
머튼과 니스벳 (Merton & Nisbet) (1996)	사회해체	인구, 인종, 가족해체, 노동, 빈곤, 지역사회해체 및 갈등, 폭력
	일탈행위	정신장애, 범죄, 청소년비행, 약물중독, 자살, 성문제
고하시	사회문제	빈곤, 실업
	사회복지문제	가족, 아동, 청소년, 장애인, 여성, 노인문제

3. 생애주기별 욕구와 사회적 위험

1) 생애주기별 욕구

에릭슨(Erikson)은 인간의 삶이 일련의 연속적인 과정임에도 불구하고 발달적 관점에 따라서 인간의 생애주기를 단계별로 구분하고 있다. 이러한 생애주기별로 구분하는 것에 사회복지가 관심을 가지는 이유는 다음과 같다.

첫째, 모든 인간은 전 생애에 걸쳐 삶을 영위하는 데 연령별 또는 시기별로 다양한 욕구를 공통적으로 가지며, 이러한 연령별·시기별로 욕구를 충족하지 못할 때 대다수 인간은 문제에 맞닥뜨리거나 위험에 빠져 복지 증진을 이룰 수 없음을 미리 알고 사전 대책을 강구할 수 있기 때문이다.

둘째, 사회복지에서 문제해결을 위한 프로그램이나 서비스를 고안할 때 발달단계에 입각한 접근은 상당히 유용한 정보나 결과를 제공하기 때문이다.

〈표 1–3〉은 인간이 살아가면서 각 단계마다 부딪히게 되는 욕구를 생애주기별로 나타낸 것으로 각 시기마다 사회복지가 필요하다는 것을 알 수가 있다.

표 1–3 생애주기별 사회복지

구분	유형	유아기	아동기	청소년기	성인기	중장년기	노년기
사회보험	국민연금					←	→
	건강보험	←	—	—	—	—	→
	산재보험				←	→	
	고용보험				←	→	
	노인장기요양보험			←	—	—	→
공공부조	생계급여				←	—	→
	의료급여	←	—	—	—	—	→
	주거급여				←	—	→
	교육급여			←	→		
	자활급여				←	→	
사회서비스	유아/아동복지	←	→				
	청소년복지			↔			
	노인복지						↔
	장애인복지	←	—	—	—	—	→
	여성복지			←	—	—	→
	가족복지	←	—	—	—	—	→

2) 사회적 위험

사회적 위험(social risks)은 현대사회에서 사람들이 사회구성원으로 살아가면서 사회·구조적으로 개인의 삶과 안전을 위험하게 하는 제반 상황을 의미한다. 사회적 위험으로부터 구성원들을 보호하고 삶의 질을 향상하기 위하여 각 나라는 다양한 사회복지제도를 운영하고 있으며, 우리나라의 「사회보장기본법」에서는 사회적 위험을 출산, 양육, 실업, 노령, 장애, 질병, 빈곤 및 사망 등으로 정의하고 있다.

사회적 위험을 실제적·법적으로 보장하기 위하여 '사회보장'이라는 용어로 사용하고 있는 것으로 사회적 위험으로부터 모든 국민을 보호하고 국민 삶의 질을 향상시키는 데 필요한 소득·서비스를 보장하는 사회보험, 공공부조, 사회서비스로 구성된다고 규정하여 사회적 위험을 사회복지 대상으로 규정하고 있다.

최근에는 사회적 위험과 다른 유형의 위험들이 사회구성원의 안전과 행복을 불안하게 하는 새로운 사회적 위험(new social risks)이 출현하고 있다. 1970년대 중반부터 자본주의 경제사회구조는 고용불안, 근로빈곤, 불평등의 심화, 그에 따른 소득 양극화문제, 고령화 등이 새로운 사회적 위험으로 나타나고 있다. 그중에서 대표적인 새로운 사회적 위험은 저출산 고령화로, 특히 우리나라는 세계에서 가장 낮은 출산율과 가장 빠른 고령화는 의학의 발전으로 인해 노인들의 수가 많아지고 노인들이 전체 인구에서 차지하는 비율이 급속도로 증가하고 있으며, 이 두 가지 현상이 결합되면서 앞으로 젊은 세대가 부담해야 하는 미래의 복지비용을 급속도로 증가시키고 있다.

4. 사회제도와 사회복지

전통사회에서 인간의 기본적 욕구를 충족시키는 일차적인 자원은 가족과 시장이었다. 산업사회의 등장으로 가족의 보호기능이 약화되고 자본주의 시장의 생산과 분배기능이 균형을 이루지 못하여 빈곤, 실업, 불평등의 각종 사회문제가 발생하게 되는데, 이에 국가의 개입이 늘어나면서 사회복지가 점차 발달하게 되었다.

현대의 사회제도는 주요 핵심기능을 수행하면서 나름대로 복지기능도 병행하고 있다. 사회제도에 대한 다양한 논의와 제안이 있지만 그중에서 길버트와 테렐(Gilbert & Terrell)이 정리한 주요한 사회제도의 기능을 정리해 보면 〈표 1-4〉와 같다.

표 1-4 주요 사회제도 및 사회복지 기능

사회제도	주요 조직적인 형태	1차 기능	사회복지기능
혈족	가족	출산 사회화 보호 친교 정서적 지지	의존적 구성원에 대한 보호, 가족 간 재정지원
종교	교회	영적 개발	기독교복지, 보건, 교육, 사회복지서비스, 상담, 고용혜택
직장	직장기관	고용	고용혜택
시장	생산자(회사)와 소비자(가계)	재화에 대한 제품과 서비스의 교환	상업적인 사회복지제품과 서비스
상호부조	지지집단, 자원봉사기관	상호부조, 박애	자조, 자원봉사활동, 지역사회복지서비스
정부	국가적, 지역적 정부	집단적 목표달성을 위한 자원동원과 분배	빈곤퇴치, 경제보장, 보건, 교육, 주택 서비스

그러면 이와 같은 사회제도의 사회복지적인 기능은 결국 무엇을 위해서인가? 라는 물음에는 개인적 차원의 자유와 집단적 차원의 평등을 위해서, 그리고 사회구성원 전체의 삶의 질(quality of life)을 높이기 위하여 존재한다고 볼 수 있는 것이다. 즉, 전통사회에서 사회복지 기능은 다른 사회제도와 마찬가지로 부가적으로 수행되어 왔고, 또 그런 과정 속에서 사회구성원의 복지가 어느 정도 해결 가능하였다고 볼 수 있다. 바꾸어 보면 우리가 알고 있는 사회복지는 복지라는 용어가 없었던 옛날부터 존해하여 왔고, 또 대상자 개인들은 혜택을 받고 있었다는 것을 의미한다고 볼 수 있다.

연 구 과 제

1. 사회복지와 관련하여 환경의 중요성에 대해 이야기해 봅시다.
2. 최근에 우리 주변에서 발생하는 사회문제는 어떤 것들이 있는지 나열하고 원인과 해결 방법을 이야기해 봅시다.
3. 신문이나 잡지, 텔레비전이나 라디오에 소개된 어려운 사람들이 절실히 바라는 욕구는 무엇이고, 이를 사회복지사가 어떻게 충족시켜줄 수 있는지 이야기해 봅시다.
4. 현대사회에서 생애주기별로 사회복지가 필요한 이유에 대해 이야기해 봅시다.
5. 자신의 인생주기를 그림으로 그려보고, 각 주기별로 도움이 되는 사회복지제도는 무엇인지를 파악해 봅시다.
6. 결혼식, 장례식 등에 가서 부조한 경험을 회상하고 이것이 사회복지와 어떤 관계가 있는지 생각해 봅시다.

CHAPTER 2

사회복지의 개념과 성격

CHAPTER 2 사회복지의 개념과 성격

학습목표

- 사회복지의 개념과 목적을 정의할 수 있다.
- 윌렌스키와 르보가 제시한 복지모형을 열거하고 설명할 수 있다.
- 시대에 따라 사회복지를 보는 관점이 변화됨을 이해할 수 있다.

1. 사회복지의 개념 및 목적

1) 사회복지의 개념

사회복지학을 배우는 사람이 가장 먼저 이해해야 하는 용어가 사회복지라는 단어가 될 것이다. 여기서는 사회복지라는 용어와 관련하여 일상생활에서 볼 수 있는 사례를 먼저 살펴보고(김성천 외, 2009:14, 재구성) 각각 다른 시각에서 사회복지를 정의해 봄으로써 사회복지의 개념을 파악하는 데 도움을 주고자 한다.

[사례 1]
부모가 교통사고로 사망하여 3세, 5세의 남매만이 남겨졌다.

[사례 2]
알코올 중독 증세가 있는 아버지와 약간의 정신질환 증세가 있는 어머니를 둔 초등학교 3학년 영우는 부모가 며칠씩 집을 비우는 사이 혼자 지낼 수밖에 없고 때로는 매를 맞기도 한다.

[사례 3]
학교에서 집단 따돌림을 당한 후 인터넷 중독 증세를 보이면서 등교를 거부하는 중학생 딸과 갈등을 겪어 온 부모가 어떻게 해야 할지를 고민하고 있다.

[사례 4]
대학 입시를 앞두고 성적 때문에 고민하던 고등학교 2학년 학생이 각성제 등 약물남용과 우울증세를 보이다가 자살을 시도하려고 한다.

[사례 5]
갓 결혼한 맞벌이 새색시가 제사와 명절 등 집안 행사에 시댁이 우선되어야 한다는 남편과 시부모님의 전통적 사고가 자신의 직장생활과 친정 가족과의 관계에 부당한 걸림돌이 되고 있다고 생각하여 부부간 갈등이 심화되고 있다.

[사례 6]
자녀 교육비와 노부모 부양비 및 자신들의 노후 대비에 씀씀이가 큰 50대 초반 퇴직 가장이 거짓 출근을 한 달째 하고 있는데, 이 문제를 어떻게 가족들에게 털어놓아야 할지 감당이 되지 않아 술만 늘고 있다.

[사례 7]
대학을 졸업하여 몇 년째 직장을 가지지 못한 K대 졸업생은 다른 사람들의 시선과 접촉이 두려워 가족모임이나 친구모임에 가지 않고 매일 아침 일찍 대학 도서관에 있다가 밤늦게 귀가를 하면서 하루를 보낸다.

[사례 8]
이제까지 남편과 자식의 뒷바라지를 해온 40대 중반의 전업주부 여성은 자식이 타 지역의 대학으로 진학하자 갑자기 허전함과 무력감에 빠져 우울증 증세를 보인다.

위에서 제시한 사례는 우리가 생활하는 주변에서 흔히 일어날 수 있는 어려 운 삶의 현상들이다. 그 내용을 살펴보면, 개인의 내적 문제부터 가족, 친구, 직장, 그리고 사회구조의 변화와 생애주기별 단계에서 겪게 되는 문제에 이르기까지 다양한 형태를 보인다. 또한, 위의 문제들은 본인 스스로 해결하기 어려운 즉, 가족이나 친척 이웃 그리고 사회의 도움이 필요하다는 공통점이 있다. 그런데 위의 사례의 대부분이 개인이나 가족의 일시적이고 단기적인 처방으로 해결이 어렵고 계속적이고 장기적인, 그리고 전문적인 서비스의 제공이 필요한데 여기서 사회적 원조의 한 방법으로 사회복지가 등장하게 된다.

이런 측면에서 사회복지의 개념에 접근해 보면, 사회복지란 사회구성원들이 삶의 각 단계에서 만나게 되는 문제들을 잘 해쳐 나갈 수 있게 개인의 잔존능력과 기능을 향상하도록 돕고 사회환경과의 원활한 상호작용을 활성화하도록 하는 전문적인 원조활동으로 정의한다. 그 대상도 사회생활상의 곤란 또는 장애를 받고 있는 자, 즉 장애인, 노인, 아동 등의 보호받아야 할 사람들에 대한 보호, 육성, 지도, 치료, 재활 등의 서비스 대책을 포함하는 것뿐만 아니라, 모든 국민의 건강과 행복을 보장하는 사회정책, 사회보장, 보건, 의료, 주택, 고용, 교육 등의 여러 가지 사회적 서비스를 총칭하는 의미도 내포하고 있다. 그러므로 이런 정의는 사회구성원의 행복과 안녕을 개인적인 차원뿐만 아니라 사회적 차원에서 예방하고 해결하며 설계해 나간다는 측면에서 중요한 의미를 가진다고 볼 수 있다. 따라서 복지의 개념과 사회적 노력의 개념을 정확히 파악하면 사회복지가 무엇인지를 알 수 있게 되는 것이다.

그런데 사회복지의 개념은 이론과 실천성을 지니고 있기 때문에 고정 불변의 개념이 아니고 나라와 시대에 따라 항상 변화한다. 다음은 사회복지의 개념을 다양한 시각에서 파악해 봄으로써 사회복지에 대한 개념정의를 돕고 사회복지에 대한 이해의 폭을 넓히고자 한다.

(1) 어휘적 개념

사회복지의 개념을 이해하기 위해서는 먼저 서양에서 통용되는 사회복지라는 말의 어휘가 가지는 의미를 분석해 보는 것이 필요하다. 사회복지(social welfare)[1] 는 사회(social)와 복지(welfare)의 합성어로 영어의 social welfare를 번역한 것이다.

---

1) 사회복지는 16세기 초부터 사용되기 시작한 독일어의 wohlfahrt란 말에서 유래되었다는 주장도 있다. 이 낱말은 처음에 '원하다 혹은 바라다'라는 의미의 wohl과 '한 장소에서 다른 장소로 옮긴다'는 의미의 fahren이 연결되어 관용적으로 쓰이기 시작된 것이라고 한다. 이 두 낱말이 결합된 wohlfahrt는 '바람직한 상태로 바꾼다'는 의미가 된다.

여기서 사회적이란 의미의 social이란 단어는 '지역사회나 집단 속에서 구성원으로 같이 지내다.'란 의미로, 우리가 사는 사회에서의 개인, 집단, 사회 전체 간의 사회 내적인 관계를 뜻한다. 여기서 '사회 내적인 관계'란 개인의 정신세계나 국제관계와 같은 사회 외적인 관계를 제외한 개인 대 개인, 개인 대 집단, 개인 대 전체사회, 집단 대 집단, 집단 대 전체사회의 비이기적인 상호관계를 의미한다. 즉, 공동체적인 집단 또는 영역을 나타낸다고 볼 수 있다. 따라서 이때의 사회적이란 의미는 물질적이거나 영리적인 요소보다는 비영리적이며, 이타적 속성의 공동체적 삶의 요소에 관심을 기울이는 것이라고 볼 수 있다. 즉, 사회적이란 경제적인 것과는 반대의 의미로 구성원의 집합체와 타인에 대한 상호 연대의 원리로 공동체의 이타적이고 상호 협력하는 삶을 의미하는 것이다.

다음으로, 복지를 뜻하는 welfare는 well과 fare의 복합된 명사로 만족스러운 또는 적절한이란 의미의 well[2]과 지내다, 살아가다란 의미의 fare[3]가 합쳐져서 만족스럽게 지내는 상태를 의미한다. 그 외에 웹스터 사전에 의하면 복지는 건강하고 행복하며 안락한 상태로 정의되어 있다. 즉, 복지란 건강하고 안락한 인간의 이상적인 상태, 즉 안녕(well-being)의 상태를 나타내는 개념이라고 할 수 있다. 따라서 서양에서 어휘적으로 본 사회복지의 의미를 정리해 보면, 사회적으로 불만이 없는 상태, 만족할 만한 상태, 또는 안락하고 만족한 상태 그리고 건강하고 번영한 상태 등을 의미한다고 볼 수 있으며 전체적으로는 사회 구성원 모두가 평안하고 만족스런 상태 또는 사회적으로 행복한 생활 상태로 정의해 볼 수 있다.

그리고 우리나라와 중국의 문헌에서 등장하는 사회복지(社會福祉)에 대한 단어를 어휘적으로 살펴보면 다음과 같다. 사회복지의 한자 표기인 社會福祉(사회복지)는 社會(사회)와 福祉(복지)의 복합어이다. 옛날 중국에서 촌락을 이루는 행정단위로 보통 25가구가 모인 상태를 社(사)라 하였는데, 여러 社(사)가 모인 상태를 社會(사회)라 하였다. 또한 社會(사회)가 가지는 의미는 '지역사회나 집단 속에서

2) well=satisfactorily(만족스럽게), successfully(성공적으로), properly(적절하게)
3) fare=state of thing(상태)

같이 지내다'라는 의미를 가지며 우리나라의 경우 상부상조하면서 지연 공동체를 형성하여 공동체 생활을 영위하는 지연이나 혈연중심의 촌락이나 부락을 의미한다고 보면 될 것이다. 다음으로 福祉(복지)라는 한자 단어가 가지고 있는 뜻을 살펴보면, 복복(福)자와 복지(祉)자로 모두 복이라는 뜻을 가지고 있는데, 이것은 복이 두 개나 겹쳐 있을 정도로 복이 많음을 의미한다. 우리나라에서 복이란 의미는 부족함이 없이 잘 산다는 것인데, 이것은 물질적 풍요와 아울러 정신적인 행복과 건강상태를 포함하는 의미로 볼 수 있다. 즉, 부, 번영, 안녕과 같이 물질적이고 육체적인 차원에서 풍족하거나 불편함이 없는 상태를 뜻하는가 하면, 쾌락, 만족, 행복과 같이 심리적, 정신적 그리고 심지어 영적인 차원의 상태를 의미하기도 한다(한국사회복지관협회 편집부, 1995). 그리고 福祉(복지)에서 각각의 글자가 가지는 의미를 자세히 살펴보면 [그림 2-1]과 같다. 먼저 福(복)[4]자의 의미를 분석해 보면, 왼쪽의 시(示)행은 절대자인 신(神)에게 정성들여 수확한 곡물을 바치는 형상을 의미하고, 福(복)자 중 오른쪽 부분에서 구(口)는 고(高)자의 약자로 곡물이 높이 쌓여 있는 모습을 상징하며 물질적인 풍요를 의미한다. 그 아래 전(田)자는 곡물을 수확하는 밭을 의미한다.

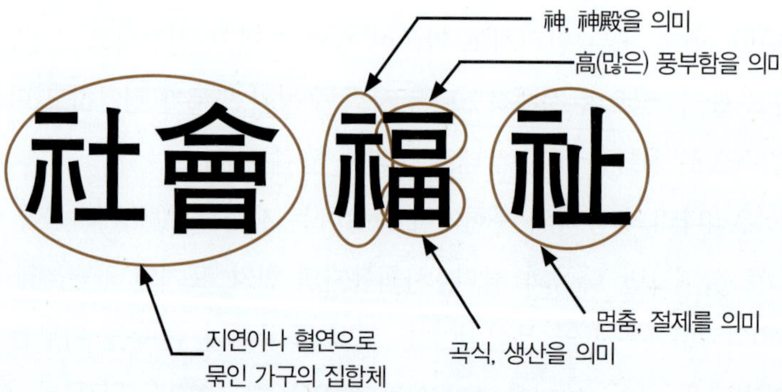

[그림 2-1] 사회복지의 어휘적 의미

4) 조선시대 이전까지 福祉(복지)란 낱말은 일상생활 속에서 거의 사용되지 않았고 福(복)이 흔히 사용되었다. 삼국유사나 고려사에서 복지란 낱말을 사용한 실례가 없고, 조선왕조실록에서 7번 사용되고 있다. 이 때 복지는 장수, 현물의 제공, 소망의 충족이라는 의미를 갖고 있다(박경일 외, 2000: 18-19).

그리고 祉(지)는 절대자인 신에게 마음의 안정을 기원하는 자세를 의미하기도 하지만 욕망의 추진을 멈추는 의미도 지니고 있다. 즉, 마음을 비우는 것이 심리 안정의 길이라고 하는 것을 암시하고 있다. 따라서 福祉는 물질적 풍요와 심리적인 안정을 내포하고 있다고 하겠다(김만두·한혜경, 1994:19-20). 그러므로 여기서 복이라는 것이 물질적 풍요와 정신적 행복을 함께 의미하지만 운명적인 축복, 우연에 의한 행운 또는 요행, 은총과 같은 그저 주어지는 극히 추상적이고 주관적인 의미가 아니라 객관적이고 구체적인 의지와 노력, 활동 등이 개입된 의미로 해석되어야 할 것이다.

이렇게 보면 사회복지가 가지는 어휘적 의미는 공동체 사회에서 사회 내적인 관계를 기초로 구성원들의 전 생애에 걸쳐 건강하고 안락하며 바람직한 삶을 추구하는 사회적 노력이라고 하겠다(김기태 외, 1999:3-5). 그러나 사회복지의 어원을 찾은 것만으로는 사회복지의 개념을 파악하는 데는 한계가 있다. 사회복지는 고정되어 있는 것이 아니라, 시대와 사회에 따라서 변화되는 것이기 때문에 그 실체를 파악하기가 더욱 어렵기 때문이다. 따라서 아래에서는 사회복지에 대한 국내외 학자들과 기관의 정의를 몇 가지 살펴보면서 이해를 돕고자 한다.

프리드랜더(Friedlander, 1955)는 "사회복지란 개인과 집단을 원조하여 건강상의 만족스러운 기준에 도달할 때까지 행하는 계획적인 사회적 서비스와 그리고 시설의 조직적인 제도이다."라고 정의하였다. 로메니신(Romanyshin, 1971)은 "사회복지란 한정적으로는 사회적 약자에 대한 재정적 원조나 서비스를 의미하며, 다른 한편으로는 국민의 보편적 욕구에 대한 공동적 책임을 의미한다."라고 하였으며, 미국사회복지사협회(National Association of Social Workers: NASW)에서 정의된 개념은 "사회복지는 일반적으로 널리 인정되고 있는 사회문제의 예방, 완화 또는 해결에 기여하거나, 개인, 집단 및 지역사회의 복지를 촉진시키기 위한 여러 민간 및 정부기관의 광범위한 조직적 활동을 말한다. 이러한 활동을 위해서 의사, 간호사, 법률가, 교육자, 기사, 교사, 사회복지사와 같은 다양한 전문직의 인사들과 이들의 보조요원이 필요하다."라고 정의하고 있다(사회사업대사전, 1971:1146).

국제연합(UN, 1971)은 "사회과학과 기타 과학에서 도출되어 사회개발의 훈련 및 조사에 교육적으로 인정받는 사업에 의해 지지된 지식, 방법 및 철학의 체계에 주로 기초를 두는 훈련에 의해서 터득된 사회복지 분야에 있어서 사람들의 사회적 욕구를 충족시키기 위한 전문적인 운영방법이다."라고 정의하였으며, 바커(Barker, 1987)는 사회사업사전에서 "사회복지는 사회를 유지하는 데 기본적인 사회적, 경제적, 교육적, 건강의 욕구를 사람들에게 충족시키고, 지역사회와 전체 사회의 집단적인 복지 상태를 유지하기 위한 국가적 프로그램, 급여, 서비스 체계이다."라고 정의하였다.

김영모는 "사회복지의 개념은 인간의 사회적 욕구에 대한 서비스인 동시에 사회문제를 해결하기 위한 노력이다. 인간의 사회적 욕구는 의식주와 같은 민생문제, 즉 소득, 보건, 교육, 주택과 같은 기본적 욕구가 결핍되어 있는 사람을 도와주는 것을 말한다. 사회문제는 비행·범죄자와 같은 좁은 의미의 반사회적 행위(일탈)도 있지만, 빈곤, 실업, 가족해체, 지역해체와 같은 넓은 의미의 사회구조적 문제(불평등과 사회해체)도 있다."라고 정의했다(김영모, 1999:1).

시포린(Max Siporin)은 사회사업이란 "사회복지라는 광범한 제도에 속한 가장 중심적인 역할을 수행하는 전문가이며 사람들이 사회문제를 예방하고 해결하게 도와주고, 그들의 사회적 기능을 회복하고 고양시켜 주고자 돕는 사회제도적 방법의 하나이다."라고 정의하고 있다.

장인협 등은 "사회복지란 사회구성원들이 기존의 사회제도를 통하여 자신의 기본적인 욕구를 충족시키는 데 어려움을 겪고 있거나 어려움이 예상될 때, 그 욕구를 충족시킬 수 있도록 도움을 제공하는 조직화된 사회적 활동의 총체이다."라고 정의했다(장인협 외, 1999:3-4).

(2) 이념적 개념

이념적인 개념의 사회복지는, 사회복지가 궁극적으로 도달해야 할 목표로 사회구성원 전체의 행복추구와 같이 목적적인 개념으로 정의한 것이다. 즉, 사회복지가 도달해야 할 이상향으로써 인간의 가치와 존엄성이 최고도로 실현되는 상황인 궁극적인 인간의 복지를 의미하며, 구체적 의미로 사용되기보다는 막연한 의미로 사용되는 일련의 정책과 제도의 목표를 의미한다.

사회복지를 목적적 개념으로 이해하게 되면, 사회복지는 매우 추상적이고 애매한 상태로 정의되어 사회복지의 개념정의와 실천에 다소 어려움이 존재한다. 그럼에도 불구하고 목적적 개념의 정의가 필요한 이유는 현실사회에 존재하는 사회복지의 한계와 약점을 이해할 수 있게 해주는 동시에 지적 통찰력을 제공하는 유익한 기능을 하기 때문이다. 이것은 현실적으로 사회복지정책의 인도자로서 또는 자극제로서 중요한 역할을 한다(박용순, 2003:40).

(3) 기능적 개념

사회복지의 개념을 기능적으로 정의하면 목적달성을 위한 현실적인 수단으로 존재하는 것을 의미한다. 즉, 사회복지가 현실에서 어떠한 기능과 역할을 하는가에 대한 정의를 말한다. 기능적 차원에서 사회복지의 개념을 설명한 학자들은 티트머스(Titmuss), 콤턴(Compton), 윌렌스키와 르보(Wilensky & Lebeaux)이며, 그중에 윌렌스키와 르보는 사회복지의 개념을 잔여적 개념(residual concept)과 제도적 개념(institutional concept)의 기능으로 구분하여 설명하고 있다.

잔여적 복지개념은 가족(family system)과 시장체계(market system)에서 제 기능을 하지 못하거나 진입을 하지 못하는 사람들을 일시적, 한정적, 보완적으로 보호하고 지원하는 보충적, 한시적인 복지의 개념이다.

전통사회에서는 사회복지개념을 빈민과 부랑인들을 구제하고 보호·지원하는 자선 사업의 일환으로, 즉 빈민구제의 차원에서 주로 가족, 친척, 이웃 등에 의한 활동으로 해결되었지만 고도산업화에 따르는 급격한 사회변화를 반영하고 있지 않으며 현대의 사회복지활동의 다양한 측면들을 충분히 설명하지 못하기 때문에 사회를 유지·발전시키는 데 필수적이라고 인식하지 않는다. 그리고 잔여적 복지개념은 경제적 개인주의나 자유시장이라는 가치의 토대인 시장논리를 강조하고 있기 때문에 시장은 노동 능력이 없는 노령자나 연소자, 장애인 등을 배려할 수 없는 치명적 약점을 안고 있어 사회적 약자에 대해서 최소한의 지원만을 강조하는 개념이다.

제도적 개념에서 사회복지의 기능으로는 복잡한 현대사회에 있어서 각 개인이 자신의 능력과 자아를 최대한 계발하고 발전시키기 위해서 사회복지의 혜택을 받는 것은 정상적이며 이런 점에서 사회복지는 하나의 항구적인 제도로써 그 사회의 제일선의 다른 사회제도와 같은 기능을 수행하는 것으로 본다.

(4) 법적 개념

법적 개념의 사회복지는 우리나라의 현행법에서 규정된 용어를 살펴봄으로써 사회복지 개념의 이해를 돕는 것이다. 사회복지를 규정한 최상위 법은 「헌법」으로서 「헌법」 제10조를 위시하여 제31조에서부터 제36조까지 넓은 의미에서 사회복지의 개념을 포괄하고 있다. 「헌법」 제10조에서 "모든 국민은 인간으로서의 존엄과 가치를 가지며, 행복을 추구할 권리를 가진다."라는 최상위 규정은 사회복지와 관련된 행복추구권 개념을 포괄적으로 규정하여 사회복지국가의 실현을 위한 국가의 의무를 선언하고 있다. 또한, 「헌법」 제34조에서 "모든 국민은 인간다운 생활을 할 권리를 가진다. 국가는 사회보장 및 사회복지의 증진에 노력할 의무를 진다."라고 규정하여 좁은 의미의 복지권인 사회복지의 개념을 규정하고 있다.

그 외 「헌법」 제34조의 내용은 다음과 같다.

- 모든 국민은 인간다운 생활을 할 권리를 가진다.
- 국가는 사회보장, 사회복지의 증진에 노력할 의무를 진다.
- 국가는 여자의 복지와 권익의 향상을 위하여 노력하여야 한다.
- 국가는 노인과 청소년의 복지향상을 위한 정책을 실시할 의무를 진다.
- 신체장애자 및 질병, 노령 기타의 사유로 생활능력이 없는 국민은 법률이 정하는 바에 의하여 국가의 보호를 받는다.
- 국가는 재해를 예방하고 그 위험으로부터 국민을 보호하기 위하여 노력하여야 한다.

그리고 「헌법」 제34조를 제외하고 사회복지와 관련된 「헌법」 조문은 다음과 같다.

- 제31조 교육을 받을 권리

- 제32조 노동의 권리
- 제33조 노동 3권의 보장
- 제35조 모든 국민은 건강하고 쾌적한 환경에서 생활할 환경권
- 제36조 혼인과 가족, 보건에 관한 권리를 규정

또한, 우리나라 「사회복지사업법」에서는 사회복지사업을 법적으로 규정하고 있는데 이 규정에 의하면 사회복지사업이란 보호·선도(善導) 또는 복지에 관한 사업과 사회 복지상담, 직업지원, 무료 숙박, 지역사회복지, 의료복지, 재가복지(在家福祉), 사회복지관 운영, 정신질환자 및 한센병력자의 사회복귀에 관한 사업 등 각종 복지사업과 이와 관련된 자원봉사활동 및 복지시설의 운영 또는 지원을 목적으로 하는 사업을 말한다. 그리고 「사회보장법」에서는 사회보장이란 용어도 있는데 이 법에서 규정한 "사회보장이란 출산, 양육, 실업, 노령, 장애, 질병, 빈곤 및 사망 등의 사회적 위험으로부터 모든 국민을 보호하고 국민 삶의 질을 향상시키는 데 필요한 소득·서비스를 보장하는 사회보험, 공공부조, 사회서비스를 말한다."라고 규정하고 있다.

이상에서 살펴본 바와 같이 다양한 측면에서 사회복지에 대한 개념을 살펴보았는데, 이런 측면을 포함하여 사회복지에 대한 개념을 정리해 보면 다음과 같다.

- 사회복지는 인간이 만들어 낸 제도의 하나로, 개인의 욕구와 사회문제를 경감하거나 해결하여 사회구성원 전체의 행복을 추구하려는 사회적 노력이다.
- 사회복지는 인간의 욕구와 사회문제에 대한 사회적 대책이다.
- 사회복지는 사회적 욕구를 해결하기 위해 자원집단, 행정집단 및 기능집단이 시행하는 집합적이고 의도적인 노력과 관련된 일체의 체계이다.
- 사회복지는 인간의 행복을 증진시키기 위해서 정부나 민간이 제반 프로그램이나 서비스 또는 시설을 통해 사회적 장애를 예방하고 경감시키기 위한 체계적, 조직적 활동의 총체이다.
- 사회복지는 모든 국민의 인간다운 생활을 보장하고 건강과 번영을 증진시키기 위하여 인간과 사회제도 및 사회체계 간의 상호작용에서 파생되는 제반문제나

사회적 요구에 보다 효과적으로 대처해 나가도록 계획적인 사회정책과 사회적 서비스를 마련하여 제공하려는 공공 및 민간기관들의 조직적인 노력이며 체계적인 실천 활동이다.

2) 사회복지의 목적

(1) 인간의 존엄성 유지

사회복지의 궁극적 목적은 무엇보다도 모든 국민의 인간다운 생활을 보장하여 인간의 존엄성을 유지하게 하는 것이다. 따라서 한 개인의 존엄성을 확보해 주기 위하여 그의 충족되지 못한 다양한 욕구에 대응하여 제반 서비스를 제공하여야 한다. 이것은 생존권적 기본권을 의미하며 이 생존권은 1919년 바이마르 헌법을 통해서 처음으로 등장하였다. 즉, 이전의 자유권에만 머물러 있던 기본적인 인권을 확대하여 인간이 인간답게 살아갈 권리이자, 국가에 대하여 생존을 유지할 수 있는 최소한의 요구를 할 수 있는 권리를 법적으로 확립한 것이다.

우리나라는 국민의 생존권을 보장하기 위해 「헌법」 제34조 제1항에 "모든 국민은 인간다운 생활을 할 권리를 갖는다."라고 규정하고 있다. 사회복지는 바로 이러한 인간의 생존권을 규정한 「헌법」 제34조를 구체적으로 구현해 가는 제도인 것이다.

(2) 자립적인 생활 추구

자립적인 생활을 추구하는 목적은 개인이 이웃이나 사회의 의존에서 벗어나 자기 스스로 삶을 영위하도록 하는 데 있다. 사회복지제도나 정책 차원에서의 사회복지의 목표는 공공부조제도나 사회보험제도를 통한 각 개인의 경제적 자립이라고 할 수 있다. 동시에 사회복지는 각종 제도적 보장과 함께 요보호자가 스스로 판단하고 결정하며 스스로 책임지는 능력을 기를 수 있도록 요보호자에게 내재되어 있는 잠재적 능력을 최대한 발휘하도록 도와주는 정신적인 자립도 포함한다.

프리드랜더가 말하는 사회복지의 기본적 가치관은 바로 이러한 점을 잘 말해준다고 하겠다. 결국 사회복지의 가치는 개인이 지니고 있는 성장의 가능성을 최대한으로 실현하는 것을 강조하고 있으며, 따라서 사회복지는 사회의 복지이기 이전에 개인의 사회적 복지라고 할 수 있는 것이다.

(3) 사회통합 지향

사회통합이란 사회 성원 간 또는 인간 사회 내의 여러 집단, 단체, 기관들 간에 서로 결속력을 갖도록 해주는 것을 말한다. 현대사회에서의 사회복지는 요보호자를 사회에서 배제하거나 제거시키려는 것이 아니라, 그들을 경제적으로 자립시키거나 신체적으로 재활시켜 생산적인 인간으로 만들어 사회통합을 이루려는 데 목적을 두고 있다. 즉, 사회복지는 사회생활상의 어려움을 지닌 개인이 사회복지적인 원조를 통하여 사회생활을 유지하게 함으로써 개인적으로 사회에 적응할 수 있을 뿐만 아니라 사회 전체적으로도 사회통합과 안정에 기여하게 된다는 것이다.

2. 사회복지의 대상과 범위

사회복지의 개념 범위를 규정하는 것은 사회복지라는 것이 고정되어 있는 것이 아니라, 시대와 사회에 따라서 변화되는 것이기 때문에 그 범위를 규정하기가 더욱 어렵다. 우리나라 사회복지학계에서는 전통적으로 그 범위를 좁게 보느냐 또는 넓게 보느냐에 따라 협의의 사회복지 개념과 광의의 사회복지 개념으로 구분해서 보는 것이 일반적이다(최성균 외, 2007:23).

1) 광의의 사회복지

광의의 사회복지 개념은 사회구성원 전체의 보편적 욕구를 충족하기 위한 제반 노력 및 활동을 의미한다. 특히, 산업사회 이후에 나타나는 실업, 빈곤, 불평등의 심화 등은 개인으로 해결하기 어려운 문제이고, 또한 그 해결책이 모든 사회 구성원이 원하고 있는 문제들이다. 그러므로 그 대상도 국민 전체가 된다.

따라서 광의의 사회복지는 제도적 사회복지, 사회정책, 사회보장, 교육, 주택, 공중 위생 비행, 범죄 등의 사회생활을 영위하는 인간의 정신적, 도덕적, 육체적 노동 및 경제적 재해 조건에 밀착되는 사회적 시책으로 사회구성원 일반을 대상으로 생활의 각 측면에서 나타나는 비복지를 다루거나 해결하고자 하는 노력을 말한다. 그리고 현대사회에서는 사회복지의 대상과 범위가 넓어지는 추세에 있다.

2) 협의의 사회복지

협의의 사회복지 개념은 국가부조를 받고 있는 자, 아동, 노인, 장애인, 기타원조, 육성을 필요로 하는 자로 하여금 자립하여 그 능력을 발휘하는 데 필요한 생활지도, 재활서비스 등을 행하는 것으로 사회적 약자를 대상으로 하는 복지사업을 의미한다. 즉, 한정된 사회적 약자나 요보호 대상자들에 대한 실천 활동을 말한다.

협의의 사회복지 개념은 사회복지의 고유영역을 규정하는 장점이 있으나 사회복지의 대상과 범위를 지나치게 좁게 규정하여 현대사회의 다양한 사회적 욕구에 대응하는 데는 한계가 있다고 볼 수 있다.

3. 사회복지의 모형

사회복지가 어떻게 발전되어 왔고, 오늘날 어떤 제도와 정책으로 나타나는지를 체계적으로 이해하기 위해서는 먼저 사회복지의 유형화를 이해하는 것이 중요하다. 사회복지를 설명하기 위해 학자에 따라 변화되는 사회복지 주요 모형들을 살펴보면 다음과 같다.

1) 윌렌스키와 르보의 모형

윌렌스키와 르보는 사회복지의 개념을 이전에서 살펴본 것과 같이 잔여적 개념과 제도적 개념으로 구분하여 설명하고 있다. 윌렌스키에 의하면, 사회복지사업은 제도적인 접근방법이 좋고, 이러한 지향을 가지고 프로그램을 개발하고 마련하는 것이다. 잔여적 모형과 제도적 모형을 그림으로 비교해 보면 [그림 2-2]와 같이 다른 사회제도의 예외적이고 사후치료적인 기능이냐 아니면 다른 사회기능들과 동등한 하나의 사회제도인가를 쉽게 구분할 수 있다.

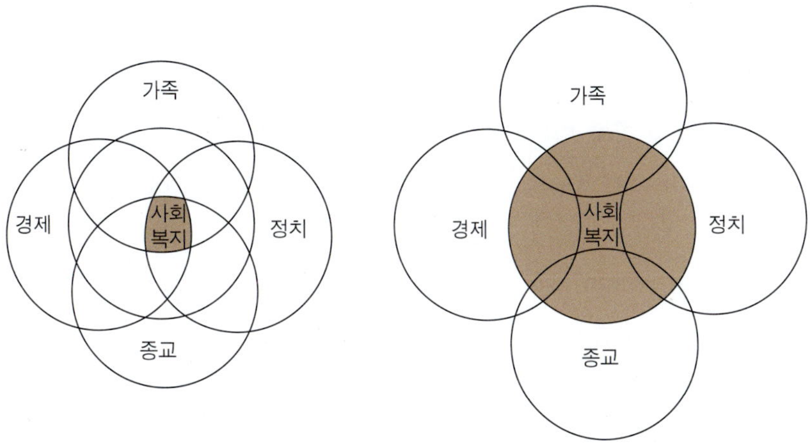

[그림 2-2] 사회복지의 잔여적 개념(좌)과 제도적 개념(우)

잔여적 개념의 사회복지는 가족, 시장, 종교, 정치제도가 기능적으로 실패할 때 임시적으로 보충할 뿐이며, 사회복지가 사회를 유지·발전시키는 데 필수적이라고 인식하지 않는다. 따라서 사회 구성원들 중 낙오자들에게 최저한도의 보호를 제공하는 사회복지활동은 잔여적이고 주변적, 예외적인 안전망 기능을 수행할 뿐이다. 그러므로 잔여적 개념의 모형에서는 사회복지란 가족 또는 시장과 같은 정상적인 공급구조가 제 기능을 발휘하지 못하는 경우에 활동을 시작하는 것으로 본다. 즉, 개인의 욕구를 충족시켜 주어야 하는 가정이 가장의 실직이나 질병으로 제 기능을 하지 못하거나, 시장체계가 경기침체나 그 밖의 요인으로 인하여 제 기능을 하지 못할 때 사회복지가 가정이나 시장체계를 대신하여 개입하게 되는 것이다. 그러므로 이 경우의 사회복지는 보충적, 일시적, 사후적 또는 대체적인 성격을 지니게 된다.

잔여적 사회복지 개념의 특징을 정리하면 다음과 같다.

- 사회복지는 가족, 시장, 종교, 정치제도가 기능적으로 실패할 때 임시적으로 보충
- 사회복지가 사회를 유지·발전시키는 데 필수적이라고 인식하지 않음
- 사회구성원들 중 낙오자들에게 최저한도의 보호를 제공하는 사회복지활동은 잔여적이고 주변적 예외적인 안전망 기능을 수행
- 가능하면 가족이나 시장과 같은 기존 사회제도들이 제대로 기능해서 사회복지 활동이 필요치 않게 되는 것이 사회복지의 궁극적인 지향
- 가족과 시장이 제 기능을 발휘하지 못하거나 불충분, 제3의 대안, 사회적 책임, 사회복지조직의 개입을 정당화
- 주로 요보호 상태에 놓인 사회적 약자가 중심대상
- 좁은 의미의 사회복지

반면, 제도적 개념의 사회복지 모형에서는 국가의 역할이 극대화되고, 소득조사에 의한 급여가 아닌 하나의 사회권으로 보편적인 권리로서 급여가 제공되고, 급여 수준도 높을 뿐만 아니라 무엇보다도 사회 집합적인 연대의 원리를 강조한다. 또한, 현대 산업사회에서 사람들이 만족할 만한 수준의 삶과 건강을 누릴 수 있도록 하는 제도적 기능을 수행하는 것으로 본다. 이 개념은 경제적 개인주의와 자유시장이라는 가치와 안정 평등 인도주의라는 가치들 사이의 절충을 반영하고 있다.

제도적인 사회복지 개념의 특징을 정리하면 다음과 같다.

- 현대 산업사회에서 정상적인 제일선의 기능으로 사회복지가 기능할 수 있다는 것을 전제한 개념
- 제도적 개념의 사회복지는 시장과 가족의 실패는 임시적인 것이 아니라 피할 수 없고 지속적인 것으로 이해
- 사회복지는 사회를 유지하는 데 필수적인 기능을 수행하며, 제도화되는 것이 당연하다고 인식

- 현대 산업사회에 있어 사회복지가 수행하는 정상적이며 우선적인 기능
- 사회복지 문제를 예방적, 계획적, 조직적으로 대처하려는 측면
- 사회복지 실현에서 일차적 보호 기능을 개념화, 복지권의 구현
- 넓은 의미의 사회복지

따라서 사회복지의 개념을 제도적인 관점에서 볼 때 잔여적 개념의 소극적인 입장에서 벗어나 적극적 입장에서의 사회통합 기능을 지니게 된다고 본다.

잔여적 개념과 제도적 개념의 이해를 돕기 위해 다음 몇 가지 사례를 살펴보고 개념들을 서로 비교해 보기로 하자.

[사례 1]
지하도에서 구걸하는 사람에게 동전을 주는 행위

[사례 2]
결혼식(장례식)에서 참석하여 축의금(조의금)을 부조하는 행위

[사례 3]
퇴근 후 보건소 간호사가 어려운 이웃을 방문하여 간호나 처치를 무료로 제공하는 행위

[사례 4]
자수성가한 사람이 생활이 어려운 소년소녀 가장에게 정기적인 후원금을 계좌로 송금하는 행위

[사례 5]
퇴근 후 보건소 간호사가 어려운 이웃을 방문하여 간호나 처치를 무료로 제공하는 행위

[사례 6]
시청 공무원이 공원에서 노숙하는 노숙자에게 담요 등을 지원하는 행위

[사례 7]
사회복지 공무원이 직권으로 무능력자에게 최저생계비를 받도록 하는 행위

여러분들은 위의 사례에서 잔여적 개념과 제도적 개념의 사회복지를 구분할 수 있겠는가? 아마 구분할 수 있다면 사회복지의 개념을 어느 정도 이해하였다고 생각하지만, 이해가 어렵다면 다시 한 번 더 자세히 살펴볼 필요가 있다. 물론 위의 사례가 전체적으로 보면 대상자에게 도움이 되는 사회복지적 차원의 서비스임은 분명한 사실이지만, 복지 제공자가 누구냐에 따라 살펴보면 사례 1~5까지는 정기적이든 일시적이든 제공주체가 사적인 개인이기 때문에 잔여적 성격을 가지며, 사례 6과 7은 비록 일시적이고 단기적인 부분이 있다 할지라도 제공주체가 공적 기관에서 서비스하는 것이기 때문에 책임성 측면에서 제도적 의미의 사회복지가 된다.

참고로 존슨(H. W. Johnson)이 구분한 사회복지의 잔여적 개념과 제도적 개념을 구분해 보면 다음 〈표 2-1〉과 같다[5].

표 2-1 잔여적 사회복지와 제도적 사회복지 비교

잔여적 개념	제도적 개념
• 그 욕구가 예외적인 것이다. • 문제의 상황이 긴급하고 위급하다. • 자신이 가진 자원이나 노력을 다 쓴 후에라야 도움을 받게 된다. • 문제와 서비스 때문에 낙인(stigma)을 남기게 된다. • 부조는 일시적 개선 또는 마지못해 하는 최종적인 수단으로서의 시혜나 자선이며, 되도록이면 빨리 종결짓고자 한다. • 엄격한 개별주의 철학	• 그 욕구가 산업화로 인해 생기는 것으로 언제나 예상된다. • 문제가 현대생활의 복잡성 속에 잠재해 있다. • 파괴되기 전에 도움이 마련되어 있다. • 문제나 서비스 어느 것 때문에도 낙인이 남지 않는다. • 서비스는 예방과 재활을 강조하는 제도적인 것이며 영구적일 수도 있다. • 안전과 인본주의를 강조

5) H.W. Johnson, The Social Services an Introduction(Itasca, Ill.,: F.E. Peacock Publishers, Inc., 1982), p. 15.

2) 티트머스의 모형

영국의 사회행정가 티트머스[6]는 사회복지제도의 모형을 보완적(보충적) 모형(residual model), 산업성취형 모형(industrial achievement model), 제도적 재분배 모형(institutional redistributive model)으로 유형화하였다.

(1) 보완적 모형

보완적 모형은 개인적 욕구의 해결기제인 가정과 시장이 제 기능을 제대로 발휘하지 못할 때 정부가 일시적으로 개입하여 부족한 부분을 보충해주는 것으로 윌렌스키와 르보가 제시한 잔여적 모형과 같다. 구체적인 정부의 정책으로는 개인주의에 기초를 두고 경제 성장과 국부의 극대화를 중시하고 모든 종류의 계약과 합의에 대한 개인의 자유선택을 강조한다. 또한 모든 종류의 분배는 개인의 생산체계와 능력에 따라 좌우되어야 하며 빈곤은 절대적 개념이라 주장한다.

(2) 산업성취형 모형

산업성취형 모형은 개인의 욕구는 개인의 업적, 사회의 기여도 및 공헌 정도, 그리고 생산성에 따라 충족되어야 한다는 것이다. 개인의 업적이나 성취, 생산성에 기초하고 있는 정책 모형으로 그 특징은 기회의 평등, 개인의 자유를 강조하면서 동시에 분배체계로서는 시장을 중시한다. 그리고 빈곤은 상대적 개념이므로 최저 생활보장에 대한 책임을 정부가 담당해야 한다고 주장한다.

6) 티트머스(Richard Morris Titmuss, 1907~1973)는 베버리지 방식의 복지제도, 즉 모든 국민 혹은 대다수의 국민을 대상으로 하는 대규모의 국가주도의 복지제도를 강력히 옹호한 사람이다(Kinkaid, 한국복지연구회 역, 1987:161).

(3) 제도적 재분배 모형

제도적 재분배 모형은 1차적 분배에 따른 사회적 불평등과 사회적 공평성 차원에서 재분배하여 균등화, 평준화를 추구하는 제도로 사회적 통합을 지향하는 모델이다(강용규 외, 2007:19).

3) 미쉬라 모형

미쉬라(R. Mishra)는 사회복지의 모형을 잔여적 모형, 제도적 모형, 규범적 모형으로 제시하였다. 잔여적 모형과 제도적 모형은 티트머스가 제시한 모형과 유사하며 규범적 모형에서 미쉬라는 티트머스의 두 가지 사회복지 모형이 자본주의 사회의 사회복지만을 겨냥한 것이라고 비판하면서 사회주의 사회의 사회복지정책 모형을 분석하기 위해 새로운 모형을 제시하였는데 이것을 바로 규범적 모형이라 하였다.

미쉬라의 세 가지 모형의 특징을 요약하면 다음의 〈표 2-2〉와 같다.

표 2-2 미쉬라 모형에 대한 특징비교

주요한 특징	잔여형	제도형	규범형
국가 개입	최소	최적	전부
법적 서비스의 범위	제한적	확장적	포괄적
법적 서비스의 수혜자	소수	다수	전국민
급여의 수준	낮다	중간	높다
자산조사의 활용	일차적	이차적	제한적
수혜자	빈민	시민	공동체
수혜자의 지위	낮다	중간	높다
서비스의 방향	집중적	공리적	전 국민

4. 사회복지와 유사개념

1) 사회복지와 사회사업

사회복지는 사회구성원의 행복을 증진시키기 위해서 정부나 민간이 제반 프로그램이나 서비스 또는 시설을 통해서 사회적 역기능을 예방하고 경감시키기 위한 체계적이고 조직적인 노력이나 활동을 말한다. 반면, 사회사업은 시설현장에서 개인, 가정, 집단, 지역사회에 대한 서비스 형태나 기술적 활동을 말하는 것으로, 전문직의 미시적인 실천방법이며 실천현장에서 사회복지 운영의 실질적이고 전문적인 활동을 말한다. 그러므로 사회복지가 추상적이고 보편적으로 표현되는 데 비하여 사회사업은 실천현장에서 구체적이고 세부적으로 복지를 나타내는 측면에서 차이가 있다. 그리고 사회복지(social welfare)와 사회사업(social work)과의 관계는 서로 상호관련성을 가지며 모든 인간의 행복 증진과 개인의 행복을 위한 사회사업과 분리가 불가하다고 볼 수 있다. 또한 사회복지의 모든 정책과 제도는 사회사업을 기초로 발전되고 제도화된다.

그 외에도 사회복지와 사회사업을 비교해 보면 다음 〈표 2-3〉과 같은 차이점이 있다.

표 2-3 사회복지와 사회사업 비교

구분	사회복지	사회사업
개념	거시적	미시적
목적	사회환경 지향적: 사회환경	변화 개인(인간) 지향적: 개인변화
대상	전체적, 불특정적	부분적, 특정적
범위	보편성	개별성
기능	예방적, 사전적	치료적, 사후적
방법	정책, 제도	전문지식과 기술

2) 사회적 서비스

사회(적) 서비스(social service)는 국가·지방자치단체 및 민간부문의 도움이 필요한 모든 국민에게 복지, 보건의료, 교육, 고용, 주거, 문화, 환경 등의 분야에서 인간다운 생활을 보장하고 상담, 재활, 돌봄, 정보의 제공, 관련 시설의 이용, 역량 개발, 사회 참여 지원 등을 통하여 국민의 삶의 질이 향상되도록 지원하는 서비스를 말한다. 그리고 이 서비스는 인적 자원의 보존, 보호, 개발을 직접적인 목적으로 하는 조직화된 활동으로 사회부조, 사회보험, 아동복지, 교정, 정신보건, 교육, 여가, 노동, 주택 등이 포함되며 대인적 사회서비스와 제도적 사회서비스로 구분된다.

대인적 사회서비스(personal social service)는 서비스 제공자인 전문가(사회복지사)가 노인, 아동, 여성, 장애인 등 서비스 대상자에게 직접적, 전문적 서비스를 제공하는 것을 말하며, 제도적 사회서비스(institutional social service)는 소득보장이나 생애주기별 복지제공 등의 정책을 말한다. 사회복지와 사회적 서비스의 관계는 사회복지를 구현하는 하나의 방법이나 분야로 사회적 서비스가 존재한다고 본다면 사회복지와 구별되는 개념이 된다.

3) 사회보장

사회보장(social security)이란 「사회보장기본법」 제3조 제1호에서 정의된 기본 개념에 의하면, 출산, 양육, 실업, 노령, 장애, 질병, 빈곤 및 사망 등의 사회적 위험으로부터 모든 국민을 보호하고 국민 삶의 질을 향상시키는 데 필요한 소득·서비스를 보장하는 사회보험, 공공부조, 사회서비스를 말한다. 즉, 사회보장이란 위에서 정의된 사회적 위험으로부터 소득 중단 등의 위기가 발생하였을 경우 국가가 책임지고 사회구성원을 보호하여 인간다운 생활의 유지를 보장해주는 공적 제도로서 의미이다. 사회복지와 사회보장의 개념을 비교해 보면 둘 다 유사한 개념으로 우리나라의 경우 복지영역에서 가장 상위의 개념으로 사회복지를 사용하는 데 비하여 미국은 사회보장이라는 용어가 가장 상위의 개념으로 사용되고 있어 국가마다 용어사용에 차이가 있다.

5. 사회복지의 개념변화

사회복지의 개념은 시대에 따라 사회적 상황의 변화, 그리고 이념 및 방법과 기술의 개발에 따라 고정되어 있는 것이 아니라 그 강조점이 시대나 사회에 맞게 변화되고 있다. 그 이유로는 초기 산업사회에 비하여 후기산업사회의 사회·경제적 특성이 매우 다양하고 심각한 현상이 도래하기 때문이며 그 외에도 소비 수준의 향상이나 다양한 욕구에 대한 열망 수준의 상승 그리고 다양한 욕구에 대한 사회개입의 확대 등을 들 수 있다.

로메니신(Romanyshyn)은 사회복지의 개념이 다음과 같은 방향으로 변화된다고 하였다.

1. 잔여적 개념에서 '제도적 개념'으로

가족이나 시장과 같은 정상적인 사회구조를 통해 기본적인 욕구충족을 할 수 없는 사람들이 사회복지에 최후로 의지한다고 보는 잔여적, 응급적, 일시적 구호 개념에서 사회복지가 정상적인 사회제도로서 사회에서 정당한 지위를 가지는 제도적 개념으로 변화하였다.

2. 자선에서 '시민의 권리'로

서구에서 19세기 중산층의 자선관을 자선의 복지라고 한다면, 20세기에 들어 노동자들이 시민계급으로 성장하면서 사회권으로서 복지의 권리를 획득하였다.

3. 선별성에서 '보편성'으로

사회복지가 빈민들에 대한 특별한 서비스로 간주하는 데서 벗어나, 많은 시민들이 보편적으로 가지고 있는 욕구를 충족시키는 프로그램으로 발전하였다.

4. 최저 수준에서 '적정 수준'으로

사회의 생산력이 발전함에 따라 사회복지의 보장 수준이 최저 수준의 보장에서 적정 수준으로 발전하였다.

5. 개인으로부터 '사회개혁'으로

초기의 사회복지의 관점은 개인의 도덕적, 성격적 결함에서 욕구발생의 원인을 규명했는데 현대로 오면서 구조적인 사회제도의 결함에서 찾고 있다.

6. 자발적 자선에서 '공공'으로

산업화의 진전에 따라 야기되는 대규모의 사회문제들을 중산층의 자선만으로 대처하기 어렵게 되었고 국가의 복지기능을 확대하라는 정치적 압력의 증대로 정부 개입이 증가되었다.

7. 빈민에 대한 '복지사회'로

인간의 존엄성과 공동체라는 가치가 중요하며 인간의 능력을 최대로 동등하게 실현할 수 있는 제도를 개발하는 복지사회로 발전하고 있다.

이러한 관점으로 사회복지의 이념이나 방법 및 내용면에서 사회복지의 패러다임(paradigm)의 변화를 요약해 보면 〈표 2-4〉와 같다.

표 2-4 사회복지 패러다임의 변화

구분	변화방향
기본 이념	보호, 구제 → 참가, 사회통합, 정상화의 실현
대상자	저소득자, 약자의 보호 → 복지욕구가 있는 모든 자
공사관계	공사분리 → 공사협동
국가와 지방의 관계	중앙집권 → 지방분권
재원	공비 부담, 무료복지 → 공비 부담, 이용자 부담
서비스의 결정	행정청의 재량 → 이용자의 선택, 자기결정
공급 주체	공적공급, 법인위탁 → 공 · 사 혼합, 복지다원주의
서비스의 질	최저기준의 보장 → 삶의 질 향상
서비스 공급의 관점	공급자 중심 → 이용자 중심(선택, 참가)
서비스 공급장소	시설복지 → 재가복지 → 지역사회중심의 사회복지

6. 사회복지학의 학문적 성격

사회복지의 기본적인 대상은 인간이다. 그러므로 사회과학에 속하고 그중에서 사회복지학은 인간의 사회적 생존을 연구하는 인간에 관한 학문이며, 우리는 보통 사회복지를 인간의 사회문제를 해결하고 개인의 욕구를 해결하여 인간의 잔존능력과 개인적 잠재능력을 발전시키는 실천기술이라든가 또는 실천학문이라 보고 있다. 사회복지학을 다른 학문 분야와 비교했을 때의 차이로는 사회복지학은 다학문적 성격을 가지고 있으며, 사회복지학은 사회과학의 가치성과 관련성이 있고, 또한 사회복지학은 절충주의적 태도를 견지하는 특징이 있다.

따라서 사회복지학은 모든 국민들의 인간다운 삶을 보장하기 위해서 사회문제나 사회적 욕구나 위험에 조직적이고 체계적으로 대처하는 실천 활동이 된다. 그러나 정치, 경제, 역사, 문화, 이데올로기 등에서 차이가 있기 때문에 각 국가들마다 사회복지의 실천방법이나 서비스 정도는 다를 수 있다. 오늘날 대부분의 국가들은 사회복지의 실천을 중요한 목표로 삼고 적극적으로 개입하고 있다.

사회복지학의 학문적 특성으로는 가치를 지향하는 학문이고 사회에서 실천 중심의 사회과학이며, 여러 인접학문을 종합한 다학문적 성격을 지니고 있다. 또한, 인간을 돕는 행위를 이해하기 위해서는 통계학과 같은 사회과학의 재분야가 제공하는 지식의 활용이 요구된다.

연 구 과 제

1. 나는 누구이고 사회복지학을 공부하는 이유는 무엇인지 A4 용지에 작성해 봅시다.
2. 사회복지의 자유와 평등의 가치에 대해 그 중요성을 이야기해 봅시다.
3. 수강생은 주변에서 쉽게 만나는 사람들(가족, 직장동료, 이웃 등) 2명 이상에게 '사회복지란 무엇인가?'를 물어서 그들의 대답을 적어 봅시다.
4. 사회복지대백과사전, 사회사업사전 등 사회복지 관련 전문사전을 구해서 사회복지에 관한 주요 낱말의 뜻을 정확히 파악해 봅시다.
5. 가까운 도서관이나 서점에서 쉽게 구할 수 있는 '사회복지개론'을 한 권씩 읽고, 사회복지학의 전체 개념을 파악해 봅시다.
6. 한 학기 동안 외국의 사회복지학자가 쓴 '사회복지개론'을 한 권씩 읽고, 그 나라와 한국의 사회복지학의 공통점과 차이점을 분석해 봅시다.

CHAPTER 3

사회복지의 가치, 윤리와 이념

CHAPTER 3 사회복지의 가치, 윤리와 이념

학습목표

- 사회복지에서 추구하는 가치를 제시할 수 있다.
- 가치와 윤리의 차이점을 비교설명할 수 있다.
- 사회복지 관점에 따라 이념이 다르다는 것을 설명할 수 있다.

1. 사회복지의 가치 및 윤리

1) 사회복지의 가치

우리는 일상생활에서 어떤 사물이나 행위의 중요성을 지칭할 때 가치(value)라는 개념을 사용하는데, 사회복지학에서도 가치의 개념은 매우 중요한 의미를 갖는다. 가치는 어떤 사물, 현상, 행위 등이 인간에게 의미 있고 바람직한 것임을 나타내는 개념으로 현실세계에 대한 인간의 실천과 경험을 통해 형성되는 의식적인 관계가 축적된 결과물로서 역사적 산물이라 할 수 있다.

레비(Levy)에 의하면, "가치는 인간에 관하여 그리고 인간을 다루는 적절한 방법에 대하여 전문직이 갖는 신념으로 본다라고 하였고, 바틀렛(Bartlett)은 가치는 선이며 바람직한 것이다."라고 정의하고 있으며, 가치가 질적인 판단이며 경험적으로 증명되는 것은 아니라고 하였다. 이런 의미에서 가치는 사회복지 전문가들이 지향해야 할 목적이나 목표를 제시해 준다. 즉, 가치와 이념에 의해 사회복지의 목적과 목표가 정해지고 목적과 목표에 의해 세부 정책과 제도가 등장하게 되는 것이다.

프리드랜더(Friedlander)는 사회복지사업의 기본적 가치에 대해 다음과 같은 성격을 가진다고 하였다.

- 개인존중의 원리로서 모든 사람은 인간으로서의 가치, 품위, 존엄을 가진다.
- 자발성 존중의 원리로서 개인이 무엇을 요구하고 그것을 어떻게 충족할 것인가를 결정할 권리이다.
- 기회균등의 원리로서 모든 인간에 대해 균등한 기회를 제공한다.
- 사회연대의 원리로서 사람들은 자기 자신, 가족 및 사회 등에 책임을 진다.

이처럼 인간과 대상의 관계를 통해 정착된 가치는 인간의 사고와 태도에 영향을 미치며 동시에 그들의 존재조건, 욕구, 이해관계 등을 보여주는 개념이 된다. 따라서 가치의 내용은 변화되는 의식구조를 반영하면서 시대적·사회적 여건에 따라 각기 다른 형태로 나타난다. 사회복지학과 같은 학문은 가치 지향적이므로 사회복지에 대한 나의 관점과 타인의 관점은 다를 수 있기 때문에 나의 주관적 관점을 강요할 수 있는 것도 아니다.

사회복지에서 추구하는 가치는 보는 관점이나 추구하는 이념에 따라 다를 수 있기 때문에 시대나 이념을 초월하여 일반적이고 보편적이며 많은 사람들이 공유할 수 있는 사회복지에 대한 가치를 몇 가지 제시해 보면 다음과 같다.

(1) 인간존중

인간존중(dignity)이란 인간은 어떠한 상태로 태어나든 인간이기 때문에 가장 소중한 존재이므로 존엄하게 대우받아야 한다는 것이다. 즉, 성별, 종교, 피부색, 국적, 빈부차이, 사회적 지위, 신체적 또는 정신적 조건 등에 관계없이 한 인간으로서 존중받아야 한다는 것을 의미한다. 인간이 존엄하다는 것은 인간 자체에 존엄한 속성이 있어서가 아니라, 나 자신과 사회의 생존을 위해서는 인간을 존엄한 존재로 여겨야 하기 때문이다. 그러므로 인간 존엄성은 사회가 존립하기 위해서는 포기할 수 없는 아주 중요한 가치이다.

인간을 존중한다는 것은 사회복지에서 가장 중요한 가치로 여기는데, 그 이유는 사람이 정서적으로 안정되고 사람들로부터 존중과 애정을 받으며 우호적으로 협력적인 인간관계 속에서 걱정과 근심 없이 만족스러운 삶을 살아갈 수 있는 능력을 길러주고 발전시켜 주기 때문이다. 인간존중의 가치는 인간다운 생활을 보장받을 때 가능하기 때문에 〈세계인권선언문〉과 우리나라 「헌법」에 이러한 가치를 규정하고 있다.

〈세계인권선언문〉

(제1조) 모든 사람은 태어나면서부터 자유로우며, 동등하게 존엄성과 권리를 보장받아야 한다. 여러 분은 인간이라는 이유만으로, 지구상의 모든 사람들과 똑같은 권리를 가지고 있습니다. 이 권리는 양도될 수 없는 것으로, 누구도 빼앗을 수 없는 권리입니다. 모든 개인은 자신이 누구든지, 어디에 살든 지 관계없이 존엄성을 보장받아야 합니다.

〈대한민국 헌법〉

(제10조) 모든 국민은 인간으로서 존엄과 가치를 가지며 행복을 추구할 권리를 가진다. (제34조) 모든 국민은 인간다운 생활을 할 권리를 가진다.

(2) 자유와 평등

① 자유

자유(freedom)의 의미는 다른 사람의 간섭 없이 자신의 의지대로 행하는 것을 말한다. 자유의 개념에는 소극적 자유(negative freedom)와 적극적 자유(positive freedom) 그리고 심리적 자유(psychological freedom)가 있다. 소극적 자유는 다른 사람의 간섭없이 자신의 의지(will)대로 행하는 자유, 즉 강요와 강압의 부재를 의미하며, 적극적 자유는 자신이 선택한 대로 행동할 수 있는 힘을, 그리고 심리적 자유는 선택할 수 있는 능력을 말한다.

사회복지의 가치에서 가장 논란이 많은 개념 중의 하나는 자유인데, 그 이유는 개인에게 자유를 무제한 용인해 주다 보면 그것이 다른 사람의 자유를 침해하고 평등을 저해할 수 있기 때문에 자유는 평등과 대치되는 개념이 되기도 한다. 또한, 특정한 사람들의 소극적 자유를 줄이는 반면, 다른 사람들의 적극적 자유를 증가하는 것이 유리할 수 있다. 그 이유는 적극적 자유를 높이는 것이 소극적 자유를 줄이는 것보다 사회적으로 더 바람직할 수 있다는 논리로, 적극적 자유가 소극적 자유의 가치를 높일 수 있다는 점이다.

예를 들어, 아사 직전의 사람에게 자유롭게 행동할 수 있는 '기회'를 주는 것은 무의미하며, 이런 경우 음식을 제공하여 자신이 원하는 것을 할 수 있는 적극적 자유를 먼저 높여야만 이들의 소극적 자유의 가치도 증가하기 때문이다. 또 다른 예로, 가난한 사람에게 음식을 지급하기 위해서 부자의 자유(소극적 자유)를 감소시켰을 때, 늘어난 빈자의 자유를 통한 효용의 증가는 부자가 잃은 자유로 인한 효용의 감소보다 클 수 있다. 즉, 많은 자유를 가진 사람이 자유를 조금 잃더라도 적은 자유를 가지고 있는 사람의 자유가 그보다 더 늘어난다면 사회 전체적인 자유의 양은 커지게 되어 사회적으로 바람직한 상태가 되는 것이다. 결국 자유의 중요성은 자기 결정권의 존중과 같다.

② 평등

평등(equality)[1]은 사회적 자원의 재분배를 통하여 사회 구성원의 삶의 질을 골고루 향상시키고자 하는 가치이다. 그러나 평등의 구체적인 개념에 관하여는 논란이 많다. 평등의 개념은 수량적 평등, 비례적 평등, 기회의 평등이 있다.

수량적 평등은 사람들의 욕구나 능력의 차이에 관계없이 사회적 자원을 똑같이 분배하는 것을 의미하며, 결과의 평등이라고도 한다. 많은 사회복지정책이 이러한 수량적 평등의 가치를 반영함으로써 결과의 평등을 부분적으로나마 목표로 하고 있다. 예를 들어, 사회복지정책들이 소득재분배의 목표를 달성하기 위해서 빈자들에게 그들의 능력과 기여에 상관없이 자원을 할당해 줌으로써 부자들과의

1) 수량적 평등은 모든 사람을 똑같이 취급하여 욕구나 능력의 차이에 관계없이 사회적 자원을 분배하는 개념으로 가장 적극적인 평등개념이다. 비례적 평등은 개인의 욕구, 능력, 기여 정도에 따라 사회적 자원을 다르게 분배하는 개념이다. 기회의 평등은 결과는 무시한 채 과정상의 기회만 똑같이 해주는 개념이다.

소득의 격차를 줄이려고 하고 있다.

비례적 평등은 개인의 욕구, 노력, 능력, 기여에 따라 사회적 자원을 상이하게 배분하는 것을 말한다. 예를 들어, 보험료를 많이 지불한 사람에게 많은 급여 혜택을 주는 것과 공적 부조 정책의 열등수급의 원칙이 이에 해당한다. 이를 공평(equity)이라고도 한다. 수량적 평등과 비교해 보면 상대적으로 많은 불평등이 존재하지만 수량적 평등의 비현실성을 고려한다면 자본주의 사회에서 실질적으로 가장 널리 사용되는 개념이다.

기회의 평등은 결과의 평등측면을 무시한 채 결과를 얻을 수 있는 과정상의 기회만을 동일하게 주는 개념을 말한다. 예를 들어, 각종 빈곤층 대상 교육, 훈련 프로그램 등이 이에 해당된다.

(3) 사회적 연대성

사회복지를 대표하는 또 하나의 가치는 사회적 연대성(social solidarity)이다. 뒤르켐(Durkheim)은 연대를 기계적 연대[2]와 유기적 연대[3]로 구분했다. 연대성이란 사전적 의미로 두 사람 이상이 함께 무슨 일을 하거나 함께 책임지는 일로 정의되어 있는 데 이것은 사회 구성원들이 사회에 대하여 가지고 있는 소속의식 및 연대감을 말하는데 서로에 대한 책임감을 강조하는 것을 말한다.

사회복지는 구성원 상호 간의 도움을 주고받는 행위를 통하여 사회적 자원을 재분배할 뿐 아니라, 이러한 원조행위가 구성원 상호 간의 감정적 통합을 가져오게 된다.

---

2) 기계적 연대는 가족이나 부족사회에서 흔히 나타나는 연대로서 구성원들을 결속시킬 수 있는 공통의 대인관계나 가치 그리고 신념이 존재할 때 가능하게 된다.

3) 유기적 연대는 사회적 분화가 급격하게 발생하는 현대사회에서 질서를 유지하기 위해서 사회 구성원들 개개인이 상이하게 평가되는 상이한 역할을 수행할 필요성을 갖게 되는데, 이러한 상이성에 근거한 연대가 유기적 연대이다.

한편, 이러한 감정적 연대와 통합은 사회적 자원의 재분배를 가능하게 한다. 전통적 사회에서는 가족이나 지역공동체의 상호의존성에 기초하여 자원의 재분배가 이루어지고 사회통합이 달성될 수 있었다. 그러나 산업혁명 이후 사회경제적 진보에 따라 가족과 지역공동체는 그 기능을 상실하게 되었으며, 사회통합을 위한 새로운 사회적 장치가 필요하게 되었다. 현대사회에서의 사회복지제도는 공동체 구성원의 상호의존성을 제도적 장치로 복원함으로써 사회통합을 달성하게 하고 있다.

결국, 사회적 연대성의 원리는 자본주의의 지나친 경쟁관계에서 오는 사회적 불평등과 인간 소외현상을 해결할 수 있고, 사회구성원 간의 따뜻한 인정과 협동정신을 강조하여 사회적 위험으로부터 공동으로 대처하게 해 준다. 대표적으로 산업사회 이전에는 상부상조하는 혈연·지연 공동체 등이 있고 산업사회 이후에는 사회보험이 대표적인 연대성에 기초한 제도이다.

2) 사회복지의 윤리

윤리는 사회 속에서 살아가는 인간으로서 마땅히 지켜야 할 도리를 말한다. 윤리는 가치로 나오는데, 일반적으로 가치가 무엇이 의미 있고 바람직한가의 문제를 다루는 데 비해, 윤리는 무엇이 옳고 바르냐를 논한다는 것에서 차이가 있다. 그래서 윤리는 개인이 추구하는 가치를 일관되게 행동하도록 지시하는 행동규범적인 성격을 가진다. 특히, 사회복지사는 사회적으로 취약한 사람이나 약자를 대상으로 하는 전문직이기 때문에 대상자의 인격과 인권을 존중하고 약자 편에서 서비스를 하는 윤리성이 상대적으로 강조된다고 하겠다.

이를 위해 한국사회복지사협회가 제정한 사회복지사 윤리강령(KASW; code of Ethics)을 소개하면 다음과 같다. 사회복지사 윤리강령은 크게 '전문'과 각 대상에 대한 '윤리기준' 그리고 '사회복지사선서'로 되어 있으며 세부내용은 다음과 같다.

〈사회복지사 윤리강령〉

전 문

사회복지사는 인본주의 · 평등주의 사상에 기초하여, 모든 인간의 존엄성과 가치를 존중하고 천부의 자유권과 생존권의 보장활동에 헌신한다. 특히 사회적 · 경제적 약자들의 편에 서서 사회정의와 평등 · 자유와 민주주의 가치를 실현하는 데 앞장선다. 또한 도움을 필요로 하는 사람들의 사회적 지위와 기능을 향상시키기 위해 저들과 함께 일하며, 사회제도 개선과 관련된 제반 활동에 주도적으로 참여한다. 사회 복지사는 개인의 주체성과 자기결정권을 보장하는 데 최선을 다하고, 어떠한 여건에서도 개인이 부당하게 희생되는 일이 없도록 한다. 이러한 사명을 실천하기 위하여 전문적 지식과 기술을 개발하고, 사회적 가치를 실현하는 전문가로서의 능력과 품위를 유지하기 위해 노력한다.

이에 우리는 클라이언트 · 동료 · 기관 그리고, 지역사회 및 전체사회와 관련된 사회복지사의 행위와 활동을 판단 · 평가하며 인도하는 윤리기준을 다음과 같이 선언하고 이를 준수할 것을 다짐한다.

윤리기준

Ⅰ. 사회복지사[4]의 기본적 윤리기준

1. 전문가로서의 자세

1) 사회복지사는 전문가로서의 품위와 자질을 유지하고, 자신이 맡고 있는 업무에 대해 책임을 진다.
2) 사회복지사는 클라이언트의 종교, 인종, 성, 연령, 국적, 결혼상태, 성 취향, 경제적 지위, 정치적 신념 · 정신, 신체적 장애, 기타 개인적 선호, 특징, 조건, 지위를 이유로 차별 대우를 하지 않는다.
3) 사회복지사는 전문가로서 성실하고 공정하게 업무를 수행하며, 이 과정에서 어떠한 부당한 압력에도 타협하지 않는다.
4) 사회복지사는 사회정의 실현과 클라이언트의 복지 증진에 헌신하며, 이를 위한 환경 조성을 국가와 사회에 요구해야 한다.
5) 사회복지사는 전문적 가치와 판단에 따라 업무를 수행함에 있어, 기관 내외로부터 부당한 간섭이나 압력을 받지 않는다.
6) 사회복지사는 자신의 이익을 위해 사회복지 전문직의 가치와 권위를 훼손해서는 안 된다.
7) 사회복지사는 한국사회복지사협회 등 전문가단체 활동에 적극 참여하여, 사회정의 실현과 사회복지사의 권익옹호를 위해 노력해야 한다.

---

4) 사회복지사는 개인, 집단, 가족, 지역사회의 복지욕구를 충족시키고, 사회문제를 해결하는 전문가로 활동하는데, 전문영역과 소속된 실천현장에 따라 사회복지사의 역할이 다양하다. 한국과 달리 미국의 사회복지사는 개인적으로 개업하여 활동하는 사례도 있다.

2. 전문성 개발을 위한 노력

1) 사회복지사는 클라이언트에게 최상의 서비스를 제공하기 위해, 지식과 기술을 개발하는 데 최선을 다하며 이를 활용하고 전파할 책임이 있다.
2) 클라이언트를 대상으로 연구하는 사회복지사는 저들의 권리를 보장하기 위해, 자발적이고 고지된 동의를 얻어야 한다.
3) 연구과정에서 얻은 정보는 비밀보장의 원칙에서 다루어져야 하고, 이 과정에서 클라이언트는 신체적, 정신적 불편이나 위험 · 위해 등으로부터 보호되어야 한다.
4) 사회복지사는 전문성을 개발하기 위해 노력하되, 이를 이유로 서비스의 제공을 소홀히 해서는 안 된다.
5) 사회복지사는 한국사회복지사협회 등이 실시하는 제반교육에 적극 참여하여야 한다.

3. 경제적 이득에 대한 태도

1) 사회복지사는 클라이언트의 지불능력에 상관없이 서비스를 제공해야 하며, 이를 이유로 차별대우를 해서는 안 된다.
2) 사회복지사는 필요한 경우에 제공된 서비스에 대해, 공정하고 합리적으로 이용료를 책정해야 한다.
3) 사회복지사는 업무와 관련하여 정당하지 않은 방법으로 경제적 이득을 취하여서는 안 된다.

Ⅱ. 사회복지사의 클라이언트[5]에 대한 윤리기준

1. 클라이언트와의 관계

1) 사회복지사는 클라이언트의 권익옹호를 최우선의 가치로 삼고 행동한다.
2) 사회복지사는 클라이언트에 대하여 인간으로서의 존엄성을 존중해야 하며, 전문적 기술과 능력을 최대한 발휘한다.
3) 사회복지사는 클라이언트가 자기결정권을 최대한 행사할 수 있도록 도와야 하며, 저들의 이익을 최대한 대변해야 한다.
4) 사회복지사는 클라이언트의 사생활을 존중하고 보호하며, 직무 수행과정에서 얻은 정보에 대해 철저하게 비밀을 유지해야 한다.
5) 사회복지사는 클라이언트가 받는 서비스의 범위와 내용에 대해, 정확하고 충분한 정보를 제공함으로써 알 권리를 인정하고 존중해야 한다.
6) 사회복지사는 문서, 사진, 컴퓨터 파일 등의 형태로 된 클라이언트의 정보에 대해 비밀보장의 한계 · 정보를 얻어야 하는 목적 및 활용에 대해 구체적으로 알려야 하며, 정보 공개 시에는 동의를 얻어야 한다.

---

5) 클라이언트(client)는 사회복지사(social worker)와 짝(counterpart)을 이루는 개념이자, 상대되는 용어이다. 사회복지서비스, 특히 대인서비스에서 사회복지사가 제공하는 서비스를 받는 사람을 클라이언트라고 한다. 수혜자 또는 내담자라는 말로 표현되기도 하지만, 최근에는 좀더 적극적인 개념으로 도움이 필요한 사람으로 정의한다.

7) 사회복지사는 개인적 이익을 위해 클라이언트와의 전문적 관계를 이용하여서는 안 된다.
8) 사회복지사는 어떠한 상황에서도 클라이언트와 부적절한 성적 관계를 가져서는 안 된다.
9) 사회복지사는 사회복지 증진을 위한 환경조성에 클라이언트를 동반자로 인정하고 함께 일해야 한다.

2. 동료의 클라이언트와의 관계

1) 사회복지사는 적법하고도 적절한 논의 없이 동료 혹은, 다른 기관의 클라이언트와 전문적 관계를 맺어서는 안 된다.
2) 사회복지사는 긴급한 사정으로 인해 동료의 클라이언트를 맡게 된 경우, 자신의 의뢰인처럼 관심을 갖고 서비스를 제공한다.

Ⅲ. 사회복지사의 동료에 대한 윤리기준

1. 동료

1) 사회복지사는 존중과 신뢰로서 동료를 대하며, 전문가로서의 지위와 인격을 훼손하는 언행을 하지 않는다.
2) 사회복지사는 사회복지 전문직의 이익과 권익을 증진시키기 위해 동료와 협력해야 한다.
3) 사회복지사는 동료의 윤리적이고 전문적인 행위를 촉진시켜야 하며, 이에 반하는 경우에는 제반 법률규정이나 윤리기준에 따라 대처해야 한다.
4) 사회복지사가 전문적인 판단과 실천이 미흡하여 문제를 야기 시켰을 때에는, 적절한 조치를 취하여 클라이언트의 이익을 보호해야 한다.
5) 사회복지사는 전문직 내 다른 구성원이 행한 비윤리적 행위에 대해, 제반 법률규정이나 윤리기준에 따라 조치를 취해야 한다.
6) 사회복지사는 동료 및 타 전문직 동료의 직무 가치와 내용을 인정 · 이해하며, 상호 간에 민주적인 직무관계를 이루도록 노력해야 한다.

2. 수퍼바이저1[6)]

1) 수퍼바이저는 개인적인 이익의 추구를 위해 자신의 지위를 이용해서는 안 된다.
2) 수퍼바이저는 전문적 기준에 의해 공정하게 책임을 수행하며, 사회복지사 · 수련생 및 실습생에 대한 평가는 저들과 공유해야 한다.
3) 사회복지사는 수퍼바이저의 전문적 지도와 조언을 존중해야 하며, 수퍼바이저는 사회복지사의 전문적 업무수행을 도와야 한다.
4) 수퍼바이저는 사회복지사 · 수련생 및 실습생에 대해 인격적 · 성적으로 수치심을 주는 행위를 해서는 안 된다.

---

6) 수퍼바이저(supervisor)는 일선 사회복지사가 클라이언트에게 서비스를 효과적이고 효율적으로 제공할 수 있도록 도움을 제공하는 사람을 말한다. 일반적으로 supervisor는 '위에서 내려다 보는 사람'이라는 의미를 가지므로 주로 상급의 사회복지사(과장, 팀장 등)가 초급의 사회복지사에게 하나의 사례에 대해 지식과 경험을 바탕으로 조언 및 지도를 하게 된다.

Ⅳ. 사회복지사의 사회에 대한 윤리기준

1) 사회복지사는 인권존중과 인간평등을 위해 헌신해야 하며, 사회적 약자를 옹호하고 대변하는 일을 주도해야 한다.
2) 사회복지사는 필요한 사회서비스를 개발하기 위한 사회정책의 수립, 발전, 입법, 집행에 적극적으로 참여하고 지원해야 한다.
3) 사회복지사는 사회환경을 개선하고 사회정의를 증진시키기 위한 사회정책의 수립, 발전, 입법, 집행을 요구하고 옹호해야 한다.
4) 사회복지사는 자신이 일하는 지역사회의 문제를 이해하고, 그것을 해결하는 일에 적극적으로 참여해야 한다.

Ⅴ. 사회복지사의 기관에 대한 윤리기준

1) 사회복지사는 기관의 정책과 사업 목표의 달성 · 서비스의 효율성과 효과성의 증진을 위해 노력함으로써, 클라이언트에게 이익이 되도록 해야 한다.
2) 사회복지사는 기관의 부당한 정책이나 요구에 대하여, 전문직의 가치와 지식을 근거로 이에 대응하고 즉시 사회복지윤리위원회에 보고해야 한다.
3) 사회복지사는 소속기관 활동에 적극 참여함으로써, 기관의 성장발전을 위해 노력해야 한다.

Ⅵ. 사회복지윤리위원회의 구성과 운영

1) 한국사회복지사협회는 사회복지윤리위원회를 구성하여, 사회복지윤리실천의 질적인 향상을 도모하여야 한다.
2) 사회복지윤리위원회는 윤리강령을 위배하거나 침해하는 행위를 접수받아, 공식적인 절차를 통해 대처하여야 한다.
3) 사회복지사는 한국사회복지사협회의 윤리적 권고와 결정을 존중하여야 한다.

〈사회복지사 선서〉

나는 모든 사람들이 인간다운 삶을 누릴 수 있도록,
인간존엄성과 사회정의의 신념을 바탕으로,
개인, 가족, 집단, 조직, 지역사회, 전체사회와 함께한다.
나는 언제나 소외되고 고통 받는 사람들의 편에 서서,
저들의 인권과 권익을 지키며, 사회의 불의와 부정을 거부하고,
개인이익보다 공공이익을 앞세운다.
나는 사회복지사 윤리강령을 준수함으로써,
도덕성과 책임성을 갖춘 사회복지사로 헌신한다.
나는 나의 자유의지에 따라 명예를 걸고 이를 엄숙하게 선서합니다.

2. 사회복지와 이념

이념(ideology)은 이상적인 것으로 여겨지는 생각이나 견해를 말하는 것으로 어떤 개인이나 사회집단이 가지는 신념이나 태도의 체계, 또는 세상을 보는 관점을 의미하는 개념이다. 이념은 근본적으로 집단이나 개인이 추구하는 방향, 원리, 노선에 따라 사람들의 생각과 행위가 일관성 있게 전개되는 것으로 이념은 보통 '주의'로 표현된다.

이념은 크게 세상의 관점을 양 극단으로 나누어 가장 왼쪽의 관점인 좌파와 그 반대인 우파로 나누어 볼 수 있다. 좌파적 이념의 관점은 인간사회에는 불평등, 부정, 비리가 만연하기에 정의로운 사회실현 방법으로 사회구조의 급진적인 변화나 때로는 폭력혁명을 옹호하여 현재사회의 이루어진 사회제도나 사회정책을 부정하기도 한다.

한편, 우파적 이념은 전통주의 또는 보수주의에 뿌리를 두고 있으며 현재사회의 사회 유산이나 재산은 과거로부터 계속적으로 개선되고 발전되어 이루어진 결과물로 보며 이들은 자유로운 사회질서를 확립하기 위하여 사회집단들의 상이한 관심사를 상호균형과 전체 속에서 통합을 강조하며 미진하거나 개선을 요구하는 것들은 조정하며 단계적이고 점진적으로 문제를 해결할 것을 주장하여 점진적인 개선과 개혁을 강조한다.

이념은 삶의 전체적 방향을 제시해 주는 한편, 보편적으로 추구해야 할 바람직한 사회의 모습은 무엇이고, 현 사회의 문제점은 무엇이며, 개인이 어떻게 행동하며 살아가야 하는가를 제시해 준다. 즉, 이념은 사회가 어떻게 조직되고, 어떠한 목표를 추구하며, 어떠한 방향으로 개선되어야 하는지를 제시해 주는 일종의 행동지향적인 세계관(가치관)이라고 할 수 있다.

사회복지 측면에서 이념의 역할은, 사회복지를 바라보는 기본적인 시각이나 입장을 의미하는 것으로, 자본주의 경제사회에서 부의 공정한 분배문제와 관련이 있기 때문에 시장경제와 국가의 역할이나 태도와 밀접하게 관련된다. 즉, 국가의 공적인 사회복지제도나 서비스는 이념에 의해 결정되므로 그 시대의 이념은 사회복지의 척도를 나타내는 중요한 기준으로 작용하기에 사회복지와 이념의 관계성을 살펴보는 것은 사회복지를 이해하고 연구하는 데 중요한 의미를 가진다. 또한, 사회복지 정책이나 제도 그리고 서비스는 국가의 이념적 특성에 따라 내용과 형태가 상이하기에 이념적 지향을 분석함으로써 서비스 되는 정책이나 제도의 본질적인 기능과 내재되어 있는 목표를 파악할 수 있다.

이념의 일반적인 특성을 좌파적(사회주의 체제) 이념과 우파적(자본주의 체제) 이념으로 나누어 그 특징을 정리해 보면 〈표 3-1〉과 같다.

표 3-1 이념적 특징 비교

구분	좌파	우파
철학	평등주의(집단주의)	자유주의(개인주의)
정부	기능 큰 정부(많은 세금)	작은 정부(적은 세금)
시장	분배기제의 불완전성 강조	완전경쟁 강조
국가산업	국영화 지향	민영화 지향
범죄 및 사회역기능	사회적 책임이 큼	개인의 책임이 큼
노-사 관계	노동자 이해 대변	기업가 이해 대변

1) 이념의 유형

사회복지를 연구하는 사람에게 있어서 사회복지의 이념 또는 사회복지 제도와 이념과의 관계를 명확히 해 두는 것은 매우 중요하다. 그 이유는 다양한 사회복지의 실천과 사회복지정책과 제도는 이념의 영향을 많이 받을 뿐만 아니라 이념에 의해 사회복지의 가치, 원리, 방법, 방향 등이 아주 다르게 결정되기 때문이다.

예를 들어, 노화나 사고에 의해 평생 병상에 누워 있어야 하는 개인이 있다고 할 때, 그 개인은 일상생활지원(ADL)의 모든 것을 타인으로부터 케어(care)와 치료를 받아야 할 것이다. 이념 스펙트럼의 우파 한쪽 끝에서 본다면, 경제적이거나 효율성 측면에서 평생 치료와 요양이 상당히 비효율적이고 비경제적이라 낭비라 여길 것이고 따라서 케어나 치료가 가치 없다고 볼 수도 있다. 반면에 다른 좌파적인 한쪽 끝에서 볼 때, 비록 비경제적이고 비효율적이지만 인간의 존엄성을 가진 한 개인은 어떠한 상황에서도 인간적인 대우를 받아야 한다는 인간의 존엄성을 최고의 가치로 생각한다면 당연히 타인의 도움이나 케어를 받아야 한다고 생각할 수도 있다. 따라서 사회복지적 측면에서 보면 이념에 따라 제도나 정책들이 결정되기 때문에 사회복지에 대한 이념의 관점은 아주 중요하다고 볼 수 있다.

학자에 따라 제시된 이념의 유형을 정리해 보면 〈표 3-2〉와 같다.

표 3-2 이념의 유형

진보주의(좌파)	보수주의(우파)	기타
• 마르크스주의 • 녹색정치 • 사회주의 – 사회민주주의 • 아나키즘 • 페미니즘	• 민족주의 • 자본주의 – 수정자본주의 • 자유(방임)주의 – 자유주의(수정자본주의) • 파시즘	• 인종적 분리주의 • 종교적 분리주의 • 성적 분리주의 • 페미니즘 • 환경주의 • 생태주의

(1) 자유방임주의(laissez-faire)

자유방임주의는 국가가 국민의 경제 활동에 간섭하지 않고, 각자의 자유 경쟁에 맡겨야 한다는 초기의 자본주의적 자유주의를 말한다. 개인과 사회의 경제생활에서 정부의 간섭을 최소화시키는 정책을 취하며 자유방임주의는 기본적으로 개인주의에 기초하고 있다. 자유방임주의형은 경제성장과 부의 극대화에 큰 가치를 부여하며 모든 종류의 계약과 합의에 의한 개인적 선택을 강조한다. 소득과 부, 교육, 의료서비스 및 그 밖의 보호형태는 그것이 약자를 보호하든 강자를 보호하든 간에 최소의 국가 개입하에서 개인적 교환력에 의존하고 있다. 이러한 모델에서는 빈곤이 다수를 차지하고 생활 수준이 생계비 이하로 떨어지거나 다른 사람들을 위협할 때에 한해서만 정부의 개입을 요청한다.

자유방임주의 이념은 국가가 사회복지를 제공하는 것에 대해 경제적으로 비효율적이라고 생각하는데, 자유방임주의 이념이 국가개입을 반대하는 이유는 정부개입은 자원의 낭비이며, 경제적 비능률을 추진하며, 개인의 자유를 말살하기 때문이라고 주장한다. 그들은 사회복지에 대한 국가의 제공이 자본주의와 사회주의의 요소가 혼합되어 있는 과도기적 성격을 지니고 있는 것으로 본다. 자유방임주의는 무료의 보편적 사회복지서비스는 나쁜 것으로 인식하는데, 그 이유로 공급의 공공독점에 의하여 일어나는 서비스의 질, 과중한 조세에 의한 근로동기의 저하를 들고 있다.

(2) 자유주의(liberalism)

자유주의는 개인의 자유를 존중하여 국가의 간섭을 최대한으로 줄이려는 사상 또는 이념으로 대체적으로, 자유주의는 개인의 권리를 강조하며 인권, 법의 지배, 권력분립을 통한 권력통제, 자유로운 경제활동이 보장되는 시장경제 등을 특징으로 한다. 오늘날, 자유주의자들은 자유롭고 공정한 선거, 법에 의한 모든 시민들의 동등한 권리와 기회가 보장되는 자유민주주의를 지지하며 이는 대부분의 서구권 국가에서 수용되고 있다.

사회복지에 대한 자유주의 이념은 복지예산에 대한 국가의 독점으로 서비스 전달은 비효율적이고, 정부의 개입영역 확대는 부정적인 효과 발생과 비효과적인 부분의 확대를 가져온다고 생각한다. 또한 높은 세금, 높은 공공지출, 막대한 정부급여·사회보장급여 등은 시장경제의 이득이나 규제들을 간과함으로써 투자나 노동에 대한 의욕을 감소시켜 경제에도 악영향을 준다고 생각한다. 또한, 사회복지에 대한 국가의 정책은 의존문화를 조성해 사회적 손해뿐 아니라 가족파괴와 사회중재구조에 나쁜 영향을 끼치고, 이상의 정책 수행을 위한 정부의 역할과 책임은 지속적으로 확대되며, 강력한 이익집단을 성장시켜 정치적 손해에까지 이른다고 주장한다.

자유주의는 기회와 개인적 자유 및 사회적 분배 방식으로서 시장의 중요성을 인정한다. 그러나 그것은 최저 수준의 보증에 정부의 책임을 인정한다. 자유주의자는 시장을 생활기준의 중요한 결정요인으로 받아들이고 선택자유 중요성을 인정한다. 자유주의자는 자기가 개별적으로 선택한 만큼 높은 수준의 복지에 대하여 책임을 지고 사적으로 대처한다. 이러한 관점에서 사회복지의 주요한 일은 자신을 부양할 수 없는 사람에 대한 최저기준을 보증하는 것이다.

자유방임주의와 자유주의적 태도에서 공통적인 요소는 자기가 벌어들인 임금이나 자기가 소유하는 부에 의하여 결정되는 인간의 사회지위적 지위를 허용하는 것이다. 또한, 이들은 보편적 국가 대책이 부도덕하고 비효과적이며 선택의 자유를 파괴한다고 보고 있다.

(3) 사회민주주의(Social democracy)

사회민주주의는 19세기 말에 고전적인 사회주의로부터 등장한 정치 사상으로, 현존 정치과정을 통해서 자본주의로부터 사회주의로의 평화적이고 점진적인 사회변화를 주장하는 정치이념이다. 즉, 폭력 혁명이나 프롤레타리아 독재의 방식을 부정하고, 합법적이고 점진적인 방법으로 사회주의를 실현하려고 하는 이념으로 사회민주주의는 사회주의 사회건설을 위한 혁명을 거부한다는 점에서 마르크스주의 기본원리에서 벗어난 수정주의로 알려져 있다.

또한, 사회민주주의는 사회변화의 수단으로 폭력과 혁명을 포기한 데 이어 전체주의에도 반대했으며, 민주주의를 사회주의의 이상을 실현하기 위한 필수적인 요건으로 주장했고, 계급지배를 가장한 부르주아의 기만으로 보는 마르크스주의적 관점은 포기했다. 사회민주주의는 국유화보다는 국가의 통제를 지향하며, 경제성장과 부의 공정한 분배를 촉진시키는 자유경제활동의 기능을 받아들이고 있다.

사회민주주의자가 주장하는 정부 개입의 필요성은 자유 시장제도의 실패에서 찾고 있다. 사회민주주의자들은 무엇보다도 시장제도 자체를 사회적 목적이 있는 것보다도 오히려 개인적 권리에 일차적으로 관심이 있는 것으로 보았다.

이러한 것 때문에 그것은 본질적으로 비민주적 제도라고 본다. 이들은 산업이 사적 자기 이익보다도 오히려 사회적 요구의 측면에서 기능하는 것을 보증하는 데 정부의 책임이 있다고 주장한다. 이와 같이 사회민주주의자들은 공유권과 사회목적 및 공공이익 때문에 자유시장제도를 비판하고 이것을 발전시키기 위한 정부의 역할이 필요하다는 것이다.

사회민주주의자들은 소위 사회복지에 대한 국가정책에 대해 긍정적 입장을 취한다. 이들은 사회복지서비스가 사회적 고통과 결핍을 제거하고 욕구를 교정시키며, 소비와 수요와 생산 등의 경제적 활동을 향상시키며 국가의 번영에 이바지한다고 주장한다. 특히, 그 자체가 바람직한 목적이자 더욱 평등한 사회를 창조하는 수단이 되는 교육에 대해서는 절대적 지지를 보이고 있다. 또한, 복지국가는 사회 내의 이타주의와 사회통합을 증대시킨다고 주장한다. 궁극적으로 사회복지서비스는 사회적 불평등을 완화시키는 데 기여한다는 입장을 가지면서 복지국가의 정당화를 말하고 있다.

(4) 마르크스주의(Marxism)

마르크스주의는 19세기 중엽에 마르크스[7]와 엥겔스에 의하여 기초를 이룬 혁명적 사회주의로 마르크스주의는 정치적, 사회적, 경제적 활동에 참여하는 평등과 공동체의 가치를 창조한다. 마르크스주의는 기본적으로 자원분배를 능력보다도 욕구에 기초해야 한다고 주장하는 점에서 자유주의와 반대된다. 이들은 자본주의 속성상 소수가 생산수단을 독점하고 다수는 자기의 노동을 팔아야만 하는 생산관계가 기본적으로 착취적이기 때문에 자본주의 사회에서는 다수의 복지가 보장될 수 없다고 본다. 마르크스주의자들에게 있어서 자본주의하에서 복지는 사회경제적 구조상의 근본적인 변화를 억제하고 지배계급의 권한을 유지하려는 사회통제에 불과하다. 따라서 사회혁명을 통한 자본주의 붕괴가 그 해결책이라고 주장한다.

마르크스주의자들에게 복지국가는 자본주의적 사회관계의 유지와 재생산에 관심을 갖는 현대자본주의 구성의 한 형태이며, 이러한 사회에서는 불평등구조의 변화가 불가능한 것으로 결론을 내린다. 복지국가의 발달에 관해서는 자본주의의 생산양식이 이윤을 극대화하려는 극소수 자본가계급에 소유되어 있기 때문에

---

7) '마르크스주의'(공산주의)의 창시자로서 프리드리히 엥겔스와 함께 『공산당선언(*Manifest der Kommunistischen Partei*)』(1848), 『자본론(*Das Kapital*)』(1867, 1885, 1894)을 집필했다.

착취적이며, 이런 자본가계급에 대응하는 노동자들의 시도로 갈등적이라는 분석을 내리고 있다.

이들은 복지사회 또는 복지국가는 계급투쟁에 의해서 성취가 가능하다고 본다. 소수 지배계급의 수탈로 말미암아 다수 피지배계급의 복지가 이루어지지 않는다고 보기 때문에 지배계급의 타도에서 복지사회가 이루어진다고 본다. 마르크스주의자들은 경제적 평등과 계급갈등을 강조하기 때문에 당연히 사회의 사회적, 그리고 특히 경제적 측면에 있어서 정부의 강력하고 적극적인 역할을 바라고 있다. 그리하여 이들은 상공업체의 국유화를 필요로 하고 있다. 이들은 복지국가는 자본주의 제도의 소멸없이 오늘날의 사회문제를 해결할 수는 없다고 본다.

(5) 사회주의(Socialism)

사회주의는 자본주의의 시장원리를 반대하고 생산수단을 공유화함으로써 사회주의 내지 공산주의 사회의 건설을 목적으로 하는 학설 및 정치운동으로 대중적 세력들이 권력의 수단을 통제하는 사회가 존재하는 것을 핵심 이념으로 삼는 사상이다. 생산수단의 사적 소유와 관리, 자본에 의한 임금 노동의 착취와 그에 따른 경제적 불평등, 자본주의적 시장생산의 무정부성 등에 반대하여 생산수단의 공동소유와 관리, 계획적인 생산과 평등한 분배를 주장하는 이론 또는 사상, 운동 그리고 이와 같은 구상을 실현한 체제를 말한다. 사회주의란 용어는 1827년 영국 오언파의 출판물에서 처음 쓰였으며, 사회주의 사상은 산업혁명에서 비롯된 생산의 무정부성, 불평등, 빈곤 등에 대한 저항으로 발생하였다.

사회주의 단체들 사이에 이견은 존재하나 이들은 대체적으로 19세기와 20세기 산업·농업 노동자들의 투쟁사를 공유하고 있으며, 연대의 원칙과, 소수가 아니라 폭넓은 대중에게 유리한 경제 체제가 근간이 되는 평등한 사회를 부르짖는다는 것에 합의를 본다.

마르크스주의와 유사한 사회주의는 마르크스주의 이론에 있어서 자본주의를 대체할 다음 단계이며, 프롤레타리아에 대한 계급 억압이 차츰 약해짐에 따라 최종적으로 공산주의로 발전한다. 마르크스주의와 공산주의는 둘 다 사회주의의 한 계열이다.

2) 조지와 윌딩의 이념분류

사회복지는 기존의 사회제도들이 해결하지 못한 미충족의 욕구를 해결하고자 하는 것이므로, 사회복지활동의 성격은 기존의 사회제도들, 즉 가족과 시장, 종교, 국가 등을 어떻게 평가하는가와 이것들이 인간의 본성에 얼마나 맞게 기능하고 있다고 생각하는가, 그리고 어떻게 바뀌어야 한다고 생각하는가와 무관하지 않다.

영국의 사회행정학자인 조지와 윌딩(George & Wilding)은 1976년에 발간한 그의 저서에서, 사회 전체의 체계와 구성원들의 가치가 하나의 독립변수로서 사회복지에 어떻게 연관되는가에 초점을 두고 기존의 이념 유형을 반집합주의, 소극적 집합주의, 페이비언주의, 그리고 마르크스주의로 구분하였다. 조지와 윌딩이 그의 저서에서 사회가치와 정부의 역할을 토대로 한 사회복지에 대한 관점을 정리해 보면 다음과 같다.

(1) 초기의 이념 모형(1976년)

① 반집합주의(Anti-Collectivism)

반집합주의는 이념의 스펙트럼에서 제일 우측 끝에 위치하는 개인주의 이념이다. 반집합주의 이념의 기본적인 가치는 자유, 개인주의, 불평등이다. 이들이 말하는 자유는 타인으로부터 간섭 또는 강제 받지 않는 것으로서의 자유를 의미하고, 개인주의는 사회란 개인의 자발적 협동과 경쟁에 기초하여 형성되어야 하며, 국가의 역할은 최소 수준에 머물러야 한다는 것을 의미한다.

개인의 자발적 협동과 경쟁에 기초하여 형성된 사회는 기본적으로 자유시장이 지배하는 사회이며, 시장은 강제를 행사할 수 있는 존재가 아니기 때문에, 시장에서 발생하는 빈곤이나 불평등은 자연스럽고 바람직한 것이다. 이들은 사회정의라는 명분을 내세워 불평등을 완화하려는 시도가 오히려 개인의 자유를 침해하는 부당한 시도라고 주장한다.

따라서, 반집합주의자들은 사회적 최저 수준을 보장하기 위한 정부의 역할까지 부정하지는 않지만, 그 수준 이상을 보장하려는 시도에 대해서는 격렬한 반대 입장을 취한다. 이들은 사회가 기본적으로 자발적인 질서를 기초로 구성되어야 하며, 정부의 역할은 이 자발적 질서의 작동을 위한 규칙을 만들고 이를 실행하는 규칙 제정자로서의 역할과, 시장의 작동이 불완전한 경우 이를 보완하기 위한 공동자원의 관리자로서의 역할, 그리고 스스로의 힘으로 삶을 영위할 수 없는 사람들을 보호하는 가부장적 역할로만 제한되어야 한다고 주장한다.

반집합주의자들은 최소 수준 이상의 보장으로 나간 복지제도는 시장의 자율성을 침해하고, 개인의 자유를 억압하며, 국가의 기능을 과도하게 팽창시킨다는 이유로 매우 비판적이다. 반집합주의자들은 윌렌스키와 르보가 제시한 잔여적 개념의 사회복지만을 허용한다. 반집합주의자의 대표적인 학자로는 하이에크(Hayek), 프리드만(Friedman) 등이 있다.

② 소극적 집합주의(Reluctant Collectivism)

소극적 집합주의는 이념의 스펙트럼에서 반집합주의 안쪽에 위치하는 반집합주의를 사회복지적 관점으로 조금 보완한 이념이다. 반집합주의 이념이 국가에 의해 제공되는 사회복지가 철학적이고 이념적이며 원칙적이라면, 소극적 집합주의 이념은 복지국가에 대해 갖는 태도는 기본적으로 실용주의적이다. 여기서도 자유와 개인주의를 가장 바람직한 것으로 생각하며 불평등도 인정한다.

소극적 집합주의자들은 불평등을 바람직한 것으로 인정하지만, 실용주의적 경향과 인도주의적 경향으로 인해 지나친 불평등은 수정되어야 한다고 주장한다. 그 근거로 이들은 경제성장이 저축이 아니라 소비에 달려 있는 것이라면, 지나친 불평등은 저소득층의 소비 위축으로 인하여 경제성장에 도움이 되기는커녕 오히려 방해가 된다는 실용주의적 주장을 전개한다. 같은 맥락에서 이들은 불평등의 극단적인 한 표현인 빈곤은 제거되어야 하고 또 제거될 수 있다고 생각한다.

이들은 사회복지에 대한 국가의 역할을 인정하기는 하지만, 이념적이기보다는 실용주의적이다. 즉, 이들은 시장경제에서 나타나고 회피 가능한 해악들을 제거하기 위해 시장실패를 보충하는 수단으로 생각하기에 국가가 제공하는 사회복지제도를 인정한다.

베버리지가 사회공동의 적으로 결핍, 질병, 무지, 불결, 나태 등 5대악으로 제시한 것은 바로 이러한 맥락에서이다. 따라서 복지에 있어서 국가의 역할은 사회체계의 전체적인 변화를 지향하는 진보적인 것이라기보다는 당면 문제의 해결에 치우치는 문제해결 지향적인 것으로 상정된다. 역시 같은 맥락에서 소극적 집합주의자들은 국민최저선의 보장을 강조하며, 회피 가능한 해악을 회피하기 위해서 이 모든 해악을 다루는 종합적이고 포괄적인 대책을 주장한다.

소극적 집합주의자들은 공적 사회복지에서 가장 중요한 기능은 불평등의 완화가 아니라 빈곤의 제거라고 생각한다. 이들은 실용주의적 입장에서 사회복지 비용 지출의 일부는 전체 사회를 위한 투자라고 주장한다. 대표적인 학자로는 베버리지, 케인즈(Keynes), 갈브레이드(Galbraith) 등이 있다.

③ 페이비언 사회주의(Fabianism)

페이비언[8] 사회주의의 이념은 보편주의의 원칙을 지향하고 정부가 사회복지에 대해 적극적으로 개입을 하도록 요구하는 사회민주주의 국가에 입각한 점진적 사회주의 사상이다. 적극적 자유, 평등을 사회의 중요한 가치로 보고 불평등 요소가 있는 시장경제를 대폭 수정해야 한다고 본다. 따라서 국가에 의한 사회복지 제공을 옹호하며 복지국가를 통해 자원 재분배, 사회통합을 이룩해야 한다고 주장하였다.

페이비언 사회주의 이념의 주요내용은 국가가 사회개혁 사상을 수용해야 하고

8) 페이비언이란 이름은 포에니전쟁 때 한니발을 격파한 파비우스 막시무스(Fabius Maximus) 장군의 이름을 딴 것이다. 막시무스는 한니발과의 전쟁을 피하고 지연시키는 전략을 사용하여 마침내 승리를 거둔 것으로 유명한 장군이다. 파비우스 장군이 한니발과의 싸움에서 사용한 지연 전략과 같이 페이비언 협회도 "끈질기게 시기가 도래할 것을 기다리고, 때가 오면 과감히 돌진한다."는 것이 바로 페이비언협회의 창립 슬로건이었다.

보통선거 기반의 민주정치에서 국가가 언제나 다수파에 의하여 지배되어야 하며 의회 민주주의의 수단을 통한 사회주의의 진화를 확신했다. 그리고 복지국가의 시장요소의 자유로운 활동을 수정하는 사회정책을 사용하며 시장경제와 공존할 수 있다고 믿었으며, 복지국가를 상당한 성취로 간주하였다. 즉, 페이비언주의는 민주주의적 과정에 대해 전적으로 옹호하고 사회복지서비스에 대해 지지한다.

또한, 페이비언주의자들은 평등, 자유, 우애, 민주적 참여, 인본주의라는 사회가치를 강조하였다. 페비언주의의 기본적 가치는 평등, 자유, 우애(연대)이다. 반집합주의자들은 불평등이 자연스러운 것이라고 하지만, 페이비언주의자들은 불평등이 자연적 정의에 어긋난다고 주장한다. 이들은 사회통합의 증진과 경제적 효율성의 증진, 그리고 개인의 자아실현을 위해서 평등이 실현되어야 한다고 주장한다.

반집합주의자들은 강제받지 않는 상태를 자유로 간주하지만, 페이비언주의자들은 각 개인이 자신의 삶을 스스로 통제하고 자신의 목표를 이룰 수 있는 상태를 자유로 간주한다. 이들에게 자유는 정치적인 자유만을 의미하는 것이 아니라 경제적 자유까지 의미하는 것이다. 따라서, 이들에게 평등과 자유는 거의 같은 우선순위에 있는 가치이다. 자유와 평등에 대한 이러한 개념화는 민주적 참여를 중시하는 입장으로 연결된다. 개인이 자신의 삶을 스스로 통제하기 위해서는 직장에서 노동자들의 발언권이 보장되어야 하고, 근로조건의 결정에 노동자들이 참여할 수 있어야 한다. 참여를 통해서 노동자들은 보다 평등한 권리를 누릴 수 있고, 그것이 곧 자유의 신장을 의미한다.

페이비언주의자들은 국가에 의한 사회복지 제공을 옹호한다. 이들은 자본주의 내에서의 공적 복지제공의 역할을 소극적 집합주의자들에 비해 훨씬 적극적으로 수용한다. 이들은 복지제공을 통해 자원을 재분배하고, 사회통합을 증진시키며, 경기변동으로 나타난 비복지의 공평한 분담을 추구하고, 이타주의를 증진시킬 수 있다고 생각한다. 이들도 소극적 집합주의자들처럼 빈곤의 제거가 국가의 중요한 목표라는 점에 동의하지만, 그들은 빈곤의 제거를 위해서는 불평등의 감소가 반드시 선행되어야 한다고 주장한다. 대표적인 학자로는 티트머스(Titmuss), 크로스랜드(Crosland), 토니(Tawney), 마샬(Marshall) 등이 있다.

④ 마르크스주의(Marxism)

마르크스주의는 반집합주의 이념과 반대로 이념의 스펙트럼에서 제일 좌파 끝에 위치하는 극도의 집단주의 이념이다. 마르크스주의 이념은 평등과 자유를 강조하며, 자유를 적극적 의미로 해석하고 이러한 적극적 자유를 성취하기 위해서는 경제적 평등이 필수적이라고 주장한다. 하지만, 이들은 페이비언주의자들과 달리 적극적 자유와 평등이 복지국가를 통해 어느 정도나 실현될 수 있는가에 대해서는 상당히 회의적이다. 이들은 사회주의 사회가 되어야만 이러한 가치가 완전히 실현될 수 있다고 생각한다.

마르크스주의자들의 사회복지에 대한 태도는 자본주의에 대한 전면적 거부라는 태도에 그 기초를 두고 있다. 하지만, 현실적으로 사회복지제도가 가져야 하는 성격에 대한 입장은 페이비언주의자들과 크게 다르지 않다. 이들은 사회주의적 사회복지는 욕구충족에 중점을 두고 보편적으로 적용되어야 하며, 전문가에 의한 것이 아니라 참여를 기초로 해야 하고, 예방중심의 원리로 운영되어야 한다는 입장을 가지고 있다. 그러나 마르크스주의자들은 현실의 사회복지가 자본주의를 변형시켜 사회주의로 갈 수 있다고는 생각하지 않는다는 점에서 페이비언주의자들과 차이를 보인다.

마르크스주의자들은 사회복지와 사회개혁적 조치가 노동자계급에 이익이 될 수 있다는 사실을 전적으로 부정하지 않지만, 공적 복지의 진정한 수혜자가 노동자 계급일 수 있는가에 대해서는 회의적인 시각을 가지고 있는 등 양면적인 태도를 취하고 있다. 대표적인 학자로는 라스키(Laski), 밀리반드(Miliband), 오코너(O'Connor) 등이 있다.

이상에서 살펴본 조지와 윌딩의 초기 이념유형을 특징별로 정리해 보면 〈표 3-3〉과 같다.

표 3-3 조지와 윌딩의 이념 유형별 특징(1976년)

구분	반집합주의	소극적 집합주의	페이비언 사회주의	마르크스주의
사회가치	소극적 자유 (개인주의, 불평등 인정)	소극적 자유 (실용주의, 인본주의)	적극적 자유, 평등	적극적 자유, 평등, 우애
사회조직	시장경제의 옹호(자유방임)	시장경제의 보완 (재분배 기능)	시장경제의 대폭 수정	시장경제의 부정
정부의 역할	← 최소 최대 →			
복지국가	잔여적	국가 최저 수준의 보장	보편주의 원칙추구 (복지국가주의)	복지국가로는 빈곤제거 불가능(복지국가에 대해 반대)

(2) 수정된 이념 모형(1994년)

조지와 윌딩은 자신들이 제시한 초기의 이념 모형을 수정하여 1994년에 'Welfare and Ideology'에서 다시 제시하였다. 그 특징으로는 기존의 4가지 이념에다 페미니즘과 녹색주의를 추가하였는데 기존의 4가지 이념 중에 반집합주의는 신우파로, 소극적 집합주의는 중도노선으로, 페이비언주의는 사회민주주의로 그 명칭을 다르게 하였다. 그 이유로는 단지 시대적 흐름을 반영하고 그 시대에 사용하는 단어로 변경하였다고 했다. 그 외에 주요내용은 유사한데 각 이념별 특징을 정리하면 다음과 같다.

① 신우파(new right)

신우파는 기본적으로 반집합주의와 그 맥을 같이한다. 사회적 가치로는 자유, 개인주의, 불평등으로 요약할 수 있고 정부의 역할로는 시장에 정부가 개입하는 것은 유해하고 시장은 자율적으로 구성되는 것을 강조한다.

복지와 이상사회에 대한 견해로는 국가에 의한 복지제공은 성장가능성을 악화시켜 행복과 빈곤 감소, 기회 축소, 의존 문화 조장, 상벌 부재로 사회적 해악으로 보는 반복지적 사상을 가진다.

② 중도노선(middle way)

중도노선은 이전의 소극적 집합주의를 그대로 계승한 것으로, 주요 사회적 가치로는 반집합주의의 무한한 이기주의를 보완한 실용적 집합주의로 요약되며, 신우파와 유사한 가치관을 가지고 있다. 정부의 역할로는 합리적 행동에 기반한 정부활동에 호의적이며, 정부의 개입이 필요하지만 효율적일 때에만 제한하고 나머지는 시장경제에 맡긴다.

복지와 이상사회에 대한 견해로는, 국가에 의한 복지제공이 사회문제와 사회 안정을 위한 강력한 권력이 되며, 국가에 의한 복지가 자유시장체제의 모순을 완화해 주며, 정부가 국민들의 안녕에 적극적인 관심을 갖고 있다는 느낌을 주어 국가의 권위에 정당성 부여한다.

③ 사회민주주의(democratic socialism)

사회민주주의는 기존의 페이비언 사회주의를 개량한 것으로, 주요 사회적 중심 가치는 평등, 자유, 우애 등이다. 그 외에 파생된 가치로는 민주주의와 인도주의가 있다. 정부의 역할로는 시장체제의 정의롭지 못한 분배를 시정하는 것으로 국가의 개입을 호의적으로 본다.

복지와 이상사회에 대한 견해로는 민주주의 의해 제공된 정치적 권리와 시장의 힘만을 강조하는 자유시장의 한계 사이를 조정하는 힘이 바로 국가에 의한 복지이며 국가가 제공하는 복지는 불평등을 감소한다고 주장한다.

④ 마르크스주의(marxism)

마르크스주의는 조지와 윌딩의 초기 개념과 유사하다. 사회적 가치로는 자유, 평등, 우애 등이며 정부의 역할는 경제적 평등과 계급갈등 해결을 위해 정부의 강력하고 적극적 역할이 필요함을 강조한다. 복지와 이상사회에 대한 견해로는 국가에 의한 복지제공이 자본주의를 방어하는 기제에 불과하기 때문에 자본주의를 인정하지 않고 이상사회는 사회주의를 통하여 건설 가능하다고 주장한다.

INTRODUCTION TO SOCIAL WELFARE

CHAPTER 4

사회복지와 인권

CHAPTER 4 사회복지와 인권

학습목표

- 인권의 개념과 중요성을 이해한다.
- 사회복지의 권리성에 대해 이해한다.
- 인권과 사회복지의 연관성 및 실천방안에 대해 이해한다.
- 인권감수성 향상을 위한 사회복지사의 역할을 이해한다.

인권이란 말 그대로 인간으로서의 권리, 즉 '사람이면 누구나 당연히 요구하고 누릴 수 있는 기본적인 권리'를 말한다. 제2차 세계대전 이후 UN의 〈세계인권선언〉(1948) 발표 이후 인권은 인류 보편의 가치로 인식되기 시작하였으며, 각 국가별로도 인권을 구체적으로 실현하기 위한 법적, 정책적 개선 노력을 기울이고 있다. 그럼에도 불구하고 여전히 전 세계적으로 인권침해 사례는 빈번히 일어나고 있고, 특히 사회적 약자와 소수자에 대한 부당한 차별과 편견, 혐오와 사회적 배제의 문제는 크게 개선되지 않고 있다(윤은진·송영효, 2018). 사회복지의 주요 가치가 인간존엄성인 만큼 인권에 대한 이해과 인권기반 사회복지실천을 위한 노력이 필요하다.

1. 인권과 정의

1) 인권의 개념과 특성

〈세계인권선언〉 제1조는 "모든 인간은 태어날 때부터 자유롭고, 존엄성과 권리에 있어 평등하다."를 명시하고 있다. 여기서 볼 수 있듯이 인권 개념은 자연성, 평등성, 보편성이라는 특징을 갖고 있다.[1] 사람은 권리를 태어날 때부터 갖고 있다는 점에서 자연적이며, 모든 사람이 동등한 권리를 갖는다는 점에 평등하고, 모든 곳에 적용된다는 점에서 보편적이라는 것이다. 권리가 인권이 되려면 모든 인간이 세계 어느 곳에서나 단지 인간이라는 이유만으로도 그러한 권리를 평등하게 누려야 한다. 이전에는 특정인의 권리로 여겨진 권리가 모든 인간이 갖게 되는 보편적이면서도 평등한 자연권으로 발전한 것이다(손철성, 2011).

인권은 박탈할 수도 없고, 양도할 수도 없는, 인간이 인간답게 생존할 수 있는 조건인 기본적 권리를 의미하며, 근대의 자연사상은 무엇보다 이러한 천부인권 사상이라는 형태로 발전되었다. 이와 같이 인권을 모든 인간의 권리로 이해할 때 국적이나 인종에 상관없이 모든 인간에게 적용되는 보편성을 갖는다(국가인권위원회).

- 인권은 기본적이고 필수적인 권리이다.
- 인권은 보편적이다.
- 인권은 국가권력의 정당성을 판단하고 국가권력을 제한한다.
- 인권은 법으로 보장되는 권리 이상의 것이다.

1993년 비엔나에서 열린 세계인권대회(World Conference on Human Rights, Vienna)[2]를 통해 모든 인권이 보편적이고 불가분적이며 상호의존적임을 재확인하였다.

---

1) 인권에 관한 국내 실정법 규정
  - 헌법 제10조 "모든 국민은 인간으로서의 존엄과 가치를 가지며, 행복을 추구할 권리를 가진다."
  - 국가인권위원회법 제2조 제1항 "인권이라 함은 헌법 또는 법률에서 보장하거나 대한민국이 가입·비준한 국제인권조약 및 국제 관습법에서 인정하는 인간으로서의 존엄과 가치 및 자유와 권리를 말한다."

2) 비엔나선언 및 행동계획(Vienna Declaration and Programme of Action, 1993) 2부 3절: 모든 인권은 보편성, 불가분성, 상호의존성과 상호관련성을 갖는다. 국제사회는 인권을 전 세계적으로 공정하고 평등한 방식으로, 대등하게, 또 동일한 비중을 두고 다루어야 한다. 물론 민족적, 지역적 특수성과 다양한 역사적, 문화적, 종교적 배경의 중요성에 유념해야 하겠지만, 정치적, 경제적, 문화적 체계를 떠나서 모든 인권과 기본적 자유를 신장하고 보호하는 것은 국가의 의무이다.

(1) 인권의 보편성(universality)

세계인권선언 제1조에는 모든 인간은 태어날 때부터 평등한 존엄과 권리를 갖는다고 명시되어 있다. 인권은 어른이 된 다음이나 일정한 자격을 갖춘 후에 주어지는 것이 아니라 태어나면서부터 주어지는 권리라는 뜻이다. 특권에 대한 도전으로부터 성장한 인권은 인종, 피부색, 성별, 언어, 종교, 정치적 또는 기타의 견해, 민족적 또는 사회적 출신, 재산, 출생 또는 기타의 신분 등 어떠한 종류의 차별 없이 누구나 보편적으로 향유해야 할 권리이다.

(2) 인권의 불가분성(indivisibility)

시민·정치적 권리와 경제·사회·문화적 권리는 서로 분리할 수 없는 불가분의 성격을 지니고 있어 어느 한 쪽의 권리가 침해되면 나머지 권리도 보장될 수 없게 되는 상보적 관계에 놓여 있다. 예컨대, 경제·사회·문화적 권리 중 하나인 교육권을 보장받지 못하면 올바로 향유하지 못하게 된다.

이와 반대로 시민·정치적 권리의 하나인 참정권을 보장받지 못하면 자신의 이해관계를 대표하는 의견을 제시하지 못하고 참정권을 가진 사람들의 의견만 존중받게 되므로 결국 경제·사회·문화적인 이해관계에서 소외되게 된다. 따라서 양자의 권리가 모두 균등하게 존중될 때, 비로소 완전한 인권을 향유할 수 있게 되는 것이다.

(3) 인권의 상호의존성(interdependence)

사람은 추상적인 개인으로서 존재하는 것이 아니라, 일정한 사회적 관계와 타자와의 관계 속에서 존재하는 구체적인 개인이다. 나의 권리와 다른 사람의 권리, 나의 권리와 공동체의 권리, 공동체들 간의 권리가 서로 긴밀하게 연결되어 상호 의존하는 관계이다. 따라서 나의 권리는 사회제도적으로 보장되어야 하며, 다른 사람의 권리도 사회제도적으로 보장해 주어야 한다. 그리고 여기에는 반드시 책임(공적 책임, 연대의 책임)도 따르게 된다. 그러므로 한 개인이 인권과 관련하여 갖는 책임은 자신의 권리를 알고 누려야 하는 책임과 타인의 권리를 존중하면서 지켜주어야 하는 두 가지 측면으로 나타나게 된다.

인권의 상호의존적 성격 때문에 다른 사람의 권리를 침해하는 경우 부득이하게 자신의 인권을 제한받을 수 있다. 대한민국 헌법은 공공의 안전이나 복리를 위해 제한할 수 있도록 하고 있다('법률로써만'이라는 단서가 붙음). 물론 제한이 가능하다고 해도 자유와 권리의 본질적인 내용은 침해할 수 없으며 그것은 필요한 만큼 최소한의 범위 내에서 합리적으로 제한하여야 하고, 제한당하는 사람이 당하는 피해가 공동체가 얻을 이익보다 너무 커서는 안 된다는 원칙을 가지고 있다.

표 4-1 세계인권선언 조문

제1조 자유와 평등	제16조 결혼과 가족 구성
제2조 차별받지 않을 권리	제17조 재산권
제3조 생명권과 안전권	제18조 사상의 자유
제4조 노예제 금지	제19조 표현의 자유
제5조 고문금지	제20조 집회와 결사의 자유
제6조 인간으로 인정받을 권리	제21조 선거의 자유
제7조 법 앞에 평등	제22조 사회보장제도
제8조 법에 의한 인권 보호	제23조 근로의 권리
제9조 자의적인 체포, 구금 금지	제24조 휴식의 권리
제10조 재판받을 권리	제25조 의식주
제11조 무죄추정권리	제26조 교육받을 권리
제12조 사생활 보호	제27조 저작권
제13조 거주 이전의 자유	제28조 공정하고 자유로운 세계
제14조 안전한 곳을 찾을 권리	제29조 책임감
제15조 국적을 가질 권리	제30조 인권의 불가침성

출처: 국가인권위원회 https://www.humanrights.go.kr/ 세계인권선언 홍보영상 내 자료

본질적으로 인권은 각 사람의 문화적 배경, 신념체계, 연령, 성별, 능력, 환경 등을 넘어서 모든 인간에게 적용되는 보편적인 원칙이다. 바로 이런 보편성에 근거하여, 수많은 집단의 권리 주장이 인권으로 정당화될 수 없다(정진옥, 2012). 짐 아이프(Jim Ife, 2001)에 따르면, 어떤 권리가 인권으로 정의되기 위해서는 다음과 같은 기준을 충족시켜야 한다고 제안하였다(김형식·여지영 역, 2001:37-38; 정진옥, 2012:97-98 재인용).

- 인권의 실현은 개인 혹은 집단이 타인들과 마찬가지로 자신들의 완전한 인간성을 구현하는 데 필수적이다.
- 인권은 모든 인간에게 적용되는, 따라서 그 권리를 요구하는 개인 혹은 집단이 그 밖의 다른 모든 사람들에게도 적용되기를 원하는 것으로 간주된다. 또한 인권은 그것의 실현이 자신들의 완전한 인간잠재성을 획득하는 데 필수적인 것이 되는 특정 불이익 집단 혹은 취약집단에게 적용되는 것으로 간주된다.
- 인권의 정당성에 대해서는 실질적인 보편적 합의가 존재한다. 즉, 문화적 경계와 기타 경계를 넘어서는 광범위한 지지가 없었다면 그것은 '인권'으로 볼 수 없다.
- 인권은 모든 정당한 요구자들에게 실제로 실현되는 것이 가능하다.
- 인권은 다른 인권과 충돌하지 않는다. 즉, 무기를 소지할 권리나 타인을 노예로 소유할 권리, 자신의 아내와 자녀를 폭행할 권리 등은 인권으로 인정되지 않는다.

2) 인권의 내용

인권의 내용은 3세대론으로 대표되어 인권이 발달해 온 역사적 특성을 바탕으로 구분하고 있다.

프랑스 법학자 카렐 바삭(K. Vasak)은 프랑스혁명의 3가지 이념을 기초로 인권의 역사를 3세대로 구분하였다. 이러한 구분은 국가로부터 개인의 자유를 보호하는 것뿐만 아니라 집단으로서 국가와 국제사회의 책임과 의무를 적극적으로 요구하는 것으로, 법률적 영역을 넘어 정치, 경제, 사회복지, 환경, 사회개발 등 인권의 실천 영역을 확대하는 것으로, 서구적 가치의 주도와 식민주의, 지속 불가능한 경제개발에 대하여 아시아적 가치와 제3세계의 비판을 수용하는 것으로, 시대적 변화에 따른 인권 패러다임의 전환을 나타내고 있다.

표 4-2 바삭(K. Vasak)의 인권 3세대론

구분	내용
제1세대 인권 (시민적 · 정치적 권리)	• 국가의 자의적인 간섭으로부터 개인의 자유로운 영역을 보호받거나 정치과정에 참여하기 위한 권리 • 정부의 역할을 제한하기 때문에 소극적 권리(negative rights)로 불림 • 그 보호를 위해 국가가 '하지 말아야 할 것들'을 구체화하여 불간섭(비개입)을 요구하는 권리로서, '…로부터의 자유'로 표현됨 • 세계인권선언 제1조~제21조와 B규약 혹은 자유권규약으로 불리는 "시민적 · 정치적 권리에 관한 국제규약"(전문과 본문 53개조) – 생명권/신체의 자유와 안전을 누릴 권리 – 차별받지 않고 법의 평등한 보호를 받을 권리 – 남녀에게 동등한 권리를 보장 – 고문과 잔혹하거나 비인도적 · 모욕적인 취급, 형벌을 받지 않을 권리 – 양심과 사상 및 종교의 자유/표현의 자유/집회와 결사의 자유 – 사생활 및 개인정보, 가족생활을 존중받을 권리 – 정치 활동을 할 권리 – 적법절차에 따라 공정한 재판을 받을 권리/무죄추정의 원칙
제2세대 인권 (경제적 · 사회적 · 문화적 권리)	• 사회적 평등을 기초로 배분적 정의에 근거하여 제한된 가치의 생산과 자원의 배분에서 형평성을 보장받는 권리 • 국가의 책임과 의무를 강조하고 적극적으로 제공할 것을 요구하는 적극적 권리(positive rights)로서 '…에 대한 권리'로 표현됨 • 세계인권선언 제22조~제27조와 A규약 혹은 사회권 규약으로 불리는 "경제적 · 사회적 · 문화적 권리에 관한 국제규약"(전문과 본문 31개조) – 자유로운 선택과 수락에 따른 노동을 할 권리 – 차별받지 않고 동일노동에 대한 동등한 보수를 받을 권리 – 공정하고 쾌적한 노동조건에 대한 권리/연소자 노동 보호 – 근로시간의 합리적 제한, 정기적 유급휴일을 포함한 휴식과 여가를 가질 권리 – 노동조합을 결성하고 가입하며 자유롭게 활동할 권리(노동자의 단결권) – 노동쟁의권과 파업권 – 사회보험을 포함한 사회보장에 대한 권리 – 가정의 보호 및 지원에 관한 권리/적절한 생활 수준을 영위할 권리 – 가능한 최상의 신체 및 정신 건강을 영위할 권리 – 교육받을 권리/문화를 향유할 권리

구분	내용
제3세대 인권 (국경을 초월한 연대의 권리)	• 20세기의 산물로서, 제3세계 국가와 중심부 국가들 간의 빈부격차, 과도한 군비경쟁과 핵전쟁의 위협, 환경파괴로 인한 생태위기에 대응하기 위해서 집합적인 수준에서 정의하고 실현되는 권리 • 이 집단적 권리는 특히 서구의 식민지였던 저개발국가, 제3세계, 혹은 선주민들의 생존과 발전의 권리에 주목함 • 한 집단이 다른 집단에 그 집단의 발전과 번영을 저해할 수 있는 조건들을 강요해서는 안 되며, 자원개발을 위해 이들을 이용해서는 안 된다는 것을 말함 • 국가에서 한정되는 인권의 개념이 아니라 국경을 초월하여 전지구적인 담론으로 인권을 개념화하기 때문에 국제적 협력을 필수적으로 전제하며, 제3세대 인권의 내용은 아직 이론적으로 확립되어 있지 않고 계속 발전하고 있음 – 정치적, 경제적, 사회적, 문화적 자결을 향유할 권리 – 경제적, 사회적 발전을 향유할 권리 – 자신의 발전에 유리한 환경에 대한 권리 – 안정적이고 결집력 있는 사회에서 살 권리 – 오염되지 않은 깨끗한 물과 공기, 식량에 대한 권리 – 평화를 향유할 권리 – 인류 공동 유산으로부터 이익을 얻고 그에 참가할 권리 – 인도적 원조를 요구할 수 있는 권리 – 과거와 미래의 인권침해문제를 연계하여 다루는 세대 간의 권리

출처: 국가인권위원회, 중앙대학교 인권센터 https://humanrights.cau.ac.kr/

또한, 인권은 자연적 관점 또는 인간의 존엄성 관점에서 도덕적·가치적 측면을 중시하며, 제도적 차원에서 구체적 제도와 법의 형태성으로 드러난다. 짐 아이프(Jim Ife, 2001)는 역사적 발전단계를 기준하여 〈표 4-3〉과 같이 3세대로 구분하였다. 즉, 시민적·정치적 권리는 1세대 권리로, 경제적·사회적·문화적 권리는 2세대 권리로, 3세대 권리는 집합적 권리로 범주화한다. 제1세대 인권은 소극적 권리로서의 자유권을, 제2세대 인권은 적극적 권리로서의 사회권을, 제3세대 인권은 아직까지 국제인권규약으로 인정되지는 않았으나 경제개발권, 환경권과 같은 집단적 권리로 간주된다. 하지만 점차로 이러한 3단계 모델을 넘어서 인권을 7개의 범주, 즉 생존, 시민·정치, 문화, 경제, 사회, 환경 및 영적 권리로 세분화하려는 움직임도 나타나고 있다(Ife and Fiske, 2006; 김미옥, 2012 재인용).

표 4-3 짐 아이프(Jim Ife)의 인권의 3세대 발전과 사회복지

구분	1세대 발전	2세대 발전	3세대 발전
명칭	시민적 · 정치적인 권리	경제적 · 사회적 · 문화적 권리	연대적인 권리
기원	자유주의	사회주의; 사회민주주의	경제학; 발전 학문; 환경 보존의 이데올로기
실례(예)	투표권, 자유롭게 말할 수 있는 권리, 정당한 판결을 받을 권리, 고문과 학대로부터의 자유, 법의 보호, 차별로부터의 자유	교육권, 주택권, 건강권, 직업권, 적절한 소득권, 사회보장권 등	경제적인 성장과 번창의 권리, 경제성장으로부터의 이익, 사회적 조화, 건강한 환경, 깨끗한 공기 등
기관	법률 상담소, 국제사면위원회, 인권감시 단체, 난민 노동(refugee work)	복지정권, 제3섹터, 민간 시장 복지(private market welfare)	경제발전기관, 지역 프로젝트, 그린피스
주요한 것	법률	사회복지	지역발전
전문적인 사회복지	옹호,난민 노동, 난민 보호소, 교도소 개혁	직접적인 서비스, 복지국가 운영, 정책발전과 옹호, 조사	지역발전, 사회적, 경제적, 정치적, 문화적, 환경적, 개인적, 영적인 개발

출처: Ife, J.(2001). *Human Rights and Social Work*. Columbia University Press. 김미옥(2012). p. 4 재인용

3) 인권와 사회정의

존 롤스(John Rawls, 1977)에 따르면, 기본적 인권은 어떤 근본적인 철학적 학설을 표현하는 것이 아니라, 도리어 정의의 공동선적인 개념에 의하여 인도되는 질서 있는 정치 사회의 최저기준을 표현하는 것이다. 여기에서 질서 있는 사회란 계층 간 평화적이어야 하며, 영역 내에 사는 모든 사람들이 도덕적인 의무와 책임을 져야 하며, 동시에 기본적 인권이 존중되는 정의론의 공동적인 구성이 필수적으로 선행되어야 한다(유경동, 2005).

사회정의란 사회구성원이 부당한 차별을 받지 않고 마땅히 받아야 할 몫과 공정한 기회를 가지는 것이다(김주성, 2011). 또한, 사회정의는 사회구성원이 사회적 자원에 공평하게 접근할 수 있어야 하며 인권이 보호되어야 한다는 가치나 신념을

포함하고 있다(Torres-Harding et al., 2012).

공정한 사회를 실현하기 위해서는 인권보장과 사회정의가 실현되어야 한다. 인권보장은 모든 사회구성원이 인격체로 존중받고 불리한 조건에 처한 사회적 약자를 우선 배려해 그들이 비인간적인 대우를 받지 않도록 하는 것이다. 또한 사회정의가 실현되는 것은 각자에게 정당하고 공평한 몫을 주는 것이다.

인권이 보장되고 정의가 실현되는 공정 사회에서는 사회적 약자나 소외된 사람을 우선으로 배려하고 사회적 약자에게 정당한 몫을 받도록 해야 한다(박춘희·이지연, 2020).

인권은 사람이 마땅히 누려야 할 자유와 권리로 사회적 약자도 똑같은 권리를 누릴 수 있도록 보장하는 것이다. 모든 사람의 인권이 보장될 때 사회정의 실현이 가능하다. 사회정의와 인권은 동등한 것으로 사회적 약자와 소수자의 관점에서 인권은 완전한 사회구성원으로 인정받지 못하는 것과 깊은 관련이 있다. 사회정의 실현을 위해서는 기회의 균등, 공정한 배분도 중요하지만 사회적으로 모든 사람들이 인격체로서 존중받는 인권이 더 중요하다(윤인진·송영호, 2018).

인권은 사회정의를 포괄하는 개념이지만 인간이 삶을 유지하는 데 필요한 기본적인 욕구에 대한 차별없이 고려하면서, 시민적, 정치적 관습을 넘어서는 개념이다(최혜지·김경미, 2017).

사회복지는 인권과 사회정의와 필연적 상호성이 존재한다(김기덕, 2007). 사회복지사 윤리강령에서도 사회정의와 인권을 사회복지가 추구하고 보호해야 하는 핵심적인 가치와 의무로 규정하고 있다. 따라서 사회복지사의 인권기반 실천 노력을 통해 사회복지서비스 이용자의 인권 수준 향상이 필요하다.

〈참고〉 사회정의에 기반한 실천을 위한 실무자의 역량강화 요소(Chung, R. CY & Bemak, F. P. 2011)

- 개인적 헌신: 사회정의 문제에 개인적 참여가 필요함
- 희망: 긍정적 결과물이 있을 것이라는 신념은 역량강화의 잠재력이 될 것임
- 사회적 지지: 인권과 사회정의 향상을 위한 행동을 지지하는 사람들이 있을 때 역량강화를 만들어가는 것임
- 공통목표: 타인들과 사회정의에 관한 목표를 공유
- 가능한 행동: 예측 가능한 행동, 변화가능성의 느낌
- 갈등, 긴장에 대한 두려움 배제
- 불편함을 편하게:기존 구조에의 도전은 혼란과 무질서를 생산함을 내포함. 변화과정의 물질서와 세상을 수용, 적응능력은 역량강화의 요소
- 과정 이해: 변화가 어떻게 일어나는지를 이해한다.
- 역사적 성공: 과거의 역량강화의 경험이 기초가 된다.
- 역량강화된 자들의 모델 갖기

출처: 박지영·안정선(2017). 사회적 정의, 인권에 기반한 사회복지실천 재고: 사회복지사의 역량 그리고 우리 현장에 관하여. 한국사회복지학회 학술대회 자료집, 1451-1465

2. 권리로서의 사회복지

「헌법」 제34조 제1항에서 “모든 국민은 인간다운 생활을 할 권리를 가진다.”라고 규정하여 국민의 기본권으로서 생존권의 원칙을 규정하고 있다. 여기서 ‘인간다운 생활’이란 인간의 존엄성 유지에 상응하는 건강하고 문화적인 생활을 영위할 수 있는 권리를 말하며 국민이 국가에 요구할 수 있는 권리이다. 인간다운 생활을 할 권리가 국민들이 국가에 요구할 수 있는 권리라고 하면, 인간다운 생활을 보장해야 할 의무는 국가가 책임을 가진다. 「헌법」 제34조 제2항에서도 사회보장과 사회복지에 관한 국민의 생활보장에 대한 국가의 의무와 책임을 명시하고 있다.

사회복지 권리성의 출발점은 인권에 있고 인권은 사회복지뿐만 아니라 인간의 모든 영역에서 기본적인 권리성의 원천이기에 그 중요성이 있다.

사회복지 권리성에 대한 구체적인 법률 용어로 사회복지수급권 개념이 있다. 사회복지수급권은 사회복지법상 급여 및 서비스를 받을 수 있는 권리로, 국가는 법률에 의해 개인들에게 급여 및 서비스를 제공하고, 개인은 국가에 대하여 급여 및

서비스를 청구할 수 있는 권리를 말한다. 사회복지수급권은 인권이나 기본권에 비해 구체적이고 직접적인 권리라고 볼 수 있으며 사회복지수급권은 [그림 4-1]과 같이 크게 3가지 범주로 나누어진다(문수열 외, 2021).

실체적 권리는 사회보장수급권이 보장되는 핵심적 내용으로, 복지급여를 필요로 하는 사람이 일정한 요건을 충족하여 복지급여를 받을 수 있는 실질적인 급여 청구와 관련된 구체적인 권리를 말한다. 수속적 권리는 국가가 사회복지급여를 받기 위해 급여청구권 실현을 위한 일련의 수속과정이 본래의 수급권 보장의 목적에 알맞게 진행될 것을 요구하는, 부수적으로 이행해야 하는 의무들에 상응하는 권리이다. 수속적 권리는 사회복지급여를 받기 위해 적절한 절차에 참가하는 권리, 불평등하게 취급당하지 않을 권리 등을 의미한다. 절차적 권리는 실체적 권리를 보장하고 실현하기 위해 연관된 의무의 이행 또는 강제를 구체적으로 실현하는 절차에 관한 권리이다(현외성, 2007; 윤찬영, 2013).

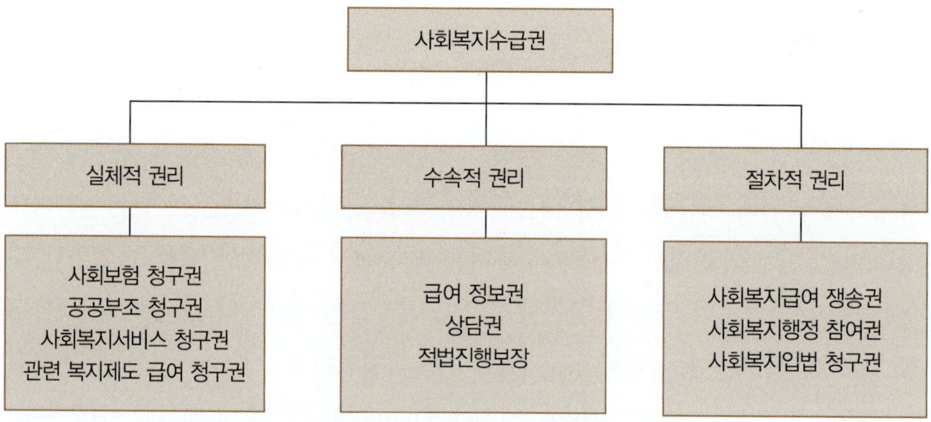

[그림 4-1] 사회복지수급권의 구조

출처: 문수열 외(2021). 『사회복지법제와 실천』, p. 35

권리에 대한 법률적인 근거 외에도 사회복지실천모델에서도 서비스 당사자의 권리성을 중요시하는 접근이 있다. 아이프(2006)는 사회복지서비스는 욕구의 사정에 의해서가 아니라 서비스 당사자의 권리이기 때문에 제공되어야 하는 것임을 강조한다. 사회복지실천에서도 적극적인 옹호나 권리실현을 위해 제도 개선 촉구, 연대 등의 활동이 특히 강조된다. 이는 인권실천에서 사회복지사가 이용자의 참여를 높일 수 있는 협력적 관계를 통해 그들이 수동적 시민권에서 적극적 시민권의 위치로 이동하도록 돕는 가교 역할을 하는 것과도 일맥상통한다(Kim, 2010; 김미옥, 2012:6 재인용).

3. 인권과 사회복지

사회복지는 인간이면 누구나 누려야 할 권리를 보장하기 위한 전문적 및 제도적 노력이라는 점에서(Ife, 2008), 인권과 사회복지는 공동의 토대와 지향을 가지고 있다(이민홍·최지선, 2020). 또한, 사회복지는 인간의 존엄성과 사회정의에 기반을 둔 학문으로서 인간의 생명존중, 자유, 평등, 사회정의, 사회통합을 추구하는 인권의 기본 가치와 밀접하게 관련을 맺어 왔다(UN Centre for Human Rights, 1994; 홍선미 외, 2017 재인용).

사회복지실천현장에서 인권은 빈곤, 차별, 참여, 자기결정, 자율, 폭력, 존엄, 존중, 사생활 자유와 관련된 이슈로 나타나며, 옹호, 서비스 제공, 사정, 클라이언트 권리를 위협하는 요소에 대한 인식, 실천가와 클라이언트 관계 본질 등을 포함하고 있다(Steen et al., 2017; 최지선·이민홍, 2020 재인용).

인권관점(human rights based perspective) 또는 인권기반의 사회복지란 사회복지실천의 본질적 사명과 가치적 요소를 조망하는 데 있어서 인권관점이 중요한 축으로 자리 잡고 있다. 이는 실제적으로 우리 사회의 다양한 소외계층에 대한 문제점과 해결책을 찾는 과정에서 인권적 가치는 그 학문적·실천적 합목적성을 제시하는 것을 의미한다(홍선미 외, 2017).

사회복지실천이 무엇보다도 인간의 존엄성에 바탕을 둔 실천이라는 측면에서 인권이 중심이 되어 돕는 전문직이라고 볼 수 있다(김미옥, 2012).

표 4-4 사회복지 분야별 인권교육 의무화 대상 분류

교육대상				의무교육 여부
구분		분야	직종	
사회복지시설	보건복지부 소관	노인	사회복지사	의무교육(자격)
			인건비가이드라인 해당 직종	의무교육(자격)
			기타 직종	의무교육
		장애인	사회복지사	의무교육(자격)
			인건비가이드라인 해당 직종	의무교육(자격)
			기타 직종	의무교육
		정신건강	사회복지사	의무교육(자격)
			인건비가이드라인 해당 직종	의무교육(자격)
			기타 직종	의무교육
		노숙인	사회복지사	의무교육(자격)
			인건비가이드라인 해당 직종	의무교육(자격)
			기타 직종	의무교육
		기타 분야	사회복지사	의무교육(자격)
			인건비가이드라인 해당 직종	의무교육(자격)
			기타 직종	의무교육
	여성가족부 소관	여성	사회복지사	의무교육(자격)
			인건비가이드라인 해당 직종	의무교육(자격)
			기타 직종	의무교육
		가족	사회복지사	의무교육(자격)
			인건비가이드라인 해당 직종	의무교육(자격)
			기타 직종	의무교육
		기타 분야	사회복지사	의무교육(자격)
			인건비가이드라인 해당 직종	의무교육(자격)
			기타 직종	의무교육
공공기관	공공부조	공무원	사회복지전담공무원	의무교육(자격)
			사회복지담당공무원	의무교육
		전문계약직 근로자	통합사례관리사 등	의무교육(자격)
	사회보험	4대 보험공단	사회복지사	의무교육(자격)
			기타 직종	임의교육

출처: 홍선미 외(2017). 사회복지분야 인권교육 개선방안연구. p. 214

사회복지분야에서 인권 가치 실현을 위해 사회복지사의 역할이 중요하고, 인권 교육이 사회복지사의 인권의식 형성 등 인권 역량에 주요한 요인이므로, 인권교육 관련한 정책에 사회복지사는 필수적인 대상이 되고 있다(황지애, 2019). 이에 현재 실행되고 있는 「국가인권정책기본계획」 내 사회복지사의 인권교육을 포함하고 있다(국가인권위원회, 2018).

1) 아동과 인권

아동의 권리보호만을 목적으로 만들어진 국제 사회 최초의 협약인 'UN 아동권리협약(UN Convention on the Rights of the Child)'은 아동도 권리를 가진 주체로 인정한 유일한 국제협약이다. 시민·정치적 권리부터 경제·사회·문화적 권리까지 모든 인권의 영역에서 아동과 관련된 권리를 포괄하고 있는 최초의 국제협약이다(아동권리보장원). 1989년 11월 20일 유엔에서 채택되었으며, 우리나라도 1991년 11월 20일에 이 협약에 비준하였다. 유엔아동권리협약은 만 18세 미만의 모든 사람을 아동으로 정의하며, 아동을 '보호의 대상'이면서 동시에 '독립적 인격체'로 인정하였다. 발달과정에 있는 아동은 성인에 비해 사회적 지위가 상대적으로 취약할 수밖에 없기에 그에 따른 지지와 보호를 제공받을 마땅한 권리가 있지만, 보호적 조치가 아동의 기본적 인권을 제한할 수는 없다는 것이다.

표 4-5 UN 아동권리 협약이 담고 있는 4가지 기본권

기본권	내용
생존권	적절한 생활 수준을 누릴 권리, 안전한 주거지에서 살아갈 권리, 충분한 영양을 섭취하고 기본적인 보건서비스를 받을 권리 등 기본적인 삶을 누리는 데 필요한 권리
보호권	모든 형태의 학대와 방임, 차별, 폭력, 고문, 징집, 부당한 형사처벌, 과도한 노동, 약물과 성폭력 등 어린이에게 유해한 것으로부터 보호받을 권리
발달권	잠재능력을 최대한 발휘하는 데 필요한 권리, 교육받을 권리, 여가를 즐길 권리, 문화생활을 하고 정보를 얻을 권리, 생각과 양심과 종교의 자유를 누릴 권리
참여권	자신의 생활에 영향을 주는 일에 대하여 의견을 말할 수 있어야 하며, 그 의견을 말하고 존중받을 권리, 표현의 자유, 양심과 종교의 자유, 의견을 말할 권리, 평화로운 방법으로 모임을 자유롭게 열 수 있는 권리, 사생활을 보호받을 권리, 유익한 정보를 얻을 권리 등

우리나라 「아동복지법」에서 다음과 같이 아동의 권리에 대해 언급하고 있다.

「아동복지법」 제2조(기본이념)

① 아동은 자신 또는 부모의 성별, 연령, 종교, 사회적 신분, 재산, 장애유무, 출생지역, 인종 등에 따른 어떠한 종류의 차별도 받지 아니하고 자라나야 한다.

② 아동은 완전하고 조화로운 인격발달을 위하여 안정된 가정환경에서 행복하게 자라나야 한다.

③ 아동에 관한 모든 활동에 있어서 아동의 이익이 최우선적으로 고려되어야 한다.

④ 아동은 아동의 권리보장과 복지증진을 위하여 이 법에 따른 보호와 지원을 받을 권리를 가진다.

2) 노인과 인권

다른 연령집단과 마찬가지로 노인도 인간이 누릴 수 있는 모든 권리를 향유할 수 있는 인권의 주체이다. 이러한 관점에서 노인인권이란 노인이 인간으로서 존엄성을 존중받고 행복하게 살아가는 데 필요한 모든 권리를 의미하는 것이라 할 수 있다. 노인인권은 좁은 의미로는 노인이 학대받지 않을 권리부터, 넓은 의미로는 연령차별 없이 적극적으로 사회에 참여할 권리에 이르기까지 광범위한 개념으로 해석될 수 있으며(권중돈, 2012), 종합적으로 노인인권을 정의하면 "노인이 존엄을 지키며, 노후의 생활을 인간답게 영위하는 데 필요한 모든 권리"이다(국가인권위원회, 2018).

(1) 노인인권에 관한 국제 동향(국가인권위원회, 2018)

① 노인권리선언(Declaration of Old Age Rights)

제2차 세계대전 직후인 1948년 국제연합은 〈노인권리선언〉을 발표하였는데, 가장 먼저 노인권리에 대하여 언급하였다는 점에서 역사적 선언이라 할 수 있다.

〈노인권리선언〉은 사회권을 중심으로 원조를 받을 권리, 의식주, 노동에 대한 기본 권리에서부터 신체적 건강, 정신적 건강의 케어에 관한 권리, 여가의 권리에서부터 안전, 안심에 대한 권리, 존경받을 권리 등 10가지 권리가 제시되었다.

② 비엔나 국제 고령화 행동계획(International Plan of Action on Ageing)

1982년 7월 오스트리아 비엔나에서 개최된 세계 고령화 대회(World Assembly on Ageing)에서 '비엔나 국제 고령화 행동계획'이 채택되고, 같은 해 유엔 총회에서 인준되었다. 이 계획은 인구고령화에 효과적으로 대처할 수 있도록 정부와 시민사회의 능력을 강화하고 노인의 잠재적 개발능력과 의존 필요성을 알리는 것을 목적으로 한다. 또한, 지역적 그리고 국제적인 협력 증진을 위해 조사, 자료수집과 분석, 훈련과 교육을 위한 행동계획을 제시하고 있다. 아울러 건강과 영양, 노인소비자 보호, 주거와 환경, 사회복지, 소득보장과 고용, 교육 분야를 포함한 고령화 과정에 있는 개인의 관심분야와 관련된 권고를 포함한다(보건복지부, 2000).

③ 노인을 위한 유엔 원칙(United Nations Principles for Older Persons)

1991년 유엔은 독립, 참여, 보호, 자아실현, 존엄 등 5개 영역에서 정부가 고려해야 할 18개 원칙을 제시한 '노인을 위한 유엔원칙'을 제정하였다. 이 원칙은 노인의 건강과 영양, 노인소비자의 보호, 주거와 환경, 가족, 사회복지, 소득보장과 고용, 교육 등을 포함하고 있다. 또한, 인구의 고령화에 효과적으로 대처할 수 있도록 정부와 시민사회의 능력 강화, 노인의 잠재적 능력 개발 필요성을 강조한다.

④ 마드리드 국제 고령화 행동계획

세계적인 인구고령화 현상에 대응하여 2002년 스페인 마드리드에서 제2차 고령화총회가 개최되고, 3개의 장 132개의 문항으로 구성된 '마드리드 국제 고령화 행동계획'이 채택되었다. 이 계획은 모든 사람들이 존엄성을 갖고 안전하게 노후를 보내며 완전한 권리를 가진 시민으로서 사회에 계속적으로 참여하도록 보장하기 위함을 목적으로 한다. 구체적으로는 '노인과 발전, 노년까지의 건강과 안녕 증진, 능력을 부여하고 지원하는 환경 확보' 등 주요 정책 방향을 설정하고 그 아래 18개

분야의 과제를 제시하여 분야별 목표와 행동지침을 권고하고 그 이행과 후속조치를 규정한다.

(2) 국내 노인인권에 관한 규정(국가인권위원회, 2018)

2006년 보건복지부는 시설 생활 노인들이 존엄한 존재로 존경받고 건강하고 안정된 노후생활 영위를 지원하기 위해 '노인복지시설 인권보호 및 안전관리지침'을 마련하고, 시설에서의 노인학대방지를 위한 업무를 수행하고 있다. 이 지침에 따르면 시설 생활노인은 어떠한 이유로도 기본권리를 침해받아서는 안 되며, 국가와 노인복지시설 종사자는 생활노인의 인권을 보호하고 삶의 질을 향상시키기 위해 최선의 노력을 기울여야 한다. 보건복지부는 2014년 지침을 개정하여 시설 내 학대 발생 시 '학대사례 조사판정위원회' 구성·운영에 관한 사항을 포함하였다.

「노인복지법」 제39조의5 제1항에 따라, 국가는 지역 간 연계체계를 구축하고 노인학대 예방을 위해 중앙노인보호 전문기관을 운영해야 하며, 보건복지부장관은 같은 조 제3항에 따라 노인학대 예방사업을 목적으로 하는 비영리법인을 지정하여 중앙노인보호 전문기관의 운영을 위탁할 수 있다. 중앙노인보호 전문기관은 노인 인권보호 관련 정책 제안, 노인인권보호를 위한 연구 및 프로그램 개발, 노인학대 예방 홍보 및 교육 자료 제작·보급, 지역 노인보호전문기관의 관리 및 업무 지원, 노인학대 분쟁사례 조정을 위한 중앙노인학대사례 판정위원회 운영 등의 업무를 수행한다.

3) 장애인과 인권

장애인권리선언은 인권과 기본적 자유, 평화에 관한 원칙, 인간의 존엄성과 가치에 관한 원칙, 사회 정의에 관한 원칙 등에 대한 신념이 담긴 국제 연합 헌장과 〈세계인권선언〉의 정신에 입각한 심신 장애인의 권리. 즉, 다양한 활동 분야에서 최대한 자신의 능력을 개발할 수 있도록 도와주고, 가능한 한 정상적인 생활 속에서 자신의 이상을 실현할 수 있도록 촉진해야 한다는 취지를 담고 있는 선언으로서,

1975년 12월 9일 국제 연합 총회에서 만장일치로 채택되었다.

또한, UN은 1993년 장애인을 포함한 모든 사회구성원이 함께 잘 살기를 원하는 '만인을 위한 사회(A Society for All)'와 '인식으로부터 실천으로(from Awareness to Action)'라는 표어를 걸고 이를 위해 모든 나라가 이에 준하여 실천하기를 권고하는 장애인의 기회균등을 위한 표준규칙(Standard Rules for the Equalization of Opportunities for Disabled Persons)을 채택하였다.

2008년 UN에서 채택한 '장애인의 권리에 관한 협약'은 여성장애인·장애아동의 권리보호, 장애인의 이동권과 문화접근권 보장, 교육권과 일할 권리 등 총 50개 조항에 걸친 전 생활영역에서의 장애인 권익보장을 내용으로 하고 있다.

표 4-6 유엔장애인권리협약의 조문별 규정

조문	규정 내용
1~4조	목적, 정의, 일반원칙, 일반의무
5~34조	평등과 차별금지, 장애아동, 인식제고, 접근성, 생명권, 위험상황 및 인도적 차원의 위급상황, 법 앞에서의 평등, 사법적 접근권, 개인의 자유와 안전, 고문으로부터 자유, 학대로부터 자유, 개인의 존엄성 보호, 이주 및 국적의 자유, 자립생활과 사회통합, 개인의 이동, 의사표현의 자유, 사생활 존중, 가정과 가족 존중, 교육, 건강, 재활, 근로, 적정한 삶, 정치와 공직생활 참여, 문화 · 스포츠 참여, 통계 수집, 국제협력, 모니터링, 장애인권리위원회 등
35~50조	당사국 보고, 보고서 심사, 당사국과 위원회와 관계, 위원회 보고서, 당사국 회의, 기탁, 서명, 지역통합기구, 발효, 유보, 개정, 협약의 폐기 등

〈참고〉 국제사회복지사연맹(The International Federation of Social Workers, IFSW)에 공표한 윤리원칙선언문(Statement of Ethical Principles에서 제시하고 있는 인권과 인간의 존엄성(Human Rights and Human Dignity) 원칙과 사회정의(Social Justice) 원칙

1. 인간의 존엄성 원칙

: 사회복지는 모든 사람들의 타고난 가치와 존엄성을 존중하고 이에 따르는 권리에 기반을 두고 있다.

(1) 자기결정권 존중: 타인의 권리를 침해하거나 정당한 이익을 해치지 않는 한 스스로의 선택과 결정의 권리를 존중한다.

(2) 참여권 증진: 자신들의 삶에 영향을 미치는 의사결정과 행동이 가능하도록 능력과 권한을 갖는 방식으로 서비스 이용자의 완전한 개입과 참여를 촉진한다.

(3) 각 개인에 대한 전인적 대우: 사회복지사는 각 개인의 총체적 삶을 인식하며 가족, 지역사회, 사회 및 자연환경 속의 전인적 이해를 중시한다.

(4) 강점 인식 및 개발: 사회복지사는 모든 개인 및 집단, 지역사회의 강점에 초점을 두고 역량강화를 촉진한다.

2. 사회정의(Social Justice)

: 개인의 인권이 집합적으로 보장될 수 있는 구조로서 이 역시 인권 관련 선언과 협약에 제시된 내용과 깊은 관련성을 갖는다.

(1) 차별에 대한 도전: 사회복지사는 능력, 연령, 문화, 성별, 결혼 상태, 사회 경제적 지위, 정치적 견해, 피부색, 인종이나 기타 신체적 특징, 성적 취향 또는 영적 신념과 같은 특성을 근거로 한 차별에 반대할 의무가 있다.

(2) 다양성에 대한 인식: 사회복지사는 개인, 가족, 집단 및 지역사회의 차이점을 고려하여 인종 및 문화적 다양성을 인식하고 존중한다.

(3) 자원의 공평한 분배: 사회복지사는 필요에 따라 자원을 공정하게 배분한다.

(4) 부당한 정책 및 실무: 사회복지사는 자원의 문제나 억압적이며 불공정한 정책 및 실무 등에 대해 자신들의 고용주나 정책 입안자, 정치인 및 일반 대중에게 알릴 의무가 있다.

(5) 연대하기: 사회복지사는 사회적 배제나 낙인, 억압적인 사회적 조건에 도전하며 포용적 사회를 만들어갈 책임이 있다.

출처: The International Federation of Social Workers(IFSW) http://ifsw.org/policies/ tatement-of-ethical-principles/, 홍선미 외, 2017 재인용)

〈참고〉 한국어판 인권기반 사회복지실천(K-RMSW) 문항

하위 차원	사회복지사로서 나는…
강점 관점	1. 문제 상황을 개인의 잠재적 성장 원천으로 인식할 수 있게 클라이언트를 격려한다. 2. 클라이언트가 이미 잘하고 있는 것이 무엇인지 인지하도록 돕는다. 3. 과거 클라이언트의 문제를 극복한 방식에 초점을 두어 현재 상황에 대처하는 전략으로 활용하도록 돕는다. 4. 지역사회의 강점과 자원을 파악하여 클라이언트가 자신의 삶을 변화시키는 자산으로 활용할 수 있도록 돕는다. 5. 클라이언트가 자신을 도울 수 있는 지역사회 자원을 끌어낼 방법을 제안한다.

하위 차원	사회복지사로서 나는…
미시·거시 통합	1. 사정(assessment) 단계에서 클라이언트 개인과 지역사회 수준의 문제를 파악한다. 2. 클라이언트 개인의 문제해결을 도울 뿐 아니라 지역사회 차원의 더 큰 문제해결을 위해 개입한다. 3. 클라이언트에게 클라이언트의 친구와 이웃이 같은 문제를 겪고 있는지 묻고, 지역사회 차원에서 지원 가능한 방안들을 계획한다. 4. (예를 들면)지역사회 조직(모임)을 통해 클라이언트의 경험을 넘어선 더 큰 사회문제를 다룬다. 5. 개인, 가족, 지역사회 수준에서 클라이언트의 문제에 개입한다. 6. 클라이언트의 시급한 문제(어려움)를 지속해서 다루면서 거시적인 변화를 추구한다.
역량 강화	1. 클라이언트가 지역사회의 변화를 일으키도록 옹호하는 기술개발을 돕는다. 2. 클라이언트가 자신의 권리를 주장하는 데 필요한 지식을 습득하도록 돕는다. 3. 클라이언트가 부적절하다고 여기는 개인적, 사회적 조건을 변화시키는데 필요한 기술을 습득하도록 돕는다. 4. 클라이언트가 정치 및 경제체제를 이해하여 자신이 바람직하지 않다고 인식하는 상황을 변화시키는 데 참여할 수 있도록 돕는다. 5. 정치적 관심이 증진되도록 클라이언트 및 지역사회와 함께 노력한다.
지역사회·다학제 협력	1. 클라이언트의 이슈(욕구, 문제)를 다루기 위해서 나의 영역(실천, 지역사회, 정책) 밖의 전문성을 지닌 사회복지사를 참여시킨다. 2. 지역사회 차원의 변화를 가져오기 위해서 사회복지 외(예: 의료, 법률, 옹호) 다른 전문직과 함께 일한다. 3. 클라이언트를 돕고 변화를 가져오기 위해 지방정부 공무원과 협력한다. 4. 내가 일하는 지역사회의 욕구를 해결하기 위해 다학제 간 협력에 참여한다. 5. 변화를 만들기 위해 지역사회 조직들과 협력한다.
행동 주의	1. 클라이언트에게 이익이 되도록 사회적, 정치적 변화를 옹호한다. 2. 클라이언트와 함께 정치적 행동에 참여하는 데 거부감이 없다. 3. 지역사회 지도자들에게 클라이언트의 사회적, 경제적 욕구 충족을 위해 노력하도록 요구한다. 4. 사회변화를 위한 각종 캠페인에 참여한다. 5. 사회정의 증진을 위해 정치적 변화를 옹호한다.
책임성	1. 우리 업무에서 클라이언트가 원하는 정보를 공유한다. 2. 클라이언트가 지역사회 기관에서 제공하는 서비스 품질에 대해 피드백하도록 격려한다. 3. 클라이언트와의 업무에서 클라이언트가 자신의 권리와 존엄성이 존중된다고 느끼는지 피드백을 받는다. 4. 우리 업무를 평가하는 데 있어서 클라이언트의 의견이 중요한 부분임을 클라이언트에게 알려준다. 5. 나의 사회복지실천이 인간의 존엄성을 향상했는지 스스로 평가한다. 6. 나의 소속기관이 인간의 존엄성을 높이는 데 효과적으로 일하는지 평가하도록 독려한다.

출처: 이민홍·최지선(2020). 한국어판 '인권기반 사회복지실천' 척도 신뢰도 및 타당도 연구: 노인복지관 사회복지사를 대상으로, 노인복지연구, 제75권 4호, pp. 9–31.

〈참고〉 **인권 관련 용어 해설**

■ **인권감수성**

일반적으로 자극을 쉽게 받아들이고, 이로 인해서 흥분하기 쉬운 상태 또는 성질을 감수성이라고 하며, 민감성이라고도 한다. 인권 감수성은 일상생활에서 만나는 다양한 자극이나 사건에 대하여 매우 작은 요소에서도 인권적인 요소를 발견하고, 적용하면서, 인권을 고려하는 것을 말한다.

■ **인권 문해력**

일반적으로 하나의 언어에 대하여 단순히 읽고 쓰는 것에서 그치지 않고 글을 정확하게 이해하는 능력을 문해력(文解力)이라고 한다. 그러므로 인권 문해력이라고 할 때는 단순하게 인권을 아는 것에서 그치는 것이 아니라, 정확하게 일상생활에서 인권을 적용하면서 살아가는 능력을 말한다. 즉, 인권 문해력은 단순히 개념적으로 인권을 이해하는 것이 아니라, 삶의 다양한 사건에 대하여 인권을 고려하면서 생활하도록 돕는 것으로서, 인권교육의 최소한 지향점이다.

■ **인권적 문화**

일상생활의 전반에서 인권적인 요소가 충분히 고려되는 문화적 상태를 말한다. 특별히 인권교육을 위한 조건으로서 인권적 문화를 강조할 때는 사회, 학교, 교실의 문화가 인권적인가 하는 점을 따진다. 인권적 문화를 갖는다는 것은 사회 전반에서 위계적인 명령–복종의 문화보다는 수평적인 협력을 강조하며, 모든 사회적 현상이나 사건에 대하여 인권의 관점에서 문제를 보고 해결하려는 것도 포함된다. 이러한 인권적 문화는 인권교육을 위해 필요하며, 또한 인권교육을 통해 만들어 가야 할 내용이다.

■ **인권적 안목(태도)**

인권적 관점, 인권적 시각이라고 할 수 있는데, 사회현상이나 문제에 대하여 '인권'이라는 기본가치를 적용하려는 노력을 말한다. 인권은 주어진 것이 아니기 때문에 노력을 통해 적용하려고 해야 한다는 점에서 인권적 안목은 인권교육의 대상이 되어야 한다.

출처: 국가인권위원회, 인권용어사전 중(https://www.humanrights.go.kr/site/program/dictionary/)

연 구 과 제

1. 나의 삶 가운데 인권의 의미를 이해할 수 있는 경험에 대해 나눠 봅시다.
2. 사회복지과 인권간의 관계에 대해 자신의 생각을 정리해 봅시다.
3. 인권에 기반한 사회복지실천을 위해 사회복지사가 갖추어야 할 자질에 대해 생각해 봅시다.

CHAPTER 5

사회복지의 구성요소

CHAPTER 5 사회복지의 구성요소

학습목표

- 사회복지의 대상과 욕구를 이해할 수 있다.
- 사회복지 주체와 각 주체별 주요 역할에 대해 이해한다.
- 사회복지의 전달체계와 방법을 이해한다.
- 사회복지제공을 위한 재원조달방법을 이해하고 우리나라 사회복지 관련 조세현황을 이해한다.

사회복지의 구성요소를 고찰하는 것은 사회복지의 전체 구조에 대한 이해와 체계적인 사회복지활동에 대한 이해를 돕기 위해서이다. 사회복지 구성요소에 대한 학자들의 의견은 다양한데, 일반적으로 사회복지의 가치, 주체, 대상, 방법 등으로 나누어 설명하고 있다.

김성천 외(2018)에서는 사회복지 구성요소를 크게 사회복지 주체(서비스 공급자), 사회복지 객체(서비스 이용자)로 구분하였으며, 권중돈 외(2019)는 사회복지의 구성요소를 조직, 인력, 재정, 전달체계, 서비스 대상과 내용, 법률 등으로 설명하고 있다.

본서에서는 사회복지의 구성을 크게 4가지, 즉 사회복지 대상과 욕구, 사회복지 주체, 사회복지 전달체계와 방법, 사회복지 재원으로 구분하여 설명한다. 첫째는 욕구가 있는 대상자, 즉 사회복지서비스 대상자에 대한 내용이며, 둘째는 누가 사회복지를 제공, 실천하느냐 하는 주체에 대한 것이며, 셋째는 어떤 방법으로 사회복지서비스를 제공할 것인지와 마지막으로, 사회복지의 재원은 무엇으로 할 것인지에 대한 것이다. 이러한 구성요인은 상호 밀접한 관계를 가지고 있는데 주체와 대상 즉, 객체 간의 관계는 원조관계이기 때문에 자연히 원조 기능도 주체와 대상

간의 관계에 따라 결정된다.

1. 사회복지 대상과 욕구

사회복지 대상이란 사회복지급여의 제공 대상 또는 이용자와 그 이용자가 해결되거나 충족되기를 원하는 욕구를 포함한다. 사회복지 대상을 어떤 사람 또는 어떤 집단으로 할 것인가 하는 문제와 사회복지급여가 누구에게 제공되는가 하는 관점에서 할당이라는 용어가 생겨났다. 즉, 어떤 자격요건을 갖춘 사람들에게 사회복지급여를 할당하는가 하는 문제이다.

사회복지의 주체가 시대의 흐름에 따라 국가 중심으로 변화해온 것처럼 사회복지의 객체 역시 초기의 빈민 중심에서 전체 국민으로 대상이 확대되어 왔다. 하지만 사회복지의 대상이 누가 되어야 하는가는 많은 논란이 있어 온 주제이다. 사회복지의 대상과 관련된 논쟁은 주로 선별주의 대 보편주의의 논쟁으로 진행되어 왔다.

사회복지가 대상 영역별로 나누어진 것은 역사적인 흐름으로 설명할 수 있다. 초기 사회복지는 사회적 약자에 대한 보호로 진행되었다. 노예나 빈곤층에 대해 귀족이나 종교단체에서 자선적인 차원에서 서비스를 제공한 것이다. 이러한 사회적 약자에 대해 한정된 서비스를 제공하며, 제공 주체는 주로 종교 기관을 중심으로 자선단체 등의 자발적인 차원에서 서비스를 제공하였다.

시대가 변하면서 사회복지도 모든 국민을 대상으로 하는 보편적 서비스로 전환되었다. 이는 빈곤의 원인을 사회의 구조적 한계에 있음을 인식하게 됨으로써 국가가 제공하는 사회복지제도가 확충되는 계기가 되었다.

1) 국민: 선별 대 보편

사회복지 대상은 일반적으로는 전체 국민이 모두 해당된다. 구체적인 사회복지서비스 대상은 서비스 성격에 따라 해당 국민 전체가 될 수도 있고 일부만 대상이 될 수 있다. 예를 들어, 「사회보장기본법」에 따라 모든 국민은 사회보장 관계 법령에서 정하는 바에 따라 사회보장급여를 받을 권리, 즉 사회보장수급권을 가진다. 이 경우 사회복지 대상은 전체 국민이 해당된다. 반면, 특정 사회복지 제도에서 서비스 대상을 소득, 장애 정도, 질병 중증도 등에 따라 대상자 선정 기준이 일부에게만 해당할 수도 있다.

일반적으로 사회복지 대상을 저소득층, 장애인, 노인 등 특수계층으로 좁게 한정하고 협의의 개념으로 정의하는데, 이는 선별주의에 해당한다. 선별주의에 입각한 잔여적 관점의 사회복지는 사회문제를 개인적 결함으로 발생한다고 본다. 급여수급의 자격기준이 개인의 욕구나 자산조사에 의거하여 어떤 특정 계층에게만 사회복지서비스가 제공되면 그 사회복지 프로그램은 선택적인(selective) 성격을 지닌 것이다.

반면, 국민 전 계층을 사회복지의 대상에 포함하는 것은 제도적 개념에 따른 사회복지이다. 보편주의(universalism)는 사회복지 급여가 사회적 권리(social right)로서 모든 사람에게 주어져야 한다는 원리이며, 보편주의에 입각한 사회복지는 제도적 관점의 사회복지를 말한다. 보편주의에 입각한 제도적 사회복지에서는 사회문제의 원인을 사회구조의 모순에 있다고 본다.

2) 사회적 욕구

사회복지는 인간의 욕구에 대응하기 위한 사회적 제도라고 말할 수 있다. 욕구는 대부분 인간의 생존과 성장·발전을 위해 필요한 것, 필수적인 것이 미충족되거나 결핍된 상태를 지칭한다. 인간의 욕구는 자신의 정신현상이나 생활체계 가운데에서 균형을 지키는 것이지만 그 균형이 깨지고 소위 긴장 상태가 될 때에 욕구불만이 일어난다.

사회복지를 인간의 욕구불만 상태를 해결하거나 충족시켜 주기 위한 사회제도인 측면에서 본다면, 욕구의 개념은 전문적인 사회복지실천뿐만 아니라 현대 사회복지

제도나 복지정책을 이해하는 데 절대적 기초가 되며, 인간의 개인적, 사회적 욕구가 사회복지제도를 발전시킨 핵심적 요인이 된 것이다.

바꾸어 말하면, 사회복지를 욕구가 충족되지 않은 사람들에게 욕구를 충족시켜 주는 활동이라고 생각한다면, 어떤 욕구를 어디까지 충족시켜 주는 것이 적절하고 타당한가라는 질문이 제기된다. 이때 등장하는 것이 기본적 욕구와 사회적 욕구라는 개념이다. 결국 사회복지의 대상은 인간의 욕구를 해결하여 개인 또는 사회문제를 해결하는 것이므로 욕구도 사회복지의 대상으로 중요성이 있다.

기본적 욕구는 모든 인간에게 공통적으로 해당하는 인간성 유지에 필수적인 욕구를 의미한다. 대부분의 기본적 욕구는 개인의 사적 영역에서 어느 정도 충족될 수 있다. 이러한 기본적 욕구 또한 개인의 사적 영역이나 시장 기제를 통해 해결하는 데 한계가 존재한다. 반면, 사회적 욕구는 개인의 사적 영역이나 시장 메커니즘을 통해 해결할 수 없는 욕구를 의미하며, 그 해결방법이 사회적 또는 연대적인 방법을 통해 이루어진다. 사회적 욕구는 모든 사회구성원이 공평하게 잘 살기를 바라는 즉, 사회적 위험으로부터 탈피하려는 집단적 욕구이다. 다시 말해, 적절한 소득과 경제적 기회, 기본적 물질적 욕구 충족을 위한 적정 환경 조건, 적절한 보건, 적절한 지식과 기능, 적절한 개인적·사회적 적응 및 개발, 적절한 사회조직체를 통한 충족 등을 포함한다.

3) 사회적 위험

산업사회로 진행되면서 개인보다 사회 구조적 특성에 의해 발생하는 대량실업, 빈곤, 환경오염, 가족해체 등 다수의 사회구성원이 겪는 문제로 개인적 차원에서 해결할 수 없는 문제를 사회적 위험이라 한다. 현대인들은 누구나 사회적 위험(social risk)에 빠질 수 있기 때문에 질병, 사고, 실업, 사망 등은 개인 차원의 문제뿐 아니라 사회구조적 문제이다. 그러므로 사회는 개인이 사회적 위험에 노출되지 않도록 예방하고 사회적 위험에 처했을 경우 국가는 사회적 안전망을 통해 문제를 치료·해결해 줄 의무와 책임이 있다.

사회적 위험과 관련하여 1942년 베버리지는 〈사회보험과 관련 서비스〉라는 보고서에서 영국이 처한 5대 사회악으로 결핍, 무지, 질병, 나태, 불결을 들고 있다. 국제노동기구(ILO)는 사회보장급여를 사회적 위험과 연결시켜 9가지로 규정하고 있는데 노령, 장애, 사망, 질병, 출산, 업무산업재해, 실업, 아동양육, 질병 등을 소득을 감소 또는 상실시키는 사회적 위험으로 규정하고 있으며, 사회보장제도에서 제공해야 할 급여의 종류를 노령급여, 장애급여, 유족급여, 상병급여, 출산급여, 고용재해급여, 실업급여, 가족급여, 의료급여 등 9가지를 포괄적 급여로 설정하고 있다. 우리나라는 국민연금, 건강보험, 고용보험, 산재보험 등 4대 보험을 시행하고 있어 외형적으로는 모든 소득보장제도가 갖추어져 있으나 ILO가 제시하는 국제적인 수준에 이르지 못하고 있다.

우리나라의 「사회보장기본법」에서는 출산, 양육, 실업, 노령, 장애, 질병, 빈곤 및 사망 등을 사회적 위험으로 정의하고 있다. 이러한 사회적 위험으로부터 모든 국민을 보호하고 국민 삶의 질을 향상시키는 데 필요한 소득·서비스를 보장하는 사회보험, 공공부조, 사회서비스를 사회보장제도라 한다.

2. 사회복지의 주체

사회복지의 주체란 사회복지정책과 서비스를 공급하는 주된 자가 누구냐 하는 물음 즉, 서비스 제공자가 누구인가의 문제를 말한다. 사회복지의 주체를 이해하는 것은 곧 사회복지서비스 제공과정에서 서비스의 제공자와 받는 자 간의 상호작용 맥락을 파악하는 일이기 때문에 매우 중요하다.

사회복지 주체는 크게 정책 주체와 운영 주체, 실천 주체로 구분할 수 있다. 정책 주체는 사회복지정책을 계획하고 결정, 실행하는 주체로 일반적으로 국가(중앙정부)와 지방자치단체가 해당된다. 운영 주체는 사회복지정책에 따른 구체적인 사회복지사업을 운영하고 서비스를 제공하는 주체를 말하며, 공공부문과 민간부문으로 구분할 수 있다. 실천주체는 사회복지서비스를 이용자에게 직접 제공하는 주체로서 사회복지사를 비롯한 사회복지시설 종사자, 자원봉사자 등을 들 수 있다.

다음은 정책 주체와 운영 주체를 공공 부분과 민간 부문으로 나누어 살펴본다.

1) 공공 부문

사회복지 주체로 공공(공적) 부분은 국가, 지방자치단체, 공공단체 등이 있다.

국가와 지방자치단체는 사회복지의 주체 중에 가장 큰 영역을 차지하는 주체로, 사회복지정책과 제도를 운영하며, 사회복지 전달체계를 확립하는 역할을 담당한다.

오늘날 현대 복지국가에서 당연히 국가 부문이 주도적인 정책 주체로서의 위치를 차지하고 있으며, 민간, 시장 영역을 통해 해결하기 어려운 사회문제 해결을 위해 국가책임주의가 필요하며, 국민의 보편적, 기본적 욕구와 관련된 사회복지서비스 제공은 국가가 담당해야 한다. 전 국민을 대상으로 하는 공공부조, 사회보험제도 운영의 주체가 된다.

국가가 제공하는 복지는 기초적, 포괄적인 서비스를 제공하고 보조금을 지원하며 규제감독자의 역할을 하는 등 장점이 있으나, 관료제로 인해 문제가 발생할 시 탄력적 대응을 못하고 증대되는 복지 욕구에 신속히 대처하지 못하는 약점이 있는 등 한계를 드러내고 있다.

지방자치단체는 사회복지 분권화를 통해 지역사회가 사회복지와 관련된 정책의 기획, 실행, 평가에 대한 권한과 책임의 주체가 된다. 정부 주도의 획일화된 기준과 지침에 따라 제공되는 공공서비스로는 개별 지역의 여건과 주민 수요와 욕구에 부응하는 치안, 복지 등의 서비스 제공이 곤란할 뿐만 아니라 정책 사각지대가 상존하는 문제를 낳고 있어 생활현장을 중심으로 국민이 직접 참여하고 결정하는 국민 중심 민주주의로의 대전환이 필요하다는 인식하에 지역사회 환경과 주민의 개별적 욕구를 고려한 차별화된 서비스 제공을 위한 지방정부의 적극적 역할이 필요하다(남찬섭, 2016). 지역사회 주민에게 밀착된 서비스, 즉 주민의 욕구에 적합한 서비스를 제공하기에는 지방정부 중심의 서비스 전달이 더 효율적이다.

지방정부가 중심이 되는 전달체계에서는 지방정부의 재량권이 커지기 때문에 지역 주민의 새로운 욕구나 변화된 욕구에 민감하게 반응할 수 있으며, 사회복지의 발전을 위한 독자적인 계획의 수립이 가능하다. 사회보장급여의 이용·제공 및 수급권자 발굴에 관한 법률에 따라 지방자체단체는 4년마다 지역사회보장에 관한 계획을 수립한다.

2) 민간 부문

전통적으로 노인, 장애인, 아동 등 사회적 약자 계층을 보호하기 위한 사회복지 서비스는 국가, 지방자치단체를 포함한 공공 부문뿐만 아니라, 사회복지법인 등의 민간 비영리조직, 개인 등의 비공식 주체, 종교 기관 등 다양한 주체에 의해 제공되어 왔다. 사회복지서비스 제공에 있어서 정부의 재정부담을 줄이기 위해 민간자원의 활용이 점차 강조됨으로써, 사회복지서비스 전달체계 내에서 공공 조직보다는 민간 비영리조직의 역할이 강조되기도 한다(노연희, 2007).

우리나라의 사회복지서비스는 대부분 민간 기관·단체에 위탁하여 제공되고 있다. 정부 혹은 지방자치단체로부터 사회(복지)서비스 제공 혹은 이를 목적으로 하는 시설운영을 위탁받은 단체는 대부분 사회복지법인을 포함한 공익 비영리법인이다.

사회복지법인은 사회복지사업을 수행하기 위해서 사회복지사업법에 의해서 만들어진 법인이다. 사회복지법인은 성격상 재단법인이며 비영리법인이다. 공공 조직이 가지는 관료성, 경직성에 비해 융통적이며, 민주적인 조직 운영을 통해 서비스 제공에서 전문성을 발휘하고 있다.

민간 부문에는 법인 등의 공식적 조직에 의해 운영되는 것 외에 가족, 이웃 등의 비공식 주체, 종교단체, 기업, 자원봉사단체 등이 포함된다. 비공식 부문(informal sector)은 혈연이나 지연을 중심으로 한 가족, 친구, 이웃과 같은 근린집단, 지역 사회가 포함될 수 있으며, 직접적인 대인관계가 필요한 대인사회서비스에 있어서는 비공식 부문이 가진 친밀성(intimacy)으로 인해 역할이 강조되기도 하고, 주위의 아는 사람들로부터 지원을 받게 되므로 서비스 이용자의 문화와 정서에 부합되어

서비스의 효과성이 높아질 수 있다.

그 외 민간 부분은 개인을 비롯한 시장영역에서 이윤추구가 가능한 주체들이 있다. 예를 들어, 노인장기요양서비스를 비롯한 사회서비스 영역에서 개인을 비롯한 기업 등의 영리 조직들이 참여하고 있다. 상업 부문(commercial sector)을 민간영리 부문(profit sector)이라고 지칭하는데, 상업 부문이 공급자인 경우 서비스의 이용자에게 선택의 기회를 확대한다는 점과 경쟁을 통해 질 높은 서비스를 제공할 수 있게 한다는 장점이 있다. 물론, 이는 사회서비스의 품질 향상, 이용자 선택권 강화를 위한 경쟁체제를 도입한 것이지, 그 자체로 사회서비스를 사적 재화 혹은 사유재화로 전환한 것은 아니다(박종철, 2019).

사회복지의 주체에 대한 이분법적 구분은 오늘날 현실적으로 의미가 많이 줄고 있다. 많은 나라에서 사회복지가 공공 부문과 민간 부문이 함께 혼합된 형태로 이루어지고 있는 것이 대부분이기 때문이다. 최근에는 제3섹터의 주체가 등장하는데 넓은 의미에서 공공과 민간 부문의 협력방식을 말한다. 제3섹터는 정부의 고유한 공익적 기능과 융통성이라는 민간주도형의 장점을 합한 것을 말한다.

그럼에도 불구하고 사회복지의 주체에 관한 구체적인 구분은 필요하다. 그것은 사회복지를 합리적이고 효율적으로 운영하기 위함이며 사회복지서비스의 효과성을 높이기 위해 이러한 분석과 검토가 요구되기 때문이다.

3. 사회복지의 전달체계와 방법

1) 사회복지 전달체계

사회복지 전달체계란 사회복지서비스 공급자가 이용자가 원하는 서비스를 적절하게 연결시키기 위한 효율적이며 체계적이고 조직적인 장치로, 사회복지 공급이 사회 전체적으로 전달되는 구조와 과정을 의미하며, 이는 사회복지에 대한 수요와 공급 전달 경로의 구도이다(김영종, 2010). 사회복지서비스 전달체계를 구축하기 위해서는 전문성, 적절성, 통합성, 접근용이성, 책임성 등 다양한 원칙을 고려해야 한다(최성재·남기민, 2016).

구체적으로 지역사회 안에서 복지서비스 공급자들 사이에, 그리고 복지서비스 공급자와 소비자들 사이에 존재하는 조직의 배열을 지칭하는 것이다(Gilbert and Terrel, 1998). 담당 주체를 기준으로 나누어 보면, 정부가 주체인 공적 전달체계와 민간 서비스 제공자들이 주축이 되는 사적 전달체계로 나누어 볼 수 있다. 즉, 공적 전달체계는 공공부조의 집행 및 복지서비스 제공을 중심으로 하는 중앙정부와 지방자치단체의 사회복지 행정부서를 지칭하며, 사적 서비스 전달체계는 각종 사회복지사업과 사회복지서비스를 담당하는 분야별 민간 사회복지기관 및 시설로 구분할 수 있다.

또한, 전달체계의 기능을 중심으로 사회복지서비스를 기획, 지시, 지원, 관리하는 행정체계와 이용자와 직접 대면 관계를 통해 서비스를 전달하는 집행체계로 구분할 수 있다.

표 5-1 사회복지 전달체계 구분

분류	담당	적용	내용	비고
공적 전달체계	정부나 공공기관이 관리	보건복지부→특별시·광역시·도→시·군·구→읍면동→대상자	• 재정 안정 • 관료적, 복잡성 • 외적 요인에 다소 둔감함	운영주체의 엄격한 구분과 장단점의 비교는 어렵다고 할 수 있다.
사적 전달체계	민간(또는 민간단체)이 관리	사회복지법인, 비영리단체, 자원봉사단체, 사회복지시설, 개인 등	• 재정 취약 • 융통성, 창의적, 유연성 • 사회변화와 요구에 민감함	

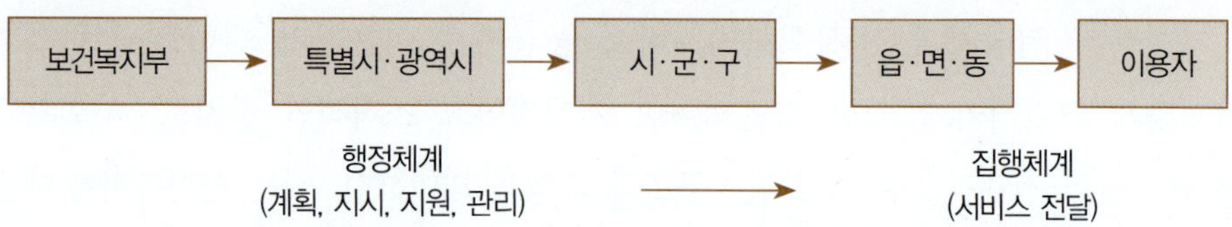

사회보장제도별 전달체계의 구성을 살펴보면, 공공부조의 급여 제공은 정부 조직 간의 연결(중앙정부–지방자치단체인 시·도–시·군·구–읍·면·동)의 전달 체계 형태를 가지며, 사회보험은 유형별로 별도의 공공기관이 설치되어 있다. 사회서비스의 경우, 제도화된 서비스, 즉 법정 사회복지사업의 대상자를 선정하는 지자체 복지행정부서와 직접 서비스 제공을 담당하는 서비스사업 수행기관이 존재한다. 우리나라는 대부분 민간 영역의 사회복지서비스의 직접 제공을 위탁하고 있으며 이에 따라 다수의 민간 서비스사업 수행기관이 존재한다(김영종, 2010).

표 5-2 사회보장제도 유형별 전달체계 구분

공급	기관주체	범주	주 내용	주요 프로그램
사회보험	공공 (공단)	국가	현금	국민연금, 건강보험, 산재보험, 고용보험, 노인장기요양보험 등
공공부조	공공 (정부기관)	국가, 지역	현금	기초생활보장, 기초연금, 장애수당 등
사회서비스	민간/공공	국가, 지역	현물 (서비스)	노인, 아동, 장애인 돌봄서비스, 자활·재활지원, 정신건강서비스, 지역사회복지, 결혼이주민 서비스 등

출처: 김영종(2010). 「사회복지행정론」, p. 382

2) 사회복지 접근방법

사회복지는 그 실천방법에 따라 크게 두 가지 접근방법으로 구분할 수 있다. 사회문제를 사회제도의 개선 및 구축을 통해 해결하는 거시적 접근방법과 개인이 가진 문제나 욕구를 해결함으로써 복지를 달성하는 미시적 접근방법이 그것이다.

거시적인 접근방법은 정책적 접근으로 사회복지가 사회제도의 결함으로 생긴 사회문제를 해결하는 사회대책으로 보는 입장이다. 이러한 접근은 사회문제가 개인의 책임이 아니고 사회, 국가의 책임이며, 사회복지정책을 사회복지에 대한 정부 또는 공공의 정책으로 이해하는 사회복지의 법적 대책을 의미한다. 정책적 접근은 전 국민을 대상으로 소득, 건강, 고용, 주거, 교육 등의 분야의 정책, 제도, 서비스,

사회복지시설 이용 등을 포함하는 사회보장정책 일반에 해당된다.

미시적인 접근방법은 전문적 접근으로 개인의 욕구와 문제 해결을 위해 전문기술을 통해 해결하려는 방법이다. 전문적인 사회복지실천 지식과 기술을 갖춘 전문가(사회복지사)가 개별실천, 집단실천, 지역사회실천 등의 통합적 방법을 통해 해결하고자 한다. 사회복지실천의 통합적 방법이란 사회복지사가 개인, 집단, 지역사회에서 제기되는 문제에 활용할 수 있는 공통된 하나의 원리나 개념을 제공하고자 하는 방법의 통합화를 의미한다. 통합적 방법론은 사회복지실천의 본질적인 개입활동이나 개념이 공통적인 기반을 가지고 있다고 전제하며, 서비스 당사자의 잠재성을 인정하여 미래지향적인 접근을 강조한다.

한편, 사회복지의 개입 초점이 개인에서 개인과 환경의 상호작용으로 변화되면서 사회복지사가 사회적 기능 수행 영역에 개입하게 되었고, 이용자의 존엄성에 대한 존중으로 이용자의 자기결정과 개별화의 극대화를 강조하게 되었다. 이러한 통합적 방법에는 4체계모델, 단일화모델, 생활모델, 문제해결모델의 4가지 대표적인 모델이 있다.

한편, 최근에는 클라이언트의 강점에 중점을 두는 권한 부여 모델의 활용이 증가하고 있다. 통합적 방법론의 모델은 기본적으로 인간과 환경 간의 상호작용에 공통적으로 초점을 두고 있으며, 이용자의 문제해결을 위해 인간과 환경 간의 적응 부분에 개입한다. 개입과정은 모델마다 약간의 차이가 있으나 크게 초기접촉단계, 사정단계, 개입행동단계, 종결단계의 4단계로 구분할 수 있다. 각 단계에서 사회복지사는 평가자, 개입자, 조사자, 사회적 지지망의 연결자로서의 기능을 통해 서비스 당사자가 환경과의 상호작용에서 가지는 기능적인 부분이 보다 기능적이고 적응적일 수 있도록 개인과 환경의 전반에 걸쳐 개입하게 된다.

4. 사회복지의 재원

사회복지의 재원은 사회복지를 제공하기 위해 사용되는 제반 비용을 의미하는 것으로, 사회복지의 구체적인 실행을 위해 필수불가결한 요소이다. 이러한 이유로 한 사회의 사회복지 재정 규모는 그 사회의 복지 수준을 측정할 수 있는 주요한 잣대가 될 수 있다. 국가 간의 사회복지의 발달 정도 또한 사회복지 재정규모로 가늠할 수 있다. 특히, 중앙정부와 재정의 기능이 중요한데, 자원분배의 조정, 소득의 공평한 분배, 경제의 안정화 역할을 담당한다.

사회복지의 재원에는 크게 공공부문 재원과 민간부분 재원으로 구분할 수 있다. 공공 재원은 일반예산(조세) 사회보장성 조세, 조세비용(조세지출) 등이 포함되고, 민간 부문 재원은 사용자 부담금, 자발적 기여, 기업복지, 비공식 부문(가족, 이웃)의 사적 이전 등이 포함된다.

1) 공공재원

공공재원에는 조세로 이루어지는 정부의 일반 조세, 사회보험료(국민연금, 건강보험, 고용보험, 산재보험), 조세지출(조세감면) 등이 있다. 사회복지가 발달할수록 사회복지정책에 사용되는 재원 가운데 공공 부문의 비중이 커지고 있으며, 오늘날 복지선진국들의 사회복지정책 재원은 거의 대부분 공공재원이다.

일반 조세는 국가에 의해 강제적으로 부과되는 것으로, 국가가 사용할 수 있는 가장 중요한 재원 중의 하나이다. 사회복지 재원으로서 조세의 장점은 사회복지재정 운영의 안정성을 도모할 수 있으며, 이에 따라 개별 사회복지제도는 새로운 사회 환경의 변화에 유연하게 대처할 수 있는 능력을 갖춘다. 또한 재정수입 측면은 물론, 재정지출 측면에서도 사회보험료보다 탁월한 재분배 효과가 있다. 이에 따라 조세로 운영되는 사회복지제도 또한 사회보험제도보다 상대적으로 높은 분배적 기능을 수행할 수 있다. 단점으로는 사회복지제도는 재원의 확보를 둘러싸고 국가의 다른 일반 사업들과 경쟁해야 한다는 것이다. 따라서, 예산경쟁으로 재정운영의 불안정을 겪게 되는 문제가 발생한다. 또한, 국가의 제반 사업 단위별로 예산의 배분이 정치적 과정을 통하여 결정되므로 사회복지 재정 운영의 불안정성은 물론, 개별 제도 간 재정의 불균형 현상이 발생하게 된다. 그리고 사회복지재정에 대한 조세의 기여도가 높아지게 될 경우 그에 상응하는 수준으로 국가의 간섭이 증가하게 되어 제도운영의 경직성과 관료성이 심화되는 가능성이 높다는 것이다.

사회보험료는 모든 국민의 사회적 위험에 대비하는 보편적 사회보장제도를 운영하기 위한 재원으로 보험의 원리를 적용한다. 사회보험의 재정은 보험가입자인 국민이 납부하는 보험료로 충당된다. 일반 조세와 마찬가지로 강제 가입을 원칙으로 하기 때문에 세금의 성격을 갖고 있지만 본인에게 미래의 권리를 부여하는 것으로 생각하여 보험료 부담에 대한 저항이 일반 조세에 비해 상대적으로 낮은 특징이 있다.

조세지출은 정부가 받아야 할 세금을 받지 않음으로써 간접적으로 지원해 주는 조세 감면을 일컫는다. 정부가 조세를 통해 확보한 재원을 바탕으로 직접 지원해 주는 예산 지출과 대칭되는 개념이다. 조세 지출은 동일한 액수만큼의 보조금을 준 것과 같다는 의미에서 '숨은 보조금(hidden subsidies)'이라 부르기도 한다(사회복지용어사전).

2) 민간재원

오늘날 사회복지가 발전한 대부분의 국가에서는 사회복지정책의 재원 가운데 정부의 재원이 압도적으로 많다. 그럼에도 불구하고 여전히 민간 재원이 사회복지 정책에서 많이 사용되고 있다. 특히, 최근의 복지국가 위기의 시대에 정부재정의 압박으로 이른바 민영화를 강조하는 상황에서 민간의 재정은 이전보다 더 중요한 역할을 할 수 있다. 민간의 재원은 이용자 부담, 자발적 기여, 기업복지, 가족 간 이전이 있다.

이용자 부담이란 사회복지기관의 서비스를 이용하는 사람이 부담하는 비용을 말한다. 복지서비스의 주된 이용자가 저소득층인 경우가 많다는 점에서 이용자에게 부담을 주는 것은 바람직하지 않지만 비용 부담 여력이 있거나 전문 사회복지 서비스를 제공하는 기관에서는 이용자 부담을 통해 재원을 확보하기도 한다.

자발적 기여(voluntary contribution)란 개인이나 기업, 재단 등이 사회복지를 위해 강제적이 아닌 자발적으로 기여한 재원을 말하며 그 형태로는 개인기여금, 재단기여금, 기업기여금, 유산이 있다.

기업복지는 고용주가 피고용자들에게 제공하는 임금 외 급여 또는 부가급여로서 기업연금, 민간 건강보험, 유급휴가, 주택구입비 지원, 사택 제공, 무이자 대출, 사내 후생시설, 출·퇴근 버스운영, 사내 동아리 지원 등 기업마다 다양한 형태로 나타나고 있다. 퇴직금제도도 원래는 직업복지 프로그램의 하나이지만 우리나라만 예외적으로 법정급여의 형태로 운영되고 있다. 기업 복지는 소득재분배 그리고 급여 수준은 임금에 비례하는 경향이 있기 때문에 기업 내에서 지위가 높은 사람이 낮은 사람보다 유리하며, 임시직은 배제하고 정규직 위주로 제공되며 실업자는 대상에서 제외된다는 측면에서 역진적이지만 중요한 위치를 차지하고 있다.

가족 간 소득 이전(private transfer income)은 비공식적 지원체계(informal support system)에서 제공되는 재원이다. 우리나라의 경우 노인복지 비용의 대부분이 부양비 및 의료비 지출 등이므로 자녀 등 가족들이 제공하며 사적 부양 비중이 높다. 이와 같은 가족 간 이전 형태는 국가복지가 발전되기 이전에는 가장 중요한 역할을 하였으나 국가복지가 발전하기 시작하면서 점차 그 역할이 줄어들었다. 그럼에도 불구하고 복지 제공 주체로서 가족의 역할이 크게 차지한다.

연 구 과 제

1. 사회복지를 구성하는 요소에는 어떤 것이 있는지 이야기해 봅시다.
2. 사회복지의 주체와 최근의 사회복지 경향인 다원화와 민영화를 연관 지어 설명해 봅시다.
3. 제3섹터에 대해 어원을 찾아보고 사회복지학에 사용되는 의미를 알아봅시다.
4. 사회복지비 지출현황을 각 부분별로 조사하여 이야기해 봅시다.

INTRODUCTION TO SOCIAL WELFARE

CHAPTER 6

사회복지의 역사

CHAPTER 6 사회복지의 역사

학습목표

- 각 시대별 사회복지의 특징 및 주요과제를 제시할 수 있다.
- 엘리자베스 구빈법의 탄생 배경과 시대 상황을 설명할 수 있다.
- 우리나라의 사회복지 발달을 간단히 설명할 수 있다.

사회복지가 언제부터 시작되었는가?라는 질문은 사회복지가 어떤 과정을 통하여 발달되었는가?라는 질문으로 바꾸어 표현할 수 있다. 사회복지 발전 또는 발달이라는 용어가 어떤 한 단계에서 보다 바람직한 다음 단계로 변화하는 것을 의미한다면 어떤 것이 바람직한 단계인지는 개인의 주관적인 판단에 의존하지 않을 수 없다. 따라서, 어떤 것을 사회복지 발달이라고 볼 것인가는 사회복지 발달의 역사를 서술하는 저술가의 역사관에 따라 달라질 것이다. 하지만 역사를 서술한 저술가들이 공통되게 사회복지가 발전한다는 인식을 명확하게 제시하는 것은 점진적인 발달과정을 의미한다고 볼 수 있다. 따라서, 우리는 사회복지를 이해하기 위해서는 역사에 대한 고찰이 이루어져야 하고 이를 위해서는 사회복지 발달사에 대한 의의를 이해할 수 있어야 한다.

사회복지 발달사 또는 역사를 배움으로써 얻을 수 있는 이점은 다음과 같다.

첫째, 현대사회에 이르러 정착된 사회복지의 생성 및 발달 과정 그리고 역사적 특성을 이해할 수 있다. 사회복지의 등장과 발전은 자본주의의 생성 및 발전과 그 축을 같이 해왔다. 실제로 오늘날 많은 국가가 시행하고 있는 복지제도들은 자본주의 발전 과정에서 발생한 문제를 해결하고 사람들의 욕구에 대한 대응이라고 볼 수 있다.

둘째, 과거의 사회문제 및 사회적 욕구 그리고 이에 대응했던 사회복지제도 및 프로그램의 등장과 변천과정에서 나타난 성공 및 실패 원인, 조건, 배경 등에 대한 지식을 확보함으로써 현재의 사회복지 정책, 제도, 프로그램 개발에 활용할 수 있다. 우리나라는 서구 선진자본주의 국가에 비해 200년 이상 자본주의의 시작이 늦었으나, 그 발전과정은 유례 없을 정도로 압축적이고 빨랐다. 사회복지제도의 경우도 비슷한 양상을 보여 왔다. 이 때문에 선진국의 경험과 그들의 사회복지 역사를 검토하는 것은 오늘날 우리에게 발생할 수 있는 문제에 효과적으로 대비할 수 있게 해준다.

셋째, 사회복지의 역사에 대한 이해가 갖는 위의 두 가지 효과를 통하여 궁극적으로는 우리에게 적합한 사회복지제도 발달에 관한 이론을 개발하는 데 중요한 아이디어를 얻을 수 있다.

따라서, 사회복지 발달과정을 공부하는 이유를 요약해 보면, 과거의 역사적 경험을 과학적으로 인식하고 분석하여 제반 사회의 복지현상에 대한 이해를 높임으로써 미래의 전망을 예측할 수 있고, 과거에서 교훈과 대안을 얻고 미래를 재조명할 수 있기 때문이다. 결과적으로, 우리가 역사 연구에서 관심을 가지고 중요하게 고찰해 볼 점은 역사의 각 단계에서 사회복지의 발달을 가져오는 결정적인 요소가 무엇인지에 대한 부분과 사회복지가 어떤 역사적, 시대적 단계를 거쳐 발달하는지에 대한 부분이 될 것이다.

1. 시대별 사회복지 과제

1) 고대사회

고대사회(ancient society)는 원시사회의 형태로 생산수단에 대한 공동소유, 노동과정의 공동노동, 그 결과물인 생활물자의 공동분배를 특징으로 하는 사회였다. 당시는 노동도구가 간단하고 단순하여 개인이나 개별 가족의 노동만으로는 자연조건을 이겨낼 수가 없었기 때문이다.

고대사회의 국가 권력 형태는 폐쇄적이고 권위적이면서 국가의 기본적인 기능만 하는 원형국가로, 국가가 국민에게 보호서비스를 제공하기는 하나 그에 합당한 대가를 지불해야만 했다. 인간이 일상생활을 하는 데 필요한 물자 조달과 서비스의 제공은 가족 단위에서 스스로 해결하는 것이 원칙이었으나, 종족이 불어남에 따라 물자와 서비스를 스스로 조달받지 못하는 개인의 복지문제는 지역의 이웃이나 종족을 중심으로 상부상조에 의하여 해결하였다. 이 시대의 주요 과제는 공동체 생활과 상호 간의 부조를 통해 타 집단의 공격에 대처하여 생존하는 것이다.

2) 중세사회

서양에서의 중세사회(middle society)는 고대 그리스, 로마시대와 근대 르네상스의 중간시대, 즉 5세기 말부터 봉건사회가 해체되는 15세기까지를 말한다. 봉건사회의 기초는 봉건적 토지에 기반이 있는 사회였다. 봉건영주들은 생산수단인 토지를 소유하였고, 농노들은 당시 사회의 모든 제도가 봉건제라는 사회질서 속에서 자신들이 속해 있어 주어진 신분의 제한 속에서만 자유로울 수가 있었다. 이 시대에서 인간은 누구나 태어나면서부터 어떤 특정적인 신분을 가지고 탄생한다는 관념이었고, 개인은 각기 주어진 신분에 따라 책임과 권리가 부여된다고 믿었다. 이 시대의 주요 과제는 신분적 계층 유지와 종교적인 역할을 강조하는 것이다.

3) 근대사회

근대사회(modern society)는 봉건적 잔재를 청산하고 정치·경제적으로 민주주의와 자본주의 체제를 건설함으로써 자유·평등·박애를 실현하려는 사회이다. 생산력 발달과 사회적 분업의 진전을 통해 봉건사회는 급격히 붕괴되기 시작했다. 14·15세기에 싹트고 16세기 이래 발전하기 시작한 유럽의 근대사회는 18세기 후반부터 19세기 초 프랑스의 시민혁명과 산업혁명을 계기로 하여 완성 단계에 들어섰다. 이 시대의 주요 과제는 산업혁명과 근대 자본주의제도의 시작으로 사회문제가 대두되면서 이것을 해결하는 것이었다.

4) 현대사회

현대사회가 기술문명의 시대라고 불리는 만큼 사회조직의 메커니즘을 포함한 모든 부분에서 기술의 진보는 놀라울 정도이다. 그것은 생산의 영역뿐만 아니라 사회생활의 모든 영역에 지대한 영향을 미치고 있다. 하지만, 과학기술은 인간의 욕구를 충족시키고 인간을 해방하는 것임에도 불구하고 인간을 해방하기는커녕 오히려 인간을 억압한다는 모순이 드러나고 있다. 이 시대의 주요 과제는 빈곤, 실업, 주택, 건강, 교육, 소득, 가치관 문제 등이다.

각 시대별 사회복지에 대한 발달과정을 여러 단계로 나누어서 정리해 보면 〈표 6-1〉과 같다.

표 6-1 시대별 사회복지 주요과제

구분	주요과제
고대사회	• 타 집단 공격에 대처 • 생존(개인 및 집단 보존)
중세사회	• 신분적 계층 유지 • 종교적인 역할
근대사회	• 사회문제 해결
현대사회	• 빈곤, 실업, 주택, 건강, 교육, 소득, 가치관 문제

2. 사회복지 발달의 결정요인

사회복지의 발달은 인류의 역사와 함께 진행되어 왔다. 고대로부터 근대에 이르기까지 인간의 삶에서 가장 중요한 문제는 낮은 생산성, 자연재해로 인한 흉작, 질병과 노령 등에 의한 빈곤, 지배계급에 의한 착취, 국가조직에 의한 수탈 그리고 끊임없는 전쟁 등의 갖가지 제약조건 속에서 어떻게 한 개체로서 생존을 영위하는가이다. 이 시기에서 인간의 삶의 안전을 보장하는 사회복지는 존재하지 않았다(김태성 외, 2008:65).

사회복지의 역사에서 사회복지의 발달을 가져오는 결정요인이 무엇인가를 아는 것이 중요한데, 이것은 사회복지 발달의 결정적 변수요인을 크게 3가지로 나누어서 설명할 수 있다.

첫째, 외재적 요인으로, 사회복지를 발달시킨 요인을 외적 변수라 여기는 것으로 개인이나 국가가 의식적으로 만드는 것보다 사회나 시대적 흐름을 말한다. 외재적 주요 요인으로는 자본주의 생산양식의 변화, 산업화, 현대화 등을 들 수 있다.

둘째, 매개적 요인으로 외재적 요인과 내재적 요인을 연결시켜 주는 요인을 말한다. 매개적 주요 요인으로는 사회복지 대상자의 사회적 의식 및 태도 등이 될 수 있다.

셋째, 내재적 요인으로 각 국가나 단체가 사회복지에 대한 구체적인 서비스나 프로그램을 말한다. 내재적 주요 요인으로는 지배이념 및 원리의 변화, 사회복지 내적 측면의 변화(적용범위, 급여방식, 대상, 재정) 등을 들 수 있다. 사회복지의 역사적 발달단계에서 사회복지의 발달을 변화시킨 결정요인들을 정리하면〈표 6-2〉와 같다.

표 6-2 사회복지 발전의 결정요인

사회복지의 역사적 전개	사회복지의 형태/내용	사회복지의 역사적 전개 결정요인			
		외재적 요인	내재적 요인		매개적 요인
			이념	원리	
공동체 생활단계	민생규휼	봉건주의	종교적 개명	군주개입	상부상조
구빈법 단계	구빈법	초기 자본주의	중상주의	사회적 보호	소극적 저항
자선조직 협회단계	공장법, 민간 사회사업 태동	산업자본주의	자유방임주의	자조의 원리	자선조직활동
사회보험 단계	사회보험 태동	독점자본주의	사회개량주의	사회보험의 원리	사회운동
복지국가 발전단계	복지국가 성립시기	수정자본주의	사회연대주의	국가개입의 원리	권리투쟁으로서의 시민운동

출처: 박근수, 2005:67.

3. 서양의 사회복지 발달과정

전통적인 사회에서는 주로 개인, 가족, 부락 등 가까운 이웃에서 개인의 문제를 해결한 반면, 현대사회에서는 이런 사회문제를 해결해 줄 수 있는 주체가 지역사회 또는 정부로 변화되고 있다. 우리는 사회복지 역사를 통해 인간의 고통과 사회문제의 발생 원인을 이해할 수 있으며, 또한 인류가 이와 같은 사회문제에 대해 어떻게 대처해 왔는지에 대해서 배울 수 있다. 특히, 이러한 사회문제가 어떠한 사회적·경제적 또는 정치적인 배경하에 일어날 수 있으며, 이를 위해 동양과 서양은 시대적으로 어떻게 대처해 왔는지에 대해서 알 필요성이 있다고 본다.

우리가 서양의 사회복지 역사를 이야기할 때 영국을 맨 처음 언급하는 이유는 영국의 사회복지가 다른 나라에 비해 역사의 굴곡이나 중단 없이 오랜 시간을 지나면서 제대로 보존되어 왔고, 또한 정치적이거나 다른 외부변수보다도 구성원 개인들의 욕구에 충실한 사회복지제도를 발전시켜 온 나라 중의 하나이기 때문이다.

따라서, 영국의 사회복지 발달과정은 다른 국가들의 복지제도에 많은 영향을 미치고 있으며, 이는 우리가 사회복지 발달과정을 배워야 하는 이유이기도 하다. 하지만, 처음부터 영국의 사회복지가 제도로써 확립된 것은 아니다.

사회복지의 발달과정을 서양의 역사 측면에서 살펴보면 [그림 6-1]과 같다. 아래에서는 서양의 사회복지 발달과정을 영국을 중심으로 살펴보기로 한다.

[그림 6-1] 사회복지 발달의 전개과정

1) 구빈법 이전 시기

봉건제도[1]하의 봉건사회는 엄격한 신분사회이다. 또한, 종교의 사회적 영향이 강했던 시기이고 신분사회가 해체되는 시기이다. 이 시대의 빈곤 문제는 엄격한 사회의 계층화로 개인적인 것으로 부와 빈곤은 변경할 수 없는 출생 신분에 의해

---

1) 중세 유럽에서 봉토수수(封土授受)에 의해서 성립되었던 지배계급 내의 주종관계, 또는 씨족적·혈연적 관계를 기반으로 했던 주(周)나라의 통치조직을 의미하지만 화폐경제가 발달하지 않은 사회에서 토지를 중심으로 주종관계라고 하는 인적 결합의 강화를 통한 국가 통치의 한 방법이 되었던 제도이다. 봉토를 매개로 한 이 사회의 특징으로는 국왕 또는 황제를 정점으로 계단형 질서체계를 이루고, 신분제도의 유지, 전통의 고수라는 형태로 개인 기량의 발휘와 내면적 인간적 권위의 존중 등이 억압된 사회를 말한다. 봉건제도의 붕괴 원인으로는 인클로저 운동, 외국 무역의 성장, 프랑스 전쟁, 흑사병 등을 들 수 있다.

결정된다고 보았다. 또한, 빈곤은 사회문제가 아니었으며, 국가는 이들의 빈곤의 상태를 개선시키기보다는 빈곤으로 인하여 발생할 수 있는 사회불안을 통제하는 데 더 관심을 두었던 시기이다.

이 시기의 사회복지와 관련된 제도를 살펴보면, 1348년부터 1349년에 흑사병[2]으로 인해 급격한 인구감소로 이어졌고 노동력 부족에 대한 우려에서 영주들의 체제유지를 목적으로 노동자법이 1351년에 제정되었다. 이 법은 부랑과 구걸 행위의 예방, 농촌 노동자들을 토지에 묶어두는 목적으로 제정되었고, 노동 능력은 있으나 생계수단이 없는 자는 고용주의 제의에 응해야 하는 강제조항과 더불어 교구이동을 금지하고 걸인에게 시혜를 금지하였다.

헨리 8세가 통치하던 1531년에는 걸인부랑인처벌법(the Act concerning Punishment of Beggars and Vegabonds)이 제정되었는데, 노동 무능력자를 조사·등록시켜 구걸을 허용하였다. 하지만 노동 능력이 있는 걸인에게는 태형을 가했고 구걸하는 곳이 고향이 아니면 이전 3년 이상 거주지로 추방시켰다.

1536년에는 노동 능력이 있는 나태한 부랑인을 처벌하기 위해서 건장한 부랑인과 걸인처벌법(the Act for Punishment of Sturdy Vagabonds and Beggars)이 제정되었다. 빈민구제 비용은 자선과 기여를 통해서 조달하고, 치안판사와 시장이 미성년 걸인(5~13세)을 도제로 보내고 거부하면 매질을 가하며, 부랑인이 두 번 체포되면 매질과 함께 귀를 자르고 세 번 체포되면 사형에 처한다는 내용이 있다.

1547년 헨리 8세의 사망 이후 부랑인을 처벌하기 위해 농노로 만드는 법이 제정되었는데, 노동 능력자가 3일 이상 노동을 거부하면 가슴에 인두로 V자 낙인을 찍어 노예로 삼고, 도망치면 이마에 S자 낙인을 찍어 평생 노예로 만드는 내용을 포함하고 있었다.

---

2) 간균(桿菌)인 페스트균(Yersinia pestis)이 일으키며 쥐벼룩에 의해 매개되는 전염병으로 1347년부터 1350년에 걸쳐 전 유럽을 휩쓴 살인적인 유행병을 말한다. 페스트(pest)로 부스럼으로 시작되어 전신의 피부가 검푸르게 변하기 때문에 흑사병이라고 불리기도 한다. 두 번의 흑사병으로 인해 영국 국민의 1/3이 사망하였고, 그 결과 14세기 후반에는 노동력의 공급이 크게 부족하게 되었으며 중세의 해체를 촉진하였다.

1576년에는 빈민을 강제로 일을 시키는 법이 제정되었는데, 노동 능력자는 작업장에서 강제로 노역을 시키고 노동 무능력자는 자선원에 입소시켜 보호하며, 나태한 빈민은 교정원에서 처벌하는 내용을 포함하고 있었다.

14세기 중엽부터 봉건제도는 내외적 변수에 의해 서서히 붕괴되어 인구의 이동이 가능하게 되었다. 또한, 임금은 노동자와 고용주 간의 계약이라는 방법으로 이루어지는 것이 일반화되었다. 이 시기의 국가의 관심사는 '노동 능력이 있는 빈민'이었다. 국가는 빈민에 대한 방관자적 태도로 일관하였고, 심지어 빈민들을 적극적으로 공동체에서 배제하고 박해를 가하기도 하였다(서윤, 2006:56).

2) 구빈법 이후 시기

봉건사회의 피지배층인 농민들 대부분은 낮은 농업 생산성과 천재지변으로 인한 흉작으로 만성적인 빈곤 상태에 있었지만 살던 지역을 떠날 수가 없었다. 또한, 이 시기에 인구가 증가하여 양모 수요가 늘어나게 되었는데, 이로 인하여 지주들의 엔클로저(enclosure)[3] 운동으로 농민들은 농토로부터 내몰리고 부랑자로 전락하게 되었다.

따라서, 16세기 들어 노동 능력을 가졌으면서도 여기저기 떠돌며 일자리를 찾아 헤매는 실업 부랑자들을 규제하고 사회의 불안으로부터 기득권을 보호하기 위한 새로운 대책이 필요하게 되었다. 그 당시 부랑자는 죄인 취급을 받았으며 이에 대한 처벌은 구금과 매질로 일관되었고 구제의 책임은 교구에게로 돌려졌다. 사회의 변화로 인한 불안한 사회에서 기득권을 보호하고 사회의 질서를 유지하며

---

3) 엔클로저(enclosure)는 16세기 국제적인 양털 가격의 상승으로 양 목축업이 호황을 누리자 지주들이 자신의 농토와 공유지를 양목장으로 바꾼 것에서 시작하여 19세기 초까지 파상적으로 계속된 농토와 공유지의 울타리치기를 말한다. 지주의 입장에서는 땅을 농민에게 빌려주고 그 대가로 지대를 받는 것보다는, 농지를 목초지로 만들어서 그곳에 양을 키우는 것이 보다 많은 이익을 보장받는 것이었기 때문에 경작지를 양을 사육하기 위한 목초지로 만들기 위해 엔클로저가 행해졌던 것이다.

사회불안세력을 통제하기 위해 사용되었던 처벌법이나 형사법으로는 대상자를 통제할 수 없는 새로운 법리를 요구하게 되고 그 대안으로 등장하게 된 제도가 구빈법이다. 그러므로 구빈법은 공적으로 또는 제도적으로 국가나 사회에서 대상자에게 최소한의 생존을 보장해 준 측면에서 사회복지 발달사에서도 의미가 있다.

(1) 엘리자베스 구빈법[4)]

엘리자베스 구빈법(Elizabethan poor law of 1601)은 빈곤구제의 책임을 국가가 인정한 최초의 법으로 선언적인 의미나 제도적 접근방식에서도 사회복지 역사상 큰 의미를 가진다. 엘리자베스(Elizabeth) 여왕은 부랑자 문제가 억압과 교구의 구빈만으로 해결되지 않는다는 것을 인정하고 보다 합리적인 대책으로 1601년 구빈법(poor law)을 집대성했다. 엘리자베스 구빈법은 최초의 공공부조라는 것에 의의가 있지만 보편적인 의미의 공공부조가 아닌 상당히 선별적인 의미의 공공부조였다.

구빈법은 빈민을 노동 능력의 소유 여부에 따라 가치 없는 빈민(노동 능력자), 가치 있는 빈민(노동 무능력자), 빈곤아동(요보호아동)의 3가지로 분류하여 노동 능력자에게는 일을 시키고, 무능력자에게는 최저한의 구제를 제공하며, 빈곤아동(요보호아동)은 도제화시키는 것을 골자로 하고 있다. 엘리자베스 구빈법의 세부 내용을 정리해 보면 다음과 같다.

① 가치 없는 빈민

가치 없는 빈민이란 빈민으로 구제할 가치가 없다는 의미로, 일할 수 있는 건장한 빈민(the able-bodied poor)을 말한다. 이들은 일명 건장한 걸인으로 불리며 교정원

---

4) 엘리자베스 구빈법(Poor law of Elizabeth)은 간단히 줄여서 구빈법(救貧法)으로 표현하고 여기서도 이하 구빈법으로 표기한다. 또한 엘리자베스 구빈법은 엘리자베스 빈민법으로도 번역이 되어 각 문헌에서 표기됨으로써 사회복지에 입문하는 독자들에게 혼란스러울 수가 있다. 이하에서는 (엘리자베스) 구빈법으로 통일한다.

또는 작업장(workhouse)에서 강제 노동에 동원되었다. 일반 시민들은 이들에게 시혜를 베풀 수 없으며 다른 교구로터 온 걸인들은 그들이 최종적으로 1년간 거주한 장소로 되돌려 보냈다. 교정원에서 작업을 거부하는 걸인이나 완강한 부랑자들은 유치장에 감금시켰다.

② 가치 있는 빈민

가치 있는 빈민이란 빈민으로 구제할 가치가 있다는 의미로, 일할 수 없는 무력한 빈민(the impotent poor)을 말한다. 이들은 병자, 노인, 맹인, 귀머거리, 벙어리, 절름발이, 정신이상자 그리고 어린아이들이 딸린 어머니들이었다. 그들은 구빈원(poorhouse)에 수용되며 그곳에서 제한된 도움을 받게 했다. 만일 이러한 사람들 중 거처할 집이 있다면 그들을 돕는 경비를 줄일 수 있게 되는데 이러한 경우, 빈민 감독관들은 그들을 원외구호(outdoor relief) 형태로 음식과 의류 및 난방을 위한 현물들을 그들의 집으로 보내는 것을 허용했다.

③ 보호자가 없는 아동

보호자가 없는 아동이란 의지할 곳 없는 요보호 아동(dependent children)을 말한다. 이 범주에 속하는 계층은 고아, 기아 또는 양쪽 부모들이 모두 도피해버린 가정의 아동이거나 또는 부모가 있더라도 너무 가난해서 실제로 그들을 양육할 수 없는 가정의 아동이다. 이러한 아동을 데려다가 양육하겠다는 시민이 있으면 당국은 이를 허락했고 만일 그러한 가정이 나타나지 않을 경우, 경매 입찰자에게 주어지기도 했다. 8세 또는 그 이상인 연령의 아동으로서 가사 또는 기타 일을 할 수 있는 아동들은 도제계약을 맺게 했다.

소년의 경우 24세의 생일까지 주인의 자택에서 기술을 배워 일하게 했으며 소녀의 경우 21살 또는 결혼할 때까지 집안일을 돌보는 하녀로 도제생활을 하게 했다.

그 외에 구빈법 시행의 주요원칙은 아래와 같다.

① 국가책임의 원칙

국가책임의 원칙은 빈민구제에 대하여 교회가 아니라 국가의 책임(당시는 지방정부)을 인정하였다. 이를 위해 정부는 지방세액을 증가시켰고, 모든 교구에 구빈감독관을 임명하여 구빈업무와 지방세 징수업무를 관장하게 하였다. 구빈을 담당하는 행정기관을 설립하고 빈곤자를 위한 구빈세를 부과하였다.

② 차별처우의 원칙

차별처우의 원칙은 빈곤자에 대하여 다음 3가지 유형으로 분류한 원칙을 말한다. 노동 능력이 있는 자는 교정원이나 작업장으로 보내고, 노동 무능력자는 구빈원으로 보내며, 빈곤아동의 경우는 위탁이나 도제제도를 실시하였다. 소년의 경우 24세의 생일까지 주인의 기술을 배워 일하게 했으며, 소녀의 경우 21살 또는 결혼할 때까지 집안일을 돌보는 하녀로 도제생활을 하게 했다.

③ 가족책임의 원칙

가족책임의 원칙은 빈곤에 대한 책임은 일차적으로 친족에게 책임(조부모의 부양의무)이 있음을 강조한 원칙으로 하고 보호할 가족(조부모까지 확대)이 있을 경우 구제 대상에서 제외하였다.

엘리자베스 구빈법은 구빈의 책임을 교회가 아닌 정부(지방정부)가 최초로 졌다는 점에서 가장 큰 의의가 있다. 이를 위해 정부는 지방세액을 증가시켰고, 당시 각 교구에는 자체 구빈제도와 시장이 임명한 구빈감독관이 있었는데, 이들로 하여금 구빈업무와 지방세 징수업무를 관장하게 하였다. 이들 구빈감독관은 지역 유지 겸 무보수 왕립관료인 치안판사가 임명하고 감독했다. 또한, 이 법은 빈민의 구제보다 노동력을 효율적으로 활용하려는 의도가 있었고 억압적으로 노동을 강제한 법으로 사회복지법보다 형사법에 유사하였다.

그러나 현실적으로 구빈법은 잘 지켜지지 않았다. 빈민들은 일자리를 찾아서 여기저기로 떠돌아 다녔지만 통제하는 데는 한계가 있었고, 과부가 어린 자녀를 양육하는 경우에는 노동능력과 연령에 따라서 각기 구빈원, 작업장, 도제로 보내기보다는 원외구조가 폭넓게 활용되었다. 한마디로 구빈법은 봉건사회의 농촌 노동력과 농촌사회로부터 이탈한 부랑자에 대한 억압책이었던 것이다.

(2) 정주법

정주법(Settement Act, 1662년)은 찰스 2세 때에 제정된 법으로, 각 교구는 교구 안에서 출생한 법적 거주권 소지자와 각 교구 안의 빈민에 대해 책임을 졌다. 그러나 빈민들은 일자리를 찾아 부유한 교구로 이동해 다녔기 때문에 이로 인하여 많은 부랑자 군이 생겨났고 구빈비용은 계속 증가하게 되었다. 증가하는 구빈비용을 억제하기 위해 도입된 정주법은 어떤 주민이 다른 지역으로 이주하였을 경우, 이주를 받아들이는 교구에서 만약 그 사람이 빈민이 될 가능성이 크다면 즉, 당해 교구의 구빈부담을 증가시킬 가능성이 있는 것으로 판명된다면 그 사람을 그 이전에 살던 교구로 40일 이내에 강제로 돌려보낼 수 있도록 한 법이다. 또한, 이 법령은 빈민의 자유로운 이동을 금지하여 빈민의 거주선택의 자유권을 침해라는 비판을 받게 되었는데, 거주이전의 자유를 제한하여 빈민들의 이주를 막기 위해 제정된 법이었다. 이 법의 이면에는 노동력을 안정적으로 확보하려는 농업 자본가들의 이해에 부응하여 빈민들의 거주지를 제한하려는 의도가 내포되어 있었다.

(3) 작업장법

작업장법(Workhouse Act, 1722년)은 18세기 중상주의 영향으로 노동 능력이 있는 빈민을 고용함으로써 국가적 부를 증대하기 위해 제정되었다. 여기서 작업장이란 노동 능력이 있는 빈민을 수용하여 강제적으로 노동을 시키기 위해 설립된 시설을 말하는데, 강제 노역장을 강화한 것으로 원내구조의 성격이 강화 되었다. 이 법은 구제비용을 최소화하기 위하여 제정되었지만 이 작업장 안에서의 빈민에 대한 처우는 비인간적이었다. 그러나 무력한 빈민이나 부랑자들을 대상으로 스스로 생활할 수 있는 기술을 배우게 하였다는 점에서 오늘날 직업보도 프로그램의 효시가 되었다.

(4) 길버트법

길버트법(Gillbert Act, 1782년)은 노동자의 비참한 생활상을 개선하기 위해 작업장법에서 추구하는 원내구조 중심에서 일부 원외구조를 최초로 도입한 법이다. 일할 능력이 있는 빈민들은 이 법에 의해 구빈원 입소 대상에서 제외되었으며, 이들에게는 각자의 힘과 능력에 맞는 일자리가 주어졌다. 그리고 구빈 지도관에게는 근로 가능한 빈민들에게 일자리가 주어질 때까지 그들의 생계를 보호하고 구제를 제공할 책임이 부과되었다.

원외구조를 시행하기 위해서는 전문가가 필요하였는데, 작업장에서 빈민착취를 개선하고 원내외구제를 관리하기 위해 과거의 명예직 민생위원에서 유급직 구빈 사무원을 고용하였다. 따라서, 자원봉사자 성격을 가졌던 빈민감독관(무급)이 아닌 유급직 구빈 사무원을 고용하였는데, 이것이 현재의 사회복지전담공무원의 시초가 되었다.

또한, 이 법은 노동 능력 빈민에 대한 노동제공, 노동 무능 빈민에 대한 현금급여, 나태한 자에 대한 교정을 원칙으로 한 엘리자베스 구빈법의 커다란 변화를 의미한다. 길버트 의원에 의해 주도된 이 법은 새로운 인도주의적 구빈제도로 평가받고 있다.

(5) 스핀햄랜드법

스핀햄랜드법(Speenhamland Act, 1795년)은 처음 이 제도가 시행된 지명을 따서 이름이 붙여진 것으로, 일종의 임금보조금 제도를 말한다. 이 제도는 본래 노동자의 임금 중 부족한 생활비를 구빈세로부터 보충해 줌으로써 그들의 생활을 안정시키고 농업자본가에게는 저임금의 지불을 보장해 줄 목적으로 도입되었다. 이 법은 원외구조를 전국적으로 확대한 법으로 노동자를 위한 임금보조제를 마련하였다. 임금보조제란, 한 가정의 생계에 드는 음식비를 기준으로 책정한 것으로 사회수당제도의 기원이 되었으며, 생계비와 가족 수에 연동하여 수당을 제공하였다. 따라서, 이로 인하여 인구가 증가하였고 구빈세도 많이 거두어들이게 되었는데 이 제도는 이전의 구빈법에서는 존재한 적이 없는 완전히 새로운 유형의 제도였다.

3) 신(개정)구빈법(New Poor Law) 시행 시기

16세기 제정된 영국의 구빈법은 1834년에 크게 개정되었다. 1834년 영국에서 제정된 신(개정)구빈법은 수정구빈법이라고도 한다. 자본주의의 진전으로 도시의 노동자계급이 등장했고 이들의 열악한 생활조건, 만성적이고 주기적인 실업, 극도의 저임금, 열악한 위생과 보건 등 이전과는 질적으로 다른 새로운 사회문제가 야기되었다. 이에 영국의 지배층은 구빈법을 개악한 개정구빈법을 제정했다. 원외구제를 폐지하고, 원내의 구빈 기준도 낮추고 정주법도 완화하여 노동 능력이 있는 자에게 노동을 강제하는 것을 목표로 한 법이었다.

신구민법에 의하여 확립된 몇 가지 원칙은 20세기의 사회보장제도가 확립되기까지 영국 공적 부조의 기본 원리로 간주되었는데, 그 내용은 다음과 같다

(1) 전국통일의 원칙(균일처우의 원칙)

전국통일의 원칙은 중앙집권화된 통제 구빈법의 운영을 효과적으로 하기 위해 중앙정부는 구빈행정을 지도·조정하고, 각종 규칙의 시행을 감독하기 위하여 중앙통제기관을 설치하는 원칙을 말한다. 그리고 몇 개의 교구를 하나로 묶어 '구빈연합구'를 형성하고 중앙에서 조정하는 전국적인 구빈 행정체계로 전환하였는데 즉, 행정기구를 개혁해서 전국적인 행정 수준의 통일과 구비행정의 중앙집권화를 의미하는 원칙이다.

(2) 열등처우의 원칙

열등처우의 원칙은 구빈대상자의 구제 및 급여 수준이 스스로 일해서 생계를 유지하는 노동자들의 생활 수준보다 높지 않아야 한다는 원칙이다.

(3) 작업장활용의 원칙

작업장활용의 원칙은 노동 능력이 있는 빈민에 대하여 원외구제를 폐지하고 빈민법에 의한 구제를 원하는 사람은 누구나 작업장에 수용하여 노동의욕을

테스트 받아야 한다는 원칙이다. 이 원칙은 노동 능력이 있는 자에 대한 부조를 작업장 이외에서는 행하지 않으며, 작업장에서의 숙식을 거절할 경우에는 어떠한 원조도 하지 않았을 뿐만 아니라 원외구조도 아주 최소한으로 줄이는 것을 의미하는 원칙이다. 결과적으로 공포의 원칙으로 불리며 열등처우의 원칙과 더불어 구제신청의 억제수단으로 활용되기도 하였다. 그러나 구빈대상자는 작업장에서 수용을 원칙으로 하고 있지만 병자, 노인, 허약자, 모자 가족에게만 원외구호를 허용했다.

그 외에도 빈민 등에게 대한 선거원의 제한, 보호 청구권의 불인정, 사적 부양의무의 이행, 자산조사의 실시 등을 규정하였다. 이것은 가능한 한 보호를 청구하지 않도록 하려는 데 그 목적이 있었다. 이때는 빈곤의 원인을 태만 또는 독립심의 결여 등 개인의 도덕적인 결함에 있다고 보아 빈곤자는 범죄자와 같이 취급해서 억압했다.

이 개정의 결과 빈민구제 비용이 상당히 감축되었고 또 전국적으로 통일적 구빈 행정체제가 수립되었다. 그리고 열등처우의 원칙은 자유노동시장을 발달시키고 노동자들의 독립심과 근면성을 고취하는 한편, 노동 가능한 노동자들에게 구제를 단념하도록 만드는 이론적 근거를 제시했다는 점에서 매우 중요하고, 작업장 테스트 원칙이 적용되어서 노동 능력이 있는 자와 그 가족에 대한 구제는 잘 통제된 작업장에서 제공되지 않는 한 불법으로 규정하였다. 그래서 노동 능력이 있는 빈민은 누구도 일을 하지 않고서는 구제받을 수 없었다.

개정구빈법에 의해서 구빈세를 줄이려는 목적은 달성되었지만, 당시 불어 닥친 공황과 대량실업은 개정구빈법의 적용을 어렵게 만들었다. 특히, 농촌지역의 만성적 실업자를 주된 대상으로 하는 작업장 제도는 공업지대의 일시적 실업자에게는 적절하지 않았다. 따라서, 원외구조의 폐지원칙은 잘 지켜지지 않았고 19세기 중반 빈민 6명 중 약 5명이 원외구조를 받게 되었다. 20세기 초 실업문제가 점점 더 심각해지자 개정구빈법은 재검토가 불가피해졌고 1948년 국민부조법이 제정되면서 구빈법은 완전히 폐지되었다.

개정구빈법은 세계 각국의 사회보장제도의 발달에도 큰 영향을 주었다.

개정구빈법의 열등처우의 원칙은 생활보호의 보호 수준을 설정하는 기준이 되었으며, 작업장 제도의 원칙은 재가보호가 아닌 수용시설 보호 위주의 서비스 실시에 기여하였고 전국적 통일의 원칙은 중앙정부 중심의 사회복지행정의 실시에 기초가 되었다.

4) 근대 사회사업 시기

봉건사회에서 자본주의사회로 전환되는 과정인 근대 사회사업 시기에는 개정구빈법 결과 구빈 비용의 지출은 감소하고 빈민은 계속적으로 증가하였다. 또한 자본주의 발달과정에서 발생하는 다양한 폐해(빈곤의 양극화, 산업재해, 실업 등)들이 고착화하는 시기였다.

산업화 이후 부를 축적한 신흥자본가 계급들이 도시빈민에 대한 사회복지 활동을 시작한 것도 이 시기였는데, 민간복지 활동의 시초라고 할 수 있다. 영국, 미국, 프랑스에서는 19세기에 자원봉사가 크게 활용되기 시작하였다. 이때부터 자원봉사에는 2가지 흐름이 있었는데, 하나는 자선조직화 운동(Charity Organization Movement: COS)이고 또 하나는 인보관 운동(Social Settlement Movement)이었다.

도시빈민을 위해 자선을 조직화하거나 빈민들과 함께 생활하면서 빈민들의 의식을 개혁하기도 하고 빈곤 문제를 과학적으로 조사하여 그 대책을 강구하기도 하였다. 사회의식에 따른 빈민구호에 영향을 끼친 요소로 사회개량운동, 자선조직협회, 사회조사 등에 대해 살펴보면 다음과 같다.

(1) 사회개량운동

19세기에 들어서 영국에서는 노동자들이 참정권을 얻기 위한 사회개량운동(챠티스트운동) 등이 활발하게 진행되었다. 노동자들은 이 시대의 참정권을 얻는 것에 실패하였지만 그 후에 노동자들은 경제적 조건의 개선으로 관심을 돌려 협동조합을 개설하였고 그 결과 오웬(Owen)의 방직공장에서 최초로 소비자 협동조합을 열었다. 또한, 여러 가지 상조회를 구성하여 노동조합회의를 탄생하게 만들었다.

이러한 지속적인 운동은 노동자의 빈곤을 해방시켰고 더 나아가 정부의 참여 세력으로 성장하게 하였다. 차티스트들이 몰락한 후에도 사회주의 이념을 가진 개혁가인 버다드쇼, 웹부처 등은 페이비안 협회를 구성하여 부녀자들의 참정권, 임금 및 노동시간입법, 주택사업, 교육과 같은 실천적 개혁을 주장하였다.

(2) 자선조직협회

18세기 말 영국은 산업혁명으로 인해 공업 및 산업상의 대변혁과 함께 사회조직에 변혁이 일어나 여러 가지 사회문제가 발생하였다. 이것을 해결하기 위해 구빈법을 중심으로 한 빈민구제, 경제, 교육, 의료제도의 개선으로 빈궁방지의 방법을 사용했지만 날로 증가하고 다양해지는 사회문제를 해결하기에는 역부족이었다. 또한, 자본주의시대에서 중상주의 이념은 국가의 사회복지에 대한 지원을 어렵게 하였다. 하지만 자본주의 사회로의 진입은 각종 새로운 사회문제를 등장하게 하였고 그 대상자도 증가하여 해결을 바라고 있었지만 공적인 역할이 부족한 상태에서 나타난 것이 자선조직협회(Charity Organization Society: COS)이고 그 활동이다. 이 협회는 당시의 복지사업과 기관 간의 효과적인 조정을 기하며 구호행정의 중복과 경쟁을 피하고 기구와 기술을 발전시키고자 하는 데 있었다.

영국에서 사회보험이 도래되기 전, 즉 19세기 후반 빅토리아 시대에 박애, 상호부조, 자조 등 민간 활동이 활발하게 전개되었다. 박애사업은 계급 간, 가진 자와 가지지 못한 자간의 운동이었고, 상호부조는 일하는 사람들이 서로를 돕는 활동이었으며, 자조 또는 절약운동은 스스로 자신의 문제를 해결하는 방법이었다. 이러한 활동은 서로 대비되고 상충되는 면도 있었지만 20세기 사회복지 발전에 밑거름이 되었다.

자선조직협회는 시작은 자원봉사자(상류계층)들의 활동으로 시작하여 개인적, 민간의 사회복지발달을 이루었고 더 발전하여 구제 신청자에 대한 과학적 면밀조사를 통해 구제 중복을 피하고 효율적 구제를 위한 구제등록을 실시하고 구제기관과의 연계를 통하여 미국의 사회복지 실천의 초석이 되었다. 그리고 개별사회사업의 기초가 되었다.

자선조직협회는 1869년 런던에서 처음 설립되었는데 이 협회의 창립목적은 중복 구빈을 없애기 위한 여러 자선활동의 조정, 환경조사와 적절한 원조제공에 있었다. 중복 구빈을 피하기 위하여 연락기관이 설치된 것은 오늘날 지역사회사업으로 발전하였고, 빈민에 대한 철저한 환경조사는 가족사회사업 또는 개별사회사업으로 발전되었다. 자선조직협회는 우애방문원이라는 자원봉사를 동원하여 서비스를 받을 자격이 있는지에 대해서 자산조사를 실시하였다. 또한, 자원봉사를 받는 사람, 서비스를 받는 사람의 중복, 남용, 누락을 방지하기 위한 기관과의 연락 기구를 만들었고, 이는 나중에 개별사회사업으로 발전하게 되었으며 다른 한편으로는 지역사회조직의 기반이 되었다.

그 외 자선조직운동은 빈민구제에 중점을 두고 활동하였는데 우애방문원(friendly visitor)이라고 불리던 자원봉사자들이 주로 활약하였다. 우애방문원은 대개 중상류층 부인들, 독지가, 종교인 등으로 구성되었다. 당시 자선조직 운동의 문헌은 자원봉사자의 중요성을 압도적으로 강조하였고 이들의 활동이 봉급을 받는 사회사업가의 활동보다 훌륭하다고 판단하였다.

(3) 인보관 운동

인보관 운동(Settlement Movement)은 옥스퍼드, 캠브리지 대학교의 학생들이 실시한 운동으로 빈곤, 질병에 있는 사람들에게 자체적으로 필요물품이나 교육, 지식의 제공을 통해 시작되었다. 이것은 교육과 인식의 전환을 가져와 현재 지역사회 실천운동의 시초가 되었다. 이 운동은 1854년 데니슨 목사가 주축이 되어 캠브리지대학교와 옥스퍼드대학교 학생들과 슬럼가의 노동자들을 결합시킴으로써 빈곤문제를 해결하려는 일종의 사회운동이었다.

이들은 빈민가의 생활 체험을 통해 빈곤은 경제적인 문제라기보다는 정신적인 문제이고, 따라서 교육을 통해 빈민이 자신을 스스로 변화시켜야 가난에서 벗어날 수 있다고 보았다. 이 운동에 적극 참여하다 젊어서 사망한 옥스퍼드 대학교의 학생인 토인비를 기려 동료들이 1884년 런던의 동부 빈민지역에 만든 토인비 홀(Toynbee Hall)[5]은 세계 최초의 지역사회복지관이다.

인보관 운동은 지역사회조직협회와 마찬가지로 당시의 동일한 사회문제, 즉 산업화, 도시화 등으로 야기한 사회문제에 대처하기 위해 시작되었다. 그러나 사회문제에 대한 양자의 해석은 달랐고 이에 대처하기 위한 목적과 사업내용도 달랐다. 즉, 인보관운동은 자선조직협회에 비해 빈곤의 문제를 개인적 속성보다는 사회적 요인에 그 원인이 있다고 보았다.

사상적으로 자선조직협회가 사회진화론적 사상에 동조한 반면 인보관 운동은 자유주의와 급진주의 사상에 동조하였다. 따라서 자선조직협회가 상류층을 중심으로 빈민의 성격개조에 관심을 갖고 이들을 교화시키는 데 치중했던 반면 인보관 활동가들은 중산층 지식인이 중심이었고, 빈민과 함께 거주하면서 그들의 생활조건을 개량하려는 데 초점을 두었다.

인보관 운동의 예로는, 1860년대 많은 지역 성직자들이 이스트엔드 지역에 거주하면서 구빈활동을 하였다. 이러한 활동은 이후 인보관 운동에도 많은 시사를 주었다. 자선단체들은 이스트엔드에서 자선을 하여도 자선단체 활동가들은 대부분 부유한 웨스트엔드에서 거주한 반면, 이들 지역 활동가들은 이스트엔드에서 빈민들과 같이 거주하였다.

자선조직 협회와 인보관 운동의 차이점을 비교하면 〈표 6-3〉과 같다.

---

5) 캐넌 새뮤얼 오거스터스 바넛이 1884년 이스트런던에 세운 최초의 인보관(隣保館)으로 영국의 사회개혁가 아널드 토인비(1852~83)의 이름을 따서 명명되었다. 또한 미국에서 최초의 인보관인 헐 하우스(Hull House)가 1889년 아담스(Addams, J.)에 의해 시카고에 설립하였다. 토인비 홀(Toynbee Hall)의 영향을 받은 아담스가 이민자의 생활향상을 위하여 앨랜 스타 (Ellen Starr)와 협력하여 부흥시켰다. 노동조합운동, 평화운동, 아동 복지운동과 결부되어 활동한 것에 사회적 의의가 있고 사회사업뿐만 아니라 사회개량의 근대화에 커다란 터전이 되고 있다.
(출처: 사회복지사전 발행처: 한국사회복지협의회 발행연도, 1993)

표 6-3 자선조직협회와 인보관 운동 비교

구분	자선조직협회	인보관 운동
사회문제의 원인	개인적 속성	환경적(구조적) 요소
이데올로기	사회진화론	자유주의와 급진주의
참여주도층	상류층	중류층과 대학생
활동의 초점	빈민교화와 역기능의 수정	빈민과의 거주와 사회질서의 비판
사회문제 해결방법	자선기관들의 서비스 조정	서비스의 직접 제공, 빈민교육
활동의 내용	우애방문원의 가정방문	각종 서비스와 사회개혁 활동
의의	개별사회사업의 시초	집단사회사업 시초

(4) 사회조사

산업화와 도시화로 인하여 도시빈민들이 대량으로 발생되어 빈곤의 원인에 대한 논쟁이 개인책임론과 사회구조적인 문제 등으로 제기되었지만, 일반 시민들은 여전히 빈곤의 원인을 개인의 게으름이나 도덕적 결함으로 돌렸다. 이때 일단의 학자들은 빈곤의 대상과 그 실태를 파악하여 해결방향을 제시할 목적으로 연구를 시작하게 되었는데, 부스(Booth)[6]가 런던의 빈민생활실태를 조사한 것(1889년)과 라운트리(Rowntree)[7]가 요크시의 빈민들의 생활실태를 조사한 결과(1901년)는 시민의 상식을 뒤집어 놓았다.

즉, 이들은 체계적인 사회조사를 통해서 빈곤의 주된 원인이 게으름이 아니라, 노령, 질병, 실업, 낮은 교육 수준 등으로 개인적인 책임(15% 정도)보다 사회적 책임(85% 정도)으로 빈곤함을 밝혀냈다. 이러한 사회조사는 현대 사회과학적 조사방법론의 효시가 되기도 하였다.

---

6) 부스는 1886~1902까지 "런던 시민의 생활과 노동" 연구에서 빈곤의 원인을 개인적인 책임부분(나태, 아내의 낭비벽 등, 약 15% 정도)과 구조적 책임부분(질병, 계절적 실업, 노령, 가구원 수 등, 약 85%)으로 나누어 빈곤의 원인을 실업과 노령에 있음을 제시하였다.

7) 라운트리는 1899년 요오크시를 조사한 "빈곤-지방도시연구"에서 요오크시 빈민의 생활조건 실증화를 제시하였는데 지역주민의 28%가 저임금 상태로, 지역주민의 10%가 신체적 효율성을 유지하기 불가능 정도의 저임금 상태로, 지역주민의 18%가 2차적 빈곤상태에 있음을 제시하였다.

부스와 라운트리의 빈곤조사는 빈민의 문제를 보다 객관적으로 파악하게 하였고 빈곤의 도덕적 견해를 탈피하였다. 따라서 구빈법과 자선만으로 빈곤문제를 해결할 수 없음을 알게 되었고 이 논문은 당시 많은 사회적 시사점을 주었으며 사회개혁의 필요성을 제기한 것이었다. 즉, 빈곤은 사회의 경제적 구조 속에 그 근본원인을 안고 있는 사회문제라는 점과 동시에 국가의 개입에 의해서만 해결될 수 있는 사회문제라는 점이 인식되기 시작했다. 이것은 19세기 말에 영국에서 발생한 자유방임주의적 빈곤관으로부터 복지국가적 빈곤관으로 전환되었다.

5) 사회보험의 제도화

구빈법이 봉건체제 말기의 대표적인 사회복지정책이라면 사회보험은 자본주의 체제에서 대표적인 사회복지정책이다. 사회보험은 그 시행 초기에 임금노동자, 특히 육체노동자가 주된 대상이었고 자본재적 생산양식에서 발생된 문제인 사회적 위험(산업재해, 실업, 질병, 정년퇴직 등)에 대한 대응책이었으며 노동자와 자본가가 그 재정을 공동 부담하였다.

사회보험은 19세기 말 당시 가장 선진적인 자본주의 국가인 영국에서 출현된 것이 아니라 후발 공업국인 독일제국에서 세계 최초로 만들어졌다. 프로이센의 빌헬름 왕과 비스마르크 재상은 1866년 오스트리아 전쟁과 1870년 프랑스 전쟁에서 승리를 통해 독일을 통일하는 데 이어, 독일민족의 내부통합을 위해서 이른바 "채찍과 당근" 정책을 시도하였다. 여기서 채찍이란 노동운동을 탄압하기 위해서 만든 사회주의자 진압법(1878)을 말하고, 당근이란 노동자 계급을 국가 내로 통합시키기 위한 일련의 사회보험법의 제정을 비유한 말이다.

사회복지의 궁극적 기능은 사회통합(social integration)이다. 이는 사회복지정책의 효시인 1880년대 독일 비스마르크 사회입법의 목적이 계급대립과 계급투쟁을 극복하고 분열된 여러 계급을 하나로 묶으려는 데 있었다는 사실에서 확인된다. 그리고 제2차 세계대전 이후 서유럽 각국에 등장한 복지국가와 복지국가의 다양한 사회복지정책도 궁극적으로는 계급, 계층, 집단 간의 응집력 또는 연대의식

(solidarity)을 높여 사회통합을 유지하려는 데 그 목적이 있었다.

다시 말해서, 사회복지 제도는 빈민이나 사회적 약자 그리고 사회적 위험(노령, 재해, 장애, 실업, 질병 등)에 빠진 사람을 그렇지 않은 사람들이 제도적으로 원조하거나 소득을 일방적으로 이전함으로써 사회통합에 이르게 하는 국가 정책이다. 그 정책 중 하나가 사회보험제도인 것이다.

독일에서 처음 도입되고 영국에서 실험을 거친 사회보험은 1930년대 미국에서 대공황의 사회문제를 해결하기 위해서 적용되었다. 1935년에 제정된 사회보장법은 연방정부가 관장하는 노령보험, 주정부가 관장하고 연방정부가 재정을 보조하는 실업보험, 그리고 주정부가 관장하고 연방정부가 재정을 보조하는 공공부조와 사회복지서비스로 구성되었다.

참고로 사회보험이란 국민에게 발생하는 사회적 위험을 보험방식에 의하여 대처함으로써 국민건강과 소득을 보장하는 제도라고 사회보장기본법에서 정의하고 있다. 여기서 사회보장(social security)이란 출산, 양육, 실업, 노령, 장애, 질병, 빈곤 및 사망 등의 사회적 위험으로부터 모든 국민을 보호하고 국민 삶의 질을 향상시키는 데 필요한 소득·서비스를 보장하는 사회보험, 공공부조, 사회서비스를 말한다. 또한, 공공부조는 국가와 지방자치단체의 책임하에 생활 유지 능력이 없거나 생활이 어려운 국민의 최저생활을 보장하고 자립을 지원하는 제도를 말하고, 사회서비스란 국가·지방자치단체 및 민간 부문의 도움이 필요한 모든 국민에게 복지, 보건의료, 교육, 고용, 주거, 문화, 환경 등의 분야에서 인간다운 생활을 보장하고 상담, 재활, 돌봄, 정보의 제공, 관련 시설의 이용, 역량 개발, 사회참여 지원 등을 통하여 국민의 삶의 질이 향상되도록 지원하는 제도를 말한다. 그러므로 사회보장이란 국민이 그의 생활을 영위해 나감에 있어 소득의 중단 또는 영구적 상실 및 질병과 부상 등 생활상의 제곤란에 대하여 국가가 소득의 재분배를 통한 국민의 생존권 실현과 최저생활 확보를 전제로 그의 소득보장을 도모하는 총체적인 국가정책을 말한다.

〈표 6-4〉는 사회보장기본법에서 정의된 사회보장의 개념에 따라 그 내용을 세부적으로 정리해 보면 다음과 같다.

표 6-4 사회보장제도의 구성

구분	사회보험	공공부조	사회서비스
주체	국가	국가 및 지방자치단체	사회복지법인
대상	모든 국민	빈민	개인별
재원	근로자의 기여금 및 사용자의 부담금 (자영자의 기여금)	조세	국가보조금 · 공동모금 등
종류	국민연금 · 의료보험 산재보험 · 고용보험 등	생계급여 · 의료급여 · 자활급여 · 교육급여 · 주거급여 등	아동 · 노인 · 장애인 · 한부모가족 · 재가복지 등
성격	보편주의	선별주의	보편주의+선별주의(상호보완)

6) 베버리지 보고서 시기

(1) 보고서 개요

베버리지
(1879~1963)

베버리지 보고서(Beveridge Report)는 영국의 경제 학자이며 사회보장제도 및 완전고용제도의 주창자인 베버리지[8]가 정부의 위촉을 받아 사회보장에 관한 문제를 조사·연구한 보고서를 말한다. 제2차 세계대전 후 유럽과 미국의 각 사회보장정책에 커다란 영향을 끼친 보고서로서 1941년 6월 영국 전시 내각이 창설한 '사회보험 및 관련 서비스에 관한 위원회'가 작성하여 1942년에 제출한 것으로, 정식 명칭은 〈사회보험과 관련사업(Social Insurance and Allied Services)〉이다.

8) '베버리지 보고서'로 잘 알려져 있는 베버리지는 〈사회보험과 관련사업(Social Insurance and Allied Services)〉(1942)을 통해 제2차 세계대전 이후 영국의 복지국가 정책 및 제도를 형성하는 데 크게 기여했다. 인도에서 근무하고 있던 영국 공무원의 아들로 태어나 옥스퍼드시 베일리얼 칼리지에서 교육을 받았다. 평생 그의 연구주제가 되는 실업의 원인과 구제에 대해 그가 처음으로 관심을 갖게 된 것은 1903년 런던의 인보관(隣保館) '토인비 홀'의 부관장으로 임명되면서부터였다.

이 보고서는 사회보장이나 사회사업이 당면하는 '결핍', '질병', '나태', '무지', '불결'의 5대 사회악을 지적하고 사회보장제도상의 6원칙을 제시했다. 이 보고서는 이른바 '요람에서 무덤까지' 국민들의 사회생활을 보장한다는 '복지국가' 이념을 대표하는 문헌이다.

당시 위원장인 베버리지의 이름을 따서 베버리지 보고서라고 부르게 되었다. 빈곤 해소를 주안점으로 하여 국민이 기본적인 사회생활을 충족하도록 사회보험을 실시할 것과 긴급사태에 대처하기 위해 국가부조를 강화할 것을 주장했다. 세부적으로는 전 국민이 사회보장의 혜택을 받아 기본적인 사회생활을 영위할 수 있게 하고, 여기에 드는 비용은 국가, 노동자, 고용주가 동등하게 분담할 것을 원칙으로 하고 있다. 보고서 작성의 목적으로는 빈곤 해소를 주안점으로 하여 국민이 기본적인 사회생활을 충족하도록 사회보험을 실시할 것과 긴급사태에 대처하기 위해 국가부조를 강화할 것을 주장하고, 전 국민이 사회보장의 혜택을 받아 기본적인 사회생활을 영위할 수 있게 하고 여기에 드는 비용은 국가, 노동자, 고용주가 동등하게 분담할 것을 주장하였다.

보고서를 작성할 때의 3가지 원칙으로는 첫째, 분파적 이해를 무시하고, 둘째, 국가 재건을 위하여 5대악을 극복하며, 셋째, 국가는 단지 국민최저만을 보장하고 그 이상은 개인과 가족의 노력에 의한 자발적인 행위영역에 남겨 놓았다.

(2) 보고서 주요내용

보고서 주요내용을 살펴보면, 베버리지는 사회보험이 성공하기 위한 3가지 기본 전제 조건으로, 전 국민을 대상으로 포괄적인 보건서비스(comprehensive healthservice)를 제공하고, 보편주의 원칙에 맞는 가족수당(familyallowances)을 신설하며, 실업은 실업수당의 비용과 그에 따른 임금손실을 감안하면 가장 낭비적인 문제이므로 완전고용(fullemployment)을 실시한다는 것이다. 베버리지는 사회보장의 6개 원칙과 6개 대상층, 그리고 8개 욕구 원인을 제시하고 이에 맞는 대책을 세우고자 하였다.

6개 원칙을 살펴보면, "급여 수준은 일상생활을 하는 데 충분할 정도가 되어야 하고(충분한 급여), 급여와 갹출은 소득에 관계없이 동일해야 하며(정액급여, 정액 갹출), 지방사무소를 둔 하나의 사회보험금고가 관리·운영하고, 개인은 한 번 통합된 갹출료를 납부하면 되고(행정책임의 통합), 사회부조나 사보험은 물론, 사회보험을 포함한 각종 방법으로 기본적이고 예측 가능한 모든 욕구를 해결한다(포괄성)."이다(지은정, 2006:178). 그리고 인구층을 피용자, 자영인, 전업주부, 기타 노동인구, 취업 전 청소년, 노동 불능 고령자 등 6개 집단으로 분류하고 이들 모든 인구층의 욕구를 보장한다(분류화).

〈표 6-5〉는 보고서에서 제시한 8개 욕구 원인별 대책을 나타낸 것이다.

표 6-5 8개 욕구 원인별 대책

구분	대책
실업	실업급여
장애	장애급여 또는 장애연금
생계수단 상실	직업훈련급여
퇴직	연금
기혼여성의 욕구	결혼, 출산, 미망인 수당 등
장례비용	장제비
유아	아동수당
질병, 장애	질병 치료와 재활

베버리지 보고서 이후 그 결과로 사회보장청이 설치(1944)되었으며, 구빈법이 폐지되고 노동당 정부의 사회입법이 단행되었다. 실업, 의료, 출산, 미망인연금, 보호수당, 장제비 등을 규정한 국민보험법(1946), 정부가 국민보건을 책임지고 의료서비스를 무상으로 제공하는 것을 골자로 한 국민보건서비스법(1946), 국민부조법(1948), 아동법(1948) 등이 입법화되었다. 따라서, 영국은 1948년 7월 5일 이후부터 복지국가의 체계를 갖추게 되었으며 요람에서 무덤까지로 칭송받았던 노동당 정부의 복지국가정책은 1951년 총선에서 보수당에게 정권을 내어 줄 때까지

완성되었고, 이후 보수당 정부에서도 큰 변화 없이 계속되었다.

따라서, 영국은 국민들의 빈곤 및 기타 다른 사회적 해악으로부터 보호하고 개인의 자유, 기업정신 그리고 개개인의 가족에 대한 개인의 책임 등을 보존해 나가면서 사회보장이 진행됨을 강조하였고, 대영제국의 현대적인 사회입법의 기초가 되었으며 기타 다른 나라들의 사회보장의 모델이 되었다.

7) 복지국가 시기

사회보험 시대를 이어 바로 등장한 것이 복지국가 시대이다. 복지국가가 성립된 이후에도 사회보험이 복지국가의 핵심 제도로 존재하고 있기 때문에 사회보험과 복지국가는 중첩된다고 볼 수도 있다. 세계적 수준에서 진행된 대규모 전쟁과 경제공황이 복지국가 발전의 가장 중요한 요인이었다.

1·2차 세계대전 동안 구미의 국가들은 효과적 국민동원을 위해 전후에 국가가 국민들에게 더 나은 삶을 보장할 것이라는 약속을 할 수밖에 없었다. 국민들로부터 엄청난 희생을 강요하고 동시에 국민생활의 광범위한 영역에 국가가 개입하여 국가의 국민에 대한 복지책임이 증가하게 되었다. 그뿐 아니라 전쟁은 엄청난 수의 사상자와 빈민을 양산함으로써 종래의 구빈제도나 시장을 통한 상업보험 제도가 더 이상 작동할 수 없었다. 그러므로 전쟁 기간 중에 혹은 그 직후에 노령연금과 실업보험 같은 중요한 사회복지제도가 수립되고 또 각종 제도의 수혜자가 증가하게 된 것이다.

(1) 복지국가의 전성기(확장기): 1945~1975

2차 세계대전이 종결된 1945년부터 대략 1970년대 초까지는 '복지국가의 황금기'로 불리는 시기이다. 이 기간 동안 구미 선진국들은 각종 사회보장 제도의 적용대상을 모든 국민에게 확대하고 복지혜택의 수준을 점진적으로 확대하여 거의 모든 국가에서 보건의료와 교육에 대한 지출액을 절대적으로 늘려 국내총생산(GDP) 중에서 차지하는 비율이 획기적으로 높아졌으며, 주택

보급계획을 수립하여 정부보조 및 융자 등을 적극 추진하였다.

이 기간 동안 구미 선진국들이 높은 경제성장률, 낮은 인플레, 그리고 낮은 실업률을 기록하였다는 것은 그 만큼 이 국가들이 복지비 지출을 더 많이 할 수 있는 좋은 조건을 가지고 있었다는 것을 뜻한다. 일본과 미국을 제외한 대부분의 나라들이 1960년대까지 대체로 GDP 대비 10%대의 복지비를 지출했으나 1970년대 중반에 오면서는 모두 20% 이상을 복지비로 지출했다. 이와 같이 구미의 각국이 복지를 대폭 확대하게 된 몇 가지 요인을 정리해 보면 다음과 같다.

첫째, 전쟁의 직·간접적인 영향과 서유럽 국가들이 공산주의와 파시즘의 위협으로부터 벗어나 안정을 되찾고자 하였다는 점이다. 민주 복지국가로서 안정을 이루어야 공산주의 파시즘의 확산을 막을 수 있다는 인식이 국민 사이에 팽배하였다.

둘째, 전후에 과거에 유례 없는 지속적인 경제성장에 의하여 증대되는 정부의 복지 투자를 뒷받침할 수 있었다는 것이다.

셋째, 정부의 재정지출 확대를 주장하는 케인즈 경제이론이 대체로 각국에서 받아들여졌다는 점이다. 마지막으로 1948년 유엔이 인권선언을 통하여 종래의 시민권 및 정치권과 더불어 사회·경제적 권리의 보장을 세계 각국에 촉구하였다.

(2) 복지국가의 재편기(위기): 1975~1980년 초

지속적인 경제성장에 힘입어 국가의 복지지출이 증대함으로써 점차 성장해 온 복지국가는 70년대 중반 이후에 새로운 전환점을 맞이한다. 1973년에 무려 5배의 유가상승을 가져온 오일쇼크는 2차 세계대전 이후 약 30년 간 지속되어 온 자본주의의 안정적 축적체제를 근원적으로 뒤흔드는 결정적 작용을 하였다. 복지 선진국들은 1970년대 중반 이후 경제 성장률이 낮아지고 실업률은 크게 증가하고 산업투자율이 낮아지는 등 경제적인 어려움과 경기침체에 따라 정부의 보호를 필요로 하는 계층은 늘어나는 반면, 정부의 세입은 줄어 정부 재정상 어려움에 처해 있었다.

1970년 대 후반 이후 사회민주당이 확고한 정치적 헤게모니를 행사하던 구미 선진국의 대부분의 나라에서 보수 회귀의 물결이 일어났다. 신우파(newright) 혹은 신보수주의(neo-conservatism)로 불리는 보수 세력은 1973년 오일쇼크 이후의 경제위기가 오직 유가상승이라는 외부적 요인에 의해서만 기인한 것이 아니라 근본적으로는 자유시장 기제의 작동을 왜곡하는 국가의 경제개입과 복지개입이라는 내적 요인에서부터 비롯되었다고 주장하였다.

이들은 경쟁력을 강화하고 경제성장과 고용증대를 이루기 위해서 국가의 경제개입을 축소하는 것은 물론, 생산비의 경직적 상승을 가져오는 복지비 지출을 감축해야 한다고 주장하였다. 그러나 보수정권에 의한 지속적 복지 삭감 노력에도 불구하고 1975년 이후 국가에 의한 복지비 지출은 실제로는 증가, 복지비 지출의 증가율은 둔화되었지만 복지비의 절대액은 감축되지 못하였다. 복지 국가에 대한 보수 세력의 이데올로기적 이론 공세가 치열했고, 복지 삭감을 위한 정치적 조치들이 강경했다 하더라도 경제악화와 인구학적 변화에 따른 복지비 증가의 내적 요인들이 너무나 광범위하고 강력했음을 잘 반영하고 있다.

8) 신자유주의 시기

복지국가는 1970년대 말 이후 경제에 대한 부정적 영향, 관료화, 비효율, 의존성 증대라는 비판에 휩싸였고 이제 유효수요 이론에 입각한 케인즈의 경제사회정책을 포기하기에 이르렀다. 1979년 영국 대처정권, 1980년 미국 레이건정권이 들어서면서 통화주의 정책(즉, 통화공급의 억제를 통해서 경제를 활성화시키는 방법)을 실시하였다. 이것은 곧 사회복지정책의 축소를 의미하였고, 특히 복지국가의 가장 큰 수혜자이고 지지자였던 고소득 노동자와 중간계층이 이를 수용하여 복지국가가 후퇴하는 결과가 발생했다.

영국은 1970년대 경기가 침체되자 그 원인을 마거릿 대처는 정부의 실패,

복지국가의 실패라고 보았다. 즉, 복지정책이 지나치게 확대되어 국가재정은 파탄에 이르렀고 지나친 복지혜택으로 근로욕구가 저하되어 경제가 침체되었다고 보았다. 따라서, 대처는 근본적인 해결은 정부개입의 최소화라고 주장하였다. 즉, 대처는 자유주의 이데올로기에 입각한 정책으로 개인의 책임과 자조를 강조하고 보편주의 원칙에서 선별주의 원칙으로 전환했으며 복지예산의 감소를 위해 복지의 민영화를 추구하였다.

한편, 이러한 신자유주의가 득세하고 있는 가운데 사회민주주의의 가치와 시장의 자유, 경제적 효율, 노동인센티브 등을 강조하는 시장자유주의를 모두 수용하는 제3의 길이라는 노선이 국민의 지지를 받고 있다. 영국 토니 블레어의 노동당정부와 독일 슈뢰더의 사민당정부, 미국 클린턴정부도 이러한 노선을 택했다. 제3의 길 노선이 신자유주의의 공격에서 좌파의 유일한 대안이라는 주장을 하고 있지만 전통좌파는 신자유주의의 변종이라는 비판을 제기하고 있는 상황이다.

참고로 사회복지 발달의 역사를 크게 세 부분으로 나누면, 구빈법 시대, 사회보험 시대 그리고 복지국가 시대로 나누어 볼 수 있는데, 각 시대별 특징을 정리하면 〈표 6-6〉과 같다.

표 6-6 사회복지 역사의 각 시대별 특징

시대	특징	사회복지 대상자	정책 주체	보호상대
빈민법 시대	절대왕정시대의 국가정책	걸인, 부랑자, 구제가치가 있는 빈민	절대주의 국가, 교회 봉건주의	• 시설보호 (구빈원, 작업장) • 거택보호 (구호금품의 제공)
사회 보험 시대	초기자본주의 시대의 사회복지, 독일의 사회입법에서 시작	노동자 계급 (프롤레타리아트)	국가 노동조합	• 보장의 대상 – 사회적 위험 • 수급권 인정 • 잔여적인 복지유형
복지 국가 시대	제2차 세계대전 이후 사회복지	전 국민으로 확대	국가, 민간단체	• 국민 최적 수준 보장 • 복지 수급권 완전보장 • 사회복지와 경제는 대등관계

출처: 서윤, 2006:57.

4. 한국의 사회복지 발달

1) 근대 이전의 사회복지

(1) 삼국 시대

삼국시대에는 각종 재해로 인한 구휼사업 중심이었고 4궁[9]에 대한 보호, 병들고 자립이 불가능한 사람에 대한 구제였으며 재원은 국고에서 조달되었다. 구제사업의 내용을 구체적으로 살펴보면 관곡의 진급, 사궁구휼, 조조감면, 대곡자모구면, 경형방수, 종자 및 식량의 급여, 왕의 책기감선, 역농방재, 유민안집이 있다. 삼국시대에는 창제와 진대법도 있었다.

(2) 고려시대

우리나라는 예로부터 농업을 위주로 하는 생활을 해 왔다. 따라서, 농업에 영향을 미치는 풍수해, 장기간의 가뭄 등 천재지변(天災地變)으로 인한 재난구제는 국가의 가장 중요한 임무의 하나로 되어 있었다. 이러한 국가의 재난구제 사업은 이미 삼국시대에 신라, 고구려, 백제에서 부분적으로 시행된 예를 찾아 볼 수 있으나 고려시대에 본격화되었다.

불교정신의 기본정신인 자비사상으로 서양의 종교적 동기의 자선사업과 비슷하다. 고려시대의 구체적인 구빈행정으로 의창, 상평창과 같은 창제를 시작하여 춘궁기에 빈민에게 곡식을 대여해 주었다가 추수기에 갚게 하는 제도를 시행하였다. 또한, 고려시대에는 불교의 영향으로 자비 정신에 의한 구빈사업이 이루어졌다. 궁민, 재민을 구제하는 기관으로 제위보, 구제도감, 동서대비원, 혜민국 등이 있다. 아동복지사업으로서의 고아수양과 유아, 기아, 빈곤아의 보호사업, 노인복지사업이 이루어졌다.

---

9) 사궁(四窮)은 목민심서에서 환과고독(鰥寡孤獨)을 말하는 것으로, 네 가지의 궁한 처지라는 의미로 다른 사람의 도움을 받아야 생활할 수 있는 사람을 뜻한다. 즉, 일가친척이 없는 홀아비와 홀어미, 부모 없는 아이(고아), 부양받을 자식없는 노인(독거노인)을 의미한다.

(3) 조선시대

조선시대에 들어와 불교를 탄압하고 유교를 장려하게 됨에 따라 구빈사업도 유교의 왕도주의에 입각하여 왕이 재해 및 빈민구제를 대단히 중요시하게 되었다. 조선시대의 민생구휼기관으로서는 구황청, 혜민국, 제생원, 활인서, 기로소 등이 있다. 조선시대의 구제제도로서는 창제와 환곡이 있으며 비황을 위한 제도로서 의창, 상평창이 있다. 국가기관의 구휼사업 외에 조선시대에는 민간조직의 활동을 찾아 볼 수 있다. 경제적 이익을 도모하기 위한 계, 농민공동체의 조직의 두레, 주민이 교화의 목적을 달성하기 위하여 자치적으로 정한 규약의 향약이 있다.

이외에 민간 차원의 구제제도로 사창제도를 시행하였다. 사창은 고종 때부터 시행되었는데 각 지방의 사(社: 현재의 面) 단위로 설립하여 양곡을 공동 저축하였다가 대여해 주는 자율적 조직이었다. 이 외에도 민간차원의 상부상조의 인보복지(隣保福祉)사업으로 각종 상호계(相互契) 및 향약(鄕約) 등이 있었다. 그러나 조선시대까지의 구빈사업은 근대적 이념에 입각한 체계적인 사업이 아니었다.

2) 근대 이후의 사회복지

근대적 사회복지사업이 우리나라에서 시작된 것은 조선시대 말인 1888년에 프랑스 주교가 설립한 천주교회에 의한 고아원이 개설된 것이 최초이며, 사회사업 또는 사회복지사업의 발달은 개화기와 일제시대에서 본격화되었다고 볼 수 있다.

(1) 일제 및 미군정 시대

일제시대의 빈곤정책은 식민통치의 합리화와 황민사상의 주입을 위한 이데올로기적 기능을 띠었다. 따라서, 식민지 통치 정책의 전개에 따라서 필요적으로 변화하였다. 일본은 구호의 질적인 면에서도 일본인과 한국인 사이에는 차별적인 급여가 주어졌으며, 전반적으로 빈곤정책은 빈민의 기본적 욕구해결에 치중하기보다는 식민지 지배질서의 안정에 주안을 둔 다분히 정치적 성향이 강하였다.

재해의 피해자나 무노동력자의 구호사업과 농촌빈민의 갱생사업, 화전민대책사업, 토착민대책사업, 직업소개사업 등을 주된 내용으로 하고 있다. 일본이 행한 구호사업에는 여러 가지가 있는데, 대표적인 것은 1944년에 행한 조선 구호령이다. 이것은 근대적인 공적부조제도로 일제가 10년 전에 사용한 구호법이었다. 이와 같이 식민지시대의 사회정책은 당시의 사회문제를 근본적으로 해결하려는 것이 아니었고 오히려 식민 통치의 필요성과 질서유지를 위한 구빈 정책을 실시하는 데 그쳤다.

해방 후 미군정 기간 동안 구호행정의 법적, 제도적 근거에 있어서는 형식적으로 일제시대의 것을 계승하였으나 기본적으로는 군정하의 법령과 필요한 규정에 의해서 구성되었다. 일반적으로 구호사업으로는 시설구호, 공공구호, 응급구호, 이재민구호 등이 있었고 귀환한 전재민과 월남피난민의 수용구호사업과 주택구호사업, 실업구호 사업 등이 있었다. 외원 단체는 1960년대 주된 역할을 해오다가 1960년대 초 국가의 책임에 의한 자주적인 사회복지사업이 나타나기 시작하면서 외원은 점차 감소, 철수하기 시작하였고 1970년대를 고비로 하여 주요한 외원은 급속히 감소하기 시작하였다.

(2) 군사정부 시대

박정희 정부에서는 선 경제성장, 후 분배경제 정책을 강조하였으며 이 때 사회복지 관계 법률이 무더기로 입법화되었으나 사회·경제적 상황이나 정부의 재정능력 부족으로 실제로 수행된 것은 소수에 불과하다. 이 시기의 사회복지는 민심의 안정을 얻어 정치적 정당성과 합법성을 얻고자 하는 방편으로 행하여졌다.

그리고 전두환 정부는 복지국가 건설을 지표로 하였다. 이에 따라 영세민 대책을 중시하였으며 이때 한국형 복지모형론이 등장하였다. 한국형 복지모형은 국가개입을 가능한 한 최소화하고 가족 기능을 강화하여 자조와 재활을 강조하고 자원봉사의 참여를 강조하는 것이다. 이 시기에 시설수용보호의 복지시설에서 벗어나 지역복지와 재가복지를 강조하여 많은 사회복지관이 증설·확대되었다. 하지만 이 시기도 역시 자신의 정권을 정당화시키려는 목적이 더 강하였다.

노태우 정부는 경제와 사회의 균형적인 발전을 통해 빈부격차와 지역감정의 해소를 목표로 내세웠다. 이 시기에 재가복지 봉사제도가 급격히 증가하였으며 88장애인올림픽을 계기로 장애인에 대한 정부의 관심이 확대되었고 탁아사업도 크게 부각되었다. 또한 이 시기에 사회복지전담공무원이 배치되었다.

(3) 문민정부 시대

김영삼 정부에서는 제7차 경제사회발전 5개년 계획에 따른 정책기조를 1993년 신경제 5개년 계획으로 대체하면서 새로운 제도의 도입에 치중하기보다 기존 제도의 내실화에 중점을 두고 복지시책 및 관리운영의 효율화를 통해 복지증진과 경제사회발전이 조화될 수 있는 체제를 확립한다는 것이 기본 방향이었다. 이 시기에는 국가 부분의 사회복지가 후퇴하였고, 또한 복지 다원론이 등장하여 사회복지 재정이 감소되었다.

김대중 정부는 생산적 복지가 국민정부의 국정이념이다. 정책목표를 구호위주에서 생산적인 보건복지 행정으로 전환하여 성장과 복지의 균형을 꾀하여 복지국가의 달성을 목적으로 하는 것이다. IMF로 실업 관련 저소득 대책이 마련되었고 제1차 사회보장 발전계획을 수립하였다. 그리고 1999년에는 「국민기초생활보장법」이 시행되어 소득층의 자립을 지원해주었다. 특히, 여성부를 만들어 여성복지에 역점을 두었다.

영국, 미국, 한국의 사회복지 발달에 관한 내용을 정리하면 〈표 6-7〉과 같다(박경일 외, 2005:108).

표 6-7 영국, 미국, 한국의 사회복지 발달 연표

구분	영국	미국	한국
구빈법시대	1601 엘리자베스 구빈법 1662 거주지법 1772 작업장테스트법 1782 길버트법 1795 스핀햄랜드법		
근대사회사업	1869 자선조직협회(C.O.S) 1884 토인비홀 1886~1992 찰스 부스 "런던시민의 시민의 생활과 노동" 1890 라운트리 "빈곤 지방도시의 연구"	1889 제인 아담스 헐하우스 설치 1898 뉴욕자선학교 사회복지사 양성교육 시작 1917 리치몬드 Social Diagnosis 출간	1888 조선영해회 고아원 및 앙로원 설치 1920 감리교 태화여자관 설치 1947 이화여자대학교 기독교 사회사업학과 설치 1958 캐나다 유니테리언봉사회 가정 봉사사업 1961 태화사회관 가정상담사업
사회보장시대	1907 산업재해보상보험법 1909 노령연금법 1925 과부 · 고아 및 노령연금법 1942 베버리지보고서 1945 가족수당법 1946 국민보험법 1948 국민부조법 국민보건서비스법	1935 사회보장법	1960 공무원연금법 1961 생활보호법, 아동복리법 1963 의료보험법(1976년 본격 실식) 1963 산업재해보상보험법 1970 사회복지사업법 1977 공무원 및 사립학교 교직원 의료보험법 1983 사회복지관 본격 설치운영 1987 사회복지전문요원 배치 1993 고용보험법(1995년 시행) 1998 사회복지공동모금회법 1999 국민기초생활보장법(2000년 시행) 2000 국민건강보험 국민기초생활보장제도 실시

출처: 박경일 외, 2005:108.

연 구 과 제

1. 사회복지의 발달을 시대별로 정리하고 결정요인을 살펴봅시다.
2. 엘리자베스구빈법의 의미와 주요내용을 살펴보고, 개정구빈법과의 차이점을 설명하여 봅시다.
3. 자선조직협회와 인보관 운동을 비교하여 그 차이점을 설명하여 봅시다.
4. 베버리지 보고서 원문을 읽고 5대 사회악에 대해 자세히 설명하여 봅시다.
5. 한국의 사회복지의 발달과정에서 미국이나 일본 등 다른 나라가 영향을 미친 구체적인 사례를 알아봅시다.

CHAPTER 7

사회복지와 복지국가

CHAPTER 7 사회복지와 복지국가

학습목표

- 복지국가의 개념과 필요성을 설명할 수 있다.
- 복지국가의 유형을 학자별로 제시하고 간단히 설명할 수 있다.
- 복지국가 수준과 관련하여 탈상품화 개념을 설명할 수 있다.

사회복지의 궁극적 목적이 사회구성원의 행복하고 만족스런 삶을 영위하기 위한 것이라고 할 때 그런 부분을 책임 있게 보장하는 역할을 수행하는 주체는 국가가 될 것이다. 따라서, 복지 수준 향상의 당위성 측면에서 국가가 수행하는 복지, 즉 복지국가의 존재는 인간의 삶의 질을 한 단계 높일 수 있을 것이다. 아래에서는 복지국가의 개념과 필요성 및 유형 등을 소개하여 복지국가의 이해를 돕도록 한다.

1. 복지국가의 개념 및 발전

1) 복지국가의 개념

복지국가란 무엇인가?에 대해 대답하는 것은 다른 사회과학의 용어들처럼 그 개념을 간단하고 명료하게 정의하기가 쉽지 않다. 그 이유는 복지국가라는 개념의 적용이 나라마다 상이하고 연구자가 제시한 기준마다 차이가 있을 뿐만 아니라 복지국가를 이념형으로 규정하는 부분에서도 학자마다 견해를 달리하기 때문이다. 오늘날의 복지국가는 19세기 말에서 20세기 초에 서구 자본주의 국가에서 사회보험제도의 확립을 계기로 태동하기 시작하였다. 그러나 복지국가라는 말은 1934년 영국 옥스퍼드 대학의 학자였던 짐멤(Zimmem)이 파시스트 독재자들의 무력국가에 대조적으로 사용함으로써 생겨났고, 1941년 영국 요크시 주교였던 템플이 『시민과 성직자』라는 책에서 나치스 전쟁국가에 대조적으로 사용함으로써 성문화되었다(김상균 외, 2002:326). 그 후 1942년 영국의 베버리지 보고서가 발표되고 2차 세계대전 후 1945년 정권을 잡은 영국의 노동당 정부가 베버리지 보고서에 입각하여 광범위한 사회보장과 완전고용을 실현하는 것을 국가의 책임으로 하면서 복지국가란 용어가 구체적인 의미를 가지고 주목받게 되었다.

학자들이 제시한 복지국가에 대한 개념 정의를 정리해 보면 다음과 같다.

- 사적인 시장에서는 제공될 수 없는 특별한 서비스를 모든 시민에게 제공하는 국가(Titmuss, 1976:15–22)
- 자본주의적 생산 체제를 유지하면서 모든 시민에게 집단적 사회보호를 보장하고 민주적이며 정부가 지원하는 복지제도에 의해 특징지어지는 국가(Thoenes, 1966:125)
- 모든 국민에게 최소한의 소득, 영양, 보건, 주택 및 교육 등을 자선으로서가 아니라 정치적 권리로서 인정하는 국가(Wilensky, 1975:1)
- 국민최저수준의 삶을 보장하도록 정부 책임을 제도화한 국가(Mishra, 1990:34)
- 국민의 생존권을 적극적으로 보장하고 그 복지의 증진을 도모하는 것을 중심 목표로 삼는 국가(국어사전)

그러나 복지국가의 개념을 이렇게 정의하면 그 대상자의 범위가 어디까지인지와 복지를 제공하는 종류와 수준이 어느 정도인지 분명하지 않은 문제가 도출된다. 따라서, 복지국가의 개념을 좀 더 구체적이고 세부적으로 살펴보기 위해 브리그스(Briggs, 1961)가 정의한 개념을 도입하기로 한다. 브리그스는 복지국가의 개념을 시장 기제의 작동에서 오는 문제들을 수정하기 위해 정치와 행정을 통해 조직화된 권력을 다음과 같은 3가지 방향에서 의도적으로 사용하는 국가로 정의하였다. 첫째, 개인의 능력과 재산이 시장에서 가지는 가치와는 무관하게 모든 개인과 가족에게 최소한의 수입을 보장하고, 둘째, 개인과 가족의 위기를 초래하는 사회적 위험들(질병, 노령, 실업 등)에 대응할 수 있도록 보호하여 삶의 불안전을 감소하며, 셋째, 지위나 계급의 차이와 관계없이 모든 국민에게 일정 범위의 사회적 서비스를 가능한 한 최고의 수준으로 복지를 제공한다.

이런 측면에서 복지국가의 개념을 정리해 보면, 복지국가는 시장에서의 가치, 지위나 계급의 차이와 관계없이 모든 국민에게 최소한의 수입을 보장하고 제반 사회적 위험으로부터 국민의 삶의 안전을 보장하는 국가로 규정할 수 있다.

그러면 복지국가는 무엇을 추구하는가? 국민들의 경제·사회적 안전과 평등을 증진하기 위해 복지국가가 필요하다. 즉, 복지국가는 경제적 안전과 평등의 구현은 국민 개개인의 생존능력을 증가시키고 행복을 향상시키는 데 기여하므로 궁극적으로 국가에 의한 복지개입은 경제적 안전 보장과 평등을 증진하고 국민 개개인의 행복추구를 위한 필수조건임을 의미하는 것이 된다.

2) 복지국가의 발전

(1) 복지국가의 태동과 확산과정(1880~1919)

19세기 후반 유럽 각국은 사회보험제도 수립과 함께 복지국가 등장의 배경을 싹 틔웠다. 독일은 비스마르크정권에 의해 유럽에서 가장 먼저 사회보험제도(「질병보험법」, 「산재보험법」, 「노령 및 폐질보험법」)를 확립하였다. 이는 급속한 자본주의적 산업화에 따라 빠른 속도로 성장하는 노동계급에 대해 사회민주주의 세력이 행사하는 영향력을 무력화시키기 위한 선제적 조치이며, 노동계급에 대한 보다 확고한 통제를 통해 생산과정을 안정시키고 선발 산업국가와의 경쟁에 효과적으로 대처하는 수단의 성격을 지닌다.

복지국가가 확산되는 배경에는 크게 3가지 특징이 있다. 첫째, 자본주의적 산업화 진전으로 인해 산업화, 도시화에 따른 각종 사회문제가 누적되고 피지배 계급(빈민,

노동계급)에 의한 대규모의 저항이 확산되었다. 둘째, 강력한 국민 국가가 형성된 것이다. 절대국가와 국민국가 시대를 거치면서 사회에 대한 감시, 통제 능력을 향상시켜 온 19세기의 유럽국가들은 사회문제를 국가개입에 의해 해결하는 조직적 역량의 축적, 경제적 지배계급과 상호의존관계를 유지하면서 자본주의적 산업화를 촉진하는 발전국가로서의 역할 수행, 자본주의가 초래한 제반 사회문제를 풀어가는 해결자로서의 역할(복지국가의 역할) 수행을 필요로 하였다. 셋째, 정치적 민주주의의 확산인데, 대중적 민주주의는 노동계급이 사회주의 정당과 연대하여 국가권력을 합법적으로 장악할 수 있는 계기를 조성할 뿐 아니라 결사권, 파업권 등의 산업권을 통해 노동계급이 자본주의적 생산과정을 합법적으로 교란시키는 것도 가능하였다.

자본주의적 산업화는 농업사회와는 질적으로 다른 계급구조를 발전시키고 이러한 계급구조는 자본주의를 어떤 형태로든 변혁시키려는 저항운동을 촉발하기 때문에 사회보험제도를 비롯한 제반 복지개혁은 바로 지배연합과 저항연합 간의 갈등과 투쟁의 산물이 되었다.

(2) 복지국가의 정착기(1920~1945)

이 시기에 복지국가가 발전하게 된 가장 중요한 원인으로 전쟁과 경제공황을 들 수 있다. 두 차례에 걸친 전쟁은 국민으로의 엄청난 희생과 동시에 국민생활의 광범위한 영역에 대한 국가의 개입을 초래함으로써 전쟁 후 국가의 국민에 대한 복지책임을 증가시킴은 물론, 국가의 복지개입 능력도 증가하였다. 전쟁은 엄청난 수의 사상자와 빈민을 양산함으로써 종래의 구빈제도나 사회보험제도가 더 이상 작동할 수 없음을 인식하게 된 요인으로 작용했다. 둘째, 경제공황으로 인해 심각한 인플레이션, 디플레이션 등으로 인해 경제 성장 기반이 흔들리면서 많은 실업자가 양산되었다. 이를 해결하기 위해 소위 '뉴딜', '사회계약', '역사적 타협' 등으로 불린 자본-노동 간의 사회협약을 통해 케인즈적 수요관리의 일환으로 혹은 복지사회주의 실현의 방편으로 국가복지의 대폭적 확대를 도모하였다.

이 시기 각 나라들은 복지제도 확충, 수혜 대상 확대, 복지비용 지출 확대 등을 통해 복지국가 발전이 진행되었다. 제도적 확충의 예로 실업보험과 가족수당 도입을 들 수 있는데, 실업보험은 1920년 이전 유럽 16개국 중 7개국이 도입하였고, 나머지 국가도 1945년 이전에 도입하였다. 미국은 1935년 사회보장법 제정을 통해 실업수당을 중심으로 하는 사회보험과 공공부조 정책을 도입하였으며, 스웨덴은 노동계급과 농민 간의 '적-록 동맹'을 통해 사회민주당이 집권한 1932년부터 복지국가의 발전이 가속화되면서, 고용창출을 위한 프로그램, 다자녀 가정을 위한 주택지원 프로그램, 생계비와 연금 연동, 무료 출산과 모자보건 서비스 등이 실시되었다.

사회보험제도의 수혜대상의 확대와 관련해 1919년까지는 지극히 낮은 수준(약 27% 수준)이었는데, 1920~1945년에 1차 급상승(약 60% 상승)하였고, 1945~1970년에 2차 급상승(약 100% 상승)하였다. 특히 영국, 독일에서 매우 크게 상승하였다.

국가에 의한 복지비용 지출도 많이 확대되었는데, 구미 각국에서 국가에 의한 복지비 지출이 GDP의 3~5% 수준을 유지하였다.

(3) 복지국가의 팽창기(1945~1975년)

전후 국가재건이 가장 중요한 상황에서 이 시기에 나타난 화해적 정치구조는 복지국가 확장에 결정적인 계기가 되었다. 따라서 경제성장-완전고용-복지국가를 한 묶음으로 하는 동의의 정치가 실현되었고, 이 시기에 대부분의 구미 선진국들이 높은 수준의 안정적 경제성장 구가, 낮은 수준의 인플레와 낮은 수준의 실업률을 경험하였다. 이 시기의 복지국가 특징으로 ① 복지제도의 포괄성, ② 복지수혜자의 보편성, ③ 복지혜택의 적절성으로 설명된다.

2. 복지국가의 유형

복지국가는 분류 기준이 다양하여 여러 가지 유형으로 구분될 수 있는데, 윌렌스키(Wilensky)가 처음 제시한 이래 복지국가 유형이 학자에 따라 다양하게 제시되고 있다. 이하에서는 윌렌스키(Wilensk)와 퍼니스와 틸톤(Furniss & Tilton), 미쉬라(Mishra), 에스핑-엔더슨(Esping-Anderson)의 유형을 살펴보고자 한다.

1) 윌렌스키의 분류

윌렌스키는 복지국가 64개국을 대상으로 국민총생산에서 사회복지비가 차지하는 비율을 기준으로 유형화하는 비교연구방법을 사용하였는데 그 결과, 복지국가 출현의 주요 빈도수는 인구구조와 사회복지행정의 역사라는 사실을 발견하였다. 그는 연구 과정에서 22개국을 일단 복지국가로 규정하고 이들을 1966년 당시 사회복지비가 GNP에서 차지하는 비율에 따라 [그림 7-1]과 같이 유형화하였다.

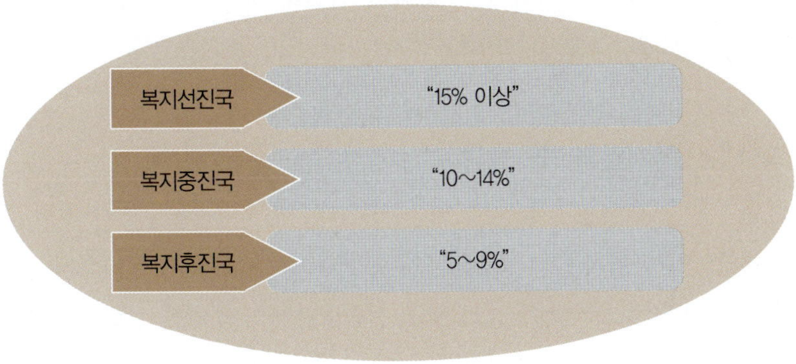

[그림 7-1] 윌렌스키의 복지국가 분류 및 기준

(1) 선진복지국가(welfare state leaders)

윌렌스키는 선정된 22개국의 복지국가 중에서 사회복지비 지출비율이 국민총생산액 중에서 15% 이상인 국가를 선진복지국가라라고 규정하였다. 그 대상 국가로는 오스트리아, 서독, 벨기에, 네덜란드, 프랑스, 스웨덴, 이탈리아, 체코, 동독 등의 9개국이다.

(2) 복지중진국가(welfeare state middle rankers)

복지중진국가는 국민 총생산액(GNP) 중에서 사회복지비가 차지하는 비율이 10% 이상 15% 미만인 국가를 말한다. 그 대상 국가로는 영국, 덴마크, 필란드, 노르웨이, 뉴질랜드, 아일랜드, 소련, 캐나다 등 8개국 등이다.

(3) 복지후진 국가(welfeare state laggards)

복지후진국가는 국민총생산액 중에서 사회복지비가 차지하는 비율이 10% 미만인 국가를 이렇게 지칭하여 분류하였다. 그 대상 국가로는 스위스, 호주, 이스라엘, 미국, 일본 등 5개국이다.

이와 같은 윌렌스키의 복지국가 분류는 단순하긴 하나 명료하게 선진복지국가와 후진복지국가로 분류한 점은 최초의 복지국가 분류라는 시도임에는 틀림이 없다. 하지만, 복지국가 구분에 사용한 사회복지비의 지출비율이 15%, 10%라는 기준의 타당성의 문제와 사회복지비의 다소에 따라 단순히 복지국가의 정도를 구분한다는 것은 무리라는 점에서 비판을 받는다.

2) 퍼니스와 틸톤의 분류

윌렌스키에 이어 복지국가 모형개발에 관심을 보인 학자는 퍼니스와 틸톤을 들 수 있다. 이들은 윌렌스키와는 달리 서구 선진국가들의 정치적 선택을 설명해 줄 수 있는 규범적 기준을 설정하고자 했다. 그래서 이들은 복지이념모형이 좁은 시각에서 나왔다고 보고, 복지국가에 대한 새로운 형태의 거시적 모형을 개발하고자 했다. 여기에 퍼니스와 틸톤은 그들의 저서 「*The Case for the Welfare Sate*」에서 복지국가를 적극국가(The Positive State), 사회보장국가(The Social Security State) 그리고 사회복지국가(The Social Welfare State)의 3가지로 유형화하였다.

(1) 적극국가

적극국가는 사회복지를 경제적 효율성이라는 원칙에 종속시키면서 사회보험 위주의 복지제도만을 유지하는 국가로 퍼니스와 틸톤은 미국형 복지국가를 적극국가라고 하였다. 즉, 적극국가 모델은 미국에서 채택하고 있는 사회복지제도에 가장 가까운 모델로 볼 수 있다. 적극국가의 유형은 자본주의 시장경제의 자율적 경쟁원리에만 의존해서는 경제적 효율성을 기대할 수 없고, 오히려 자칫하면 자유주의 경제자체의 붕괴를 가져올 수 있기 때문에 국가가 어느 정도 시장경제에 개입해서 독점을 규제하고 지나친 사회 불평등을 예방해야 한다는 입장이다. 이러한 적극국가의 목적은 시장경제의 폐해나 소득재분배의 요구로부터 사유재산을 보장하자는 것이기 때문에 경제적 부의 배분보다는 그 성장 및 확대에 역점을 두어 정부나 기업 사이에 일련의 공생관계가 형성된다.

이 모델 국가에서는 경제성장이나 경제적 효율을 저하시키는 사회복지정책은 가급적 피하며, 특히 노동조합으로부터 지나친 임금 인상요구나 집단행동은 규제 대상이 된다. 여기에 사회복지정책은 경제성장 정책의 한계 안에서만 그 존재가 인정될 수밖에 없다. 이렇게 볼 때 적극국가의 복지정책은 보완적 모델에 가까운 것이며 사회복지정책은 경제정책에 예속되어 국가 전체 부의 증진과 노동 유인이라는 사회 통제적 기능을 수행하게 되며, 정부는 높은 수준의 소비와 활동을 유지할 수 있도록 최소한의 완전고용정책을 추구하는 것을 특징으로 하는 모델이라고 할 수 있다.

(2) 사회보장국가

사회보장국가 유형은 경제성장과 완전고용을 위한 경제정책과 사회보험 및 공공부조 제공을 위한 사회정책을 결합하여 전 국민에게 최저생활을 보장하려는 국가로, 영국의 사회복지제도에 가장 가까운 모델이다. 국민적 최저수준의 보장이라는 측면에서 사회보장국가는 복지국가의 원리를 채택하게 되어 복지국가의 한 유형으로 분류되고 완전고용정책을 추구한다는 점에서 적극국가와 구별되나 정부와 기업 사이의 협동을 유지하면서 국민의 복지를 위해 최저수준을 보장하려는 정책을 편다는 점에서 적극국가와 유사하다.

즉, 사회보장국가는 사회보험제도로 해결하지 못하는 사회문제를 해결하기 위해 국가 전체의 이익이라는 공동의 연대의식하에 여러 가지 정책을 시도한다. 그러나 국민적 최저수준 이상에서는 자본주의 원리가 그대로 존속하고 있으며 개인 노동에 대한 유인과 기회 그리고 책임을 억압하지 않는다. 이러한 점에서 보면 사회보장국가를 지배하는 복지 원리는 평등보다는 기회균등 원리가 적합하다.

이렇게 볼 때 사회보장국가의 주요한 특징은 무엇보다도 모든 국민의 사유재산을 보장해주는 데에 있으며, 특히 누구에게나 최저한의 생계 수준을 보장하는 것을 목표로 한다. 물론, 최저생계비도 정부가 전액 부담하는 것은 아니고 누구에게나 생존의 권리를 인정한다는 점에서 적극국가 모델보다는 진보된 형태로 평가된다. 이와 같은 최저수준 보장의 원칙은 평등주의와는 다르다.

(3) 사회복지국가

사회복지국가 유형은 국가에 의한 보편적 복지서비스의 제공을 통해 국민의 최저생활보장은 물론 계급 간, 집단 간 평등을 극대화하여 궁극적으로는 전 국민의 시장 의존성을 축소시키려는 국가를 말한다. 이 모델은 스웨덴의 복지국가 유형으로 평등과 연대촉진을 목적으로 하여, 국민 최저생활 수준 보장에 그치지 않고 생활 전반의 평등을 지향한다. 그래서 복지정책적 측면에서는 사회보험보다는 보편적 서비스인 공공서비스와 공공부조가 주된 제도이다.

이 모델에서는 특히 산업화 이후에 제기된 환경오염, 자원고갈, 자연훼손 등의 문제에도 관심을 돌려 삶의 질을 높이기 위한 환경보존 계획의 수립논의, 사유재산권의 상당한 제약, 사회구성원의 임금 격차를 완화하기 위한 공평한 임금제도의 개발 등을 주장한다.

또한, 경제적 평등을 이루는 방법으로 사회보험, 공공부조 대신에 공익사업의 종류와 범위를 대폭 확대할 것을 강조한다. 즉, 병원, 유치원, 법률사무소, 대중교통수단, 스포츠 시설 그리고 사회 오락시설이 무료로 혹은 큰 부담 없이 광범위하게 제공되면 그만큼 생활 수준이 평준화되는 결과를 가져오게 된다고 생각한다. 여기에 사회복지국가 모델에서는 정치 권력이 국민 사이에 광범위하게 확산될 것을 주장한다. 즉, 국가나 지역의 정책 결정에 실제로 모든 국민이 대등하게 참여해야 한다고 본다.

그러므로 사회복지국가는 정부와 기업과의 협동이라는 원리보다도 훨씬 높은 국가적 차원에서 여러 정책을 통합적으로 실시하고 있다. 다시 말해, 정부와 기업의 이원적 체계는 노동자집단 혹은 소비자 집단 등의 다원화된 욕구를 통합하는 정책을 시도할 뿐만 아니라, 완전고용을 실시하는 데 있어서도 적극국가와 사회보장국가가 시도해 온 공공사업에 의해서가 아닌 노동시장에서의 정부와 노동조합 사이의 협동에 의해서 실현되는 방식을 취한다. 이러한 측면에서 복지국가는 평등과 국민화합을 강조한다는 점이 사회보장국가와 다르다. 즉, 사회복지국가는 평등과 국민화합의 실현을 위해 상대적 취약계층의 협조관계를 강화한다.

퍼니스와 틸톤의 복지국가 유형 3가지를 비교해 보면 [그림 7-2]와 같다.

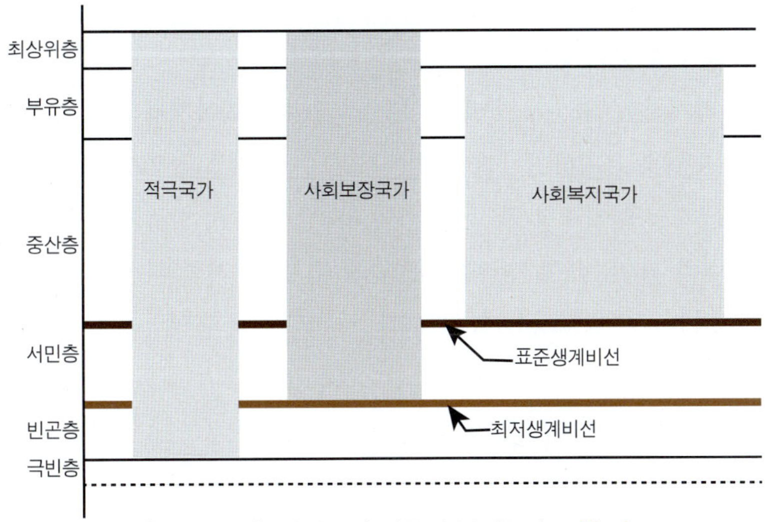

[그림 7-2] 퍼니스와 틸톤의 복지국가 모형 비교

3) 미쉬라의 유형

미쉬라(R. Mishra)는 1980년대의 복지국가는 심각한 위기에 처해 있다고 보면서 이러한 위기극복을 위한 대안을 조합주의에서 찾고 있다. 이와 같이 미쉬라가 복지국가의 모형을 개발하게 된 동기는 복지국가의 위기론에서 기인하며, 통합적 복지국가와 분화된 복지국가로 구분하였다.

(1) 통합적 복지국가

통합적 복지국가의 모형은 경제는 수요와 공급측면이 조화를 이루게 되고 사회복지정책은 제도화되면서 경제정책과의 상호보완적 기능을 할 수 있고 정치·사회적 합의에 기초한 주요 사회 세력들 사이에 균형을 유지할 수 있는 국가이다.

미쉬라는 이러한 통합적·분화적 복지국가 모형상의 분류는 극히 이상형에 지나지 않는다고 전제하면서도 이 모형을 기존의 복지국가들 가운데 몇 나라에 대해 예시적으로 적용시켜 오스트리아, 스웨덴, 서독, 네덜란드는 통합적 복지국가에 가장 근접한 나라라고 결론을 내리고 있다.

(2) 분화된 복지국가

미쉬라가 제시하는 기존의 분화적 복지국가는 사회복지가 경제와 구별되어 상대적인 자율성을 유지하며, 경제영역에서의 수요 창조나 억제를 위한 정부의 경제활동 활성화 조치(재정 및 금융정책)가 강조된다. 한편, 정치형태에서는 이익집단 중심의 다원주의적 성격을 강조하며 정치 및 사회의 정책결정 과정에서 자유경쟁 및 시장 모델을 적용한다. 대표적인 나라로 미국과 영국을 들 수 있다.

4) 에스핑-엔더슨의 유형

에스핑-엔더슨의 복지국가 유형은 개인의 복지가 시장에 의존하지 않고도 생활이 이루어질 수 있는 탈상품화의 정도와 복지정책에 의한 사회계층체제의 형태를 기준으로 구분한 것이다. 여기서 탈상품화(decommodification)란 에스핑-엔더슨(1990)의 저서 「*The Worlds of Welfare Capitalism*」에서 제시하고 있는데, 시민들이 자유롭게 그리고 직업, 수입, 일반적 복지를 상실할 위험이 없는 상태에서, 그들 자신이 필요하다고 생각할 때 노동에서 손을 뗄 수 있게 되는 것으로 정의하고 있다. 즉, 근로자가 자신의 노동력을 상품으로 팔지 않고도 살 수 있는 정도, 자신이 노동시장에서 일을 할 수 없는 상황에 처했을 때 국가가 어느 정도의 급여를 제공해 주는가의 정도를 의미한다.

이것은 자본주의 사회에서 노동력의 가치와 무관하게 제공되는 국가복지는 노동자계급의 불안전한 시장 지위를 보완해 주는 강력한 노동력 탈상품화 수단이 된다. 탈상품화 지수 계산은 연금, 실업보험, 병가보험 등의 항목에 대해 임금 대체율이나 수혜대상의 범위에 따라 점수를 부여한 후 합산하게 된다.

(1) 자유주의적 복지국가

자유주의적 복지국가는 소득조사에 의한 공공부조 프로그램을 상대적으로 중시하는 국가유형으로 급여의 대상은 저소득층에 한정된다. 이러한 상황에서 사회복지의 확대는 전통적인 자유주의적 노동윤리에 의해 크게 제약받는다. 따라서 이러한 국가에서 복지의 한계는 일 대신에 복지를 택하는 한계성향과 일치한다. 즉, 일을 하지 않으면 벌을 받는 것과 마찬가지로 복지를 받게 되므로 자격기준은 까다롭고 엄격하여 치욕스러움을 느끼게 된다. 그 결과 이들 국가에서 탈상품화의 효과는 최소화되고 사회권의 영역은 제한되며 다차원의 사회계층체제를 발생시킨다. 소수의 복지수혜자들은 빈곤의 평등을 경험하게 되고, 다수의 사람들은 시장에서의 실적에 따라 차이가 나는 복지를 수혜받게 됨으로써 이러한 두 계층이 대립적 관계가 되는 이중 구도가 형성된다. 이러한 유형에 속하는 국가로 미국, 캐나다, 오스트레일리아를 들 수 있다.

(2) 조합주의적 복지국가

조합주의적 복지국가는 자유주의적 복지국가의 주된 관심인 시장의 효율성과 노동력의 상품화의 문제를 중요하게 생각하지 않는다. 따라서, 여기에서는 사회복지의 제공을 사회권으로 인정하느냐 하지 않느냐는 중요한 쟁점이 아니다. 사회복지의 제공이 사회적 지위의 차이를 유지하는 데 있으며 국가가 주된 사회복지 제공자의 역할을 한다. 자유주의적 복지국가와 달리 민간보험이나 기업복지의 역할이 상대적으로 덜 강조된다. 그러나 국가에 의해 사회적 지위의 차이를 유지하기 때문에 국가복지의 재분배 효과는 거의 없다. 이러한 국가들은 보험원칙을 강조하는 사회보험에 크게 의존한다. 사회보험에 의한 혜택은 시장에서의 지위 차이에 따라 큰 차이가 난다. 즉, 탈상품화 효과에는 한계가 있는데 이러한 유형에 속하는 국가들은 영국, 오스트리아, 프랑스, 독일, 이탈리아 등이다.

(3) 사회민주주의적 복지국가

사회민주주의적 복지국가에서는 보편주의 원칙과 사회권을 통한 탈상품화 효과가 가장 커서 새로운 중간층(new middle class)에게까지 확대된다. 이러한 국가들을 사회민주주의적이라 부르는 것은 사회민주주의 세력이 사회복지의 확대에 중추적 역할을 하기 때문이다. 이러한 국가에서는 최소한의 생활 수준의 보장을 넘어서 가능한 한 최대한의 수준에서의 평등을 추구한다. 따라서 복지급여의 수준은 새로운 중간층이 원하는 수준에 이를 정도로 높다. 여기에서는 사회 모든 계층이 하나의 보편적이고 포괄적인 복지체계에 통합된다. 따라서, 시장의 복지기능은 최대한 약화되고 국가의 복지기능이 최대한 강화된다. 그리고 복지를 가족의 복지 능력이 약화될 때까지 기다리지 않고 미리 가족생활의 비용을 사회화한다. 즉, 개인의 복지가 가족에 의존하는 것을 기대하기보다는 미리 국가가 개인의 독립적 생활 수준을 보장한다. 그 결과, 국가가 아동과 노인 등에 대해 일차적 책임을 지는 것이다. 이러한 국가는 또한 복지와 일을 적절히 배합하는 완전고용정책을 강조한다. 완전고용정책은 일할 권리와 사회복지권을 밀접하게 연결시킬 뿐만 아니라 보편적이고 포괄적인 복지체계를 유지하는 데 소요되는 많은 비용을 해결하기 위해서도 필요하기 때문이다. 이러한 유형과 관련되는 나라는 스웨덴을 비롯한 스칸디나비아 국가들이다.

3. 복지국가의 위기와 재편

2차 세계대전 종식 이후, 서구 산업국가에서는 복지국가의 급격한 성장이 있었다. 화해적 정치구조 속에서 경제성장–완전고용–복지국가를 한 묶음으로 하는 동의의 정치가 실현되었으며, 이 시기 거의 많은 서구 선진국들이 높은 수준의 안정적 경제성장, 낮은 수준의 인플레와 낮은 수준의 실업률을 통해 포괄적, 보편적 복지국가의 수준을 유지하였다.

그럼에도 불구하고 1973년 석유파동으로 인해 경제적으로는 성장 둔화, 인플레이션과 실업률의 상승이 있었으며, 정치적으로는 보수회귀의 흐름이 확대되면서 보수세력들은 국가에 의한 경제개입과 복지개입을 모두 비판하고 궁극적으로 복지국가의 해체를 통해 자유시장체제를 확고히 하려는 이론적, 이데올로기적 공세를 전개하였다. 프랑스를 제외한 복지국가의 대부분은 심각한 부채를 안고 있었고, 대표적인 복지국가로 불리던 영국은 정부 재무 잔고가 특히 심각한 상황에 있었다. 주목할 점은 복지국가의 대부분이 이러한 재정 적자 누적의 원인으로 국방비와 함께 과잉 팽창한 사회복지비를 제시하였다는 점이다.

하지만, 복지국가의 정치 구조는 정부의 복지지출 삭감을 통한 재정의 적자 해소를 어렵게 했다. 정치적으로 복지혜택 감소에 대한 국민의 저항이 있었으며, 선거 민주주의는 이러한 상황에서 취약성을 드러내곤 했다. 또한, 경제적으로 침체 국면에 접어들었기 때문에 세수입 증대를 통한 균형재정도 어려운 처지였다. 결국, 여러 국가는 사회복지 예산마련을 위해 적자재정을 편성했으며, 이는 재정위기의 악순환의 고리를 만들었다(김태성·성경륭, 1993:252-253).

여러 수준의 복지삭감에도 불구하고 복지비의 지출은 실제로 증가하기도 했는데, 오일 쇼크 이후 보수 정권에 의한 복지삭감은 복지비지출의 증가율을 둔화시켰을 뿐 복지비의 절대액을 감축시키지는 못하였다. 그 이유로는 실업률의 증가에 따라 실업수당의 지급이 대폭 증가, 실업자의 증가에 따라 공공부조비용 급증, 인플레이션의 심화에 따른 물가에 연계된 노령연금의 지급 폭증 등을 들 수 있다.

1980년대 이후에도 지속되는 복지국가의 변화는 경제적 세계화에 주로 기인하고 있었다. 전 세계를 통합하는 자본주의 시장경제와 더불어 사회정책을 새로운 경제구조에 맞추어 통합하려는 것은 복지국가에 대한 엄청난 도전이 되었다.

이러한 복지국가 위기와 도전 가운데에서도 각 국가별 재편의 내용과 방향은 일치하지 않고 여러 형태가 존재하였다(Esping-Anderson, 1996). 영국, 미국과 같이 복지축소, 탈규제를 통해 신자유주의의 길을 선택한 국가들도 있지만, 적극적인 노동시장정책, 사회서비스 확대, 남녀평등 정책을 실시하면서 복지와 성장을 조화롭게 공존시키고 있는 스칸디나비아 국가들도 있고, 유럽 대륙 국가들과 같이 노동 감축의 길을 가고 있는 국가 등 다양하게 재편되었다.

1) 스칸디나비아의 길(스웨덴, 노르웨이 등)

스웨덴을 중심으로 이미 성공적으로 달성한 소득유지 프로그램을 밑바탕으로 적극적 노동시장정책, 사회서비스의 확대, 남녀평등을 중심으로 하는 생산주의적 복지정책 또는 사회투자 전략을 선택하였다.

2) 신자유주의의 길(미국, 영국, 뉴질랜드 등)

이들 나라들은 시장원칙에 대한 강조와 긴축재정, 국가복지의 축소, 탈규제화의 활성화 전략을 채택하였는데, 임금 삭감과 노동시장 유연화, 탈규제 등을 통해 값싼 일자리를 많이 만드는 방식으로 실업과 경제 위기를 해결하고자 하였다.

3) 노동감축의 길(독일, 프랑스 등)

사회보험 중심으로 사회보장제도가 발달한 유럽 각 나라들은 사회보장 수준을 유지하면서 노동공급 감축을 유도하였다. 즉, 구조조정을 통한 생산성 향상을 도모하면서, 조기퇴직제도 등의 노동공급의 감소 전략을 채택했다.

연 구 과 제

1. 사회구성원들의 삶을 국가가 책임을 지는 이유를 생각해 보고 복지국가의 필요성에 대해 토론해 봅시다.
2. 복지국가의 유형 중 현재 우리나라 복지 수준을 고려할 때 우리나라 상황에 설명하는 유형은 무엇인지 생각해 봅시다.
3. 탈상품화에 대한 개념을 정확하게 파악해 보고 그 중요성을 설명해 봅시다.

CHAPTER 8

사회복지의 실천대상과 공급자

CHAPTER 8 사회복지의 실천대상과 공급자

학습목표

- 사회복지의 실천 대상인 개인의 특성을 이해한다.
- 사회복지공급자로서 국가와 민간의 역할을 이해한다.

사회복지의 일차적인 대상은 욕구 충족과 문제 해결을 원하는 당사자 개인이다. 하지만, 개인은 개인을 둘러싸고 있는 사회체계나 환경에 영향을 미치기도 하고 영향을 받기도 한다. 따라서, 사회복지의 실천대상은 개인과 그 개인에게 영향을 미치는 사회체계라고 할 수 있다.

결국, 사회복지는 사회구성원으로서 개인의 사회적 기능과 문제해결 능력을 향상시키고, 궁극적으로 사회 전체의 안녕(well-being)을 유지하는 역할을 하게 한다. 이러한 역할을 달성하기 위하여 초점을 두는 것이 바로 개인과 개인이 속한 사회환경이다. 이것은 역동적으로 변화하는 총체인 인간이 환경적 조건에 자신을 맞추어 가기도 하지만 환경을 자신에게 맞게 수정하거나 변화시키기도 하는 삶에서 능동적 주체가 되기도 한다는 것을 함축한다. 결국, 개인과 사회환경은 구성원 각 개인의 욕구와 사회문제들을 해결하는 사회복지의 중심개념이 되는 것이다.

1. 사회복지의 실천대상

1) 개인

사회복지실천 대상으로서의 개인은 종전에 개별실천(casework)의 대상을 의미한다. 개별실천은 사회복지사가 개인적 또는 사회적 문제에 직면해 있는 개인을 일대일로 만나 문제해결을 원조하는 활동으로서 클라이언트로 하여금 주변 환경에 적응하도록 도움을 제공하거나 개인에 영향을 미치는 사회·경제적 결핍 상태를 완화시켜 주기 위한 활동이다.

전통적으로 사회복지는 일상생활에서 문제를 가진 사람들을 그 대상으로 그들이 보다 나은 삶을 살 수 있도록 돕는 것에 많은 관심을 가졌다. 그래서 사회복지가 발달되고 전문화되는 초기에 사회복지실천의 주요 관심은 주로 사회적으로 소외되고 돌봄이 필요한 사람, 그 개인의 부적응 문제, 기능 등의 사회문제이다. 사회복지실천은 사회구성원의 보다 개별화된 욕구 충족에 관여하고 모든 구성원의 보편적인 삶의 질에 관심을 가진다. 그래서 사회복지실천의 핵심적 대상은 개인, 가족, 집단의 보다 구체적이고 현실적인 문제와 욕구의 충족이다.

사회복지실천에 대한 가장 고전적인 정의는 리치몬드(Richmond, 1922)에 의해 제시된 개별실천의 정의이다. 리치몬드는 『개별실천이란 무엇인가?(*What is social case work?*)』라는 책에서 "개개인, 그리고 사람과 그 사회환경 사이에서 의식적인 조정을 통해 개개인의 인격발달을 이루어가는 과정들"이라고 하면서, 개인의 기능에 영향을 미치는 환경의 영향을 인식하며 개인의 부적응에 대한 치료적 개입을 강조하였다.

사회복지실천의 초기단계에 사용된 개별사회사업(casework)은 개인의 부적응에 대한 치료적 개입을 강조하였다. 사회문제에 대한 거시적 접근보다는 개별화된 문제에 대한 적응에 초점을 두는 미시적 접근이 중심이었다. 개인의 문제를 사회환경과의 관련성 속에서 삶의 문제로 이해하고 다양한 수준에 체계적으로 개입할 것을 강조하는 통합적 접근이 대두되면서, 개인대상의 실천이라는 용어로 바뀌었고, 개입의 영역도 점차 다양화되고 확대되고 있다.

이러한 개인대상 사회복지실천의 특징은 첫째, 개인을 일대일 방식으로 도움으로써 개인문제와 사회문제를 해결하는 것을 목표로 한다. 둘째, 예방보다는 치료적 입장에서 문제해결을 중시한다. 셋째, 개인이 환경에 적응하도록 돕고 혹은 그들에게 불리한 사회·경제적 압박을 변화시키도록 돕는다. 넷째, 당사자의 문제에 초점을 두고 당사자의 개별화된 원조과정을 진행한다. 다섯째, 당사자의 문제를 해결하기 위해 사회복지사와 전문적 관계를 맺으며, 당사자와 사회복지사 간의 관계를 중요시한다. 마지막으로 다양한 모델과 개입방법을 적용하여 개인의 적응과 변화, 개인과 환경과의 상호작용을 변화시킨다.

2) 체계

사회복지실천의 일차적인 대상으로서의 개인은 출생과 동시에 가족이라는 집단 혹은 조직에서 성장하고, 학교라는 조직체계에서 교육을 받고, 사회라는 조직체계에서 일을 하면서 살아간다. 그리고 전통적으로 내려오는 문화 속에서 언어를 습득하고 행동양식과 가치를 내면화한다. 이러한 사회체계는 개인, 가족, 집단, 조직, 지역사회, 그리고 문화에 이르기까지 존재한다. 그러므로 이것은 모두 인간행동에 영향을 주는 기본적인 사회체계로 볼 수 있다(최순남, 1994).

사회복지의 가장 기본적인 대상은 인간 개인이고, 사회구성원으로 인간에 대한 이해는 사회환경과 분리된 실체가 아니라 환경과 통합된 총체로 이해되어야 한다. 즉, 사회복지는 환경 속의 인간(person in environment)이라는 관점이 유지되어야 한다. 결국, 사회복지는 개인과 개인이 속한 사회환경 사이에 일어나는 상호작용 영역에 초점을 두고, 양자 간의 상호교환을 통하여 어떤 일이 진행되고 있는가에 관심을 둔다. 즉, 서로 간의 영향력 정도나 영향력으로 변화된 행동이 무엇인지에 초점을 둔다.

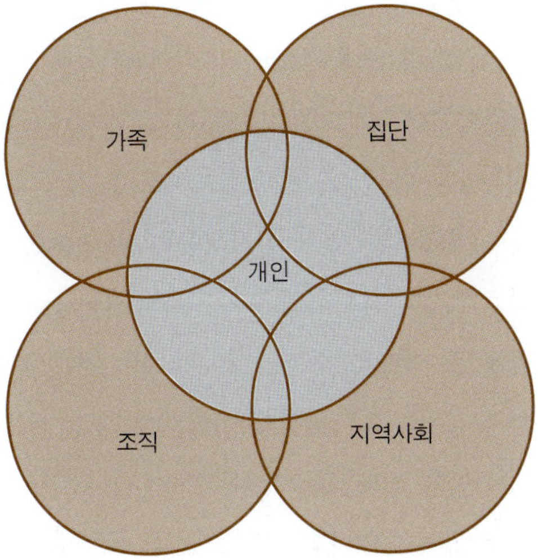

[그림 8-1] 개인과 사회 환경

핀커스와 미나한(Pincus & Minahan, 1973)에 의하면 사회복지실천은 사람들이 생활과업을 성취하고, 고통을 덜며, 소망과 가치를 실현할 수 있는 능력에 영향을 주는 인간과 사회환경 간의 상호작용에 관심을 둔다고 하였다. 따라서, 사회복지실천의 준거틀은 관련된 3가지 사회적 상황에 초점을 둔다. 첫째는 사람들이 당면한 생활과업과 이 과업을 처리하게 하는 자원과 조건, 둘째는 사람들과 자원체계들 간의 상호작용, 자원체계 내부의 상호작용, 자원체계들 간의 상호작용, 셋째는 개인문제와 이와 관련된 사회문제와의 관계로 개인문제를 사회문제화하고 사회문제를 개인의 차원에서 이해하고 설명할 수 있어야 한다.

환경 속의 인간 관점이 사회복지실천에서는 문제의 원인을 조사하고 해결을 시도할 때 개인에게서만 원인과 해결책을 찾는 것이 아니라 주변 사회환경의 변화 또는 개선에서도 찾아야 한다는 것이다.

환경 속의 인간이 제시하는 개념적 틀을 실천적 의미로 구체화한 것이 생태체계 관점이다. 생태체계관점은 생태학과 일반체계이론이 결합된 관점이기 때문에 생태체계관점을 이해하기 위해서는 생태학과 일반체계이론 둘 다 이해해야 한다. 생태학은 생물학의 한 분야로, 생물과 환경 사이의 상호작용을 연구하는 학문이다.

인간을 포함한 생물들이 어떻게 살아가는지 생물과 환경 간의 관계를 인식하고 연구한다. 이는 인간과 환경 간의 관계를 이해하는 데 중요한 의미가 된다.

일반체계이론은 유기체와 환경 간의 상호작용, 상호관련성을 전체성, 상호성, 개방성의 개념으로 설명하는 이론이다. 일반체계이론을 이해하는 데 가장 중요한 개념이 체계인데, 체계는 상호 의존적이고 상호작용하는 부분으로 구성된 전체이다. 개인, 가족, 집단, 사회조직, 지역사회와 같은 복잡한 인간 조직이 모두 체계에 해당된다. 모든 체계는 더 큰 체계의 하위체계이며, 더 작은 체계의 상위체계이다. 사회체계의 한 성원에게 일어난 변화가 전체사회체계의 특성에 영향을 미친다. 또한 사회체계와 외부환경 간의 상호작용이 그 사회체계들의 유용한 능력과 내적 구성에 영향을 미친다. 구조의 불균형이 일어나면 체계를 움직이는 사회체계 내의 변화 혹은 사회체계를 넘어서는 범위로부터의 변화가 균형을 재수립하려는 시도를 일으킨다.

이러한 생태학과 일반체계이론을 결합한 생태체계모델은 브론펜브레너(Bronfenbrenner, 1979)가 처음 제시하였는데, 브론펜브레너는 인간발달 생태학 모형에서 환경체계를 미시체계, 중간체계, 외체계, 거시체계의 4가지 수준으로 구분하였다. 즉, 개인의 일상생활에 존재하는 실제적인 환경으로 인간발달에 직접적인 영향을 미치는 환경, 즉각적 환경 내에서의 상호관계들의 복합체인 미시체계, 개인이 실제로 참여함으로써 그 사람의 직접적인 환경에서 무엇인가 일어나도록 영향을 끼치는 중간체계, 적극적 참여자는 아니나 간접적인 영향을 주고받는 외체계와 문화 속에 내재된 신념 및 이데올로기를 포함하는 거시체계로 구분된다.

켐프(Kemp, 1998)는 브론펜브레너의 틀을 좀 더 단순하게 미시(micro), 중간(mezzo), 거시(macro)로 구분하고, 미시체계는 개인적 수준, 중간체계는 가족체계 내에서 기능하는 것들을 포함하였으며, 거시체계에는 지역사회와 사회현상을 설명하는 것을 포함하였다(Kemp, 1998; 오혜인 외, 2015 재인용).

콤튼(Compton)과 갤러웨이(Gallaway, 1999)는 비슷한 특징을 가진 환경을 4가지로 영역화하여, 개인이 포함되어 있는 개별 상황, 미시체계, 중간체계, 거시체계로 나누었다. 개인이 포함되어 있는 개별상황은 개인이 어느 특정한 순간에 경험하고 인지하는 부분적 환경으로 개인이 직접 마주치는 환경을 의미하며,

미시체계는 개인이 일상생활 속에서 직접 접촉하고 상호교류할 수 있는 부분을 의미한다. 중간체계는 전체 환경 중에서 각 미시체계에 직접 혹은 간접적으로 영향을 주어 미시체계의 성격과 기능을 결정하는 환경을 뜻하며, 마지막으로 거시체계는 사회구성원 모두에게 공통적으로 해당되는 환경을 의미하는 것으로, 넓은 사회의 물리적, 사회적, 문화적, 경제적, 정치적 구조 등이 해당된다고 할 수 있다(이선영, 2004).

2. 사회복지 공급자로서 국가와 민간의 역할 관계

사회복지 제공자에 대한 논의와 역할을 이야기할 때 크게 구분되는 두 주체는 국가와 민간이다. 사회복지에서의 국가와 민간의 관계는 상호보완적 관계이다. 사회복지정책의 기획, 결정이 정부의 주된 역할이지만 이를 집행하는 과정에서 민간의 역할을 배제할 수 없다. 사회복지를 공공재로 규정할 때, 이러한 공공재는 그 특성상 비경쟁성을 지니므로 당연히 공공 부분이 제공 주체가 되어야 한다. 반면, 사회복지서비스는 다양한 욕구를 지닌 개인이나 집단에 특수하게 제공되어야 하고, 이용자의 다양한 선택권을 보장하는 차원에서 민간이 제공하는 것이 더 효율적이기도 하다.

표 8-1 정부와 민간의 사회복지 기능과 역할

구분	정부(공공)	민간
기능	• 정책결정, 형성 • 보편적, 정책적, 집단적 • 최저생활보장 • 예산에 의한 시행(경직성) • 검증된 프로그램만 도입 가능	• 서비스 개발, 실행 • 보편적, 선별적, 개별적 • 최적기준(당면 문제의 해결, 상담) • 새로운 요구에의 즉각적인 대응 • 창의적 프로그램 개발, 시행
역할	• 재원조달자 • 프로그램 개발 및 실행 지원자 • 평가자	• 상담, 치료 실행자 • 프로그램 개발 및 실행자 • 지역사회 홍보자, 교육자

출처: 최현숙(2003). 사회복지 공공-민간부분의 협력체계와 역할분담에 관한 연구. p. 5

1) 국가의 역할(강혜규 외, 2007)

공공 부문은 중앙정부나 지방정부, 공공기관을 모두 포함하는 영역으로 조세를 통한 사회서비스의 재정부담을 담당하고, 서비스 제공자의 선정 및 계약, 지원 역할과 민간의 복지서비스 운영을 관리·감독하는 규제자의 역할을 수행한다. 전반적으로 복지국가에서 정부는 서비스 공급자로서, 교육, 보건, 대인서비스 등을 제공하는데 오늘날 정부는 가장 규모가 큰 고용자이며, 이들을 통해서 복지서비스를 제공한다. 또한, 재원보조자로서의 역할을 수행한다. 조세는 단순히 정부재정의 원천이 아니라 특정 활동을 조장 또는 억제하기 위한 수단으로 활용될 수 있는데, 정부는 자원부문 활성화를 위해 기업의 기부금에 대한 소득공제 또는 보조금을 제공하기도 한다. 국가 또는 민간 부문의 운영과 관련한 규칙과 품질 기준 등을 설정하고 운영을 감독하는 규제자의 역할을 수행한다.

그러나 공공 부문의 실패, 즉 정부실패는 다음과 같은 연유에서 비롯한다. 첫째, 공공 부문의 경쟁체제가 이루어지지 않기 때문에 독점에 의한 문제가 발생한다. 서비스의 질 개선이 어렵고, 융통성이 적어 불필요한 서비스의 확대와 낭비가 발생하며 전반적으로 매우 비효율적이기 때문이다. 즉, 불필요한 비용을 감수하게 되고, 비효율을 방지하고자 하는 동기가 낮다. 또한, 욕구변화에 상대적으로 둔감하고 서비스 개선에 대한 노력과 책임감이 결여되어 있다. 둘째, 공공재 생산자로서의 정부는 대다수 국민을 만족시키는 수준의 공공재만 공급하는 경향을 보이므로, 항상 다수의 선호에 포함되지 않는 다양한 이해관계나 가치를 반영하지 못하기 때문이다. 셋째, 관료화는 정밀성, 안정성, 엄격성, 신뢰성을 담보하지만, 현실에서는 동기부여가 존재하지 않아 시민들의 욕구에 적절히 대응하지 못하는 경우가 발생하기 때문이다. 넷째, 서비스 수혜자의 욕구보다는 자기이익을 추구하는 특정 이익집단과 로비, 공공 부문의 종사자의 이익에 합치되는 서비스를 공급할 여지가 있기 때문이다.

2) 민간의 역할

민간 부문은 개인, 가족, 이웃과 같은 비공식 부문(informal sector)과 민간 비영리 부문(non-profit voluntary sector), 영리 민간조직(profit organization) 등을 포괄하는 민간 공식부문(formal sector) 등이 있다(정무성 외, 2007). 민간 부문은 공공 부문과는 다르게 사회복지프로그램을 실시하는 데 있어서 유연성을 발휘할 수 있으며, 특수 대상에 대한 전문적 서비스를 공급할 수 있다. 김석산(1987)은 민간 부문에서 사회복지를 공급하는 기능으로 정부복지활동을 보완하는 기능, 서비스 대상자의 문제를 객관화하여 공공문제로 변화시키는 기능, 실험적인 새로운 서비스를 실시하여 선구적인 역할을 담당하는 기능 등으로 분류하였고, Karmer(1981)는 민간부문의 공급기능의 고유성을 민간 기관의 목적이 혁신적, 실험적, 시범적인 프로그램 활동에 있는 선구자적 기능, 정부가 요구하는 서비스를 설립, 개선, 확장하도록 감시하고 비판하는 개선자 또는 대변자로서의 기능, 소수집단의 특별이익을 보호하는 특정적이고 분파적인 가치를 보호하는 가이드로서의 역할 등이 있다고 설명하였다(박세경 외, 2010 재인용).

하지만 민간 부문도 불충분성, 개입주의, 분파주의, 비전문성 등으로 완전한 사회복지서비스를 제공할 수 없다는 한계점이 지적된다(Salamon, 1992; Tucker, 1980; 박세경 외, 2010 재인용). 불충분성이란 자원 부문을 통한 재원조달이 주로 자발적 자선적인 기부에 의존하기 때문에 불충분하고 불안정하므로 사회복지서비스에 대한 욕구에 대응하기 어렵다. 또한 개입주의란 재원조달방식이 자원조직에 재원을 제공하는 사람들의 요구나 가치가 그 혜택을 받는 대상의 선정 또는 조직활동 내용에 우선적으로 반영되어 자원 제공자의 도덕적 기준과 가치체계에 비추어 지역사회의 욕구를 자의적으로 판정하므로 사회복지서비스는 제도적 권리의 성격보다는 자선의 개념에 해당된다. 그리고 분파주의는 특정인구 집단이나 특정지역에만 서비스를 제공하는 경우, 특정집단의 욕구가 과도하게 반영되거나 배제되어 서비스의 중복이나 단절이 발생하므로 공공이익을 바탕으로 한 효율적인 보편적 서비스를 제공하는 데 문제가 발생한다. 또한, 민간부문은 재정문제로 인해 전문인력을 동원하지 못하고 비전문인력에 의존하는 경향이 있어 결과적으로 서비스의 질이 낮아질 가능성이 높다는 점이다.

3) 국가와 민간의 역할 분담

국가와 민간의 역할분담 혹은 국가-민간의 관계양상에 대한 고찰의 출발은 사회복지제공에 국가와 민간을 비롯한 다양한 주체가 존재한다는 점에 있다. 이러한 사회복지 제공자의 역할은 그 발달 시기와도 연결지을 수 있다(조성은 외, 2021). 조성은 등(2021)에 따르면 역사적으로 사회복지는 공식적으로 국가의 역할이 성립되기 이전에 비공식 부문으로부터 출발했다. 즉, 가족이나 친족, 그리고 이웃에 의해 돌봄 제공이나 자원의 이전이 이루어졌다. 이러한 비공식 영역은 사회복지가 출현하기 훨씬 이전부터 존재해왔던 가장 오래된, 그러면서도 오늘날에 이르기까지 중요한 복지 제공의 주체이다. 두 번째로 민간 비영리 부문이다. 민간 비영리 부문은 가족, 친족과 같은 1차 집단에서 돌봄과 자원 이전이 종교에 바탕을 둔 자선사업으로 발전하였다. 산업화와 도시화가 진전된 이후, 빈곤이나 질병, 슬럼화 등 사회문제에 대한 해결에 아직 국가의 사회복지 개입이 본격적으로 등장하기 전 사회문제들에 대해 자선조직을 중심으로 행해졌다. 세 번째가 국가 부문이다. 산업화로 인해 본격적으로 사회문제들이 나타나고 그러한 사회문제의 원인이 사회구조적인 것에 기인한다는 인식하에 국가책임사상이 대두되면서 체계적인 제도가 마련되기 시작하였다. 이처럼 사회복지가 발달해 온 시기에 따라 사회복지 주체가 구분되긴 하나 여전히 사회복지 제공자들의 역할은 다양하다.

한편, 복지국가가 등장하기 이전에는 공공과 민간 부문이 공존하는 형태를 유지하다 20세기 중반 이후 복지국가의 등장과 함께 사회복지에 대한 국가책임이 확대되었고, 민간 부문은 정부로부터 규제를 받으며 그 대가로 세제혜택과 재정적 지원을 받는 형태로 공급되었다. 20세 후반에 신자유주의가 등장하면서 사회복지는 국가의 책임과 역할이 시장, 가족, 지역사회 및 자원조직 등 다양한 공급주체들에 의해 대체되어야 한다고 주장하는 복지다원주의 또는 복지혼합경제 이념이 제기되었다(정무성 외, 2007; 박세경 외, 2010 재인용).

이렇게 사회복지 공급 주체에 대한 새로운 대안으로 정부와 민간 부분의 상호협력을 제시할 수 있다. 사회복지 공급과 관련해 공공 또는 민간 부문 중 한 영역만 선택하기에는 근본적인 한계가 있을 수밖에 없으며 양 부문의 효율적 결합을 통하여 각 부문의 단점을 피하고 장점을 결합하는 것이 바람직하다(조준, 2005). 이는 복지다원주의로 설명할 수 있는데, 복지다원주의는 다음과 같은 중요한 특징을 가지고 있다. 첫째, 복지공급의 주체는 국가 이외에도, 비공식 부문, 영리 부문, 비영리민간–자원 부문 등이 존재한다(강혜규 외, 2007). 둘째, 복지다원주의는 국가중심 복지제공 패러다임의 변화이면서, 다른 한편으로는 사회복지 공급의 주체로서 영리 부문과 비영리 부문의 역할을 확대하는 것이다.

이러한 논의 가운데 살라몬(Salamon, 1987)은 사회복지사업에서 국가와 민간의 협력관계를 동반자이론(partnership theory)으로 제시하였는데, 민간 비영리 부문은 창의성, 시범성, 융통성, 비관료제적 특성, 소수의견 반영성 등 여러 가지 장점이 있다. 그럼에도 불구하고 성숙된 산업사회의 문제를 다루는 데 재정부족, 비전문성, 분파주의와 같은 내재적인 한계를 가지고 있다. 이러한 재정부족, 비전문성, 분파주의 같은 약점은 정부의 강점을 통하여 잘 조화되고 수정될 수 있다. 적어도 정부는 자원을 좀 더 안정적으로 공급할 수 있고, 기부자들의 선호가 아닌 민주적 과정에 기초하여 서비스제공의 우선순위를 설정할 수 있으며, 권리로서 서비스를 받을 수 있다(조준, 2005).

기드론, 크레이머, 살라몬(Gidron, Kramer & Salamon, 1992)은 정부와 비영리 부문 간의 역할분담 모형을 4가지로 제시하였다.

첫째, 정부 주도 모델은 정부가 사회복지체제의 주도권을 갖고 재원부담과 공급전달을 제공하는 방식으로 주로 재원을 조세에 의존하는 형태의 북구 사민주의 국가들이 이에 속한다. 정부 부문은 지방정부로 분권화가 비교적 잘되어 있지만 비영리참여는 매우 제한적인 모델이다.

둘째, 비영리 주도 모델은 복지서비스의 공급과 재원 모두 민간의 자율성에 따르는 모델로 미국이 이에 속한다. 즉, 정부는 서비스의 잔여적 기능에 중점을 두고 있는 반면, 민간이 사회서비스에 대한 재정부담과 제공에 있어 적극적이다.

셋째, 이중모형은 정부와 비영리가 재정 및 공급에 모두 관여하는 모형으로 두 영역 간의 관계가 개별적이지만 때로는 대체적으로 그리고 보완적인 관계로 발전할 수 있다는 모델이다.

넷째, 협조모형은 정부가 재정부담을 하고 제3섹터가 공급을 맡는 모형으로 대리인 모형과 파트너십 모형으로 나눌 수 있다. 대리인 모형은 주종관계 형성으로 비영리가 재량권이 없는 반면, 파트너십 모형은 협력관계 및 자율성이 존재한다. 즉, 대리인 모델은 제3섹터의 자율성이 낮은 수준으로 단지 공급을 대행하는 유형이며, 파트너십 모델은 서비스 관리와 정치적 과정에서 제3섹터의 자율성이 인정되는 유형이다.

연 구 과 제

1. 사회복지실천 대상으로 개별화된 개인이 지니는 특성에 대해 생각해 봅시다.
2. 사회복지 공급자로서 국가의 역할에 대해 다시 정리해 봅시다.
3. 사회복지 공급 주체의 다원화에 대한 자신의 의견을 정리해 봅시다.

CHAPTER 9

사회복지의 미시적 실천방법

CHAPTER 9

사회복지의 미시적 실천방법

학습목표

- 사회복지의 미시적 실천방법을 이해한다.
- 사회복지실천이 가지고 있는 가치와 윤리를 이해한다.
- 사회복지실천 영역에서 사용되는 다양한 기술을 익힌다.
- 사회복지실천의 관계, 면담에 대한 기술을 익힌다.
- 사회복지 사례관리의 실천 과정을 익히고 연습한다.

1. 사회복지실천의 정의와 유형

1) 사회복지실천의 정의

사회복지실천의 정의는 학자들마다 다양하게 정의하고 있는데, 사회복지실천에 대한 가장 고전적인 정의는 리치몬드(Richmond, 1922)에 의해 제시된 개별실천의 정의이다. 리치몬드는 『개별실천이란 무엇인가?(*What is social case work?*)』라는 책을 통해서 "개개인, 그리고 사람과 그 사회환경 사이에서 의식적인 조정을 통해 개개인의 인격발달을 이루어가는 과정들"이라고 하였다.

핀커스와 미나한(Pincus & Minahan, 1973)은 사회복지실천을 "사람과 자원체계 간의 연결과 상호관계이다."라고 정의하였다. 이런 사회복지실천 활동에는 사회복지상담, 임상사회사업, 집단사회사업, 사회교육활동, 가족치료, 지역주민들로 하여금 지역사회 내 서비스와 자원 획득을 돕는 노력이 포함된다.

미국사회복지사협회(National Association of Social Workers: NASW, 1974)는

"개인, 집단, 지역사회로 하여금 그들 각자의 사회적 기능을 증진·복구시키며, 그러한 목적에 합당한 사회적 조건을 스스로 만들어갈 수 있도록 돕는 전문적 활동"이라고 하였다.

미국사회복지사협회에서 규정한 사회복지실천은 첫째, 인간과 사회환경 간의 생태체계적인 관점에 기초하여 개인, 집단, 가족이 자신들의 문제해결 능력과 대처능력을 향상시키는 것이며, 둘째, 인간이 필요로 하는 사회자원, 서비스, 기회 등의 환경체계가 원활하게 상호작용할 수 있도록 도와주는 것이며, 셋째, 자원과 서비스를 제공하는 다양한 사회복지기관이나 조직이 클라이언트에게 더 좋은 서비스를 제공할 수 있도록 효과적이고 효율적인 운영을 추구하는 것이며, 넷째, 새로운 사회정책의 개발과 향상을 목적으로 하는 실천 활동이라고 정의하였다.

미국사회복지교육협의회(Council of Social Work Education: CSWE, 1994)에서는 사회복지실천을 "인간복지(human well-being)의 향상, 빈곤과 억압의 경감, 그리고 최상의 삶의 질 향상을 위해 업무를 수행하는 전문직"이라고 규정하고 있다(Dolgoff et al., 1997). 삶의 질 향상이 목적으로 대두되고 있으며, 전문성의 강조가 두드러져 보인다.

따라서, 본서에서는 사회복지실천을 개인, 집단, 지역사회를 대상으로 이들의 욕구와 문제를 해결하기 위해 펼치는 종합적인 전문적인 활동이라고 정의하고자 한다.

2) 사회복지실천의 목적

사회복지실천의 목적은 모든 사람의 삶의 질을 높이기 위해서 개인과 사회가 서로 이로운 관계를 증진시키거나 회복하는 것이고, 따라서 사회복지실천의 궁극적인 목적은 '인간의 삶의 질 향상'이라고 말할 수 있다. 미국사회복지사협회가 1958년 최초로 발표한 공식적인 사회복지실천의 목표를 보면, 인간과 환경 사이의 균형에 초점을 맞추어, 개인, 집단, 지역사회 모두를 대상으로 하고 있고, 돕는 역할이 강조되고 있다(NASW, 1958).

또한, 미국사회복지교육협의회에서는 사회복지실천의 목적을 다음과 같이 정의하고 있다.

첫째, 개인, 가족, 집단, 조직 그리고 지역사회가 목적을 달성하고 고통을 완화시키며 자원을 활용할 수 있도록 도와줌으로써 이들의 사회기능을 촉진, 회복, 유지·강화시키는 것이다.

둘째, 인간의 기본욕구를 충족시키고 인간이 갖고 있는 잠재력 및 가능성을 개발하는 것을 돕기 위해 필요한 사회정책, 서비스, 자원, 프로그램을 계획, 공식화, 시행하는 것이다.

셋째, 곤궁에 처한 집단을 위해 조직적 또는 행정적 옹호 그리고 사회적 또는 정치적 운동을 통해 정책, 서비스, 자원, 프로그램을 추구하는 것이다.

넷째, 이러한 목적과 관련된 모든 전문적인 지식과 기술을 개발하고 시험하는 것이다.

3) 사회복지실천의 기능

사회복지실천의 기능은 크게 두 가지로 나눌 수 있는데, 하나는 예방, 재활, 치료활동을 통해 욕구가 있는 개인의 사회기능 증진의 기능이고, 다른 하나는 사회복지사들의 옹호활동을 통한 사회정의 향상의 기능이다(양옥경 외, 2002). 지금까지 사회복지실천은 주로 사회정의 향상보다는 사회기능 증진에 보다 많은 관심을 두어 왔고 이는 요보호자에 대한 사회통제의 기능으로 인식되어 왔다.

1981년 미국사회복지사협회는 이러한 두 가지의 사회복지실천의 기능을 다음의 6가지 기능으로 세분화하였다(Minahan, 1981).

첫째, 사람들로 하여금 그들의 능력을 확장시키고, 그들의 문제해결과 대처능력이 증진되도록 도움을 주어야 한다.

둘째, 사람들로 하여금 자원을 취득하도록 도움을 주어야 한다. 모든 사람들이 인간다운 삶을 유지하려면 여러 가지 이용 가능한 자원이 필요하다. 즉, 최소한의

의식주를 해결하는 데 필요한 자원, 법률서비스, 의료서비스, 정신건강서비스 등이 필요하다. 사회복지실천가들은 이러한 서비스를 클라이언트에게 직접 제공하거나 제공받을 수 있도록 도움을 주어야 한다.

셋째, 조직이 사람들에게 반응하도록 해야 한다. 클라이언트에게 서비스를 제공하는 기관이 클라이언트의 존엄성을 존중하면서 그에게 맞는 서비스를 적절한 절차와 기준에 따라서 제공하는지의 여부를 조사하고 부적절한 경우에는 이것들을 시정하는 활동도 하여야 한다.

넷째, 개인과 환경 내의 다른 사람과의 상호작용을 촉진시킨다. 사람들의 삶의 질이란 그들의 사회적 환경 내에 있는 사람들과의 양질의 상호작용으로 결정된다. 그러므로 사회복지실천가는 사람들이 주위의 사람들과 양질의 상호작용을 하도록 도와주어야 한다.

다섯째, 조직과 제도 간의 상호관계에 영향력을 행사한다. 사회복지실천가는 이 목표를 성취하기 위하여 조정자, 중재자 또는 정보제공자로서의 역할을 수행해야 한다.

여섯째, 사회정책과 환경정책에 영향력을 행사한다. 사회복지실천가들이 기본적으로 직접 서비스를 제공한다 할지라도 클라이언트의 삶의 질은 그들의 물리적 환경과 사회적 환경의 질을 높이는 정책이나 법률이 조성되어야만 개선되므로 사회복지실천가는 사회정책과 환경 정책에 영향을 미쳐야 할 책임이 있다.

4) 사회복지실천의 유형

사회복지실천은 개입의 수준에 따라 미시 수준의 실천, 중범위 수준의 실천, 거시 수준의 실천으로 구분할 수 있다. 사회복지사가 실천하는 현장에서 직접 만나는 클라이언트가 개인이나 가족과 같은 작은 크기이면 사회복지실천은 미시 수준의 실천이라 할 수 있으며, 집단이나 조직과 같은 중간 크기이면 중범위 수준의 실천이고, 지역사회나 국가 및 전체 사회 수준에서 활동하는 것은 거시 수준의 실천이라고 할 수 있다.

(1) 미시 수준의 사회복지실천

미시(micro) 수준의 사회복지실천은 개인이 가장 친밀한 사람과 상호작용하는 과정에 개입하는 실천 활동 혹은 개인과 가족이 직면한 문제를 해결하도록 돕는 활동을 의미하는데, 미시 수준의 활동은 개인의 심리적, 사회적 상태, 부모 및 자녀관계나 부부관계 등에 개입하게 되므로 일반적으로 실천대상으로 개인이나 가족이다.

미시 수준은 클라이언트를 직접 만나서 이루어지는 직접적인 실천이 많기 때문에 사회복지사의 활동도 직접 서비스 제공이나 중재자 역할이 많다. 예를 들면, 가족치료 상담, 독거노인 방문, 재활상담, 사회기술훈련 제공 등이 있다.

(2) 중범위 수준의 사회복지실천

중범위(mazzo) 수준은 미시 수준과 거시 수준의 중간 수준이라고 할 수 있다. 가족처럼 친밀한 관계보다는 조금 거리가 있는 관계, 즉 기관이나 조직 내부, 기관이나 조직 간 상호작용 등에 대입하기 때문에 집단, 조직이나 기관 등이 클라이언트가 된다.

중범위 수준의 사회복지실천은 일반적으로 체계 간 의사소통 촉진, 중재, 협상을 이끌거나 교육시키고 사람들을 참여하게 한다. 사회복지사는 치료집단을 조직하고 운영하는 등의 실천 활동을 하게 된다. 예를 들면, 지지집단의 운영, 지역사회보장협의체에서 기관 실문자 네트워크 회의 소집 및 운영 등을 들 수 있다.

(3) 거시 수준의 사회복지실천

거시(macro) 수준은 지역사회나 전체 사회 혹은 국가의 복지체계와 같은 수준을 의미하며, 거시 수준의 사회복지실천은 지역사회나 국가 수준에서 활동하는 것이고, 전체 사회의 변화와 향상을 목적으로 한다.

사회복지사는 주로 국가나 사회의 정책개발과 대안을 발굴하고 제시하는 활동, 취약계층을 옹호하는 등의 실천활동을 수행한다. 거시 수준의 실천은 클라이언트를 직접 만나기보다는 간접적인 사회복지서비스 지원 형태로 이루어진다고 할 수 있다.

예를 들면, 사회복지정책 분석 및 평가, 모금 활동, 정책 대안 발굴, 제안된 법안에 대한 분석, 지역사회자원 개발, 취약계층 옹호, 후원자 개발 및 관리, 노숙인 보호를 위한 모금활동, 자원개발이 있다.

(4) 개입방식에 따른 사회복지실천 분류

클라이언트를 변화시킴으로써 문제해결을 도와주는지, 클라이언트의 환경을 변화시킴으로써 간접적으로 클라이언트의 문제해결을 도와주는지에 따라, 즉 개입방식에 따라 사회복지실천을 직접 실천과 간접 실천으로 구분된다.

① 직접 실천

직접 실천(direct practice)은 직접 개입이라고 하기도 하며, 클라이언트를 변화시킴으로써 클라이언트의 문제를 해결하는 실천방법이다. 개인, 집단, 가족을 직접 대면하여 변화를 일으키는 것이다. 일반적으로 클라이언트의 사회적 기능이나 대처능력을 향상시키기 위해 개인, 집단, 가족체계에 직접적으로 개입한다.

예를 들면, 클라이언트가 필요로 하는 정보제공이나 개인상담, 가족치료, 기술교육, 취업상담, 독거어르신 재가방문, 치매어르신 주간보호 제공, 사회기술훈련 등이 있다.

② 간접 실천

간접 실천(indirect practice)은 간접 개입이라고도 하며, 지역사회에서 클라이언트를 둘러싼 환경체계에 개입하여 사회적 지지체계나 자원을 활용하는 실천방법이다. 클라이언트를 둘러싼 환경에 변화를 일으켜 클라이언트의 문제해결을 돕는다. 클라이언트가 겪는 어려움 중에는 클라이언트 개인의 기능에 문제가 생겨 발생하는 것도 있지만, 클라이언트를 둘러 싼 환경에 문제가 있거나 두 체계 간 상호작용에 문제가 생겨 발생하는 것도 있기 때문에, 환경이나 두 체계 간 상호작용의 변화를 도모한다.

예를 들면, 아동학대 예방을 위한 홍보활동, 학교폭력 예방활동을 위한 자원봉사자 모집, 공청회 개최, 프로그램 개발 및 모금 운동, 클라이언트 지원을 위한 정책 제안 등이 있다.

2. 사회복지실천 가치와 이론

1) 사회복지실천 가치

사회복지실천의 3대 중심 축으로 손꼽히는 것이 지식과 기술, 그리고 바로 가치이다. 가치(value)는 다수의 사회구성원이 좋다고 바람직하다고 여기는 것과 관련이 있다. 일반적으로 가치를 "인간의 삶과 관련된 특정 수단, 목적, 조건 등에 대한 보편적 선호"라고 정의할 수 있다. 가치는 문화, 집단 혹은 개인이 바람직한 것으로 여기는 신념이라 할 수 있으며 가치는 '좋다(good)'는 의미와 '중요하고 소중하다(valuable)'는 의미가 포함된다. 가치는 선하고 바람직한 것인데 왜 그것이 선하고 바람직한 것인지는 경험적으로 증명되기가 어렵다.

사회복지의 핵심 가치는 인간의 존엄성, 자기결정권, 자율성, 평등, 사회정의, 기회의 균등성, 사회적 책임선 등 다양하며, 사회복지의 핵심 가치는 사회복지사의 일상적 활동에 반영되어 전문직의 실천 방향의 우선 순위를 결정하기도 한다.

사회복지 전문직으로 인정되는 과정에서 그 전문직의 독특한 실천 활동과 관련하여 요구되는 가치로, 해당 전문직 활동의 평가와 책임 소재의 근거가 된다. 레비(Levy, 1974)는 사회복지 전문직의 가치를 3개의 범주로 나누어 설명했다.

(1) 사람 우선 가치

사람 우선 가치는 전문직 수행의 대상인 사람 자체에 대해 전문직이 갖추어야 할 가치이다. 클라이언트의 독특성을 인정하고 개별화된 사람으로 보고 가진 능력을 인정해 주며 그에 따라 권한을 인정해 주는 가치이다. 예를 들면, 인간의 타고난 가치와 존엄성에 대한 믿음, 건설적인 변화 의지와 가능성에 대한 믿음, 상호적 책임, 소속의 욕구, 개별성에 대한 인정, 인간의 공통된 욕구를 의미한다.

(2) 결과 우선 가치

결과 우선 가치는 인간에게 바람직한 결과가 무엇인지 알려주는 가치이다. 서비스 제공 이후 바람직한 성취를 이루기 위해 필요한 가치이다. 예를 들면, 부적절한 교육과 주택문제 등 사회적 문제를 제거한다거나 평등한 기회 부여와 차별 금지의 경우이다.

(3) 수단 우선 가치

수단 우선 가치는 서비스를 수행하는 방법과 수단, 도구에 대한 가치이다. 인간을 존중하고 존엄성을 인정하여 다루어야 한다는 가치로 사회복지사가 클라이언트를 대하는 태도나 방법과 관련된다. 예를 들면, 자기결정권의 존중이나 비심판적 태도를 들 수 있다.

2) 사회복지실천 이론

(1) 사회복지실천의 통합적 방법

초기의 사회복지실천 방법은 전통적인 3대 방법인 개별사회사업(case work), 집단사회사업(group work), 지역사회조직(community organization)이며 대상은 개인과 가족, 집단, 지역사회로 규정하였다. 그러나 현대에는 산업화와 세계화로 인하여 클라이언트의 문제가 다양하고 복잡하므로 이것을 해결하는 데 전통적인 방법으로는 어려움이 있다. 왜냐하면 전통적인 방법은 주로 제한된 특정 문제에만 개입을 하기 때문이다.

스텀프(Stumph, 1970)는 "전통적 접근 방법의 사회복지사는 클라이언트의 생활상의 문제에 대해 전체적으로 개입하기보다는 사회복지사의 입장에서 적절히 처리할 수 있는 문제만을 부분적으로 잘라내어 원조하는 형식을 취해 왔다."고 주장하였다. 1970년대로 들어오면서 전통적인 사회사업 방법에 대한 생태체계이론 또는 사회체계이론의 영향과 방법론에 대한 비판으로 사회사업 통합방법이 출현하게 되었다. 개인, 가족, 집단, 지역사회 등에 걸쳐 다양하게 개입하는 사회복지실천현장에서 공통적으로 적용될 수 있는 기반과 핵심, 전제 등의 확립에 대한 관심이 높아지면서 통합적 접근이 등장하게 되었고(Johnson, 1995), 이와 같은 통합적 관점을 통해서 사회복지전문직은 전문직으로서의 정체성을 확보하게 되는 동시에 개인을 환경 속에서 바라보는 고유한 관점을 가지게 되었다.

밀리(Miley, 1995)는 "통합적 방법이란 사회복지실천의 목적을 달성하기 위한 현대적 접근 방법이며, 이러한 관점은 개별적 접근의 한계를 넘어 다양한 인간체계에 대한 개입으로, 사회복지실천 영역의 확장이다."라고 주장하였다.

전재일(1981)은 "통합적 방법이란 사회복지사가 개인, 집단, 지역사회에서 제기되는 사회문제에 활용할 수 있는 공통된 하나의 원리나 개념을 제공하는 방법의 통합화를 의미한다."고 하였다.

사회복지실천에서 통합적 방법에는 3가지 측면에서 통합 방향이 이루어지고 있다(전재일, 1981). 통합적 방법의 형태로는 클라이언트의 문제 및 상황에 따라 전문 분화된 각종 방법을 단독 또는 복수의 형태로 임기응변식으로 사용하는 결합적 접근방법과 각 방법상 원리와 기술을 비교하여 공통성, 유사성, 차이성, 다양성을 확인하고 이들 방법 간에 상호관련성을 조합하여 사용하는 중복성 접근방법, 마지막으로 단일화 접근방법은 전문직으로서 사회복지실천의 공통된 기반을 재확립하고, 방법을 특징 짓는 총체적 관점과 틀을 확정하여 방법의 재편성을 도모해나가는 것이다. 이 접근방법을 일반적 접근방법이라고 부르기도 하며, 실제로 통합적 접근과 혼용된 용어로 사용되고, 실제 사회복지실천에서 활용될 수 있는 통합적 접근방법이다.

(2) 통합적 방법의 주요관점

① 환경 속의 개인

핀커스와 미나한(Pincus & Minahan, 1973)에 의하면 사회복지실천은 사람들이 생활과업을 성취하고, 고통을 덜며, 소망과 가치를 실현할 수 있는 능력에 영향을 주는 인간과 사회환경 간의 상호작용에 관심을 둔다고 하였다. 따라서 사회복지실천

준거틀은 관련된 3가지 사회적 상황에 초점을 둔다. 첫째는 사람들이 당면한 생활과업과 이 과업을 처리하게 하는 자원과 조건, 둘째는 사람들과 자원 체계들 간의 상호작용, 자원체계 내부의 상호작용, 자원 체계들 간의 상호작용, 셋째는 개인 문제와 이와 관련된 공공문제와의 관계로 개인 문제를 사회문제화하고 공공문제를 개인의 차원에서 이해하고 설명할 수 있어야 한다.

② 일반체계이론

일반체계이론은 "전체는 부분의 단순한 총합 그 이상이다."라는 말로 지칭되는 상호작용의 복합적 상황을 분석하는 방법이다. 즉, 개인과 환경은 어느 한쪽이 다른 한쪽에 일방적인 영향을 끼치는 것이 아니라 양자가 모두 원인인 동시에 결과인 상호적 원인관계로 형성된 전체로 파악된다. 체계(system)란 상호 의존적이고 상호작용하는 부분들로 구성된 전체, 부분들 간에 관계를 맺고 있는 일련의 단위이다. 체계는 인간관계 속에서 직접 또는 간접으로 관련된 제 구성요소의 복합체이며, 각 구성요소는 어떤 특정한 기간 내에 안정적으로 다른 구성요소와 관련되어 있다(Buckley, 1967).

주요개념으로는 체계의 구조적 특성을 나타내는 개념인 경계(boundary), 개방체계(open system), 폐쇄체계(closed system), 위계(hierarchy) 등과 진화적 특성을 나타내는 항상성(homeostasis), 안정 상태(steady state)의 개념, 그리고 체계의 행동적 특성, 즉 에너지의 흐름과 관련한 개념인 투입(input), 산출(output), 피드백(feedback) 등이 있다(Anderson & Carter, 1984).

가. 경계

경계는 체계를 외부환경으로부터 구별 짓고 독특한 정체성을 제공하는, 선정된 변수들을 둘러싼 폐쇄된 둘레로 정의된다. 이 경계는 적어도 부분적으로는 침투할 수 있으며 그들 간에 에너지와 정보의 전달을 허용하고 있다.

나. 개방체계

어느 정도 투과성이 높은 혹은 개방적인 경계를 갖고 있는 체계이다. 개방체계는 환경으로부터 투입을 받아들이며, 산출은 생산하여 환경으로 보낸다. 환경 및 그 환경과의 상호교류가 체계의 존립에 기본이 된다. 인간체계가 성장하고 발전하는 것은 이러한 개방성이다. 체계의 조직과 질서를 유지시키는 힘, 조직이 살아 움직이며 발달하게 하는 힘이 작용하고 있는 상태를 부적 엔트로피(negative entropy) 또는 네겐트로피(negentropy) 상태라고 한다.

다. 폐쇄체계

폐쇄체계는 다른 체계와 상호교류가 없는 체계다. 그들은 투입과 산출이 없다. 이러한 체계들은 엔트로피(entropy) 상태라고 하는데 이러한 상태가 지속되면 조직은 결국 없어지게 된다. 이것은 체계요소들의 분화가 적어지고 조직과 기능이 상실되는 경향을 의미한다. 이러한 생각은 경계의 개념으로 나아가게 된다.

라. 위계

체계의 부분은 여러 가지 방식으로 연결되어 있는데 위계의 개념은 모든 체계의 기본 단위들이 활동이나 에너지 기능을 위해 이것의 상위체계에 의존하며, 또한 이것의 하위체계에 방향을 제시해 주어야 하는데, 이러한 하위체계 및 상위체계 사이의 관계를 위계라고 한다.

마. 항상성

체계는 끊임없이 변화와 운동의 과정 속에 놓여 있다. 또한 체계의 이러한 운동은 목표지향적이다. 체계는 지속적으로 변화의 상태에 놓여 있는 동시에 역동적인 균형상태를 유지해야 한다. 이것이 항상성의 개념이다(Compton & Galaway, 1984).

바. 안정 상태

항상성이 체계가 생존을 위해 환경과 성공적으로 타협하는 능력이라면 안정 상태는 부분들과의 관계를 유지시키고 쇠퇴해서 붕괴하지 않게 하려고 에너지가 계속적으로 사용되는 상태를 의미한다(Laszlo, 1972). 사회복지실천은 부적 엔트로피를 유지 또는 증가시킴으로써 바람직한 안정 상태를 얻도록 원조한다.

사. 투입-전환-산출

투입은 외부로부터 어떤 체계 내로 들어가는 에너지나 사물, 정보를 의미한다. 전환 활동은 투입물을 처리하여 체계의 기능 유지에 필요한 형태로 전환하는 작용을 의미하며 산출은 전환 활동을 통해 나타난 결과물이 체계 밖으로 나타난 것을 의미한다.

아. 피드백

일련의 정보 투입이 일어나는 의사소통장치로서 체계는 피드백을 통해 새로운 행위를 산출하거나 기존의 행위를 수정하는 자기 조절적 행위(self-adjusting behaviors)를 통해서 자신의 목적을 달성하게 된다. 이러한 피드백은 체계의 평형을 유지하거나 변화를 촉진함으로써 체계를 혼란시키는 작용을 하며 긍정적, 부정적인 피드백으로 구성되어 있다. 긍정적 피드백은 기존의 행위를 강화하여 현재의 행위가 지속적으로 더 많이 발생하기 위한 목적으로 가해지는 피드백을 말하며, 부정적인 피드백은 기존의 행위를 수정하는 방향으로 가해지는 피드백을 의미한다.

핀커스와 미나한(Pincus & Minahan, 1973)은 사회복지사가 실천현장에서 함께 활동하게 되는 체계를 변화매개체계, 클라이언트체계, 표적체계, 행동체계의 4가지로 분류하였고, 여기에 콤튼과 갤러웨이(Compton & Gallaway, 1979)는 전문가체계와 의뢰-응답체계를 추가하였다.

가. 변화매개체계

변화매개체계는 사회복지사가 클라이언트의 문제 상황에 변화를 가져오기 위해 그 문제와 관련된 여러 가지 체계를 확인하고, 그 체계들과 함께 노력하기 위한 계획을 수립하며, 그 계획을 실천에 옮기기 위해 노력하는 변화매개인이다. 사회복지사를 고용하고 있는 공공기관이나 민간기관 또는 기타의 이윤 추구 기관은 변화매개체계라고 할 수 있다. 변화매개인은 계획적인 변화를 목적으로 특수하게 고용되어 돕는 사람을 의미한다.

나. 클라이언트체계

사회복지사에게 도움을 청하거나 어떤 문제해결을 위해 사회복지사와 공동의 노력을 기울이겠다는 묵시적 계약 상태에 있는 사람들이 클라이언트 체계가 된다. 클라이언트 체계가 분명하지 않은 경우도 있는데, 예를 들면, 추운 겨울에 난방 보일러를 켜지 않은 채 겨울을 나야 하는 열악한 주거 상황에 처한 노인을 보호하기 위해, 정기적으로 그 노인을 방문하여 노인에게 밑반찬을 제공하거나 난방 서비스를 제공하는 사회복지관의 사회복지, 또는 가정 도우미 활동의 경우 클라이언트 체계는 막연한 국가나 사회가 될 수 있다.

다. 표적체계

변화매개인이 목표로 정해진 것을 성취하기 위해 영향을 주거나 변화시킬 필요가 있다고 느끼는 사람들을 표적체계라 한다. 하지만, 환경 속의 인간에 초점을 두는 사회복지실천에 있어서 많은 경우 변화매개체계인 사회복지사들은 클라이언트의 문제해결을 위해 클라이언트 주변의 다른 체계를 변화시키려는 노력을 하게 되는데 이 경우 주변의 다른 체계들이 표적체계가 된다.

라. 행동체계

사회복지사의 활동목적을 달성하기 위해 공동으로 노력하는 모든 체계들이 행동체계에 해당된다. 행동체계는 필요한 재가를 얻기 위하여, 문제를 발견하고 연구하기 위하여, 그리고 변화의 목표를 설정하거나 주요 표적에 영향을 미치기 위하여 이용될 수 있다.

마. 전문가체계

전문가체계는 사회복지사의 전문성을 강화하고 사회 내에서 사회복지사의 위상을 높이기 위해 노력하는 한국사회복지사협회나 일선 사회복지기관들의 연합으로 구성된 한국사회복지협의회 등이 해당된다. 사회복지사는 전문가 체계의 도움을 얻어 자신이 속한 기관에서 자신의 영향력을 증대시키거나 사회변화에 대한 지원을 얻을 수 있다.

바. 의뢰-응답체계

문제인식 체계라고도 하며 이는 잠재적 클라이언트를 사회복지사의 관심영역으로 끌어들이기 위해 행동하는 체계이다. 사회복지사나 또는 변화매개 체계와의 접촉 초기에서는 그것이 클라이언트의 체계로 고려될 수 있다. 그러나 그것은 본질상 그 자체가 클라이언트로 고려되지 않는다. 예를 들면, 클라이언트가 다른 사람의 요청이나 법원, 경찰 등에 의해 강제로 오게 되는 경우이다.

③ 생태체계이론

생태체계적 관점은 흔히 생태체계론, 생태적 체계론, 생태적 관점 등과 호환되어 사용되는 것으로 일반체계적 관점(Bertalanffy, 1968)과 생태적 관점이 합성된 것이라 할 수 있다. 생태학은 유기체와 환경 간에 적응적 적합성과 유기체의 역동적 균형이 유지되는 방법을 연구하는 학문이다. 즉, 종들이 어떻게 환경을 활용하며 이것을 파괴하지 않고 자신의 요구에 맞게 변형함으로써 자신을 유지하는가, 그리고 이러한 적응 과정이 환경의 다양성을 어떻게 증진시키며, 생명을 지지하는 환경의 속성을 어떻게 향상시키는가를 이해하려고 하는 이론이다. 생태체계적 관점은 다양한 부분들 사이에서 그리고 유기체와 환경의 공유영역에서 일어나는 상호작용과 상호교류를 강조함으로써 환경 속의 인간에 대한 견해를 강조한다. 따라서, 생태체계 이론은 사회복지사들에게 특정 개입방법이나 기술을 제시하는 이론이기보다는 사회현상을 체계적으로 사정하고 평가하도록 도와주는 관점으로 인식되고 있다.

기본적인 개념 중, 우선 적응(adaptation)은 개인 대 환경의 적절한 결합(Germain & Gitterman, 1995)을 의미하는데 이것은 개인적 욕구와 사회적 욕구 사이의 조화와 균형 정도를 말한다. 즉, 생명체들은 환경이 그들의 욕구에 적합하도록 환경을 변화시키고 이러한 변화에 적응해야만 한다. 사람은 새로운 상황에 처함에 따라 그 상황의 요구에 적응하고, 그의 존재로 말미암아 구조적으로 상황을 변화시킨다. 이러한 적응은 인간의 내적 영향력과 생태적 환경의 영향력에 의해 이루어지는 상호의존적 과정이다(Meyer, 1983).

공생(symbiosis)은 상호작용을 통하여 한쪽 또는 상호이익을 주는 두 종 간에 빈번한 상호작용을 말한다. 사회복지사가 클라이언트의 사례환경을 사정할 때 인간과 환경의 상호작용을 이해하기 위해 이 개념을 활용할 수 있으며 사회복지사가 클라이언트에게 개입할 때 상호부조와 편리공생을 최대화해야 한다. 다른 종에게 해로움도 유익함도 주지 않고, 한 종만 도움을 얻는 것을 편리공생(commensalism)이라 하고, 숙주가 해를 입는 반면, 기생하는 쪽은 유익함을 얻는 것을 기생(parasitism)이라 한다.

전문화의 개념은 변화하는 환경에 성공적으로 대처하기 위하여 적응해 가는 형태를 말한다. 이는 경쟁을 감소시키는 결과를 가져오는 이점이 있으며 고도로 전문화된 종은 급변하는 환경의 영향에 더 취약하다. 이러한 개념은 직업훈련 기회에 관하여 의사결정을 해야 하는 클라이언트를 원조할 때와 기관이 기관의 사명을 바꾸어야 하는지 등을 다룰 때 유용하게 적용될 수 있다.

활동공간(niche)이란 특정한 종이 생태체계 안에서 생존하며 건강을 유지하고 재생산을 하기 위하여 요구되는 물리적, 화학적, 생물학적 요인을 말한다. 즉, 특정한 장소나 환경을 의미한다.

생태체계적 접근은 첫째, 상황 속의 인간에 대한 철학적 관점을 제공해 주며, 둘째, 인간의 상호교류에 초점을 두며, 셋째, 내적 외적 힘에 반응하여 시간의 경과에 따라 행동이 어떻게 발달되는지를 추적하고, 넷째, 현재의 행동이 상황 속의 인간의 편안한 적합성으로 기술된다. 다섯째, 모든 행동을 상황 속에서 적응적으로 개념화하고, 여섯째, 변화를 위해 다양한 전략을 제공하는 특성이 있다.

(3) 사회복지실천의 관계

사회복지실천의 관계성과 관련하여 비에스텍(Biestek, 1957)은 사회복지실천에 있어서 사회복지사와 심리사회적 욕구를 가진 클라이언트와의 관계의 중요성을 강조하면서 원조관계의 기본원리를 그의 저서 『개별사회사업관계(*Casework Relationship*)』에서 설명하고 있다.

즉, 사회복지실천의 관계성은 사회복지사와 클라이언트 간의 감정과 태도의 역동적 상호작용으로, 클라이언트가 자신과 환경 간의 좀 더 나은 적응을 이룰 수 있도록 돕는 과정(Biestek, 1951)으로 클라이언트와 맺게 되는 인간관계에 대한 전문적 태도를 의미한다. 비에스텍의 관계성 7대 원칙은 〈표 9-1〉과 같다.

표 9-1 비에스텍의 관계성 7대 원칙

클라이언트의 욕구	원칙의 명칭
1. 개인으로 처우받고 싶은 욕구	1. 개별화
2. 감정을 표명하고 싶은 욕구	2. 의도적 감정표현
3. 문제에 대해 공감적 반응을 얻고 싶은 욕구	3. 통제된 정서적 관여
4. 가치적인 인간으로서 인정받고 싶은 욕구	4. 수용
5. 심판받지 않으려는 욕구	5. 비심판적 태도
6. 자신이 선택과 결정을 내리고 싶은 욕구	6. 자기결정
7. 자신에 관한 비밀을 지켜주기를 바라는 욕구	7. 비밀보장

① 개별화

개별화(individualization)는 클라이언트의 독특한 자질과 그가 놓인 특수한 환경을 이해하는 것이며, 클라이언트 누구나 개별적인 특징을 가지고 있는 독특한 개인으로 받아들여야 한다는 인간의 권리에 기초하고 있다. 따라서 사회복지사가 클라이언트를 원조함에 있어서 개개인에게 상이한 원리나 방법을 활용하는 것이며 불특정한 인간이 아닌 개별성을 지닌 특정한 인간으로 대우받아야 한다는 것이다.

모든 클라이언트는 다른 사람과 다르며 각 클라이언트의 감정, 사고, 행동, 독특한 생활양식, 경험 등은 각기 존중되어야 할 권리가 있다는 것이다. 클라이언트의 개별성을 존중한다는 것은 사회복지사와 클라이언트와의 관계를 긍정적으로 수립하고 유지하는 데 도움이 되며, 클라이언트의 자존감을 강화시킨다.

예를 들면, 노인은 성(性)에 관심이 없을 것이라는 사회복지사의 편견은 노인의 그러한 관심과 욕구를 과소평가하게 하고, 이에 따라 그들의 욕구를 정확히 파악하지 못할 뿐 아니라 문제해결을 돕는 데 매우 제한적인 목표를 세워 개입하게 된다. 따라서, 사회복지사는 편견과 선입견에 대한 자기 인식을 가지고 있어야 한다. 만약, 이러한 자기 인식을 통해서도 극복하기 어렵고 클라이언트와의 관계에 영향을 미치는 경우에는 슈퍼바이저와 의논하여 문제를 해결해 나가거나 다른 전문가에게 의뢰하는 것이 필요하다.

② 의도적 감정표현

의도적 감정표현(purposeful expression of feeling)이란 클라이언트가 자신의 감정, 특히 부정적인 감정을 자유롭게 표현하도록 하는 것이다. 사회복지사는 본능, 충동, 감각, 감정, 정서 등의 억압된 감정의 표현을 경청해야 하며 클라이언트가 자신의 감정을 표현하는 일을 막거나, 비난하지 말고, 자유롭게 표현할 수 있도록 도와야 한다. 경우에 따라서는 치료적 목적을 위해 감정을 자극하고 표현을 촉진시키기도 한다.

예를 들면, 치매에 걸린 부모를 보호시설에 맡기려는 자녀의 경우, 구체적으로 요청해온 서비스가 요양시설에의 의뢰일지라도 어떤 죄책감이나 분노 등의 감정에 휩싸여 있을 수 있다. 본인의 편안함을 위해 부모를 시설에 맡긴다는 죄책감 때문에 문제상황에서 헤어나지 못할 수도 있고, 부양에 관한 부부간이나 다른 형제자매들과의 불화로 인해 충동적인 결정을 내릴 수도 있다. 이러한 상황에서 클라이언트의 가정에 대한 의사소통을 거부할 경우 클라이언트는 더욱 문제 상황에 휘말리게 되고 그로 인해 문제가 해결되기보다는 더욱 악화되는 상황이 될 수 있다.

클라이언트에게서 감정표현을 이끌어내는 것은 클라이언트가 긴장이나 압박으로부터 벗어나 자신의 문제를 좀 더 객관적이고 명확하게 볼 수 있게 도와 준다. 또한, 사회복지사와 감정교류를 갖게 됨으로써 클라이언트는 문제에 대한 부담감을 덜 수 있으며, 문제해결 과정의 진행을 위해 사회복지사와 더욱 깊이 있는 관계를 형성하게 된다.

③ 통제된 정서적 관여

통제된 정서적 관여(controlled emotional involvement)란 클라이언트의 감정에 대해 사회복지사의 이해와 민감성 및 적절한 반응이다. 사회복지사는 클라이언트와의 면접에서 의사 교류가 이루어지는데, 면접은 정서적인 면에 관계되어 있으므로 사회복지사는 클라이언트에게 그 감정을 말로 표현하도록 권고해야 한다.

사회복지사의 역할은 클라이언트의 감정에 대한 민감성과 클라이언트가 의미하는 것에 대한 감정 이입적 이해 그리고 클라이언트의 감정에 대한 의도적이고 적절한 반응을 들 수 있다(김만두, 1992). 이 정서적 관여는 통제되는 것으로서 클라이언트의 총체적 목적에 따라, 욕구의 변화에 따라, 사회복지사의 정확한 진단적 사고에 따라 그 방향이 설정되어야 한다.

예를 들면, 클라이언트가 자신을 버리고 떠난 아버지에 대해 무관심하다거나 현재 찾을 마음이 없다고 이야기할지라도 그의 머뭇거리는 목소리나 상기된 얼굴 표정으로 아버지를 향한 감정이 아직 해소되지 않았음을 짐작할 수 있다. 실제로 클라이언트가 언어로 표현되는 내용이 혼란스러운 경우 그의 감정상태를 잘 관찰함으로써 좀 더 정확한 정보를 얻어 낼 수 있다.

④ 수용

수용(acceptance)은 인간의 존엄성과 가치 그리고 인간에 대한 사랑에서 비롯된 것으로 클라이언트의 현실을 있는 그대로 받아들이는 것이다. 클라이언트의 장점이나 약점, 좋은 성격이나 나쁜 성격, 긍정적이거나 부정적인 감정, 건설적이거나 파괴적인 행동 등을 있는 그대로 이해하고 다루어 나가는 사회복지사의 행동상 원칙이 수용이다.

수용의 목적은 치료적인 면에 있는데, 클라이언트가 있는 그대로의 사실을 표면에 드러내고, 그러한 자기 자신을 바라보는 것에 안도감을 갖게 도와주고, 클라이언트가 자신의 문제나 현실을 있는 그대로 인지하고, 방어기제와 감정의 얽매임에서 벗어나 해방감과 자유를 느끼게 하는 치료적 목적이 강하다.

예를 들면, 실업으로 인해 가족이 뿔뿔이 흩어지고 결국 국민기초생활수급자가 된 클라이언트가 직업적인 실패의 원인을 직장 상사나 가족에게 돌리고 원망과 분노를 터뜨리는 경우가 있다. 클라이언트의 이러한 태도는 자신이 패배자나 무능력자로 보이지 않을까 염려하여 사회복지사의 반응을 떠보는 것일 수 있다. 이때 사회복지사는 클라이언트의 말에 대해 동조하거나 비난하는 태도를 보이지 않고, 현재의 실패를 포함하여 있는 그대로의 클라이언트를 수용하고 있다는 것을 느끼게 해야 한다.

⑤ 비심판적 태도

비심판적 태도(non-judgemental attitude)는 문제의 원인이 클라이언트의 잘못 때문인지 아닌지, 얼마만큼 클라이언트에게 책임이 있는지 등을 심판하지 않으며 클라이언트의 특성 및 가치관을 비난하지 않는다는 원칙이다. 도움을 요청하는 클라이언트의 경우 어느 정도 실패감과 열등감, 나약함, 불만 등의 감정을 지니고 있으며, 따라서 다른 사람으로부터 비난을 받는 것에 대해 매우 민감한 경우가 많다. 그러나 비심판적 태도를 가진다는 것이 클라이언트의 태도, 기준 또는 행동에 대해 사회복지사가 평가적 판단을 내려서는 안 된다는 것을 의미하는 것은 아니다. 반사회적이고 비윤리적이며 불법적인 태도에 대해서 사회복지사가 올바른 기준을 갖고 있지 않다면 이는 사회적 책임을 외면하는 것이다.

기준과 가치에 위배되는 클라이언트의 행동에 사회복지사가 관심을 두는 경우 이는 클라이언트의 잘못을 비난하기 위함이 아니라 현재와 미래에 대한 클라이언트의 건강한 적응을 위한 것임을 분명히 인식하는 것이 중요하다.

⑥ 클라이언트의 자기결정

사회복지실천의 개입 과정에서 클라이언트가 자신의 삶에 대해 스스로 결정할 수 있는 권리와 욕구가 있다는 원리에 바탕을 둔 것이다. 이러한 자기결정권을 최대화하기 위해서는 클라이언트의 실수나 한계보다 장점과 능력을 강조해야 한다. 클라이언트 자기결정(client self-determination)의 원리는 사회복지사가 클라이언트를 위해 무엇을 해 주는 것이 아니라 클라이언트와 함께 해결해나가는 것을 의미하므로 전문적 관계의 파트너십을 강조하게 된다. 그러나 자기결정에도 한계는 있다. 지적, 정신적, 신체적 장애로 인하여 클라이언트가 스스로 결정할 능력이 없는 경우 자기결정의 기회가 제한될 수 있다. 또한 법적, 도덕적 규범에 어긋날 경우도 한계를 가지게 된다.

즉, 사회복지사는 클라이언트의 환경을 조정하고 클라이언트의 수준에 맞는 대안을 제시함으로써 클라이언트의 자기결정권이 최소한으로 침해되면서 덜 파괴적이고 더 기능적인 방향으로 결정을 내릴 수 있도록 도와야 한다.

⑦ 비밀보장

비밀보장(confidentiality)은 클라이언트가 전문적 관계에서 노출한 비밀스런 정보를 사회복지사가 전문적 치료 목적 외에 타인에게 알려서는 안 된다는 원리에 바탕을 두고 있다. 이는 사회복지실천의 가장 기본적인 원칙이기도 하다. 그러나 비밀보장의 중요한 원칙에도 불구하고 한계가 있다. 현대사회의 사회복지사는 종합적이고 다양한 문제를 갖고 찾아오는 클라이언트를 접하게 되며 다중문제에 대한 적절한 서비스를 전달하기 위해서는 기관 내외의 다른 전문가와 필요한 정보를 공유하지 않을 수 없다.

사회복지기관에서의 사례관리에서도 비밀보장의 원리는 지켜지기 어려운 경우가 있으므로 사회복지실천의 비밀보장은 상대적이라고 할 수 있다. 또한, 타인이나 클라이언트 자신의 생명을 위협하는 경우 생명의 보호가 우선시되므로 비밀보장의 원리는 유보될 수밖에 없다.

3. 사회복지실천 과정과 기술

1) 사회복지실천의 과정

사회복지실천은 변화나 기능향상을 위해 도움을 필요로 하는 개인, 가족, 집단에 대해 전문적 지식과 기술을 갖춘 사회복지사가 계획된 절차와 단계에 따라 도움을 제공하는 일련의 과정이다. 따라서, 사회복지실천에는 계획적이고 조직적, 체계적인 절차와 단계를 포함한다.

사회복지실천 과정은 학자마다 달리 표현하고 있는데 일반적으로 초기단계-중간단계-종결단계로 구분하고 있다. 그렇지만 현실적으로 사회복지현장에서 이러한 단계에 따라 그대로 이루어지지는 않는다.

일반적인 사회복지실천 과정은 [그림 9-1]과 같이 도움을 받기 위해 찾아온 사람을 기관의 사회복지사가 처음으로 접촉하여 접수하고 긍정적 원조관계를 수립하면서 관련된 정보와 자료를 수집, 사정하고 개입목표와 계획을 세우는 초기단계, 계획된 대로 원조활동을 수행하면서 이를 점검하고 진행해 나가는 중간단계, 원조활동의 효과를 평가하고 원조관계가 만족스럽고 긍정적으로 끝나도록 하는 종결단계로 구분할 수 있다.

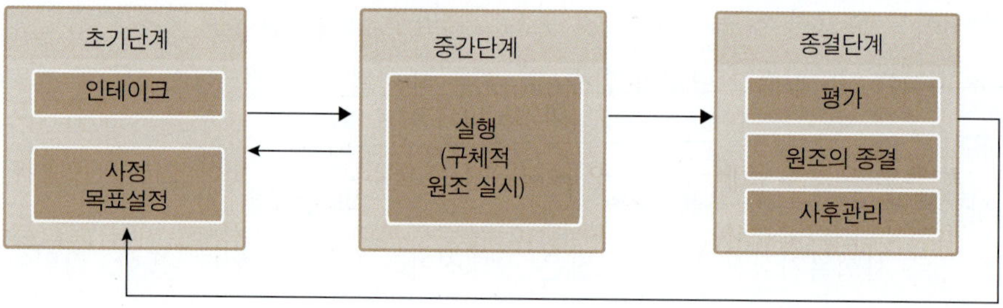

[그림 9-1] 사회복지실천 과정

(1) 접수

접수(intake)란 문제를 가진 사람이 사회복지기관을 찾아왔을 때 사회복지사가 그의 문제와 욕구를 확인하여 그것이 기관의 정책과 서비스에 부합되는지 여부를 판단하는 과정이다. 만약, 이 과정에서 클라이언트가 서비스를 제공받을 수 있는 자격이 없는 경우라든지 또는 클라이언트의 문제가 사회복지사 개인적으로나 소속기관에서 해결하기 어려운 경우 적절한 다른 기관으로 의뢰해야 한다. 초기면접 및 접수과정에서 클라이언트와의 긍정적 관계가 형성될 수 있도록 해야 하며, 클라이언트의 정서 상태에 충분한 주의를 기울여야 한다. 사회복지사와 클라이언트 간의 첫인상은 클라이언트와의 관계형성에 대단히 중요하다. 이러한 적절하고 긍정적인 관계형성을 통해 클라이언트의 참여를 유도해야 할 것이다.

접수 단계에서의 몇 가지 주요한 기능은 다음과 같다.

첫째, 실제로 도움을 제공하는 과정에서 준비 작업을 행하는 단계로 클라이언트의 기본 정보가 수집되어야 한다. 담당 사회복지사는 문제를 가지고 오는 사람의 말을 신뢰하고 요청하는 도움의 내용을 명확히 하고, 중요성을 인식하며, 문제의 원인을 파악한다.

둘째, 문제해결에 관하여 사회복지사의 역할과 사회복지기관에서 제공할 수 있는 서비스에 대하여 클라이언트에게 설명하는 것이다. 이는 클라이언트의 노력과 방법을 알아야 하고, 클라이언트의 기대와 기관의 원조 등을 설명해야 한다. 이를 통하여 클라이언트와 긍정적인 관계를 형성한다.

셋째, 클라이언트의 문제와 욕구를 기관에서 해결할 수 없을 경우 혹은 문제해결에 더 적합한 기관이 있을 경우 다른 기관으로 클라이언트를 의뢰(referral)하는 것이다. 이때 사회복지사는 클라이언트에게 의뢰하는 기관의 서비스에 대한 정보를 제공하고 그 기관과 접촉할 수 있도록 도와주어야 한다.

(2) 자료수집 및 사정

가. 자료수집

문제를 분명히 파악하기 위해서는 정확한 자료수집이 필요하다. 자료수집은 클라이언트의 문제를 이해하고 분석하기 위해 정확한 사정에 필요한 자료, 즉 정보를 모으는 것을 말한다. 정확하다고 하는 것은 객관적 사실을 바르게 파악하는 것을 의미하며 이를 위해 자료수집은 매우 분명하게 두 가지 방향으로 나아가야 한다고 한다. 첫째는 클라이언트 개인에게 초점을 둔 것이기도 하고, 둘째는 클라이언트를 둘러싸고 있는 사회환경에 초점을 두는 것이다. 전자의 경우는 클라이언트의 생활력 이해, 건강 상태 및 신체·정신 기능 파악, 클라이언트 자신의 자기 및 상황이해, 그리고 클라이언트의 퍼스낼리티 이해를 말한다. 후자는 클라이언트를 둘러싸고 있는 정보에 관한 것, 사회환경 측면에 대한 제 요인의 이해이다.

자료수집이 부족하면 사정이 정확히 이루어질 수 없고 부가적 자료수집을 또다시 해야 하며, 문제를 확인하는 자료수집과 전혀 연관 없는 자료를 수집한다면 이 또한 초점에서 벗어나기 때문에 문제가 될 수 있다.

나. 사정

사정(assesment)을 사회복지사와 클라이언트가 함께 참여하는 하나의 과정으로 보았다(Hepworth & Larsen, 1993). 이 과정은 클라이언트의 공통된 욕구와 관련된 자료를 수집하고 분석하며 종합하는 데 있어 협력이 강조되는 것이 특징이라고 한다.

이 단계에서는 주 문제점이 무엇인지를 확인하고, 문제해결을 위해 클라이언트는 공식적·비공식적 자원을 활용했는지, 클라이언트와 가족은 문제를 어떻게 바라보고 있는지, 문제는 언제 발생하는지, 문제의 역사, 문제를 해결하기 위한 클라이언트의 강점 등을 체크해야 한다.

사정을 하기 위한 도구는 3가지 범주로 분류할 수 있는데 이는 자료수집을 용이하게 하는 구도, 자료를 조직하고 진행함에 있어서 도와주는 도구, 의사 결정에 기여하기 위한 도구를 말한다(Compton & Galaway, 1999).

사정에 유용한 도구로는 가계도(genogram), 생태도(ecomap), 사회도(sociogram) 등이 있다.

가계도는 2~3세대의 가족관계를 도표로 작성하여 현재 제시된 문제의 원인을 규명하는 것으로 사회복지사와 클라이언트가 함께 작성해야 한다. 또한, 가계도는 각 가족구성원의 한 세대에서 다음 세대까지 생물학적, 법적, 정신적 관련성을 도표로 나타내는 것이다. 이는 구성원 간의 관계를 기술하여 가족유형을 짧은 시간 안에 파악할 수 있게 해 준다.

생태도는 클라이언트의 상황에서 의미 있는 관계와 체계들을 그림으로 나타내어 특정 문제와 이에 대한 개입을 계획하는 데 중요한 도구로, 가계도와 마찬가지로 사회복지사와 클라이언트가 함께 그리는 것이다. 생태도는 가족이 지역사회에서 얼마나 많은 외부체계들과 관계를 맺고 있는지, 고립의 정도는 어떠한지, 관계의 질은 어떠한지를 보여줌으로써 가족 내부에 대한 이해와 함께 외부와의 연결과 적응 정도를 파악할 수 있게 해 준다.

사회도는 상징을 사용해서 집단 내 성원들 간에 상호작용을 표현하는 그림으로 성원 간의 개인적 수용과 거부 및 집단 내의 대인관계를 평가하는 데 사용하는 기법으로 모레노와 제닝스(Moreno & Jennings)가 개발한 방법이다(남세진·조흥식, 1997 재인용).

(3) 개입목표 설정 및 계약

가. 목표설정

일반적으로 목적(purpose)과 목표(objective)를 흔히 구별 없이 사용하지만 개념상 목표는 목적을 세분화한 것으로 단기적이며 구체적이라는 점에서 목적과 구별된다. 사회복지실천 과정에서 목적은 클라이언트의 복지나 삶의 질 향상이라고 할 수 있고 이러한 목적은 단기적인 개입목표가 달성됨으로써 이루어질 수 있다. 이러한 목표는 사정과정에서 문제와 욕구를 정의하고 문제에 영향을 미치는 요인을 분석한 것을 근거로 설정되는 것이다.

사회복지실천 과정에서 목표설정이 중요한 이유는 사회복지사와 클라이언트에게 개입과정의 방향을 명확히 제시해 주어 방황하지 않고 진행할 수 있도록 도와주고 개입이 끝난 후 그 결과를 효과적으로 평가할 수 있게 하기 위해서이다.

사회복지실천 과정의 목표, 즉 개입을 통해 일어나기 바라는 변화유형으로는 존슨(Johnson, 1989)은 관계유지, 구체적 행동의 변화, 관계의 변화, 환경의 변화 등을 들었고, 재스트로(Zastrow, 1995)는 자원획득, 주요결정, 환경변화 등을 들었다. 공통적인 변화유형에 우리나라 임상에서 볼 수 있는 몇 가지 유형을 추가하면 다음과 같다(양옥경 외, 2002).

① 다른 사람과의 관계를 변화시키거나 그 사람에 대한 자신의 인식을 변화시키는 것

예 부부관계를 원만히 하는 것

② 중대한 결정을 내리는 것

예 미혼모가 아이를 입양시킬 것인가 아니면 유산시킬 것인가를 결정하는 것

③ 자신과 타인에게 혹은 환경에 부정적인 행동증상 포함을 변화시키는 것

예 수업 중 아이의 산만한 행동을 감소시키는 것

④ 주변의 환경이 좀 더 클라이언트의 욕구에 반응하도록 변화시키는 것

예 장애인을 위해 주거환경을 변화시키는 것

⑤ 필요한 자원이나 정보를 구하는 것

예 실업자가 공공근로에 대해 알아보는 것

⑥ 기능적인 사회적 역할수행에 필요한 기술을 익히는 것

예 부모교육을 통해 자녀 양육에 필요한 기술을 익히는 것

최근에는 다양한 욕구를 가진 클라이언트가 증가함으로써 사회복지사는 다양한 목표에 개입할 경우가 많다. 다양한 목표에 개입할 때는 가능하면 우선순위가 높고 달성 가능한 것부터 개입한다. 어떤 목표는 달성과 동시에 부수적으로 또 다른 목표달성이 가능한 것도 있으며, 두 가지 목표를 달성하기도 한다.

나. 계약

목표설정과 그것을 달성하기 위한 전략, 역할, 개입, 평가방법 등을 구체적인 활동용어로 기술한 계획에 대해 사회복지사와 클라이언트가 서로 동의하는 것을 계약이라 한다. 계약 내용 속에는 개입활동과 그에 따른 클라이언트와 사회복지사 각각의 역할을 명확히 하여 가능한 클라이언트의 참여를 높여야 한다.

계약은 서면으로 이루어지거나 구두계약을 선호하는 경우는 구두로 이루어지고 있다. 서면계약을 할 때는 사회복지사와 클라이언트 사이에 발생할 수 있는 오해를 최소화하면서 양쪽의 동의하에 이루어져야 한다. 서면계약은 법적 효력은 없으나 계약조항은 명확히 해야 한다. 그렇지 않으면 클라이언트 중 간혹 계약의 목표를 달성하지 못하였을 경우 사회복지사의 잘못된 개입실천에 대한 소송을 제기할 수도 있다. 구두계약은 비공식적 계약으로 개인적이고 자발적인 교환에 근거하므로 사회복지사들이 선호하는 편이다.

서면계약과 구두계약에서 원조과정과 결과측정을 비교한 결과 어느 것이 더 좋다는 것은 나타나지 않았다는 연구결과가 보고되고 있다(Klier, Fein & Geneno, 1984; 임은희, 2004 재인용).

계약의 요소에 존슨(Johnson, 1985)은 클라이언트와 사회복지사가 합의한 목표와 시간제한 그리고 구체적인 개입기법 등이 포함된다고 하였고, 헵워스와 라슨(Hepworth & Larsen, 1986)은 성취할 목표, 참여자의 역할, 사용되는 개입형태 및 기법, 시간적 조건, 평가방법, 그리고 시작일, 약속취소와 변경의 조건, 비용 등과 관련된 관리 사항 등이 포함된다고 하였다.

(4) 개입

개입과정은 사회복지사와 클라이언트가 계약 시 상호 협의하여 결정한 문제를 해결하기 위하여 구체적인 행동을 실천하는 것이다. 이 과정을 통해 의도된 변화가 일어나는 단계이다. 개입과정에는 일반적으로 클라이언트 개인에게 직접적으로 개입해서 변화를 시도하는 직접적 개입과정이 있고, 클라이언트 개인보다는 클라이언트를 둘러싸고 있는 환경의 변화를 시도하는 간접적 개입과정이 있다.

(5) 평가와 종결

① 평가

평가는 초기 목표와 계획에 따라 잘 이루어지고 있는지, 그 성과목표에 따라 클라이언트의 변화가 잘 이루어졌는지를 과학적인 방법으로 측정하는 것을 의미한다. 평가는 계획된 변화과정이 진행 중인 상태에서, 개입이 계획대로 잘 진행되고 있는지, 잘 진행되지 않는다면 그 원인을 찾아 다시 계획을 수정하는 작업을 포함한다. 또한, 개입계획 자체가 잘 이루어졌는지, 목적과 목표를 성취하기 위해 사용된 수단이 적합한지 여부를 심사하는 과정을 포함한다. 이것을 일반적으로 과정평가 또는 형성평가라고 한다.

하지만, 일반적으로 평가라 하면 결과평가 또는 총괄평가를 의미한다. 개입이 이루어진 후 개입의 목표를 충분히 달성해서, 측정가능한 정도로 심사해 보는 것을 의미한다. 즉, 개입이 충분한 성과를 거두었는가 하는 것이다. 따라서 사회복지실천 평가는 변화과정과 그 결과를 측정하기 위해 과학적인 방법을 적용하는 것이다(Compton & Galaway, 1999).

평가가 정확하고 구체적으로 이루어지기 위해서는 목표가 구체적이고, 측정 가능한 형태이어야 한다. 그리고 각 개입의 과정에서도 성과나 평가에 대한 인식은 물론이고, 양적·질적인 성장을 측정할 수 있는 도구개발이 전제되어야 한다.

② 종결

개입이 있고, 평가를 해서 개입초기의 목표가 충분히 달성되었다고 인정된다면 일반적으로 사회복지실천이 종결된다. 종결은 단순히 사회복지실천이 종결되는 것을 의미하지는 않고, 종결 이후 클라이언트가 가지게 되는 정서적 반응, 즉 분리에 따른 부정적 감정까지 고려해야 한다. 특히, 클라이언트가 과도하게 사회복지사에게 의존하고 있을 경우 정서적 반응은 심각할 수 있다. 사회복지사와의 분리에 따른 상실감, 혼자서 생활해 나가야 한다는 것에 대한 두려움이나 자신감 결여, 사회복지사에 대한 일시적인 불신감 및 원망감 등 다양한 감정이 작용할 수 있다. 따라서, 갑작스러운 종결은 클라이언트로 하여금 심각한 정서적 문제를 야기할 수도 있다.

이러한 부정적인 감정을 줄이기 위해서 다음과 같은 점을 고려해야 한다.

첫째, 클라이언트와 함께 종결을 계획하고 논의해야 한다. 클라이언트와 함께 종결을 계획하고 논의함으로써 클라이언트로 하여금 마음의 준비를 할 수 있는 기회를 주고, 종결이 임박함으로써 사회복지사와 클라이언트 모두 남은 기간 동안 최선의 노력을 해야 한다는 각오를 다질 수 있다.

둘째, 부정적인 정서적 반응을 해결하는 노력을 해야 한다. 사회복지사는 종결을 이야기할 때 종결 이후의 삶에 있어서 나타날 수 있는 여러 가지 불확실성에 대한 두려운 감정, 구체적인 일이나 문제 등에 초점을 두고 함께 이야기할 수 있는 기회를 가지는 것이 좋다. 또한, 클라이언트로 하여금 자신의 감정을 솔직하게 표현할 수 있는 자연스러운 기회를 제공하는 것이 필요하다. 그리고 사회복지사는 이러한 감정에 감정이입적 반응을 충분히 해 주고, 공감하며, 인정하며, 수용하는 자세를 보이는 것이 중요하다.

셋째, 성취한 변화를 계속 유지할 수 있도록 도와주어야 한다. 클라이언트에 대한 개입원조 과정에서 클라이언트가 성취한 변화를 다른 환경에서도 계속 유지할 수 있도록 자신감을 고취시켜야 할 것이고, 이를 위해 변화를 시도해 볼 수 있는 적절한 상황을 제시하고, 다양한 상황과 환경을 활용하여 사회복지사가 함께함으로써 클라이언트는 자신의 능력에 대해 충분한 확신을 가질 수 있을 것이고, 변화를 계속 유지해 갈 수 있는 바탕이 형성될 수 있을 것이다.

2) 사회복지실천의 기술

(1) 면접

① 면접의 개념

면접(interview)은 사회복지사와 클라이언트 사이의 일련의 의사소통으로 사회복지 개입의 주요한 도구이다. 사회복지실천 과정에서 면접은 전문적 관계에 바탕을 두고 정보수집, 과업수행, 클라이언트의 문제나 욕구해결 등과 같은 목적을 수행하는 시간제한적 대화이다(Johnson, 1989). 면접을 통한 의사소통이 잘 이루어져야 사회복지사는 클라이언트와 그의 욕구를 이해하고 개입방법을 의논하고 실행과정을 모니터하며 기술을 전달할 수 있다.

콤튼과 갤러웨이(Compton & Galaway, 1994)는 사회복지 면접의 특성을 다음과 같이 4가지로 제시하고 있다. 첫째, 맥락이나 세팅을 가지고 있다. 즉, 클라이언트에게 서비스를 제공하는 특정한 기관이 있고 면접 내용은 특정 상황에 한정되어 있어 관련 없는 요인은 제거된다는 것이다. 둘째, 목적과 방향이 있다. 즉, 면접은 우연히 만나 정보를 교환하는 것이 아니라 구체적인 목표를 달성하기 위해 수행되는 과정이라는 것이다. 셋째, 계약에 의한다. 면접은 클라이언트와 사회복지사가 목적 달성을 위한 일련의 과정을 상호 합의한 상태에서 진행함을 의미한다. 넷째, 관련자들 간의 특정한 역할관계가 규정된다. 면접인과 피면접인에게 각각 정해진 역할이 있고 그 역할에 따라 상호작용한다.

따라서, 사회복지 면접은 인간의 행동과 반응에 대한 전문적 지식과 정교한 인간관계기술을 갖춘 사회복지사가 클라이언트와 그의 문제를 이해하고 원조한다는 목적을 가지고 의도적으로 이끌어 나가는 전문적 대화라고 할 수 있다.

② 면접의 목적

면접은 특정한 목표를 달성하기 위하여 수행되는데, 면접의 목적은 면접이 실시되는 방법에 영향을 주는 데 있다. 헵워스와 라슨(Hepworth & Larsen, 1990)은 면접의 궁극적 목적을 삶의 질적인 향상과 성장을 목적으로, 문제를 해결하고 이에 필요한 전략이나 행동을 모색하기 위해 정보를 주고 받는 것이라고 하였다. 사회복지 면접은 정보를 수집하는 목적도 있으나, 클라이언트에게 도움을 제공하는 목적도 있으므로 이상의 두 가지를 동시에 가지고 있다. 따라서, 면접의 목적은 문제를 정확하게 파악하고, 문제 상황에 있는 사람과 그 상황을 이해함으로써 문제를 효과적으로 해결하는 데 있다.

한 사례에 대한 사회복지 면접의 궁극적인 목적이 공유된다 해도 매번 하게 되는 단위면접의 목적은 조금씩 다를 수 있다. 다시 말하면, 초기 면접과정에서는 무엇보다도 서로 신뢰관계를 성립하는 일이 가장 큰 비중을 차지할 것이고, 조사·사정 단계에서의 면접은 더 많은 유용한 정보를 얻어내는 것이 일차적 목적이 될 수 있으며, 개입실행 단계에서는 면접을 통한 문제 해결과 억눌린 감정의 환기를 통한 치료적 효과에 목적이 있을 수 있다. 따라서, 면접에 임하는 사회복지사는 맡은 사례에 있어서 면접의 궁극적인 목적과 함께 매 세션마다 세부적인 면접목표를 정해서 면접진행 과정에서 이를 주지하고 있어야 한다.

③ 면접의 구조적 조건

면접은 아무리 면접의 목적이 분명하고 면접자가 숙련된 기술을 갖추고 있다고 하더라도 복잡한 사무실이나 길거리에서 효과적인 면접이 이루어질 수 없다. 사회복지 면접은 시간과 공간이라는 물리적 환경, 보존을 위한 기록, 비밀보장과 같은 구체적인 요건을 필요로 한다. 면접은 장소적 요건에 의해서 전체적인 인상이 큰 영향을 받는다. 장소는 조용하면서도 프라이버시가 보장되고, 사회복지사가 면접시간 동안만큼은 온전히 클라이언트에게 집중할 수 있는 환경이 필요하다. 상담실은 딱딱한 느낌을 최대한 피하고 안락하고 마음의 여유를 느낄 수 있게 구성하는 것이 좋다. 안락의자에 낮은 탁자를 사이에 두고 마주 앉거나 책상이나 테이블이라면 서로 90도 정도의 각도로 앉을 수 있는 자리 배치가 부담을 덜어 줄 것이다. 조명 역시 간접 조명이 좋고, 사회복지사가 빛을 등지고 앉게 되면 사회복지사의 표정은 보이지 않고 클라이언트는 다 노출되기 때문에 부담감과 권위의식을 강조하게 되어 좋지 않다.

면접은 약속에 의해 시간이 정해지고, 그 시간은 예기치 못한 급한 사정이 없는 한 반드시 지켜져야 한다. 이로써 클라이언트는 자신과 자신의 시간이 존중받는다고 느껴 보다 우호적으로 반응하게 되고, 자신도 똑같이 사회복지사의 시간을 존중하려 할 것이다. 면접시간은 상황과 목적에 따라 다양하지만 일반적으로 한 번에 50분 정도가 적당하며 이것은 클라이언트의 주의집중 능력이나 의사소통 능력에 따라 조정되어야 한다. 면접 동안 사회복지사는 진행된 내용을 기록으로 남기는데 이는 정보수집이나 개입방법의 점검과 확인 등의 목적을 위해 매우 중요하다. 필기로 메모하기도 하고, 경우에 따라서는 면접에 열중하기 위해 녹음기나 비디오 녹화를 하기도 한다. 이때는 클라이언트의 동의를 반드시 얻는 것이 중요하다.

마지막으로 사회복지사가 반드시 지켜야 하고 클라이언트에게도 확인시켜 주어야 하는 것은 비밀보장의 책임이다. 이는 클라이언트가 자기와 관련된 정보가 외부에 노출되거나 최소한 악용되지 않을 것이라는 점을 확신해야 자기의 속마음을 솔직히 밝힐 것이기 때문이다. 이는 담당 사회복지사에게 한정되는 것이 아니라 기관이나 시설에 소속된 모든 사회복지사에게 해당되는 것이다.

④ 면접의 방법

사회복지실천을 위한 면접에서 기본적으로 활용하는 방법이 있는데 이는 클라이언트의 문제와 치료의 목표와 관계없이 모든 면접의 공통적인 기본 방법을 의미한다(이장호, 1989).

기본 방법으로는 관찰, 경청, 질문, 반영, 명료화, 직면, 해석이 있다.

가. 관찰

관찰은 클라이언트가 이야기하고 행동하는 모든 것에 주의를 기울여 클라이언트와 그의 문제를 이해하는 데 필요한 정보를 얻는 것이다. 그러나 관찰은 한계가 있으므로 사회복지사가 알고자 하는 것을 선택하여 관찰하는 의도적이고 계획적인 활동이라고 할 수 있다(Loewenberg, 1977).

관찰은 클라이언트가 상담실 문을 열고 들어오는 순간부터 시작된다. 면접에서 클라이언트가 이야기하는 것은 물론이고 클라이언트가 말하지 않는 것과 의미 있는 침묵 등에도 주의를 기울여야 한다. 또한 신체적인 긴장, 얼굴 붉힘, 흥분, 낙담 및 클라이언트가 이야기할 때의 태도나 모습에도 주의를 기울여야 한다.

예를 들면, 클라이언트가 아버지의 죽음을 이야기하면서 웃는 것 등은 클라이언트의 표현과 감정의 차이를 밝히는 데 매우 중요한 것이다.

또한, 사회복지사는 자신의 관찰이 정확하다고 생각해서도 안 되며 또한 쉽게 속단해서도 안 된다. 그러므로 관찰을 통해 얻은 정보가 다른 정보와 일치하는지를 판단하며 사용해야 한다.

나. 경청

면접의 기본적인 활동 중의 하나가 경청이다. 사회복지사는 클라이언트가 무엇을 말하는지, 사회복지사의 질문에 어떻게 반응하는지를 듣는 것이다. 사회복지사는 가능한 면접 시간을 더 많이 경청하는 데 활용하여야 한다. 경청은 사회복지사가 클라이언트의 어려움에 공감하고 그가 원하는 반응을 하면서 잘 듣는 것이다.

경청은 단순히 클라이언트의 이야기를 듣는 것이 아니고 그가 지금 무엇을 표현하는지, 그의 감정과 사고는 어떠한지를 이해하면서 듣는 것이다. 공감적 태도 속에서의 경청은 그 자체로도 클라이언트가 감정정화(catharsis)를 하고 마음의 안정을 찾게 하는 효과가 있다. 격한 감정, 분노 등의 부정적 감정을 표현함으로써 감소시키려는 클라이언트에게는 사회복지사의 경청이 클라이언트를 변화시킬 수 있는 개입방법이 된다.

다. 질문

질문은 클라이언트를 돕기 위해, 필요한 정보를 얻기 위해, 그리고 어긋나고 있는 대화의 초점을 바로 잡기 위해 꼭 필요하다. 질문을 너무 많이 하면 클라이언트는 혼란을 느끼게 되고, 너무 적게 하면 클라이언트가 면접의 부담을 많이 갖게 된다. 따라서, 질문은 클라이언트의 속도에 맞추어야 하고 적절한 시점에 이루어져야 한다.

사회복지사와 클라이언트와의 면접이 바람직하게 진행되기 위해서는 적절한 표현방식에 의한 질문도 필요하다. "당신은 몇 살입니까?"와 같은 질문은 폐쇄형 질문이다. 이 질문은 클라이언트가 대답할 수 있는 방법을 제한한다. 반대로 "당신에 관한 이야기를 해 주십시오."와 같은 질문은 클라이언트가 중요하다고 생각하는 것은 무엇이든 다 말할 수 있는 개방형 질문이 된다. 상담 도중에 사회복지사는 대개 개방형 질문을 사용한다. 폐쇄형 질문은 사회복지사가 구체적인 정보를 필요로 하거나 클라이언트가 너무 당황하고 혼란스러워 방향과 초점을 유지하기 위하여 특정한 구조가 필요할 경우 적절하다.

질문하는 기술 중에 폐쇄형 질문을 너무 많이 사용하거나 질문을 한꺼번에 너무 많이 하거나, 유도하는 질문을 하거나 "왜"라는 질문을 너무 많이 하는 것은 바람직하지 못하다고 할 수 있다.

라. 반영·명료화·직면·해석

반영은 클라이언트의 말과 행동에서 표현되는 기본적인 감정·생각 및 태도를 사회복지사가 다른 참신한 말로 부연해 주는 것이다. 사회복지사는 클라이언트의 감정 및 태도 중 어떤 것을 반영할 것인가를 선택한다. 이 선택의 기준은 일반적으로 클라이언트가 표현한 말에 담긴 감정과 생각 중 가장 중요하고 강력한 것이 어떤 것이냐에 따른다. 중요한 것은 클라이언트가 말로 표현한 수준 이상으로 깊이 들어가지 않는다는 것이다. 클라이언트가 분명히 표현하지 않은 것을 언급하는 것은 명료화나 해석이 되기 쉽다.

명료화는 클라이언트의 말 속에 내포되어 있는 것을 내담자에게 명확하게 해 주는 것을 의미한다. 즉, 클라이언트의 실제 반응에서 나타난 감정이나 생각 속에 암시되었거나 내포된 관계 또는 의미를 보다 분명하게 말해준다. 클라이언트에게 언급해 주는 내용의 의미와 관계는 어디까지나 클라이언트의 표현 속에 포함되어 있다고 사회복지사가 판단하는 것이다.

직면이란 클라이언트가 모르고 있거나 인정하기를 거부하는 생각과 느낌을 규명하는 것이다. 예를 들면, 클라이언트가 모르고 있는 과거와 현재의 연관성, 행동과 감정 간의 유사점 및 차이점 등을 지적하고 그것에 주목하는 것이고, 직면은 사용하기 어려운 기법으로 클라이언트의 감정, 경험 및 왜곡된 면을 규정하는 것이다.

해석이란 클라이언트가 이야기한 경험 내용에 사회복지사가 새로운 의미와 관련성을 부여하여 언급하는 것이다. 즉, 클라이언트가 미처 지각하지 못하고 있는 의미와 관계성을 사회복지사가 지적해 주는 것이라고 말할 수 있다. 이는 클라이언트에게 어떤 의미를 전달하고자 하는 상담자의 시도라고 볼 수 있다. 즉, 클라이언트로 하여금 과거의 생각과는 다른 각도에서 자기의 행동과 내면세계를 파악하게 하는 것이다.

(2) 사회복지실천 모델

① 클라이언트 중심모델

클라이언트 중심모델(client centered model)에서는 정상이든 비정상이든 모든 인간은 각자의 계속적인 성장에 궁극적인 관심을 갖고 있으며, 인간은 누구나 이와 같은 계속적인 성장을 위해 잠재능력을 갖고 있다는 인간관을 가정하고 있다. 따라서, 상담 혹은 심리치료란 개인 속에 이미 존재하고 있는 잠재능력을 제약되고 왜곡된 상태로부터 해방시킴으로써 충분히 기능을 발휘할 수 있는 인간으로서의 성장을 원조하는 것으로 보고 있다(Rogers, 1961).

모든 인간은 각자의 계속적인 성장에 궁극적 관심을 가지고 있으며, 인간은 누구나 이와 같은 계속적인 성장을 위한 잠재능력을 갖고 있다는 인본주의를 그 사상적 바탕으로 하고 있다.

이 모델의 주된 틀은 사회복지사가 솔직한 태도, 인간적 존중, 공감적 이해를 경험하고 이러한 태도를 클라이언트에게 전달하여 신뢰성 있고 허용적인 분위기를 조성하게 되면, 클라이언트의 성장 잠재력이 발현된다는 것이다.

이 모델은 사회복지실천에 클라이언트와 사회복지 간의 관계의 질의 중요성을 재강조하고 사회복지사에게 치료원칙을 제시하는 역할을 하였다. 또한, 로저스가 성공적 치료를 위한 전제조건으로 제시한 바와 같이, 진실하고 일관성이 있으며, 클라이언트에게 무조건적인 긍정적인 관심을 가져야 하는 등의 치료관계의 조건은 사회복지실천에서 매우 중요한 전제가 되고 있다.

② 임파워먼트 모델

임파워먼트(empowerment)라는 용어는 사회적·조직적 환경에 관한 클라이언트의 통제력을 증가시키고자 하는 임상실천의 과정, 개입, 기술을 의미한다(Browne, 1995).

펄만(Perlman, 1957)은 사회복지실천을 위한 모델로서 문제해결과정을 제시하여, 최초로 일반사회복지 모델을 개념화함으로써, 문제해결 모델이 사회복지실천의 주류를 이루게 되었다. 문제해결 모델은 사회복지사와 클라이언트에게 문제해결을 위한 협상, 계획, 행동전략을 제시함으로써 오랫동안 사회복지실천에서 많은 사회복지사들에 의해 논리적, 실제적인 개입 준거틀로 활용되었다.

1970년대 일반체계 이론과 생태학 이론이 사회복지의 주요 이론으로 활용되면서, 생태체계 관점에 근거한 강점지향 혹은 해결중심 접근의 중요성이 대두되었고, 이는 여러 학자에 의해 1970년대 중반에 권한부여 모델로서 새롭게 나타나게 되었다(김동배·권중돈, 1998). 이는 클라이언트를 문제 중심으로 보는 것이 아니라 강점 중심으로 봄으로써 클라이언트의 잠재 역량 및 자원을 인정하고 클라이언트 내외에 탄력성이 있음을 전제하여, 클라이언트가 자신의 삶을 통제할 수 있도록 권한 혹은 힘을 부여하고자 하는 것이다. 이 모델에서 클라이언트와 사회복지사는 협력적인 파트너십을 기반으로 문제해결과정에 함께 참여한다.

③ 과제중심 모델

과제중심모델(task centered model)은 1960년대 중반에 시도된 개별사회사업 모델로부터 전개되어 1970년 초 리드(Reid)와 엡스타인(Epstein)에 의해 고안된 사회사업실천 모델이다. 이 모델은 단기치료 형태의 일종이며 대인관계와 사회적 관계의 어려움, 역할수행 정신적 고통 등의 생활상의 문제들을 원조하기 위하여 개발되었다.

과제중심 모델은 단기치료에서 사용하는 많은 방법, 즉 시간제한, 제한된 목표, 초점화된 면접과 현재의 집중, 활동과 지시, 신속한 초기사정 그리고 치료의 융통성 등을 이용하고 있다(Epstein, 1992). 또한, 과제중심 모델은 이전의 장기치료와는 달리, 실천가나 다른 전문가의 진단에 의해서가 아니라 클라이언트가 표현하고 도움을 요청한 욕구를 무엇보다도 우선시하며 치료과정을 통해 이를 조율해 나가는 방식을 취한다(Reid, 1978).

시간 제한적이며 명확한 목표, 예리한 초점, 체계적인 이행이 특징인 이 모델은 사회복지서비스에 대한 효율성의 요구가 강조되는 시점에서 특히 비용효과성 때문에 더 큰 매력을 가지며, 또한 한정된 이론이 아닌 체계적인 절차를 지닌 실천모델로서, 문제사정이나 해결과정에서 인간행동과 실천에 관한 다양한 여러 이론을 융통성 있게 사용할 수 있다는 장점이 있다.

④ 위기개입 모델

위기개입 모델(crisis intervention model)은 자연재해나 갑작스러운 생활상의 사건으로 인해 극심한 스트레스 상황에서 즉각적으로 필요한 서비스의 지원과 심한 고통 이후에 발생할 수 있는 심각한 심리적 붕괴현상의 예방에 관심이 있다. 그러므로 이 모델은 긴박한 스트레스 상황 속의 개인이나 가족을 진단하는 준거틀과 임상적 측면에서 예방법으로 일반화할 수 있는 접근방법을 제시해 준다.

위기개입 모델과 실제는, 린더만(Lindermann, 1944)의 '보스턴 코코넛 숲 화재에 대한 격심한 슬픔 반응에 관한 임상연구'와 캐플란(Caplan, 1964) 및 동료 학자가 수행한 예방정신의학 연구 프로그램 등에 기초해서 1950년대 및 1960년대에 급격한 속도로 성장하였다(Roberts & Nee, 1972).

위기개입의 초기 모델에서는 위기에 처한 개인 및 가족을 중심으로 하는 임상 접근법을 강조하였으나 캐플란이 위기해결 이후 적응과정에서 환경자원, 특히 지역사회서비스 체계의 중요성을 주장하고 인간의 위기가 사회구조적 측면과 사회체계적 측면에 의해 제기된다는 인식이 확산되면서 심리중심 위기개입과 함께 생태학적 측면의 환경중심의 접근이 강조되는 등 통합적 측면이 더욱 강조되고 있다.

⑤ 현실치료 모델

현실치료(reality therapy)는 1950년대 윌리엄 글래서(William Glasser)에 의해 연구·소개되었다. 이 모델의 기본 가정은 우리 모두가 성장할 수 있는 힘을 가지고 있으며, 이 힘이 우리의 환경을 통제하면서 자신의 욕구를 충족시키고 '성공적인 정체감'을 발전시킬 수 있다는 것이다. 이 기본 가정에 근거하여 이 모델은 현재의 자기 행동에 대한 책임, 즉 현재 진행 중에 있는 행동에 초점을 맞추는 치료방법이다.

글래서는 일반적으로 인간에 대해 긍정적이며, 결정론적인 입장을 반대한다. 현실치료 모델은 자신의 행동과 정서에 대해 자신이 책임을 지는 반결정론적 입장을 지지한다. 인간은 자신의 건강을 증진시키고 성장시키려는 힘과 자기결정(self-determining)이 가능한 존재이다. 이는 인간이 성장하려는 힘을 가졌다는 데 근거한 것으로 인간은 유전이나 환경 또는 과거에 의해서 결정되기보다는 자기 스스로에 의해 결정하는 면이 더 크다는 것이다.

인간은 자신이나 환경을 통제할 수 있는 존재이다. 인간이 자기를 결정할 수 있는 것은 자기 자신과 자신의 환경을 어느 정도 통제할 수 있기 때문이다.

인간은 자신의 행동을 포함한 자신에 대하여 책임질 수 있는 존재이다.

인간은 성공적인 정체감을 발전시킬 수 있는 존재이다. 성공적인 정체감을 통해 인간은 만족스럽고 즐거우며 의미 있는 인간관계를 가지고 싶어 한다.

인간은 기본적인 욕구를 충족시키려는 존재로, 이러한 욕구에는 소속(belonging), 능력(power), 자유(freedom), 재미(fun), 생존(physical survival)이 있다.

⑥ 인지행동 모델

인지행동 모델이란 하나의 실천 모델이 아니라 여러 모델을 총칭하는 용어이다. 1960년대에 여러 가지 인지행동 모델이 등장하였고, 어떤 학자는 정신분석 배경을 가지기도 하고, 다른 학자는 행동주의 배경을 가지기도 했다.

인지행동 모델에서는 무엇을 어떻게 생각하는가가 정서적 반응과 행동에 영향을 미친다고 본다. 그러므로 문제행동과 개인적인 디스트레스(distress)는 비합리적이고 경직된 사고와 비현실적이고 근거 없는 신념에 기초한다. 인지행동 이론에서 인간은 내적 심리세력에 의해서만 영향을 받는 존재도 아니고, 환경적 영향에 의해서만 행동하는 것도 아닌 개인적, 환경적 그리고 인지적 영향력 사이의 끊임없는 상호작용에 의해 행동한다고 본다.

따라서, 인지행동 모델은 인지치료적 방법으로 교육을 통해 상황을 왜곡하여 해석하는 방식을 변화시키거나, 기능적인 차원에서 해석하는 방식을 배움으로써 정서의 변화를 꾀한다. 동시에 관찰학습을 통해 새로운 기능적 행동기술을 학습하고 실제상황에 적용하도록 격려하면서 행동주의적 강화를 통해 행동의 변화를 유지시키는 것을 목적으로 한다.

엘리스(Ellis)는 합리정서치료(rational emotive therapy) 이론을 적용하여 [그림 9-2]와 같이 ABCDE 모형으로 나타냈다. 여기서 A(activating event)는 사건, 상황, 행동 또는 개인의 태도이며, C(consequence)는 각 개인의 반응이나 정서적 결과이다. 이 반응은 적절할 수도 있으며 부적절할 수도 있다. A 선행사건 자체가 C 정서적 결과를 초래한다고 보는 것이 아니라 각 개인의 A에 대한 믿음인 B(belief)가 C인 정서적 반응을 초래한다고 본다. D(dispute)는 클라이언트가 자신의 비합리적인 생각을 고치는 데 적용될 수 있는 과학적 방법을 말한다. 비현실적이고 검증할 수 없는 자기 파괴적 가설은 논리의 원리를 가르침으로써 포기할 수 있다. 엘리스에 의하면 성공적인 면접은 비합리적인 사고를 계속적으로 논박하여 어느 정도 재교육에 성공하느냐에 의해 좌우된다고 강조하고 있다. 일단 논박이 성공하면 효과(effect)로서 클라이언트의 적절한 정서와 적응적 행동이 드러난다(Ellis, 1979).

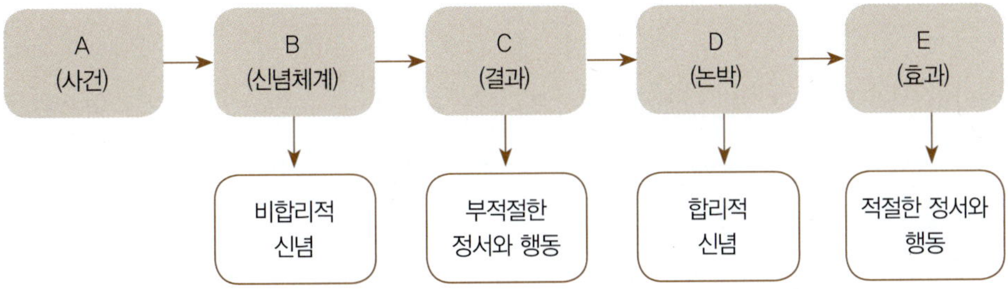

[그림 9-2] A-B-C-D-E 모형

(3) 사회복지실천 개입방법

① 집단 수준의 개입

인간은 출생부터 집단에 소속되며, 전 생애를 통해 여러 집단경험을 통해 성장하고 발달한다. 최초로 부모와 자녀관계, 형제 자매관계와 같은 친밀한 관계로부터 근린이나 학교의 친구, 직장 및 취미활동 집단 등의 다양한 여러 집단에서 타인과 관계를 맺음으로써 사회행동의 규범을 학습하고, 자아정체감을 형성하고, 집단과 사회의 한 성원으로서 소속감을 갖게 됨으로써 안정된 생활을 영위해 갈 수 있게 된다.

최근에는 사회복지실천에서 집단개입은 사회변화뿐만 아니라 개인의 치료와 변화를 목적으로 정신병동, 병원, 사회복지시설, 교도소, 학교 등에서 소집단활동이 활성화되면서 사회복지실천의 주요 개입방법으로 성장하였다.

집단사회사업은 집단을 대상으로 하는 사회복지실천으로 집단지도라고도 하는데 집단사회사업의 정의는 전문가들 사이에 일치된 정의는 아직 존재하지 않고 있는 실정이다. 그중 여러 학자의 정의를 토대로, 김종옥과 권중돈(1993)은 다음과 같이 정의하고 있다.

첫째, 집단사회사업은 사회사업 방법론 중의 하나이다.

둘째, 집단사회사업은 목표지향적 활동이다.

셋째, 집단사회사업은 개별 성원, 전체 집단 그리고 집단이 속한 환경이라는 3가지 초점 영역을 지니고 있다.

넷째, 집단사회사업은 주로 소집단을 활용하며, 고통 받는 개인뿐만 아니라 건강한 개인들로 구성된 집단을 대상으로 한 실무이다. 이는 보건 교육, 여가활용 등과 관련된 욕구를 지니고 있는 건강한 개인의 욕구충족이나 성장을 목적으로 한 집단 활동까지도 포함한다.

다섯째, 집단사회사업은 치료집단과 과업집단의 실무를 포함한다. 예를 들면, 위원회의 운영, 치료회의, 요원교육 등 간접적 서비스를 포함하는 개념이다.

여섯째, 집단사회사업은 전문가의 지도와 원조하에 이루어진다.

또한, 남세진과 조흥식(1997)은 집단지도를 "사회사업 방법의 하나로 전문가에 의한 의도적 집단과정과 경험을 통해 개인의 사회적 기능수행을 향상케 하며 그리고 개인, 집단, 지역사회의 당면문제에 대해 보다 효과적으로 대처할 수 있도록 도움을 주는 것"이라고 정의하고 있다.

② 가족치료

가족치료란 가족을 하나의 체계로 보고, 그 체계 속의 상호교류 양상에 개입함으로써 개인의 증상이나 행동의 변화를 가져오도록 추구하는 치료접근 방법이다. 가족치료에서 개인의 문제는 그 개인의 내적인 문제로서만이 아니라 그를 둘러싼 전체 가족이라는 맥락 속에서 이해하여야 하며 개인과 가족 전체 사이에 존재하는 고정된 상호작용 양상을 변화시키려고 노력하는 것이 가족치료이다.

가족은 기능적 가족과 역기능적 가족으로 나눌 수 있는데 기능적 가족의 특성은, 하위체계의 경계선이 명확하지만 이것은 가족의 요구에 따라 변화할 수 있다. 가족규칙은 명확하며 공평하게 이루어진다. 또는 규칙은 가족의 상황에 따라 변할 수 있다. 또한, 가족성원은 자신들의 역할을 명확히 이해하며 각 개인의 자율성은 존중되면서도 전체로서의 가족이 유지된다. 의사소통은 자유롭고 명확하며 직접적이다. 이에 반하여 역기능적 가족의 특성은, 하위체계의 경계선이 경직되거나 혼란되어 있으며, 가족의 욕구에도 변화하지 않는다. 가족규칙도 명확하지 않으며 경직되어 있다. 가족성원의 역할은 경직되거나 명확하지 않아서 가족성원은 자신에게 요구되는 기대가 무엇인지 잘 알지 못한다. 또한, 개인의 자율성은 가족전체를 위해 희생되거나 반대로 가족이 통합되지 못해 지나친 자율성이 요구된다. 의사소통은 애매하고 간접적이고 권위적이다.

가족치료기법 중 몇 가지를 살펴보면 다음과 같다.

정신역동적 가족치료(psychodynamic family therapy)란 가족을 대상으로 정신역동적 치료를 하며, 체계적 가족치료에 정신역동적 통찰과 개입을 선택적으로 도입하는 것이라고 할 수 있다. 가족성원을 무의식적 제약에서 벗어나게 하여 과거의 무의식적 이미지보다는 현실에 기초하여 가족이 건강한 개인으로서 서로 상호 작용할 수 있도록 돕는 것이다.

구조적 가족치료는 가족을 재구조화(restructuring)함으로써 가족이 적절한 기능을 수행할 수 있도록 돕는 방법이다. 치료의 궁극적인 목표는 가족체계의 상호교류 규칙을 재구조화하고, 가족성원들이 서로 반응하는 방법을 바꾸며, 좀 더 만족하는 방법을 배우고, 미래의 갈등과 스트레스를 좀 더 극복할 수 있도록 하는 것이다(Goldenberg & Goldenberg, 1991).

전략적 가족치료(strategic family therapy)는 이론보다는 문제해결에 초점을 두고 있다. 그러므로 문제에 대한 이해보다는 해결방법에 중점을 두며 다양한 실용적인 방법을 사용한다. 이 치료기법은 목표를 최소화하고 현재 제기된 문제가 해결되면 종결한다. 치료자가 보기에 문제가 있다고 보여도 가족이 문제 해결에 대한 원조를 요청하지 않으면 치료목표로 설정하지 않는다. 헤일리(Harley)는 개인의 정신 내적 갈등보다는 관찰이 가능한 행동, 과거보다는 현재, 성장보다는 변화에 초점을 둔다. 문제의 원인보다는 그 문제를 지속시키는 것이 무엇인가에 관심을 갖는다. 문제를 지속시키는 행동이 변화될 때 그 문제가 해결될 것이라고 생각하기 때문이다.

해결중심적 가족치료(solution focused family therapy)는 문제 상태에 작은 변화가 있을 시에는 그러한 예외를 해결의 실마리로 본다. 존재하지 않는 것을 창조하기보다는 현재 있는 변화를 확대하는 것이 쉽다는 것이다. 해결중심치료의 목표는 작고 간단하며 현실적으로 성취 가능한 것이어야 하고, 부정적이고 바람직하지 않은 행동을 없애는 것보다 긍정적인 행동을 증가시키는 것에 초점을 둔다. 사회복지사는 가족이 이미 문제를 해결할 수 있는 능력과 자원을 가지고 있다고 전제하고 가족의 강점, 긍정적인 것, 이미 성공한 것 등을 찾아 내어 강화하고 확대하는 데 노력을 다한다.

경험적 가족치료(experiential family therapy)는 휘태커(C. Whitaker)와 사티어(Virginia Satir)가 대표적인 이론가이며, 치료 과정의 목표는 대인관계의 상호작용에서 상호존중과 신뢰를 할 수 있는 경험을 클라이언트가 직접 하도록 하는 것이다. 경험적 가족치료의 목표는 가족의 성장이다. 개인의 증상을 감소시키고 사회적응을 향상시키는 것도 중요하지만 기본적 목표는 내면의 경험과 표현행동이 일치하는 개인적 통합의 증가, 선택에 대한 보다 많은 자유, 덜 의존적이 되는 것, 개인과 가족구성원 간의 욕구와 감정에 대한 자각을 통한 성장이다(송성자·정문자, 1994). 경험적 가족치료에는 기법이 없으며 오직 인간만이 있을 뿐이라고 한다. 이것은 치료자의 인성에서 우러나오는 치유적 힘 그 자체가 기법임을 의미하는 것이다.

보웬가족치료(Bowenian family therapy)는 정신분석적 원리 및 실제 경험에서 영향을 받은 치료적 임상모델이다. 이 모델은 가족을 정서와 인간관계체계의 결합체라고 보았다. 치료목표는 불안을 감소시키고, 자아분화를 증가시키는 것이다. 증상은 덜 강조하며, 문제는 개인이 아니라 체계에 내재하고 있다고 간주하여, 개인의 변화는 다른 사람과의 관계 변화를 통하여 이루어질 수 있다고 보았다. 체계를 변화시키고, 가족성원의 높은 변화 수준을 성취하기 위해서 변화는 가족 내 가장 중요한 삼각관계에서 일어나야만 한다. 치료자는 가족의 변화를 초래하기 위하여 치료자 자신과 가족의 주요 인물 두 사람과 함께 새로운 삼각관계를 만들기도 한다. 보웬의 가족치료에서의 치료방법은 첫째, 호소하는 문제를 이해하고 정의하며 전체 가족의 배경을 이해하는 일이다. 둘째, 가족이 변화되도록 돕는다. 셋째, 가족구성원들이 치료자의 역할을 하는 것이다.

4. 사례관리

1) 사례관리의 정의 및 목적

사회복지사가 클라이언트를 원조하기 위해서는 여러 자원체계들과 함께 일하면서 이를 조정하고, 협력 관계를 구축해야 한다. 사례관리에서는 이러한 서비스 통합과 조정, 전문가들 간의 공동 협력, 대상자의 권리 옹호와 전문가로서의 책임이 중요시된다. 일반적으로 사례관리는 클라이언트가 필요로 하는 원조 영역을 확인하여 개인적 자원 및 지역사회자원을 연결하는 것으로 사회복지실천의 한 방법이다.

미국사회복지사협회(NASW, 1984)에 의하면 "사례관리는 서비스 전달체계 속의 요소들을 조정하고 연결하는 것으로 개인의 욕구를 충족시키는 포괄적 프로그램이 확실히 이루어지게 하는 하나의 기제(mechnism)"라고 정의하였다. 미국정신지체인협회(American Association on Mental Retardation: AAMR, 1994)에 의하면 "사례관리는 욕구의 사정, 계획, 지원과 서비스를 찾고 확보하는 것, 모니터하고 그에 따라 수행하는 것을 포함하는 과정"이라고 하였다.

한국사회복지협의회의 사회복지사전에는 사례관리를 복합적인 원인으로 요보호상태에 있는 클라이언트에게 다양한 지역사회자원을 연결시켜 관리하는 원조대책으로, 장신장애인, 누워 있는 노인, 치매성 노인 등이 가지고 있는 여러 가지 욕구를 조기에 적절하게 대응하는 지역보호체계라고 하였다(한국사회복지사 협회, 1994).

사례관리의 목적은 클라이언트의 다양하고 복합적인 욕구를 충족시킴으로써 사회적 기능과 자립을 극대화하는 데 있다. 이것을 위한 세분화된 목적은 다음과 같다.

첫째, 서비스와 자원을 활용하여 가능한 한 클라이언트의 삶의 질을 개선시키고 향상시킨다.

둘째, 보호의 지속적인 제공이다. 이것은 사례관리의 대표적인 목표 중의 하나로, 보호서비스가 중단되지 않고 클라이언트에게 지속적으로 제공되는 것이다. 실제로 복잡한 욕구와 문제를 가지고 있는 클라이언트의 경우 여러 종류의 서비스 기관으로 의뢰될 때, 서비스 수혜를 포기하는 경우가 많기 때문이다.

셋째, 서비스 조정의 개선이다. 즉, 복잡하고 분산된 서비스 체계를 조직적으로 연계하여 서비스를 조정하고 개선하도록 한다. 그 결과 클라이언트에게 효과적 서비스를 제공하고, 욕구를 충족시키게 된다.

넷째, 사례관리는 클라이언트에 대해 가장 적합한 개별적 서비스를 제공하는 데 있다. 이는 개별 클라이언트의 욕구에 맞는 맞춤 서비스를 제공하기 위한 것이라고 할 수 있다.

다섯째, 효과적 자원의 분배이다. 즉, 사회복지기관들 모두가 필요한 자원을 다 소유할 수 없으므로 자원의 분배를 통하여 필요한 자원을 가지게 되고, 이 자원이 클라이언트의 복지 향상을 위해 사용되는 것이다.

연 구 과 제

1. 사회복지실천 현장에서 자주 일어날 수 있는 가치 갈등적인 문제가 무엇인지 토론해 봅시다.
2. 클라이언트와 신뢰적인 관계를 맺기 위한 좋은 방법이나 기술을 생각해 봅시다.
3. 실제 클라이언트와의 면접을 통하여 계획수립 단계까지 수행해 봅시다.
4. 가족의 가계도, 생태도, 사회도를 그려 봅시다.

CHAPTER 10

사회복지의 중범위 거시적 실천방법

CHAPTER 10

사회복지의 중범위 거시적 실천방법

학습목표

- 지역사회복지와 지역사회복지 실천의 개념을 이해한다.
- 지역사회복지실천의 모델을 학자별로 구분해서 이해한다.
- 사회복지행정의 개념과 기본적인 이론 및 사회복지서비스의 전달체계에 대해 이해한다.
- 사회복지정책의 기본개념을 이해하고 정책의 형성절차를 파악한다.
- 사회복지정책의 분석틀을 이해한다.

1. 지역사회복지

1) 지역사회복지

(1) 지역사회의 개념

'지역사회'라는 용어의 학문적인 개념의 근원이 되는 커뮤니티(community)는 마술적 매력을 지닌 언어이다. 이 용어는 지역사회로 번역되기도 하고, 때로는 공동체로 번역되기도 한다. 지역사회의 개념은 우선 사회변화와 함께 역사성을 갖고 변화하여 왔다는 사실에 주목할 필요가 있다. 또한, 지역사회라는 개념은 우호적이고 따뜻한 느낌을 가진 용어로서 부정적으로 사용되거나 적극적인 반대를 초래한 적이 없는 개념이다.

지역사회의 개념은 대체로 지리적인 경계를 기준으로 언급되는데, 다소 모호하고 가변적인 특성을 지니고 있다. 우선 지역사회라고 정의할 수 있는 지역적 범위를 어떻게 규정할 수 있는가의 문제가 제기되기도 한다.

이와 같이 변화하는 사회에서 지역사회라는 개념의 특성은 다음과 같이 요약된다.

- 지역사회의 개념은 역사적으로 그 의미가 변천하여 왔다.
- 지역사회의 개념은 지리적 의미와 기능적 의미를 함축하고 있다.
- 급속하게 변화하는 21세기 정보화 사회에서 전통적 의미의 지역사회와는 다른 새로운 형태의 지역사회가 나타나고 있다.
- 공동의 관심과 이해관계를 강조하는 기능적 의미의 지역사회는 공동체라는 성격을 갖고 그 의의가 부각되었다.
- 지역사회나 공동체 개념은 구성원의 동질적 정체성에 기초한 강한 정서적 유대를 갖고 있어서 인간의 감정이나 행동으로 표출될 수 있다.

(2) 지역사회의 유형

① 공간적 의미의 지역사회

장소를 기반으로 하는 지역사회는 특정한 공간을 중심으로 이루어지는 다음의 3가지 차원에 의하여 규정된다.

첫째, 생계욕구와 직면한 기능적·공간적 단위
둘째, 정형화된 사회적 상호작용의 단위
셋째, 집합적인 동질성의 상징적 단위

장소에 기초를 둔 이와 같은 지역사회는 크기와 영역, 조밀도에 따라 변하며, 근린 지역사회, 지방 지역사회, 대도시 지역사회 등으로 언급된다. 이러한 지역사회의 크기와 영역은 근린 지역사회로부터 대도시 지역사회로 가면서 확장된다.

② 기능적 의미의 지역사회

사람들은 공간적 의미의 지역사회 외에 비장소적 의미의 지역사회에 속할 수 있다. 비장소적 지역사회는 동질성을 지닌 공동체나 이익공동체로 설명될 수 있다.

동질성의 지역사회는 어떤 특성이나 신앙, 민족, 종교, 생활방식, 이념, 사회계층, 직업유형, 성적 지향성, 취미활동 등을 중심으로 이루어진다. 그리고 전문직 집단, 직장노조집단 등은 구성원의 공동의 이익을 중심으로 이익공동체를 형성하기도 한다.

③ 개인적 지역사회

이 개념은 복합적인 구조의 지역사회 내에서 개인을 중심으로 규정한 지역사회에 초점을 두고 있다. 개인적 지역사회(personal community)는 지리적 특성, 동질성을 지닌 특성, 이익을 중심으로 하는 특성을 모두 포함할 수 있다.

개인적 지역사회 개념은 개인을 중심으로 한 사회적 상호작용의 형태와 공식적 또는 비공식적 원조망을 포함한 사회적 자원의 범위를 이해하는 데 도움을 준다.

(3) 지역사회복지의 관련 개념

① 지역사회복지

지역사회복지(community welfare)는 지역사회의 복지 향상을 위한 포괄적인 제도적 개념으로, 전문 또는 비전문 인력이 지역사회 수준에 개입하여 지역사회에 존재하는 각종 제도에 영향을 주고 지역사회의 문제를 예방하고 해결하고자 하는 일체의 사회적 노력이다.

이러한 지역사회복지 개념의 속성은 다음과 같은 내용을 포함한다.

첫째, 지역사회복지는 지역성과 기능성을 포함하는 일정한 지역사회 내에서 이루어진다.

둘째, 지역사회복지는 지역주민의 삶의 질 향상이라는 목표를 가지고 있다.

셋째, 지역사회복지는 지역사회의 문제를 해결하고 주민의 복지욕구를 충족시키는 기능을 갖고 있다.

넷째, 지역사회복지는 정부와 민간기관이 공동주체가 되어 공공과 민간의 협력이 강화되는 추세로 발전하고 있다.

다섯째, 지역사회복지는 조직적인 활동을 강조하는 전문적인 서비스와 방법을 사용한다.

② 지역사회조직

지역사회조직(community organization)은 전문사회사업의 한 실천방법으로서 지역사회를 구성하는 개인, 집단, 이웃이 사회적 복리를 향상시키기 위해 지역사회 수준에서 전개되는 일련의 활동이다.

③ 지역사회복지실천

지역사회복지실천(community welfare practice)은 지역사회를 대상으로 하는 사회복지실천을 포괄적으로 일컫는 개념이다. 이 개념은 개인, 가족, 지역사회를 대상으로 이루어지는 사회복지실천방법을 통합적으로 보는 실천의 관점에서, 특히 지역사회를 중심으로 이루어지는 사회복지실천을 의미한다. 따라서 지역사회복지실천은 지역사회조직과 거의 내용이 유사하다고 할 수 있다.

④ 지역사회보호

지역사회보호(community care)는 가능한 한 사회적 보호를 필요로 하는 사람의 가정 또는 그와 유사한 지역사회 내의 환경에서 서비스를 제공하는 사회적 보호의 형태이다.

지역사회보호의 특징은 다음과 같다.

첫째, 가정 또는 가정과 유사한 환경, 즉 통원치료기관, 그룹홈 등과 같은 보호의 장이 전제된다는 점,

둘째, 서비스 제공을 위해 함께 동거하는 직원이 없으며,

셋째, 일상적인 생활의 결정은 개인에 의하여 이루어지며,

넷째, 가정에서의 보호 또는 가정 외부로부터 서비스를 받는다는 점이다.

⑤ 시설보호와 재가보호

시설보호(institutional care)는 노인이나 장애인 등 사회적 보호를 필요로 하는

사람들이 하나의 일정한 시설에서 보호서비스와 함께 의식주를 제공받으면서 장기적으로 또는 단기적으로 거주하는 형태의 사회적 보호이다.

재가보호는 사회적 보호를 필요로 하는 클라이언트 등을 시설에 수용하지 않고 가정 또는 그와 유사한 지역사회 내의 환경에 머물도록 하면서 가정봉사원을 파견해서 이들의 기능을 유지·강화하고 나아가 자립을 돕는 사회적 보호의 한 형태이다.

(4) 지역사회복지의 이념

① 지역사회공동체와 사회통합

사회체계의 부분들을 결합하여 전체를 구성한다는 공동체 개념은 오랫동안 과학적, 실천적 관심의 대상이 되어 왔다(Angell, 1974). 역사적으로 볼 때, 산업혁명의 부산물로서 전통가족의 붕괴와 지역공동체에 대한 파괴적인 결과는 사회통합을 유지하고 재통합을 성취하는 실질적인 문제에 관한 관심을 불러 일으켰다.

다양한 사회적 실체와 지역공동체들은 사회의 분열을 방지하고 효과적인 통합을 달성하기 위하여 노력하여 왔다. 현대 사회학에서는 통합을 일차원적 개념보다는 다차원의 개념으로 보고 있다. 사회적 자원의 분배는 사회구성원의 복지 또는 삶의 질 향상과 구성원 상호 간의 감정적 통합을 가져온다는 것이 사회복지정책의 전제이다.

② 가족주의와 국가주의

지역사회복지의 이념으로서 실천주체와 비용부담의 문제에 있어 누가 중심이 되어야 하느냐는 이념상의 선택의 문제로서 가족주의와 집합주의가 대립하고 있다.

가. 가족주의

가족주의는, 특히 사회복지의 영역에서 사적 수준과 공적 수준에서 하나의 사회적 조직의 원리로서 작용한다(Dalley, 1988). 가족주의의 핵심적 개념으로서

'가족'은 복지정책의 방향을 설정하는 기준이 된다.

한편, 가족주의 이념은 현대사회의 핵가족 모델과 함께 개인주의와 밀접하게 관련되어 있다. 개인주의는 몇 가지 일련의 개념과 연결되어 있는데, 개인이란 칸트(Kant)의 의미로 '독립적인 의식의 중심'으로서 자아와 자기결정, 프라이버시의 존중, 침입으로부터의 자유 등과 같은 개념을 내포하고 있다. 따라서, 가족단위의 프라이버시와 자율성이 강조되며, 가족은 외부의 제도, 특히 국가로부터의 침입을 방어하는 보루로서의 의미를 지닌다. 핵가족은 명백하게 이러한 주장에 있어 핵심적인 요소이며, 개인주의의 기초가 된다.

나. 국가주의

가족주의가 개인의 독립성과 자율성에 기초한 가족지향적 보호를 강조하는 반면, 국가주의는 이와 상반된 가치를 강조하며 집합주의(collectivism)로 일컬어지기도 한다. 의존적인 생활을 하는 노인이나 장애인은 정도의 차이는 있으나, 기본적인 생활과업의 수행을 위하여 타인에게 의존해야 하는 사실을 인식한다.

(5) 지역사회복지의 가치

① 사회적 관계와 보호의 형태

보호의 제공은 힘든 노동을 수반하는 활동이다. 따라서 수발자에게 상당한 부담을 가져온다. 그럼에도 불구하고 사람들은 대인적 관계에 의하여 자신에게 연결된 사람들에게 보호를 제공한다. 왜 사람들은 다른 사람들과 대인적 관계를 유지하는 것일까?

이러한 의문은 보호제공활동의 과정에서 핵심적이며, 충분한 이해를 필요로 하는 것이다.

가. 애정적 유착과 친밀성

이것은 안정감과 편안함을 느낄 수 있는 관계에서 얻어진다. 여기에서는 자의식을 느끼지 않고 자유롭게 감정을 표현할 수 있다. 이러한 관계의 결핍은 고독과 불안을 초래할 수도 있다. 애정적 유착과 친밀성은 부부관계에서나 기타 지속적인 이성관계에서 이루어지며, 모성이나 자매관계 등에서도 발견된다.

나. 사회통합

사회통합에 의한 원조는 유사한 목적을 추구하거나 동일한 상황에 처해 있는 사람들이 자신들의 경험이나 정보, 생각을 나누는 관계에서 이루어진다. 이것은 친구나 직장동료에 의해 제공되며, 자조집단(self-help group)도 사회통합에 의한 원조를 제공하는 수단이 되기도 한다.

다. 부양에 대한 기대

이것은 자녀를 부양하는 부모에게서 발견되며, 노인인 부모를 돌보는 성인자녀가 미래의 부양에 대한 기대로 형성된다.

라. 가치(worth)의 확인

이것은 일정한 사회적 보호 제공의 역할에 있어서 개인의 능력을 입증하는 관계에 의하여 제공된다. 가령, 남성의 경우에는 가족을 보호하고 부양하는 능력에 의하여 보호가 제공된다. 이러한 보호 제공의 능력을 확인하는 근원경제활동 능력 등의 상실은 자기존경의 상실로 이어질 수 있다.

마. 신뢰성 있는 원조

친구나 이웃은 어떤 상황에서는 원조의 근원이 될 수 있으나, 지속적인 원조는 긴밀한 혈연관계에 의하여 가능하다. 이러한 형태의 원조는 노인을 위한 비공식 원조의 경우에 명백하게 나타난다. 신뢰성 있는 원조관계의 결핍은 불안과 취약성을 노출시키게 된다.

바. 조언

조언은 목사 등 성직자, 의사, 간호원, 사회복지사, 상담가 등 존경받는 타인과의 관계에서 나온다. 위와 같은 정서적, 인지적 욕구에 기초한 사회적 관계에 따라 비공식 보호의 형태가 다양하게 제공된다.

② 보호제공의 동기로서의 가치

가. 이타주의

이타주의(altruism)는 인간행위의 원리로서 타인에 대한 배려를 의미한다. 증여나 선물 등의 행위는 일방적인 거래로서 경제적 행위의 쌍방적 거래와 구분된다.

나. 자선

자선(beneficience)은 이타주의에 비하여 광범위하게 사용되는 개념으로서 도덕적 권위와 의무감이라는 색채를 띠고 있다. 상위계층이나 중상위계층의 사람들에 의하여 이루어지는 기부행위나 원조는 순수한 이타주의적 동기라기보다는 그들의 사회적 위치에 따른 책임감으로부터 나온다.

다. 전통

전통(tradition)은 오랜 기간의 관습으로부터 오는 행동에 기초하고 있다. 이러한 행동은 오랜 기간 함께 살아온 노년의 부부가 서로 보살피는 모습에서 발견되며, 이러한 행위는 오랜 기간 같이 살아온 형제자매나 이웃관계에서도 발견된다.

라. 의무

의무(obligation)는 전통과는 구별되면서도 약간의 유사성이 있고 자선과도 관련이 있다. 혈연관계의 유대와 이웃관계의 유대가 구별되는 것은 의무로써 설명할 수 있다. 혈연관계의 유대는 출생과 함께 시작하여 지속되는 것으로 본다.

마. 상호성

사회적 보호를 제공하는 인간의 행위를 설명하는 가장 일반적인 해석은 상호성(reciprocity)의 개념이다. 사회과학자들에 의한 상호성의 연구는 원시사회의 교환행위에 관한 연구에서 시작되었다. 경제적 거래가 아닌 상호성을 지닌 거래가 일어나는 경우, 이러한 행위는 경제적 시장과는 다른 가치에 의하여 지배된다는 것이다.

2) 지역사회복지실천

(1) 지역사회복지실천의 개념

지역사회복지실천이란 '지역사회집단, 조직과 제도 그리고 지역사회구성원 간의 관계 및 상호작용의 행동패턴을 변화시키는 실천기술의 적용이라 할 수 있으며 조직과 지역사회에서 사회변화를 위한 전문적이고 직접적인 개입을 의미하는 거시적 사회복지실천 활동의 일부'라 할 수 있다. 그러나 이러한 거시적 활동은 지역사회주민의 회생 및 심리사회적 손상 회복을 강조함으로써 상담, 임상치료 등 미시적인 개입과 관련될 수밖에 없기 때문에, 지역사회복지실천이란 반드시 거시적 접근의 실천에 제한되는 것은 아니다.

사회복지사가 지역사회주민의 삶과 기능을 높이기 위해 지역사회자원의 개발, 연결, 관리는 물론 클라이언트가 사회적 환경을 활용하도록 도움을 제공하는 것처럼 미시적 지역사회조직가, 계획가, 사회행동가 등의 거시적 사회복지사뿐만 아니라 직접적인 서비스 제공자 혹은 임상사회복지사도 지역사회 복지실천과 관련된 지식과 기술을 필요로 한다.

(2) 지역사회복지실천 모델의 유형

지역사회복지실천 모델은 각 사회마다 각기 다른 전통과 사회, 정치, 경제 발전과정과 관련하여 발전하였기 때문에 지역사회복지실천 모델을 단일한 모델로 설명하는 것은 어렵다. 대표적인 학자들의 모델을 살펴보면 다음과 같다.

① 로스만의 모델

지역사회복지활동을 체계적으로 분류하여 지역사회복지실천 모델로 제시한 대표적인 학자로 로스만(Rothman, 1995)을 들 수 있다. 로스만은 지역사회 조직을 한 가지 형태로 보지 않고 적어도 3가지 다소 독특한 모델, 즉 지역사회개발, 사회계획 및 정책, 사회행동으로 구분하였다.

로스만이 1967년도에 발표한 논문에는 사회계획을 첫 번째 모델로 제시하고,

지역사회개발 모델과 사회행동 모델을 포함시켰다. 당시 빈곤퇴치사업 등 전문 사회복지기관이 중심이 되는 지역사회복지사업이 활발했기 때문인 것으로 여겨진다.

가. 지역사회개발 모델

지역사회개발 모델(locality development)은 자조기반에 근거하여 지역사회문제 해결을 위한 지역사회능력과 사회통합이라는 과정목표를 통해 지역사회를 새롭게 만드는 데 초점을 두고 있으며, 지역사회의 문제나 욕구를 다룰 때 주민들의 자조정신을 강조하는 형태이다.

지역사회개발 모델은,

첫째, 지역사회 변화 노력을 위해 지역사회의 관련된 집단들 간의 합의 협력을 끌어내기 용이하지 않다는 점

둘째, 지역사회의 관련 집단들이 성, 계급, 인종 등과 관련된 경계를 초월하는 공통의 이해관계를 가지고 있다는 가정의 현실성 문제

셋째, 실질적인 정책결정자가 사회변화를 지지할 수 없는 경우 지역사회 개발을 위한 협상을 거부할 수 있는 권력구조의 문제 등은 한계점으로 지적되고 있다.

나. 사회계획 및 정책 모델

사회계획 및 정책 모델(social planning/policy)은 각종 지역사회문제를 해결하는 데 있어 합리적인 면을 강조한다. 이 모델은 예를 들어 범죄, 주택, 정신문제와 같은 구체적인 사회문제를 해결하는 기술적 과정을 중시한다.

이 모델에서는 공식적인 계획과 정책 준거틀에 대한 설계가 핵심적이며, 계획이나 정책집행의 효과성과 효율성을 강조하기 때문에 과업목적에 초점을 두고 있다.

특히, 사회계획과정은 문제 확인, 사정, 목표개발, 실행, 평가라는 구성요소로 이루어지며, 사회복지사들은 문제해결 모델로서 이러한 요소를 인식해야 한다는 것이다.

사회 계획 모델은 같은 한계점이 있다.

첫째, 계획가는 무제한적인 시간과 자원을 가지고 있지 않다는 점이다.

둘째, 계획과정의 합리성을 전제하고 있기 때문에 문제해결과정에 미치는 정치적 영향력을 고려하지 못하고 있다는 점이 한계점으로 지적되고 있다.

다. 사회행동 모델

사회행동 모델(social action)은 지역사회의 억압받고 소외된 주민들이 사회정의와 정치적 공평성의 입장에서 사회, 정치, 경제적으로 보다 나은 처우를 받을 수 있도록 해 주는 활동을 말한다. 사회행동 모델은 기본적으로 과업달성을 중시하기 때문에 적절한 의사결정구조의 활용 또는 관계형성 등과 같은 과정목표는 무시되기도 한다.

사회 행동 모델은 다음과 같은 점이 한계점으로 지적되고 있다.

첫째, 일부 실천가는 지역사회 상황에서 실천활동을 대항활동으로 제한시키고 있다는 점이다. 이러한 경향은 지역사회 관련 집단들을 양극화시키거나 바람직한 결과를 달성하는 데 어려움으로 작용한다.

둘째, 일부 조직가와 지역사회구성원이 대항전략에 대해 주저할 수 있다는 것이다.

셋째, 윤리적 이슈와 관련된 것으로 대항형태의 불법성이 있을 수 있으며 긴급 상황에서 사용될 수 있어 조직가와 조직구성원이 위험에 놓일 수도 있다는 점이다.

② 테일러와 로버츠의 모델

테일러와 로버츠(Taylor & Roberts)는 자신들의 저서 『*Theory and Practice of Community Social Work*』(1985)에서 로스만의 기본모델을 중심으로 2모델을 새로 추가하여 5모델을 제시하고 있다.

테일러와 로버츠에 의하면 지역사회복지실천 모델은 다음과 같다.

첫째, 실천방법의 각 변인,

둘째, 대안적인 전략,

셋째, 의사결정의 영향 정도 등에 있어 후원자와 클라이언트가 어느 정도의 결정권한이 있느냐에 따라 구분하였다.

가. 프로그램 개발 및 조정

프로그램 개발 및 조정(program development and coordination)은 지역사회복지의 모체인 인보관운동과 자선조직협회운동에 근거하고 있다. 이 모델은 주로 공공기관, 지리적 지역사회를 대상으로 서비스를 제공하는 민간기관, 기능적 지역사회, 기관협의회 등에서 수행되는 실천에 초점을 두고 있다.

나. 계획 모델

계획모델(planning model)은 로스만의 초기 사회계획 모델을 인간지향적인 측면을 강조하도록 수정한 것으로 합리적인 기획모델에 기초한 조사전략 및 기술을 강조한다.

다. 지역사회연계 모델

지역사회연계모델(commnity liaison model)은 로스만의 모델에는 포함되어 있지 않은 것으로 사회복지기관의 일선 스태프나 행정가에 의해 수행되는 기능을 중심으로 설명된다.

라. 지역사회개발 모델

지역사회개발모델(community development model)은 조력, 리더십 개발, 자조, 상호부조, 지역성에 바탕을 둔 지역사회 연구 및 문제 해결을 강조한다. 이 모델은 시민참여와 교육과정을 매우 중요시하고 있으며, 전문가는 조직가의 역할보다는 주로 조력자의 역할을 담당하게 된다.

마. 정치적 권력강화 모델

정치적 권력강화모델(politcal empowerment model)은 로스만의 사회행동모델과 밀접히 관련된 것으로, 갈등이론과 다원주의사회에서의 다양한 이익집단의 경쟁원리에 기초하고 있다.

(3) 지역사회복지실천 모델의 특징

지역사회복지실천은 조직화, 개발, 계획, 변화전략 등을 통해 지역사회의 다양한 문제해결을 위한 노력이라 할 수 있다. 지역사회복지실천은 지역사회의 사회·경제적 상황이나 문제해결 방법, 이데올로기적 가치지향 등에 따라 다양한 방식으로 전개되어 왔다. 지역사회구성원의 욕구 충족과 삶의 질을 높이고 사회변화를 목적으로 하는 지역사회복지실천 모델은 다양한 유형으로 분류되고 있다.

지역사회복지실천 모델의 유형과 발전과정을 통해 나타난 특징을 종합적으로 살펴보면, 다음과 같이 단일한 모델보다는 다양한 유형으로 분류되고 있다.

첫째, 지역사회복지실천모델은 시대적 상황 및 개별 국가의 경험을 반영하고 있다. 미국의 경험에 기초하여 분류하고 있는 모델은 일반적으로 조직화, 개발, 사회행동 등을 강조하고 있으며, 민간주도적인 지역사회복지실천을 중심으로 논의하고 있다. 반면에 영국의 경우 공공부문 중심의 사회복지서비스의 제공 및 실천 활동이라는 특성을 반영하여 지역사회보호 모델이 중요한 실천 모델로 언급되고 있다.

둘째, 지역사회복지실천 모델의 발전과정은 사회·경제적 배경이나 이데올로기, 사회복지실천의 전문화 경향과 밀접히 연관되어 있다. 지역사회복지실천 모델에 많은 영향을 미친 이데올로기는 신자유주의의 확산과 경쟁원리의 강화였다. 이러한 이념적 공세 및 사회 환경의 변화는 지역사회복지의 실천 활동에도 많은 영향을 미치고 있다. 그 결과 지역사회에서 자조집단의 형성, 지역사회 중심의 서비스 전달의 강조, 연합 및 협력모델의 모색 등 지역사회복지실천의 중요한 변화를 경험하고 있다. 특히, 신자유주의의 이념 확산으로 지역사회복지서비스의 효율성 문제가 중요한 이슈로 부각되거나, 사회복지교육에서 지역사회조직이나 지역성에 기초한 옹호활동보다는 오히려 기관행정, 계획, 조직 개발과 프로그램 평가 등을 강조하는 경향은 지역사회복지실천 모델에서도 프로그램개발 및 연계모델 또는 협력 등이 중요한 실천활동의 초점으로 변화되는 경향을 보여주고 있다.

셋째, 지역사회복지실천 모델의 세분화 경향을 띠고 있다. 전통적인 지역사회복지실천 모델은 로스만의 지역개발, 사회계획, 그리고 사회행동으로 분류되었으나 웨일과 갬블은 1990년대 이전까지 지역사회복지 실천방법에 대한 종합적인 검토를 통해 8가지 유형으로 세분화하고 있다. 즉, 지역사회의 의미는 지역성과 기능성을 동시에 내포하고 있기 때문에 로스만의 지역사회조직 역시 '지리적 지역사회조직'과 '기능적 지역사회조직'으로 구분될 필요가 있다는 점을 강조하였다. 그리고 로스만의 사회행동 모델을 정치·사회행동, 연합, 사회운동으로 구분하였으며, 기존의 지역사회개발 모델을 지역사회 사회·경제개발로 구체화하였다는 것이다. 이처럼 전통적인 지역사회복지실천 모델로 언급되었던 유형은 사회환경 변화에 대응할 수 있는 모델로 점차 세분화되는 경향이 나타나고 있다.

넷째, 지역사회복지실천 모델의 다양한 분류는 실천현장에 적합한 적용과 선택에 유용할 것이며, 이를 효과적으로 실행하기 위해서는 사회복지사의 역할이 무엇보다 중요하다. 더구나 지역사회복지실천 모델의 다양한 적용과 선택은 지역사회에서 당면하고 있는 여러 가지 조건이나 사회복지사의 실천이념 등 다양한 기준에 따라 달라질 수 있음을 시사해 주고 있다. 하디나(2002)는 지역사회문제, 지역사회의 욕구와 문화적 가치, 실천가로서 사회복지사의 이론적 관점과 성향, 전략과 전술상의 윤리적 기준 등이 지역사회실천 모델을 선택하는 데 있어 중요한 고려 요소라고 하였다. 결국, 지역사회복지실천 과정에서 다양한 실천 모델이 개별 지역사회의 상황에 맞게 선택적으로 사용될 수 있으며, 이를 통해 지역사회와 지역주민들의 삶의 질이 개선될 수 있다는 것을 의미한다.

(4) 지역사회복지의 문제해결 과정

지역사회복지는 지역사회가 당면하고 있는 문제와 충족되지 않은 욕구를 발견하여 효과적인 대응책을 수립하고, 이를 실천에 옮기는 일련의 과정이다. 그러나 전개되는 실천적인 과정은 현실적으로 기관의 성격과 목적에 따라, 또한 기관이 놓여 있는 사회적 조건에 따라 다르다. 지역사회복지는 지역사회에 존재하는 문제를 발견하고 그것이 지역주민들의 복지를 위해서 해결되어야 할 과제인지 이해하고 문제해결을 시도하지 않으면 안 되는 것이다.

따라서, 지역사회 문제해결의 과정을 문제발견 및 분석, 정책 및 프로그램의 개발, 프로그램의 실시, 평가의 4단계로 구분하여 고찰하기로 한다.

① 문제발견 및 분석

지역사회 문제해결의 과정에서 그 첫 단계는 지역사회의 충족되지 않은 욕구나 해결을 필요로 하는 문제를 찾아내는 일이다. 불만 또는 충족되지 않은 욕구가 존재한다는 것만으로는 문제해결을 위한 전제조건이 될 수 없다(최일섭·류진석, 1998). 문제들은 이를 해결하기 위한 방안을 수립하고 실천에 옮겨질 수 있도록 집약되고 분명하게 규정되어야 한다. 또한, 문제를 규정하고 분석하는 데에 있어 해결하고자 하는 문제와 관련된 가치관에 대한 면밀한 배려를 해야만 한다.

전통적으로 지역사회복지의 첫 단계에서 우선 기존자료의 점검에 의한 지역진단, 욕구발견, 문제파악 등이 포함된다. 이러한 문제파악의 방법으로는 실제 답사에 의한 관찰, 설문조사, 주민과의 간담회 등을 통해서 지역사회의 문제와 그에 대한 주민들의 의식상태, 문제의 심각성 등 제반 사실을 파악하는 것이다.

문제발견 다음 단계에는 사회문제와 관련된 자료를 수집하고 분석해야 한다. 사회문제의 분석에 필요한 자료를 수집하기 위해서는 다음과 같은 점을 고려해야 한다.

첫째, 문제와 관련된 지역이나 특수집단의 특성을 기술한 통계자료, 실태보고서 등을 조사하고 분석해야 한다.

둘째, 특정 사회문제와 관련된 사회과학 이론을 활용해야 한다.

따라서, 지역사회의 문제해결에 있어서 문제발견 및 분석은 사회문제에 대한 이론을 분석하고, 가치관을 검토하며 객관적인 자료를 수집 분석하는 데 있다. 또한, 다양한 모델과 이론을 분별 있게 활용하고, 나아가서 실제적인 조치를 위해서는 좀 더 구체적인 조작화가 이루어져야 할 것이다(강준렬, 1997:66).

② 정책 및 프로그램의 개발

문제를 파악·분석·정의하게 되면 다음 단계로 정책을 수립하고 정책을 실현하기 위한 프로그램을 개발해야 한다. 이와 같은 의미에서 정책수립은 문제해결을 위해

취하고자 하는 조치와 프로그램의 방향을 결정하는 것이라고 할 수 있다. 정책이 수립된 후에는 정책을 실천에 옮길 수 있는 프로그램을 개발해야 한다. 사회복지 프로그램의 개발이란 목표를 실천하기 위한 사업들을 구체화하는 것이다.

사회복지 프로그램이란 의도적인 개입을 통해 개인이나 집단 혹은 사회에 대한 변화를 시도하는 것이다.

프로그램을 개발하는 데 있어서는 적어도 다음의 3가지 요건을 고려할 필요가 있다(김만두·한혜경, 1993).

첫째, 해야 할 일에 대한 업무의 내용으로 어떤 종류의 활동, 프로그램, 서비스를 어떠한 순서로, 얼마만큼의 양을 어떤 전달체계를 통해 전달할 것인가를 고려해야 한다.

둘째, 활동을 전개하는 데 필요한 자원에 관련된 것으로 자본설비, 필요한 인력과 자격 및 재원, 자원들의 통제권은 누구에게 있으며, 어떻게 동원하느냐에 대해 고려해야 한다.

셋째, 가능성에 관한 것으로 자원의 활용 가능성의 정도, 정책목표를 달성하기 위해 필요한 변화, 자원의 분배, 새로운 자원의 개발은 어떻게 할 것인가에 대해 고려해야 한다.

③ 프로그램의 실시

프로그램의 실시란 정책목표를 달성하기 위해 행하는 일련의 활동을 말한다. 이러한 활동은 크게 두 가지 범주–과정중심적 활동, 과업중심적 활동–로 나눌 수 있다. 과정중심적 활동은 클라이언트 집단이 문제를 스스로 해결할 수 있도록 능력을 향상시켜주는 활동을 말하며, 과업중심적 활동이란 클라이언트 집단이 필요로 하는 서비스를 직접적으로 제공해주는 활동을 말한다.

④ 평가

평가는 문제해결과정의 마지막 단계로서 두 가지 목적을 가지고 있다. 하나는 프로그램 실천과정에서 수집된 정보를 실천에 반영하여 실천의 궤도를 수정하는 것이며 다른 하나는 문제해결의 전 과정이 이룩한 결과를 평가하는 것이다(강준렬, 1997). 이러한 의미에서 전자는 평가가 문제해결과정의 마지막 단계라고 볼 수는 없고 문제설정, 목표수립, 프로그램의 개발, 프로그램의 실천이라는 전 과정에 영향을 주는 계속적인 활동이라고 보는 것이 타당하다(최일섭·류진석, 1998). 후자는 문제해결의 전 과정이 이룩한 결과와 최종 산물을 평가하는 것이다. 이러한 평가는 일반적으로 프로그램을 통해서 성취하고자 하는 목표가 어느 정도 달성되었는지, 즉 프로그램의 효과성과 영향을 측정하는 것이다.

2. 사회복지행정

1) 사회복지행정의 개념 및 특성

(1) 사회복지행정의 개념

사회복지행정(social welfare administration)은 학자에 따라 다양하게 개념정의가 되고 있으나, 사회복지와 행정이 모두 사회적 현상으로서 내용과 기능이 사회와 시대에 따라 변화하기 때문에 아직 명확하고 공통된 합의는 이루어지지 않고 있다. 여러 학자들의 사회복지행정의 정의를 살펴보면, 키드네이(Kidneigh, 1950)는 사회복지행정은 사회복지정책을 사회적 서비스로 전환시키는 과정이고, 그 경험을 정책의 수정을 건의하는 데 활용하는 쌍방의 과정(two-way process)이라고 하였고, 던햄(Dunham, 1962)은 사회복지행정은 서비스기관이 서비스를 직접적으로 제공하는 데 필요한 행동을 지원하고 용이하게 하는 과정으로 설명하면서, 정책결정과 집행적 지도력에서부터 기록과 보고서의 보관 및 서비스 유지와 같은 일상적인 운영에 이르기까지 그 범위가 매우 넓다고 규정하고 있다.

스탠(Stein, 1970)은 사회복지행정을 조정과 협조적인 활동의 체계를 통해 조직의 목표를 설정하고 획득하는 과정으로 정의하고 있으며, 트래커(Trecker, 1977)는 사회복지행정을 사람들의 역량이 발휘되고 그 능력들이 결합되도록 함께 일하는 과정으로서, 이는 그들에게 요구되는 지역사회 서비스와 프로그램의 제공이라는 목적을 달성하도록 이용 가능한 모든 자원을 사용하는 것이라고 정의하였다.

티트머스(Titmuss, 1974)는 사회복지행정이란 단순히 사회복지기관이나 시설의 행정이 아니라 다양한 사회적 서비스를 관리·운영하는 것이라고 규정하면서 사회복지행정에 대한 연구에서 사회복지서비스를 대상자에게 전달하는 인적 조직과 기구, 그리고 서비스의 선택 문제를 다루어야 한다고 주장한다. 패티(Patti, 1983)는 사회복지행정을 조직 목표를 달성하기 위해서 관리자가 수행하는 상호의존적인 과업, 기능, 활동 등의 체계적이고 개입적인 과정이라고 하면서 사회복지행정을 사회복지실천의 한 방법으로 개념화했다.

스키드모어(Skidmore, 1983)는 사회사업행정을 사회정책을 서비스로 전환시키는 데 있어서 사회적 과정을 이용하는 사회복지요원의 사회적 활동으로 보았으며, 프리드랜더(Friedlander, 1962)는 사회복지행정을 사회복지시설이나 기관을 조직하고 지도하는 과정으로 간주하고 사회사업의 기본과정에 대한 보호활동으로 개념정의를 했다.

따라서, 사회복지행정을 협의의 사회복지행정과 광의의 사회복지행정으로 구분하여 정의해 보면, 먼저 협의의 개념은 사회복지조직의 과제수행이나 클라이언트의 문제 해결에 초점을 맞추고 사회복지 전문적 관점에서 이의 실행에 중점을 둔다. 그리고 광의의 사회복지행정은 공공 또는 민간 사회복지조직에서 대상자의 복지를 증진시키기 위한 목적을 설정하고 사회적 시책이나 제도의 조직적 체계화라는 개념에 입각하며 목적달성을 위한 관계된 사람들의 협동적 노력이라고 할 수 있다. 다시 말하면, 사회복지 조직이 정해진 목표를 달성하기 위한 정책을 서비스로 전환하는 공적·사적 사회복지조직의 총체적인 활동을 의미한다.

사회복지행정의 개념을 그림으로 나타내면 [그림 10-1]과 같다.

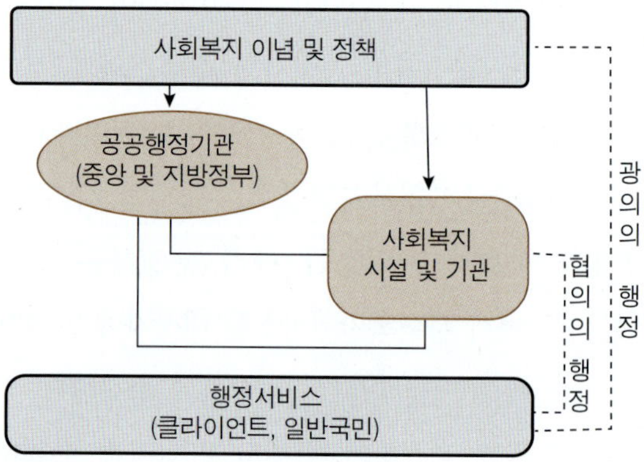

[그림 10-1] 광의와 협의의 사회복지행정

출처: 김영종(2006:42)에서 재구성

(2) 사회복지행정의 특성

사회복지행정에서 조직은 일반적인 행정조직과 공통적인 특성이 있으면서 다른 한편으로 사회복지조직 고유의 특성이 있다. 사회복지조직은 변화되어야 할 속성을 가지고 있는 클라이언트와 직접 접촉하여 활동하고 있다. 즉, 사회복지조직의 주된 활동대상은 문제나 욕구를 지닌 인간이라는 점이다. 이런 대인적인 서비스인 사회복지행정은 일반행정과 비교하여 많은 특수한 성격을 내포하고 있다. 사회복지행정이 가지는 특성을 정리해 보면 다음과 같다.

① 조직의 대상이 생명을 가진 인간

사회복지조직에 투입되는 원료가 문제나 욕구를 지닌 인간으로서, 가치 중립적이 아닌 문화적 가치를 부여받고, 사회적·도덕적 정체성을 지니고 있는 사람들을 대상으로 한다. 따라서, 조직의 발전을 위해 효율성을 강조하는 데 있어 다른 생산적인 조직과 달리 윤리적 문제가 발생한다.

② 조직의 목표가 불확실하거나 애매모호

사회복지조직의 경우 대상이 인간이므로 대상에 따라 목표가 다르게 되며 목표의 효과적인 달성에 대한 정도가 구체적이지도 않고, 측정 가능하지도 않으며, 명확하지 않기에 조직의 목표와 관련해 내부적으로 직원들 간의 합의를 이끌어 내기가 어렵다. 왜냐하면 직원들의 가치와 이념체계에 따라 추구하는 바가 달라 조직의 목표설정에 있어 합의점을 찾기가 어렵기 때문이다. 그러므로 사회복지 조직에서 가치와 이해관계에서 갈등을 유발하기도 한다.

③ 목표 달성수단인 기술과 지식이 불확실하거나 불완전

사회복지행정은 투입되는 원료가 인간이라 불안정하고 명료하지 못하며 가변적이므로 결과를 예측하기가 어렵다. 그러므로 사회복지조직의 경우 목표달성을 위해 어떤 기술을 사용할 것인지, 어떤 기술이 효과적인지에 대한 제시가 어렵다. 또한, 인간의 속성 중 관찰되고 측정되기 힘든 것들이 많기 때문에 사회복지조직은 명료하지 않으며 잘 알 수 없는 요소로 이루어져 결과를 예측하기 어려운 서비스 기술을 통해 운영되는 특성이 있다.

④ 조직에서 핵심적인 활동은 사회복지사와 클라이언트의 관계

사회복지조직은 클라이언트와의 관계를 설정하고 그의 욕구를 평가하고, 결정하여 클라이언트를 변화시키며 바람직한 결과를 달성하는 수단이 된다. 직원과 클라이언트의 관계성이 조직의 성공 여부를 가늠하는 중요한 요인이 된다. 사회복지조직에서 이 관계가 핵심적인 활동이어서 항상 클라이언트와 접촉하는 사회복지사의 지위와 역할은 매우 중요하고 전문적이며 많은 재량권을 부여받게 되는 것이다.

⑤ 사회복지조직은 전문성을 가진 사회복지사에 의존

기업은 새로운 기술을 개발함으로써 이윤을 추구하므로 기술에 의존하지만, 사회복지조직은 사회복지사의 능력에 조직의 목표수행에 대한 효과성과 효율성을 전적으로 의존한다. 따라서, 사회복지인력의 전문적인 지식과 기술에 입각한 활동이 중요시된다.

⑥ 효과성을 측정하는 기준인 척도가 부족

조직목표의 다양성과 모호성, 서비스기술의 불확실성, 인간의 관찰과 측정의 어려움 등이 종합적으로 조직활동 산출의 측정과 효율성 사정을 어렵게 만든다.

(3) 사회복지행정의 과정

사회복지행정의 과정이란 사회복지행정의 영역에서 어떤 내용을 포함할 것인가에 대한 범위를 말하는 것으로 그 영역을 설정하는 것은 학자에 따라 또는 한 국가의 이념이나 정책 그리고 역사나 문화적 특성에 따라 다르게 설정될 수 있다.

여기서는 일반적으로 분류되는 사회복지행정 영역을 살펴보면, 일반적으로 계획, 조직, 인사, 지시, 조정, 보고, 재정 및 평가이며 알파벳의 철자를 따라 POSDCoRBE로 표현한다(Ehlers, 1967).

① 기획

기획(planning-P)은 행정가에 의해 수행되는, 첫 번째 과정으로 목표의 설정과 목표를 달성하기 위한 과업 및 활동, 과업을 수행하기 위해 사용되는 방법을 결정하는 단계이다. 사회복지기관의 목적에 있어서 공공기관은 그 목적이 해당 법령에 기술되고, 민간기관의 경우는 정관에 기술된다.

기관의 목표에 관한 일반적인 진술은 기관의 활동이 구체화됨에 따라 명확하게 되는데, 과업을 수행하기 위하여 필요한 방법은 변화하는 목표에 따라 달라질 수 있다. 따라서 행정가는 변화하는 목표에 따라 과업을 계획하고 목표달성을 위해 요구되는 방법을 선정해야 한다.

② 조직

조직(organizing-O)의 구조를 설정하는 과정으로, 과업이 할당되고 또는 조정된다. 조직은 역할과 책임이 분명하지 않게 되면 구성원 간에 갈등을 초래하게 되고 비효율적이고 비효과적인 결과가 나타나게 된다. 따라서, 강하고 생동력 있는 조직을 유지하기 위해서 행정가는 그 조직의 모든 직원에게 조직의 목표를 명백하게 이해시켜야 하며, 기관의 목적의 변화와 능력, 과업과 수행방법의 변화에 보조를 맞추어야 한다.

③ 인사

인사(staffing-S)에 포함되는 활동은 직원의 채용과 해고, 직원의 교육 및 훈련, 우호적인 활동 조건의 유지 등이다. 행정책임자는 직원의 임면에 책임을 질 뿐 아니라, 직원을 훈련하는 과업을 수행하기 위한 최선의 방법은 효과적인 훈련프로그램의 수립을 통하여 이루어진다. 또한, 우호적인 활동조건을 유지하는 최선의 방법은 기관의 모든 구성원 간에 개방적인 의사소통의 망을 유지하여 대인 간의 갈등을 완화하거나 해소시키는 것이다.

④ 지시

행정책임자가 기관을 효율적으로 운영하기 위해 하위 구성원에게 업무를 부과하는 기능이다. 행정책임자는 합리적인 결정, 능동적인 관심, 헌신적인 태도, 직원의 공헌을 칭찬하고 책임과 권한을 효과적으로 위임하며 개인과 집단의 창의성을 고려하고 지시(directing-D)하는 지도자가 되어야 한다.

⑤ 조정

조정(coordinating-Co)은 기관활동의 다양한 부분을 상호 연관시키는 매우 중요한 기능이다. 사회복지행정가는 부서 간, 직원들 간의 효과적인 의사소통의 망을 만들어 유지하고 조정해야 한다. 이 방법으로 가장 광범위하게 사용되는 방법은 위원회(committee)의 창설과 운영이다. 위원회에는 상설위원회와 특별위원회가 있는데 상설위원회에서는 프로그램, 인사, 재정 등과 같은 지속적인 성격의 활동에 관한 문제를 다루며, 특별위원회는 긴급한 문제 상황이나 단기간에 수행될 수 있는 임시적인 활동을 다룬다.

⑥ 보고

행정가가 보고(reporting-R)의 기능을 수행하기 위해서는 기관의 직원, 이사회, 지역사회, 재원을 제공하는 기관에 대하여 기관에서 일어나는 상황을 알려주어야 한다. 이를 위한 3가지 주요활동은 기록의 유지, 정기적인 감사, 조사연구이다.

기록의 유지는 클라이언트에 대한 기록, 인사기록, 위원회의 활동을 포함하는 전반적인 기관 활동의 보고이다. 이런 기록은 클라이언트에 대한 서비스 전달에 있어 직원의 진전 상황을 밝혀 준다. 정기적인 감사는 기관이 어떻게 기능하고 있는가에 관한 전반적인 견해를 얻게 하며, 개선이 필요한 영역을 밝혀 준다. 마지막 조사연구는 기관의 서비스가 어떻게 수행되는지, 현재의 서비스가 필요한지의 여부와 새로운 서비스가 요구되는지에 대한 부분과 서비스 전달방법의 효과성 등에 관한 조사로 이루어진다.

⑦ 재정

재정(budgeting-B)은 사회복지기관 운영에 핵심적인 요소이다. 건전한 재무행정은 3가지 요소로 구성된다. 첫째, 조직의 구조가 예산상의 관점에서 건전해야 한다. 이것은 기관의 모든 부서에서의 지출을 위한 권위와 책임의 기초를 분명하게 규정할 때 달성될 수 있다. 둘째, 장기적인 목표와 현재의 운영을 위한 계획을 포함하는 재정계획은 예산정책에 기초하여 수립되어야 한다. 예산정책은 급여의 스케줄, 수입확보의 방법 및 지출통제의 방법이 있다. 마지막으로 행정책임자 또는 재정책임자는 재정기록을 통하여 기관의 재정상의 운영을 통제하는 전반적인 책임을 진다.

⑧ 평가

평가(evaluating-E)는 설정된 기관의 목표에 비추어 전반적인 활동결과를 사정하는 과정이다. 기관의 목표나 목적의 달성을 평가하기 위해서 행정가는 두 가지의 척도를 적용할 수 있다. 첫째는 서비스에 대한 욕구와 관련하여 기관의 서비스가 수행되어진 정도를 사정하는 효과성 척도이며, 둘째는 가용한 자원과 관련하여 기관의 서비스가 수행되어진 정도를 사정하는 효율성 척도이다.

행정가가 평가의 기능을 효과적으로 수행하기 위해서는 직원들이 평가활동을 자유롭게 수행하고, 기관의 기능과 프로그램에 관한 제안을 할 수 있도록 분위기를 조성하는 노력이 이루어져야 한다.

2) 사회복지행정의 이론적 배경

사회복지행정가는 조직관리에 관하여 어떠한 이론적 관점을 갖고 있느냐에 따라 조직을 설계하고 직원들에게 동기를 부여하는 방법이 달라진다. 따라서, 각기 다른 모형들을 이해하고 인식하는 것이 중요하다. 조직 관리의 이론적 모형에는 고전모형, 인간관계모형, 구조주의모형, 체계모형, 의사결정모형을 중심으로 간단하게 정리하고자 한다.

(1) 고전모형

고전모형(classical model)의 기본적인 가정은 조직구성원이 주로 경제적 원리에 의해 동기부여가 된다는 전제에 있다. 개인에게 경제적인 보상이 주어질 때 조직의 목표를 위해 노력한다는 것이다. 따라서, 조직이 개인에게 경제적으로 보상할 수 있다면 개인의 목표와 조직의 목표가 일치한다고 볼 수 있다. 고전모형은 과학적 관리학파, 공공행정학파, 관료제 모형으로부터 제반가정을 빌려오고 있는데 그 핵심적 가정은 조직은 합리적 체계이며 기계와 꼭 같이 계획될 수 있다는 것이다. 이와 같은 이유로 이 모형은 기계이론(machine theory)이라고도 명명되어 왔다(Katz & Kahn, 1978).

학자들 간에 이 고전모형이 사회복지조직에 부적절한 것으로 평가되기도 했지만(Litwak, 1961), 이 모형은 조직관리 분야에서 아직도 지배적인 모형으로 남아 있다.

① 과학적 관리학파

과학적 관리학파(scientific management school)는 조직에서 사람들의 육체적 능력의 중요성을 강조하였으며, 따라서 개인들의 과업을 수행하는 데 필요한 시간 및 동작에 초점을 두었다. 조직에서 개인의 기여를 극대화하기 위하여 개개인의 기본동작에 관하여 그 형태 및 소요시간을 표준화하고 적정한 일일 작업량, 즉 분업을 확립한 다음 과업의 성과와 임금을 관련시키는 것이다.

테일러(Taylor, 1923)가 창시한 과학적 관리론의 관점은 조직의 최선의 목표로서 합리성과 효율성을 강조하고 있다. 즉, 과업의 극대화는 노동의 분업, 작업유인 및 시간의 효율적인 사용에 의해서 얻어질 수 있다고 주장하였다.

그는 기능적 관리(functional management)를 주장하였는데, 이것은 작업을 분담하여 각자가 수행할 수 있는 최소한의 기능을 갖도록 하는 것을 의미한다. 또한, 이 관점은 목표의 외적 근원, 사건의 통일성, 구조적 형태의 불변, 권위와 책임의 정확한 할당을 가정하고 있다. 따라서 사회적 조직과 비공식적인 관계의 중요성은 거의 무시된다.

이러한 효율성과 생산성을 증진시키기 위하여 과학적 관리론은 몇 가지 단계를 내포하고 있다.

첫째, 조직이 적정 수준으로 달성하고자 하는 객관적인 기준과 목표를 규정한다.

둘째, 목표 성취에 필요한 조직적 과정을 나타내는 모델을 개발한다.

셋째, 어떠한 조직 내 활동이 목표달성을 가능하게 하는지를 결정하기 위하여 계량적 방법으로 분석한다.

넷째, 가장 중요한 것으로 이 모델이 제공하는 최선의 해결책과 일치하도록 조직 활동을 재구성하는 것이다.

② 공공 행정학파

공공 행정학파(public administration school)는 분업과 가장 단순한 형태로의 과업분류를 강조하였으며 그 밖에 통제의 통일(unity of control)도 강조하였다. 즉, 과업이 소단위로 분류될 필요가 있으며 성과를 감독하고 조정하기 위한 집권화된 통제의 필요도 주장하였다. 통제의 통일은 한 사람의 상관에 의하여 지도·감독될 수 있는 부하 수의 제한을 가져왔는데 이를 통제의 범위라 한다. 또한, 공공행정학파는 계선(line)상의 일대일의 책임, 즉, 한 명의 상관이 한 명의 부하에게 권한과 책임을 가져야 한다는 것을 강조한다.

과학적 관리학파가 작업 현장으로부터 과업을 분석하는 아래로부터의 연구라면 공공행정학파는 위로부터 연구하여 조직의 최적방법을 설계하는 과정을 추구한다. 대표적인 학자는 귤릭(Gulick), 어윅(Urwick), 페이욜(Fayol) 등이며, 생산성, 효율성보다 행정관리기능의 향상에 주로 초점을 맞춘 연구를 진행하였다.

사회복지조직에서 통제범위의 개념은 얼마나 많은 슈퍼비전이 요구되는가 하는 문제와 관련된다. 통제범위가 넓어지면 슈퍼비전을 덜하게 되는데 공공복지기관에서는 슈퍼비전을 자주하면 생산성이 낮아지고 창의성이 떨어지며 상관에의 의존성이 높아진다고 한다(Blau and Scott, 1962). 따라서 사회복지 조직에서 슈퍼비전을 지나치게 강조하는 것이 직원들의 성과에 부정적인 영향을 미칠 수도 있다는 것이다.

③ 관료제 모형(bureaucratic model)

베버(Weber, 1947)에 의해 처음으로 체계적으로 연구되고 분석된 관료제는 고도로 전문화된 지식을 바탕으로 합법적이고 합리적인 규칙과 최대한의 효율성을 목적으로 한 조직구조의 독특한 형태를 말한다. 베버는 조직체에는 반드시 권위와 통제가 있기 마련이라고 하며 권위의 종류를 전통적(traditional) 권위, 카리스마적(charistimatic) 권위, 합법적(rational) 권위의 3가지로 분류했다.

전통적 권위는 족장이나 군주에 대한 존경과 순종이 세습적으로 승계되는 것처럼 전통적인 관례에 따라 하급자가 상사의 명령을 정당한 권위로 받아들이는 것이고, 카리스마적 권위는 시대적 영웅호걸에서 나타나는 것처럼 초인적인 힘이 있다고 인정되는 특정 인물의 권위를 받아들이는 것으로, 상사의 비범한 특성과 자질에 기초하여 하급자가 상사의 명령을 정감적으로 수용하는 것이다. 합법적 권위는 인간적인 지배가 아니라 법과 규정에 의한 지배만이 인정되는 것이다. 즉, 조직이 지닌 법적 지위 내에서 행사하는 것을 당연한 명령으로 인정한다는 것이다.

관료제는 조직의 효율성 증진에 순기능, 즉 긍정적으로 작용하기도 하지만 오히려 부정적인 결과, 즉 역기능을 할 가능성도 존재한다는 것이 호이와 모스켈(Hoy & Moskel, 1987)의 관료제 이론에 대한 비판 내용이다(표 10-1 참조).

머튼(Merton, 1957)은 관료제 병리현상으로 이외에도 비인간화, 할거주의,[1] 형식주의, 무사안일주의, 번문욕례(red-tape, 繁文縟禮), 형식만을 중시하여 까다롭게 만든 예문 등의 폐단이 발생할 가능성이 있다고 지적했다.

표 10-1 베버의 관료제 특성에 따른 순기능과 역기능

관료제 특성	순기능	역기능
권위의 위계구조	엄격한 지시 이행과 조정	의사소통의 저해
규칙과 규정	지속성과 통일성	경직성과 목표전치
사적 감정 배제	합리성 확보	직원의 사기 저하
분업	전문성 강화	직무에 대한 권태
경력 지향성	유인체계	연공과 업적 간의 갈등

출처: Hoy, W. K. & Moskel, C. G.(1987). *Educational administration: theory, research, and practice*. New York: Random House.

(2) 인간관계 모형

인간관계 모형(human relation model)은 조직과 인간은 상호공존 관계에 있으며 조직의 연구에 있어서 인간의 행동에 관한 연구가 가장 중요한 과제로 등장하게 되었다. 즉, 인간관계론은 구성원의 비공식적인 관계, 상호작용, 사교적 작업조건, 조직의 조화를 강조하는 행정이론이다.

이 이론은 고전모형에서 나타난 여러 가지 결함을 보충하기 위하여 개발된 모형으로 메이요(Mayo, 1933)와 그의 동료들에 의해서 미국 시카고에 있는 웨스턴 전기회사의 호손실험(Hawthorne Experiments)을 계기로 전개되었다. 이 실험은

1) 조직이 복잡해지면 그 전체 조직 중에서 부분집단에게 일정한 권한이 부여되는데, 그 권한을 고집적으로 독점하여 다른 관계를 고려하지 않으며, 다른 부서로부터의 간섭을 배제하려는 경향이 생긴다. 자기들의 수비 범위를 고집하여 전체를 생각하지 않고 자기가 관계하는 부분에만 관심을 가지며, 그 부·국 집단 안에서의 공동 이해나 심정에 흐르기 쉽게 되며, 다른 집단에 대하여 배타적 행동을 취하게 된다. 다른 표현으로 분열주의, 지역주의, 섹셔널리즘(sectionalism)으로 표현하기도 한다.

과학적 관리론에서 가정한 비인간적 합리성과 인간의 기계적 도구에 반발해서 인간주의적 조직 관리를 실현하려는 것이다(그림 10-2 참조).

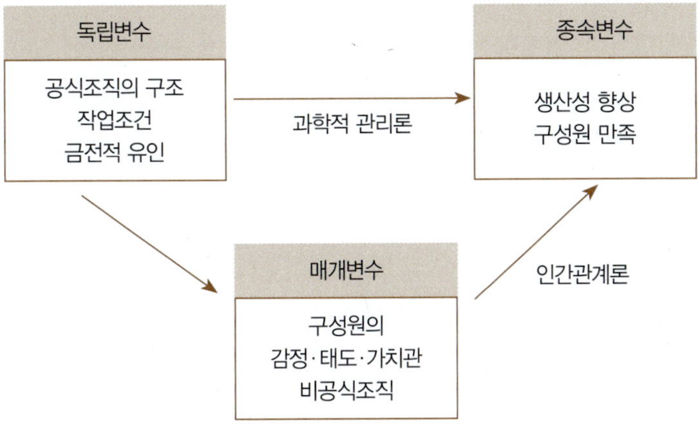

[그림 10-2] 호손실험의 기본도식

인간관계론은 1924년 미국 호손(Hawthorne) 공장의 실험이 계기가 되었는데, 예기치 않은 결과가 이론의 출발점이 되었다. 당시 하버드 대학교 심리학 교수였던 메이요(E. Mayo)는 호손 시에 있는 웨스턴 일렉트릭사(Western Electric Co.)를 대상으로 작업조건(조명, 소음, 습도 등)이 노동자의 생산성에 미치는 영향을 연구했다. 원래 가설은 작업환경을 개선하면 생산성이 향상된다는 것이었다. 그러나 가설과는 달리 작업환경과 생산성은 별다른 관계가 없는 것으로 나타났다. 따라서, 1972년 2차 연구가 시행되었다. 그 결과 작업환경과 금전적인 보상보다는 일의 보람과 긍지, 동료 간의 우의 등 심리적 요인이 더 큰 영향을 미친다는 사실을 발견하였다(원석조, 2009:83). 따라서, 인간관계 접근은 공식적 조직을 설명하는 데 비공식 집단의 존재와 영향력을 강조한다. 이를 호손효과(Hawthorne effect)라고도 한다(Perrow, 1986).

호손실험에서 밝혀진 결론은 첫째, 근로자의 작업능률은 물리적 환경조직에 의해 좌우되는 것이 아니라 집단 내의 동료 또는 윗사람과의 인간관계에 의해 크게 좌우된다. 둘째, 조직에는 비공식 집단이 별도로 존재하는데 이 비공식 집단은 개인의 태도와 생산성에 강력한 영향을 미친다. 셋째, 근로자는 개인으로서가 아니라 집단의 일원으로서 행동하며, 집단 내의 인간관계는 일련의 비합리적, 정서적 요소에 따라 이루어진다. 넷째, 근로자는 경제적인 욕구나 동기에 입각한 합리적 행동보다는 비경제적 요인인 사회적, 심리적 욕구나 동기에 입각한 행동을 중시한다는 것이다.

한편, 맥그리거(McGregor, 1960)는 인간의 본성과 행위에 관해 각각 상이한 가정을 바탕으로 X이론과 Y이론을 발전시켰는데, 이 이론은 조직의 관리자가 직원을 보는 기본적인 시각의 차이에 따라 전혀 다른 관리방법이 고안될 수 있다고 보는 이론이다. 여기서 X이론은 전통적인 관리이론에서 인간은 본래 일하기 싫어하는 존재로 보고, 따라서 조직의 목표를 달성하기 위해서는 인간들은 지시받고 통제되어야 한다고 보고 있으며 인간관계론의 관점을 갖고 있는 반면, Y이론은 인간은 본래 일하기를 좋아하며 인간에게 조직의 목표가 주어지면 자기통제와 자기지시를 할 수 있다고 가정하면서, 인간의 권리와 제안이 고무되고 지지되며 민주적인 참여가 이루어지는 작업상황과 분위기를 강조한다.

위의 X이론과 Y이론은 매슬로우(Maslow)의 욕구단계이론과도 관련이 있다. 매슬로우는 인간의 욕구단계를 생리적 욕구, 안전에 대한 욕구, 애정의 욕구, 긍지와 존경에 대한 욕구, 자기실현의 욕구로 구분하였는데 이 중, 첫째, 둘째, 셋째 단계는 X이론에 넷째, 다섯째는 Y이론에 관련되는 것이다(그림 10-3 참조).

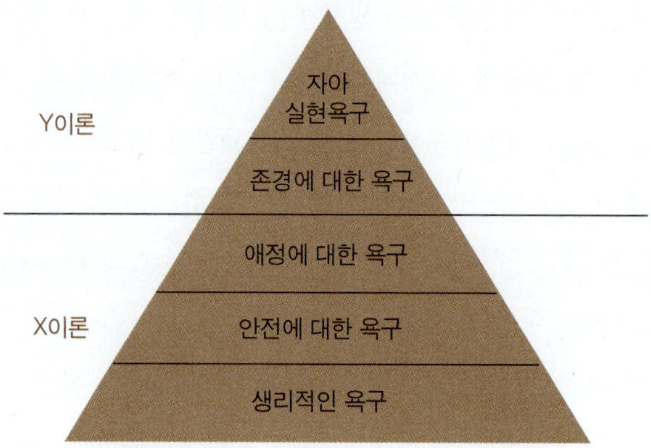

[그림 10-3] X이론, Y이론과 매슬로우의 욕구단계이론의 관계

린드스태드(Lindstedt)는 X이론과 Y이론의 이론적인 결함을 보완하기 위하여 Z이론을 제시하였다. 이 Z이론은 특수 분야에 종사하는 과학자나 학자들에 대한 관리로서 이들에 대한 관리는 자유방임적이고 구성원들이 자유의지에 따라 행동하도록 분위기만 조성할 뿐 인위적인 동기부여는 가능한 한 배제한다는 것이다. Z이론은 X이론과 Y이론에 포함시킬 수 없는 인간의 또 다른 한 측면을 부각시키기 위하여 사용한 용어인 것이다(안해균, 1982).

(3) 구조주의 모형

구조주의 모형(structuralist model)은 고전모형과 인간관계 모형의 총합이다. 구조주의 모형은 인간관계 모형에 대하여 제기한 비판으로부터 발생한 것인데, 구조주의자들에 의하면 인간관계적 접근은 조직에 대한 완전한 시각을 제공해 주지 못하고 있으며 그 부분적 시각은 관리자들을 유리하게 하고 근로자들을 잘못 인도하고 있음을 제시하고 있다(Etzioni, 1964).

구조주의 모형은 개인과 조직의 목표가 일치할 수 있다는 가정을 하지 않는다는 점에서 인간관계 모형 및 고전모형과 다르다. 오히려 구조주의는 조직에서 갈등은 불가피하다는 것을 강조한다(Hasenfeld, 1983). 이 모형은 모형에 관한 경험적 연구의 결과로서 나타났다는 점에서 규범적이라기보다는 기술적이다.

구조주의자들은 고전모형과 인간관계 모형을 조화시키고 총합하는 몇 가지 다요인적 접근을 하고 있다. 첫째, 조직의 공식적 요인과 비공식적 요인, 둘째, 비공식 집단의 범위와 조직의 내외에서 그런 비공식 집단들 간의 관계, 셋째, 하위자와 상위자와의 관계, 넷째, 사회적 보수와 물질적 보수 및 그 상호 간의 영향, 다섯째, 조직과 그 환경 간의 상호작용, 여섯째, 업무조직과 비업무 조직 등이다.

한편, 구조주의자들은 조직에 대한 환경의 영향을 강조하고 있다. 사회의 급변하는 환경적 특성은 조직이 살아남기 위해서는 반드시 다루어야 할 부분으로 보고 있다. 사회복지조직에서도 환경에 대한 강조가 중요하다. 일반 환경에는 경제적, 사회·인구 통계적, 정치적, 법적 그리고 기술적 제 조건을 말하며 과업 환경은 재원자원의 제공자, 정통성과 권한의 제공자, 클라이언트의 제공자, 보조적 서비스의 제공자, 수혜자, 경쟁조직 등이 있다.

(4) 체계모형

체계모형(system model)은 고전모형, 인간관계모형, 구조주의 모형이라는 3가지 기본 모형들이 하나의 모형으로 통합될 수 있다는 가정에 기초를 두고 있다. 체계모형은 조직을 다양한 역동성과 메커니즘에 기초를 둔 구체적 기능을 수행하는 많은 하위체계로 구성된 복합체로 보고 있다(Katz and Kahn, 1978). 체계모형은 관리자에게 조직의 문제를 분석하고 진단하기 위한 방법을 제공해 준다.

이 모형은 조직의 어느 부분이 잘못 기능하고 있는가를 찾아내어 고치도록 사용될 수 있다. 즉, 조직 각각의 하위체계들이 어떠한 기능, 역동성 및 기제를 수행하는가의 표준을 제시함으로써 특정한 조직의 성과를 그 표준과 비교 평가해 볼 수 있다.

체계모형은 조직을 5가지 하위체계로 구성되어 있는 것으로 보고 있다(Neugeboren, 1985). 이 모형에서 각각의 하위체계는 생존과 발전을 위한 경쟁의 역동성 때문에 부단히 활동하고 있으며, 한편 하위체계 간에 갈등과 모순은 불가피하다는 것과 조직이 최적으로 기능하기 위해서는 조직의 목표에 따라 모든 하위체계가 기능하도록 해야 한다는 것을 가정한다. 이를 위해 관리 하위체계는 4가지 하위체계를 통합하고 조정하는 과업을 수행한다(그림 10-4 참조).

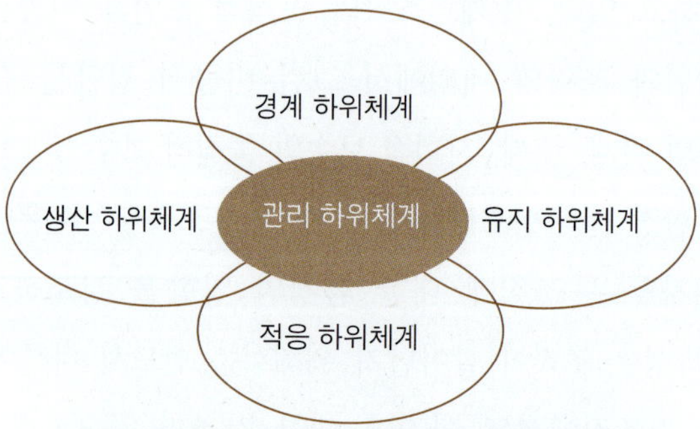

고전이론의 관점: 생산, 적응, 관리 하위체계
인간관계 이론의 관점: 유지, 관리 하위체계
구조주의 이론의 관점: 경계, 정응 하위체계

[그림 10-4] 체계모형

① 생산 하위체계

생산 하위체계(production subsystem)의 기본적인 특징은 고전모형의 가정에 기초를 두고 있다. 모든 조직은 그 조직의 생산과 관련된 과업을 수행해야 하는데 이 과업은 생산 하위체계 안에서 달성된다. 이는 조직의 역할과 과업을 설계하는 데 있어 숙련과 합리성의 중요성을 강조하고 있다.

사회복지조직에서 생산 하위체계의 기능은 클라이언트에게 서비스를 제공하는 것이다. 조직 안으로 들어가는 돈과 인력과 같은 투입자원은 서비스로 변형된다. 특히, 생산 하위체계는 숙련과 기술을 강조하는 데 따라서 전문화의 원리가 아주 중요하다.

전문화는 목적, 과정, 사람, 장소 등 네 가지 영역에서 조직화될 수 있다. 그러나 전문화를 추구하는 과정에서 기술을 지나치게 강조하여 만약 기술이 클라이언트의 욕구를 대치하면 수단과 목적이 바뀌는 부정적인 결과를 가져올 수도 있다.

② 유지 하위체계

유지 하위체계(maintenance subsystem)의 기본철학은 조직의 욕구에 개인의 욕구를 통합하는 데 강조를 두고 있는 인간관계 모형으로부터 나온 것이다. 이의 주요 목적은 조직의 현재 상태대로 조직의 계속성을 확보하는 것이며 그 주요한 역동성은 조직 내 안정상태의 유지이다. 이 목적을 위해 사용되는 메커니즘은 활동의 공식화, 보상체계의 확립, 새로운 구성원의 사회화, 직원선발과 훈련이다.

사회복지조직에서 유지 하위체계는 절차를 공식화하고 표준화하여, 직원을 선발하고 훈련하며 보상하는 제도를 확립함으로써, 직원 개개인의 목표를 조직의 목표에 통합시키는 기능을 수행한다. 한편, 유지 하위체계가 그 주요한 목적으로서 현재 상태의 계속성을 확보하고 안정상태를 유지하는 과정에서 클라이언트의 욕구보다도 직원들의 욕구충족을 더 강조한다면 이는 조직에 대하여 역기능적이 될 것이다. 조직의 궁극적인 목표는 클라이언트의 욕구충족에 있는 것이기 때문에 직원들에 대한 관심은 어디까지나 클라이언트의 욕구충족이라는 조직의 목표를 달성하기 위한 하나의 수단이라는 것을 인지해야 한다.

③ 경계 하위체계

경계 하위체계(boundary subsystem)는 구조주의 모형과 관련된 가정에 기초를 두고 있다. 여기에서는 환경과 환경에 영향을 미치기 위한 장치를 확립할 필요성에 강조를 두고 있다. 사회복지조직에서 경계 하위체계의 기본 목적은 조직의 외부환경에 영향을 미치는 것이다. 사회복지조직은 생존하고 발전하기 위해서 외부환경의 변화를 인지하고 반응할 수 있어야 한다. 이는 오늘날 사회복지 분야가 정치·경제적 환경으로부터 그 압력을 더욱 크게 받고 있음에 따라 특히 중요하게 대두되고 있다.

사회복지조직의 경계 하위체계는 다시 생산 지지체계(production supportive system)와 제도적 체계(institutional system)라는 2가지 구성요소를 통해서 외부환경에 반응한다. 생산 지지체계는 서비스 전달에 후원과 지지를 보내기 위해 필요한 활동에 관한 것인데, 그 기능은 외부의 다른 조직과 교환관계를 맺는 것이다. 그런데 사회복지 조직들 간에는 전통적인 자원교환의 필요성에 대한 인식 부족과 목표가 공유되지 못한 관계로 조정하는 데 문제가 있어 왔다. 한편, 제도적 체계의 목적은 조직이 지역사회의 지지와 정통성을 확보하도록 하는 것이다. 이는 지역사회의 대표들로 구성된 이사회에 의해 수행된다. 제도적 체계는 조직의 임무와 업적을 지역사회에 홍보할 필요가 있으며, 필요한 경우 지지와 정통성을 확보하기 위해 지역사회의 다양한 조직 및 수혜 대상자에게 영향을 미쳐 환경을 조정한다.

④ 적응 하위체계

적응 하위체계(adaptive subsystem)는 연구와 계획을 강조한다는 점에서 합리성과 숙련을 강조하는 고전모형에 기초를 두고 있으며 환경을 강조한다는 점에서 구조주의 모형에 기초하고 있다. 사회복지조직에서 적응 하위체계는 연구와 계획에 관련되어 있으며 조직의 지적인 부분에 해당된다. 이는 변화하는 환경의 요구에 반응해서 조직을 변화시킬 필요성을 인식하고 관리층에 적절한 건의를 하며, 이를 위한 기본적인 도구가 바로 체계적인 연구와 평가이다. 새로운 클라이언트의 욕구, 새 정부의 요구조건, 자금조달 조직의 우선순위에 재빨리 적응할 수 없는 사회복지

조직은 시대에 뒤떨어지게 된다. 시대에 뒤떨어진 사회복지 조직은 자원을 획득하기 어렵다(Lauffer, 1985).

다른 산업조직체와 비교해 볼 때 보통 사회복지조직의 예산이 삭감될 때 제일 먼저 영향을 받는 영역이 연구와 계획 분야이다. 그러나 사회복지조직은 제공하고 있는 서비스의 효과성과 효율성을 체계적으로 평가하지 않을 수 없다. 효과적인 적응 하위체계의 확립과 관련한 문제 중의 하나가 내부평가와 그것에 대한 객관성의 결여이다. 이에 객관적인 평가를 위해 외부의 전문가가 필요하다는 의견이 제시되기도 하나 내부평가의 객관성을 높이기 위해 적응 하위체계를 최고 관리층의 부속으로 하고 직접 그들에게 건의를 하는 방법도 그 대안이 될 수 있다.

⑤ 관리 하위체계

관리 하위체계(managerial subsystem)는 통제를 강조한다는 점에서 고전모형의 특징을 갖고 있으며 외부환경을 강조한다는 점에서 구조주의 모형의 특징을 갖고 있고 타협을 강조한다는 점에서 인간관계 모형의 특징을 갖고 있다. 이 관리 하위체계는 [그림 10-4]에서와 같이 4가지 하위체계와 교차한다.

사회복지조직에서 관리 하위체계의 목적은 다른 4가지 하위체계를 조정하고 통합하기 위해 리더십을 제공하는 것이다. 관리 하위체계의 기본적인 기능은 ① 권한의 활용을 통해 계층 간에 생겨나는 갈등을 해결하는 것, ② 타협과 심의를 통해 하위체계들을 조정하는 것, ③ 자원을 증진시키고 필요한 경우 조직을 재구조화하기 위해 외부환경을 조정하는 것이다. 이 관리 하위체계는 갈등을 건설적으로 다루고 그 해결을 교섭하기 위해 지식과 기술을 필요로 한다. 관리자는 이데올로기 면에서 하위체계 간에 차이를 보일 때 이데올로기 갈등의 가능성을 민감하게 포착해야 한다. 또한, 다른 하위체계에 의해 수행되는 과업에 차이를 보일 때 관리자는 모순되는 구조와 관련된 문제를 이해할 필요가 있다(Litwak, 1961).

(5) 의사결정모형

의사결정모형(decision making model)은 사회복지행정의 지식발전에 기여한 또 다른 이론의 하나이다. 고전적 관료제모형이 조직에 있어 합리성 원칙을 지나치게 강조한 반면, 인간관계모형의 관점에서는 이 원칙을 과소평가했다. 마치와 사이몬(March & Simon, 1976)은 이들 2가지 극단적 이론을 조직행동의 의사결정모형을 통하여 연결시키려고 하였다(성규탁 역, 1985).

이 모형의 초점은 조직 속에서 상이한 지위를 가지고 있는 개인들의 의사결정이다. 의사결정자들은 과거의 경험, 현존하는 자극의 선택적 인식, 관습적 대안을 토대로 하여 단순한 현실 모델을 구성함으로써 만족할 만한 해결책을 모색한다는 것이다. 따라서, 의사결정이론은 사회복지 조직 내에 개인의 의사결정을 정하는 조직적 요인에 초점을 두고 인간 서비스 조직의 구성원들이 클라이언트에 대해서 내리는 결정을 이해하며 설명할 수 있는 분석적 도구를 제공해 준다.

3) 사회복지서비스의 전달체계

(1) 전달체계의 개념

사회복지서비스 전달체계란 지역사회체계 속에서 사회복지서비스의 제공자와 클라이언트를 연결시키기 위한 조직적 장치(organizational arrangements)라고 할 수 있다(Gilbert & Terrell, 1988). 즉, 많은 서비스의 제공자, 사회복지기관 사이의 합리적 배치와 사회복지기관과 수혜자 사이의 조직구조에 관한 것이다. 따라서, 전달체계는 서비스가 수혜자에게 어떻게 받아들여지는가에 관한 것뿐만 아니라 사회복지기관은 어떻게 조직되어야 하는 것도 포함된다. 그리고 사회복지에서 공급자들 사이 그리고 공급자와 수혜자의 구조적 배열과도 연관된다.

협의의 개념으로는 사회복지사와 서비스를 받는 수혜자 사이의 대면적 상호관계를 통하여 일정한 장(setting)에서 서비스 전달 업무를 실제로 집행하는 사회적 체계를 의미하며, 광의의 개념으로는 사회복지서비스 전달의 집행체계는 상부의 행정체계로부터 규제, 지원 및 감독을 받으며 서비스를 전달하기 때문에 행정체계 모두를 이해해야 한다.

따라서, 사회복지를 제공함에 있어 이 전달체계가 적절하게 작동하지 않게 되면 복지정책과 프로그램이 목표하는 정책적 성과는 기대하기 어렵게 된다. 예를 들면, 기초생활수급자의 선정과정에서 정확하고 공정한 절차에 따른 조사가 이루어지지 않은 채 수급자가 선정되거나 급여가 제공되고, 수급자를 제대로 선정했다 해도 애초부터 제대로 된 욕구조사나 현장실태 파악 없이 급여의 내용을 결정하여 제공한다면 국민기초생활보장제도가 목표하는 빈곤층에 대한 소득재분배라고 하는 정책목표는 효과를 거두기 어렵게 된다.

(2) 전달체계의 분석적 차원

① 구조·기능적 분석

사회복지서비스 전달체계는 2가지 하위체계로 크게 구분할 수 있다. 먼저, 서비스 전달을 위한 계획, 지원, 관리기능을 수행하는 행정체계와 서비스의 직접 전달기능을 수행하는 집행체계로 구분할 수 있다.

예를 들면, 정부가 운영하는 공공부조사업의 하나인 기초생활보장서비스의 경우 「국민기초생활보장법」에 의거 [그림 10-5]와 같이 주관 부서인 보건복지부가 이 사업을 계획하고, 예산을 배정하며, 사업운영에 관한 지시를 전국적 행정조직의 상부체계인 특별시·광역시·도를 경유하여 중간체계인 시·군·구로 시달하게 되고, 이 사업의 집행은 최말단 행정체계인 읍·면·동에서 이루어진다. 이러한 기초생활보장서비스는 국가의 행정체계의 특성상 그 체계가 지리적으로 넓고 행정과정상 길다고 볼 수 있다(김만두, 1991).

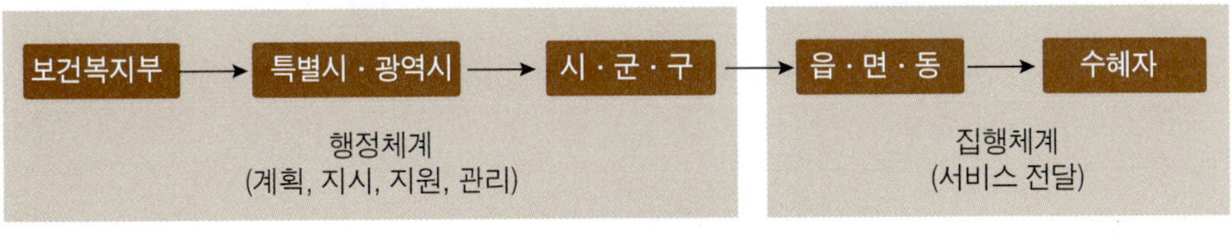

[그림 10-5] 전달체계

여기서 보건복지부에서 시·군·구에 이르기까지의 체계는 생활보호서비스를 계획, 지시, 지원, 관리, 감독하는 업무를 주로 하기 때문에 행정체계라 할 수 있고, 읍·면·동과 기초생활보장 대상자 간의 체계는 최일선에서 구체적인 서비스를 제공하는 업무를 주로 하기 때문에 집행체계라 할 수 있다.

② 운영 주체적 분석

사회복지서비스 전달체계는 운영주체에 따라 공적공공 전달체계와 사적 민간 전달체계로 구분될 수 있다. 공적 전달체계는 정부중앙 및 지방나 공공기관이 직접 관리·운영하는 것을 말하고 사적 전달체계는 민간또는 민간단체이 직접 관리·운영하는 것을 말한다.

그러나 민간이 위탁형태로 운영하고 있어도 공공기관의 일부 지원과 통제를 받기 때문에 운영주체의 엄격한 구분은 어렵다. 또한, 어떤 주체가 더 효율적인가에 대해 비교도 장단점이 있으므로 큰 의미는 없다고 볼 수 있다. 공적 전달체계의 경우 재정적으로는 안정적이지만 관료적이고 경직되어 있으며 복잡한 체계를 가지고 있는 반면, 민간의 경우는 재정적 취약성을 극복하기 어렵지만 융통성이 있고 클라이언트에게 좀 더 가깝게 위치하고 있으며 창의적이고 유연하다는 장점이 있다(표 10-2 참조).

표 10-2 사회복지서비스 전달체계의 운영주체

분류	담당	적용	내용	비고
공적 전달체계	정부나 공공기관이 관리	보건복지부→특별시 · 광역시 · 도→시 · 군 · 구→읍 · 면 · 동→대상자	• 재정 안정 • 관료적, 복잡성 • 외적 요인에 다소 둔감함	운영주체의 엄격한 구분과 장 · 단점의 비교는 어렵다고 할 수 있다.
사적 전달체계	민간(또는 민간단체)이 관리	복지재단, 자원봉사단체, 사회복지시설, 개인 등	• 재정 취약 • 융통성, 창의적, 유연성 • 사회변화와 요구에 민감함	

(3) 전달체계 주요원칙

① 전문성의 원칙

전문성의 원칙은 사회복지조직이 서비스를 제공함에 있어 주요 핵심 업무에 대해서는 반드시 전문가가 담당해야 한다는 전달체계의 원칙이다. 사회복지 서비스를 제공할 때 전문가의 개입이 반드시 요구되도록 하고 있는 것은 사회복지 서비스의 효과성과 효율성을 위해, 그리고 무엇보다도 사회복지전달체계에 대한 신뢰를 위해서 법적으로 제도화하고 있다. 사회복지 분야의 종사자는 전문성의 정도에 따라 전문가(professional), 준전문가(para-professional), 비전문가(non-professional)로 구분할 수 있다. 여기서 전문가는 상식적으로 생각하는 경험과 지식이 많은 정도의 사람이 아니라 자격이 객관적으로 인정되는 사람으로 자신의 전문적 업무에 대한 권위와 자율적 결정권 및 책임성을 지닌 사람을 말한다. 여기서 객관적이란 국가 또는 전문 직업집단에서 시험 또는 기타 자격심사에 의해 자격증을 부여받는 것을 말한다. 사회복지 분야에서는 사회복지사, 의사, 간호사, 물리치료사, 작업치료사, 영양사 등의 전문가가 참여하고 있지만 그중에서 사회복지사가 가장 보편적인 전문가이다.

② 적절성의 원칙

적절성의 원칙은 사회복지서비스는 그 양과 질, 그리고 제공하는 기간이 클라이언트나 소비자의 욕구충족과 서비스의 목표달성에 충분해야 한다는 원칙을 말한다. 그러나 재정형편상 제대로 지키기 어려운 경우가 많고 그 적절성의 수준에 대해서도 논란이 있을 수 있다. 우리나라에서는 현재까지 거의 대부분의 공적 사회복지서비스는 적절성의 수준에 크게 못미치고 그중 상당수는 서비스를 단순히 제공한다는 명목주의적인 것이었다고 할 수 있기 때문에 전달체계의 구축에 있어서 특히 유의해야 한다.

즉, 사회복지서비스를 제공하는 데 있어서 중요한 점은 공급자의 입장에서보다는 수요자의 입장에서 서비스의 제공이 어떻게 이루어져야 하는가를 항상 염두에 두어야 한다는 것이다. 서비스 제공기간이 너무 짧다든가 급여의 내용이 불충분하다면 수혜자의 욕구충족은 불가능해지고 원래 의도했던 복지서비스의 목표도 달성하지 못하게 된다(홍봉수 외, 2017: 286).

③ 포괄성의 원칙

포괄성의 원칙은 사람들의 욕구는 다양하고 복잡하기 때문에 복지수요자에게 발생하는 문제에 대해 다양한 서비스를 포괄적으로 제공해야 한다는 원칙이다. 이런 서비스의 포괄성을 달성하기 위해서는 한 사람의 전문가가 여러 문제를 다루는 일반화 접근방법 혹은 각각 다른 전문가가 한 사람의 각각의 문제를 다룰 수 있는 전문화 접근방법과 여러 전문가들이 한 팀이 되어 문제를 접근할 수 있는 집단 접근방법이 있다.

일반화 접근방법은 전문성이 떨어질 우려가 있고, 전문화 접근방법은 문제 진단과 서비스 간의 통합 조정이 어려워질 수 있으며, 집단 접근방법은 전문가들 간의 갈등이 있을 수 있는 등의 단점을 가지고 있다. 이에 1970년대 후반부터 연구되기 시작한 방법으로 다양한 문제를 가진 개인의 문제를 해결하는 데 있어서 한 전문가가 책임을 지고 계속적으로 필요한 서비스와 전문가를 찾아 연결시켜 주고 적절한 서비스를 받을 수 있도록 하는 사례관리(case management)도 있다.

④ 지속성의 원칙

지속성의 원칙은 문제나 욕구를 해결하는 과정에서 전달체계가 수혜자에게 서비스를 일정 기간 지속해서 제공하도록 한다는 원칙을 말한다. 한 개인의 문제나 욕구를 해결하는 과정에서 필요한 서비스의 종류와 질이 달라져야 하는 경우가 많은데 한 개인이 필요로 하는 다른 종류의 서비스와 질적으로 다른 서비스를 지역사회 내에서 계속적으로 받을 수 있도록 그러한 서비스들이 상호 연계되어야 한다(Gate, 1980).

지속성의 원칙이 잘 적용되기 위해서는 같은 조직 내의 서비스 프로그램 간의 상호협력이 잘 이루어져야 할 뿐만 아니라 지역사회 내의 사회복지서비스 조직 간에도 유기적인 연계가 잘 이루어져야 한다.

⑤ 통합성의 원칙

통합성의 원칙은 클라이언트의 문제는 많은 경우 복잡하고 상호 연관되어 있기 때문에 이러한 문제의 해결을 위한 서비스들도 서로 연관되어야 한다. 즉, 일관된 사회복지행정의 과정을 통해 서비스가 제공되어야 한다는 것이다. 한 클라이언트의 각각 다른 문제들을 해결하기 위한 서비스들이 서로 연결성이 없이 제공된다면 클라이언트를 조각으로 분리하는 것과 같다. 예를 들면, 노인요양서비스에서 일반간호, 간병, 영양, 재활치료, 작업치료, 여가프로그램, 가족지원 등의 서비스가 통합되어야 하는 경우 등을 들 수 있다.

서비스가 통합적으로 제공되기 위해서는 행정책임자 아래 서비스들이 제공되고 서비스 제공 조직이나 장소가 지리적으로 상호 접근되고 서비스 프로그램 간 또는 서비스 조직 간에 상호 유기적인 연계와 협조체계가 갖추어져야 한다.

⑥ 평등성의 원칙

평등성의 원칙은 사회복지서비스를 제공함에 있어서 소득 수준이나 연령에 제한을 두는 경우를 제외하고는 기본적으로 성별, 연령, 소득, 지역, 종교, 지위에 관계없이 모든 국민에게 평등하게 제공하여야 한다는 것이다. 특히 수혜 대상자는 자력으로 생계를 유지하기가 곤란한 계층으로 현대사회는 사회의 부담적 존재로 간주하기 쉬우나 수혜 대상자의 존엄성과 가치를 인정하고 그들이 갖고 있는 잠재능력을 발휘할 수 있도록 제공하여야 한다.

⑦ 책임성의 원칙

책임성의 원칙이란 전달체계에서 전달체계의 수혜자가 그들의 불편을 해소할 수 있도록 일련의 과정을 유지하거나, 그들의 독특한 문제나 욕구에 책임을 지는 것이다. 따라서 사회복지서비스 전달체계는 수혜자에 대한 서비스를 전달함에 있어서 법적·행정적뿐만 아니라 도덕적인 면에서도 그 책임을 다해야 한다는 것을 의미한다.

사회복지서비스 제공자가 책임성을 갖게 되는 대상은 일반적으로 사회에 대한 책임, 클라이언트에 대한 책임, 그리고 전문가에 대한 책임으로 나누어진다. 사회에 대한 책임은 사회로부터 위임받은 소정의 기능을 적절히 수행해야 하는 책임을 의미한다. 클라이언트에 대한 책임은 그의 욕구를 최대한 해결해야 할 책임을 의미하는 것이며, 전문직에 대한 책임은 전문직으로서의 윤리강령을 준수하고 전문가다운 지식과 기술을 지속적으로 연마하고 발전시킬 책임을 의미한다.

책임을 가져야 하는 내용은 서비스가 수혜자의 욕구에 적절히 대응하는 것인가, 서비스의 전달 절차가 적합한가, 서비스가 효과적이고 효율적인가, 서비스 전달과정에서의 불평과 불만의 수렴장치는 적합한가에 대한 것이 되어야 하고, 사회복지 조직이 구체적인 책임을 지는 대상자는 사회나 국가를 대표하는 실체인 중앙정부 및 지방정부와 서비스의 수혜자가 되어야 한다.

⑧ 접근 용이성의 원칙

접근 용이성의 원칙은 사회복지서비스는 그것을 필요로 하는 사람들이면 누구나 쉽게 서비스를 받을 수 있어야 하기 때문에 클라이언트가 접근하기에 용이해야 한다는 원칙이다. 접근 용이성이란 서비스와 그것을 필요로 하는 욕구의 연결 상태를 의미한다. 즉, 서비스를 필요로 하는 때에, 지리적으로 가깝게, 그리고 편리한 방식과 절차의 과정으로 수혜받을 수 있도록 전달체계가 갖추어져야 한다는 것을 의미한다. 클라이언트가 서비스에 접근하는 데는 여러 가지 장애요인이 있을 수 있는데 주요한 장애요인으로는 서비스에 관한 정보의 결여 또는 부족, 지리적 장애, 심리적 장애, 선정절차상의 장애, 자원 부족 등이 있다.

따라서, 사회복지조직의 서비스 전달은, 가능하면 이러한 많은 장애요인을 제거하여 클라이언트가 서비스의 제공 장소에 쉽게 접근하여 서비스를 받을 수 있도록 설계하는 것이 바람직하다.

3. 사회복지정책

1) 사회복지정책의 개요

(1) 정책의 개념

정책에 대한 여러 학자들의 정의를 살펴보면 티트머스(Titmuss, 1974)는 정책을 '주어진 목표에 지향된 행동을 지배하는 원리'로, 라스웰과 카플란(Lasswell and Kaplan, 1970)은 '목표, 가치 및 그것을 실천하기 위한 행동 지침'으로, 칸(Khan, 1979)은 '지속적인 계획, 장래 의사결정의 지침이거나 결정의 연속성'으로, 레인(Rein, 1979)은 '계획 선택의 실체'로, 길버트와 스펙트(Gilbert and Specht, 1974)는 '공·사의 기관에 있어 행동의 방향이나 계획의 기초를 이루는 결정과 선택'으로 정의하고 있다. 이러한 여러 학자들의 정의들을 종합해 보면, 정책이란 특정한 목적을 성취하기 위하여 필요한 행동에 대한 지침이나 계획 혹은 과정이라고 정의할 수 있다.

(2) 사회복지정책의 개념

사회복지정책에 대한 개념 정의는 쉽지 않다. 사회복지정책은 각 나라의 정치적, 경제적, 사회적 여건과 시대적 상황을 반영하는 역사적 형성체이므로 사회복지정책의 개념 정의는 그만큼 어렵다. 따라서, 사회복지정책 개념은 국가와 시대, 그리고 학자의 입장에 따라 다르고, 시대변화에 따라 '변화하는 개념'으로 생각하는 것이 타당해 보인다.

① 영국의 사회복지정책의 개념

영국은 사회복지정책보다는 사회정책(social policy), 사회행정(social administration), 사회서비스(social service)란 용어를 많이 쓰는데, 그 내용을 보면 사회보장(social security), 건강(health), 교육(education), 대인적 사회서비스(personal social services), 주택(housing), 고용(employment) 및

가족정책(family policy) 등을 포함하고 있다(Alcock. 1996).

티트머스(Titmuss)는 사회정책이란 기존의 사회적 장치로서 해결할 수 없는 욕구 충족에 관련된 것으로서, 경제정책이 교환에 의해 이루어지는 것과는 다른 일방적인 이전 혹은 선물 형태로 이루어지는 정부의 행위라고 하였다(Reisman, 1977). 즉, 사회복지정책을 "시혜적이고, 재분배적이며, 경제적 목적뿐만 아니라 비경제적 목적을 가진 정책"이라고 규정했다.

마샬(Marshall)은 사회정책을 시민에게 서비스 또는 소득을 제공함으로써 시민의 복지에 직접 영향을 주는 정부의 정책으로, 핵심적인 내용은 사회보험, 공공부조, 보건 및 복지서비스, 주택정책으로 구성되어 있다고 하였다(김영모 역, 1980).

타운젠드(Townsend)는 사회정책이란 공공행정과 관련된 정책이고, 이것은 일반적으로 인정된 특수한 사회문제를 해결하거나 사회목적을 추구하기 위한 국가와 지방 당국 간의 건강, 교육, 복지 및 사회보장 서비스와 같은 서비스 개발과 관리에 관련된 정책이라고 하였다(신섭중, 1993.)

영국은 국민의 최저생활보장(national minimum)을 목적으로 다양한 사회복지 정책을 발전시켜 왔는데, 의료에 있어서도 모든 국민에게 별도의 비용 부담없이 기본 의료서비스를 제공하는 NHS(national health service) 국민보건 서비스를 가장 먼저 도입하였다. 영국은 오랜 역사적 과정을 통해 사회입법과 사회행정이 이루어졌고 이를 기반으로 사회정책이 발달하였기 때문에 사회정책과 사회행정을 동일시하는 경향이 있다.

② 미국의 사회복지정책의 개념

미국의 경우는 영국처럼 사회정책이라는 개념을 선호하는 사람들이 있는가 하면, 또 전통적 사회사업과 긴밀한 연관을 가진 사회복지정책의 개념을 사용하는 학자들도 있다. 미국은 우리의 사회복지정책과 유사한 개념으로 사회보장이라는 개념이 좀 더 자주 쓰이며, 사회복지정책은 공공뿐만 아니라 민간 부문의 사회복지 활동까지 포함하는 개념으로 쓰이기도 한다.

레인(Rein)은 사회정책을 사회적 외형(externalities)과 재분배 및 사회적 급부의 공평한 분배, 특히 사회서비스를 위한 계획이라고 정의하였다(전남진, 1992).

브레크모어(Blakermore, 1998)는 사회정책이란 교육, 건강, 주택 및 사회보장 등을 통하여 인간의 복지를 증진시키고 인간의 욕구를 충족시키기 위한 것이라고 하였다.

젠선(Jansson, 1994)은 사회정책이란 사회문제를 해결하기 위한 집단적 전략이라고 하였다. 그는 사회정책이 해결해야 할 사회문제를 7가지로 유형화하였다. ① 물질적 자원의 박탈, ② 정신적 혹은 정서적 발탈 ③ 인지적 박탈, ④ 대인관계의 박탈, ⑤ 기회의 박탈, ⑥ 개인적 권리의 박탈 및 ⑦ 신체적 박탈 등이다.

미국은 대공황을 계기로 1935년 사회보장법을 도입하면서 경제적 위험에 대한 보장이라는 성격을 기반으로 사회복지정책을 발전시켜 왔는데, 유럽의 국가들에 비해 공공영역보다는 민간영역의 역할이 상대적으로 크다고 볼 수 있다. 사회복지정책은 주로 정부기관, 자발적 비영리조직, 혹은 영리추구조직을 통해 물적 자원과 서비스 자원을 개인과 가족에게 전달해 주는 역할을 한다. 제한된 자원을 무한한 욕구에 맞게 분배하는 사회적 방법으로서의 공공사회 복지정책은 분배와 재분배, 사회적 정의와 같은 가장 복잡한 문제를 다룬다.

③ 독일의 사회복지정책의 개념

독일의 사회복지정책은 사회생활에서 일어나는 여러 가지 문제를 국가가 해결해 주는 국가적 조치를 말하는데, 주로 노동자와 그 가족의 생활문제를 해결하는 노동정책 혹은 경제정책의 하나로 파악하려는 경향이 보인다. 독일은 1880년 와그너(Wagner), 쉬몰러(Schmoller) 등 강단사회주의자가 중심이 되어 사회복지정책학회를 개설함으로써 사회복지정책이 등장하였다. 강단사회주의자들은 자본주의 발달로 인해 야기되는 각종 사회문제와 노동문제에 관심을 가지고, 노동권에서 분화된 권리 개념으로써 사회복지정책을 실시하였다.

와그너는 "사회정책이란 분배과정에 있어서의 여러 가지 폐해를 입법 및 행정 수단으로 극복하려는 국가의 정책"이라고 정의하고 있다. 또한, 쉬몰러는 사회정책을 사회개량으로 보아 "사회개량의 일반적 목표는 사회계급 간의 우호적인 관계의 회복, 부정 극복이나 경감 혹은 분배적 정의로 접근하는 것이며, 중·하위계급의 물질적 향상을 보증하기 위한 사회 입법적 활동"으로 정의하고 있다.

④ 우리나라의 사회복지정책의 개념

우리나라에서 사용하는 사회복지정책의 개념은 학문적 개념과 실정법상 조금 차이를 보이고 있다. 학문적으로는 사회복지정책이 소득, 의료, 주택, 교육, 고용 및 개인적 서비스 등을 포함하는 광의의 사회복지 개념에 대한 것과 연관되어 있으며, 이들에 대한 일련의 행동지침이나 인간다운 생활을 유지할 수 있도록 하는 제반 서비스 및 급여의 배분원칙이나 목표달성을 위한 행동지침으로 이해할 수 있다.

그러나 실정법상이나 제도상으로는 협의의 사회복지정책 개념이 사용되는 경향이 있는데, 이것은 공공부조와 사회보험, 사회복지서비스 관련 정책을 말하는 것으로, 이들의 배분과 급여를 통하여 일정한 목적을 달성하려는 일련의 행동지침으로 볼 수 있다.

(3) 사회복지정책의 영역

일반적으로 협의의 사회복지정책의 영역과 광의의 사회복지정책의 영역으로 구분할 수 있는데, 협의의 사회복지정책의 내용의 주류는 비화폐적 서비스이며, 이는 사회생활상에 곤란을 가진 특수한 사람들에 대한 기본적인 생활보장 정책이다. 즉, 사회적 취약계층에 속하는 아동, 장애인, 노인, 여성, 노숙자 등을 위한 보호, 육성, 지도, 치료, 재활 등의 사회복지서비스 정책이 이에 해당된다. 이는 전문인력인 사회복지사 또는 사회복지전담공무원에 의해서 수행된다.

광의의 사회복지정책은 협의의 사회복지정책에 더하여 사회보장소득보장, 보건, 의료, 주택, 고용, 교육 등이 포함되는 서비스 정책으로, 국가에 있어서 최저 수준 또는 평균적 욕구가 충족되지 않은 개인, 가족 또는 집단 등에 제공되는 서비스 정책이다. 〈표 10-3〉은 사회복지정책의 영역을 나타낸 것이다.

표 10-3 사회복지정책 영역

영역		사회복지정책의 내용
협의	소득보장정책	사회보험, 공공부조, 각종 수당제도 등
	건강보장정책	국민건강보험, 의료보호 및 부조, 보건의료서비스 등
	주택정책	주택저당대출제도, 공공임대주택, 국민주택 등
	사회복지서비스	아동복지, 여성복지, 장애인복지, 청소년복지, 노인복지 등
광의	교육정책	영유아보육, 학비지원, 학교급식 등
	조세정책	소득공제, 조세감면, 부의 소득세(Negative income tax) 등
	노동정책	고용정책, 노사정책, 임금정책, 교육 · 훈련정책(적극적 노동시장 정책) 등

출처: 송근원·김태성, 1995:30.

2) 사회복지정책의 목표

정책목표(policy objectives)란 정책을 통해서 달성하려는 미래의 바람직한 방향을 말하며, 정책은 특정한 방향으로 향한 집단적인 일련의 활동이므로, 정책 달성을 통해서 얻으려고 하는 목표는 결국 미래지향적이고 현재보다는 나은 결과를 내포하고 있다(현외성, 2000). 이는 주어진 시간 안에 프로그램이나 정책이 성취하기를 의도한 결과와 영향을 기술하는 것이다(Myron, 1990). 즉, 사회복지정책의 목적을 달성하기 위한 실제적인 대상이다.

(1) 사회복지정책의 기본 목표

사회복지정책의 기본 목표는 첫째, 인간의 존엄성을 유지하는 것이다. 인간의 존엄성을 유지하기 위해서는 '인간다운 생활을 확보'할 수 있어야 한다. 인간의 존엄성 유지는 사회복지의 최고의 목표로 자리매김하고 있다. 둘째, 자립성의 유지이다. 타인에 의한 의존에서 벗어나 자기 스스로 삶을 영위하는 것이라 할 수 있다. 사회복지서비스가 아무리 전문적 수준이 높다 하더라도 자신 스스로 생활하는 사람과는 비교할 수 없을 것이다. 셋째, 개인의 성장과 개발이다. 사회복지는 인간의 문제를 해결하고 예방하는 것부터 더 나아가 개인이나 가정 혹은 집단이나 지역사회, 국가 등이 성장하고 발전할 수 있는 잠재력을 극대화시켜 개인적, 사회적, 국가적으로 '행복한 상태'에 도달하고자 하는 노력이다.

(2) 사회복지정책의 사회 기능적 목표

① 사회통합과 안정

사회복지정책은 사회적 약자들의 어려움을 해결하여 사회통합과 질서유지를 시도하면서, 한편으로는 이들을 사회적으로 격리하고 억제하여 현 상태의 파괴를 방지하고 유지하려는 기능을 가진다. 즉, 사회복지는 사회제도의 하나로서 다른 사회제도가 제 기능을 상실하게 되었을 때, 그 제도를 일시적으로 보충하고 보완하게 함으로써 사회 전체의 질서와 안정, 통합에 기여한다는 입장으로 이해된다.

② 경제성장과 안정

일반적으로 사회복지는 단기적으로는 마이너스 효과를 가져오지만 장기적으로 플러스 효과를 가져오는 것으로 인정되고 있다. 사회복지가 경제성장에 플러스 효과를 가져오는 요인은 사회복지적 활동을 통하여 인적 자본의 질적 수준을 향상시켜 생산성에서의 경쟁력을 확보함으로써 경제성장의 안정화에 기여한다는 것이다. 또한, 사회복지는 경기가 호황을 누리게 되면 조세나 사회보장비 부담을 증가시켜 경기를 진정시키고, 불황 시에는 조세나 사회보장비 부담을 감소시켜 경기를 자극하는 경기 변동 시 조정에 기여한다. 이런 측면에서 사회복지는 여러 나라에서 경제안정과 성장에 기여하는 정책목표로서 활용하는 경향이 있다.

③ 정치적 안정

사회복지정책의 발달은 정치적 소산물이며, 시민권의 발달과 더불어 발전되어 왔다. 각종 사회복지제도는 사회의 불평등의 해소와 사회적 갈등을 해소하는 데 초점을 두고 있다. 특히, 최근에는 다원주의적 민주주의 발달이 사회적으로 분파적 이익에만 급급하여 불평등을 야기시키며, 자신들의 이익을 정치활동에 투입하여 입법화와 정책화에 있어 반성이 필요하다.

3) 사회복지정책의 가치

(1) 평등

평등의 개념을 정의하는 것은 쉽지 않으며, 사회제도 속에서 평등의 개념은 중요한 부분이지만 모두에게 합의된 평등은 존재하기가 어렵다. 다만 동일한 평등이라는 용어라 할지라도 사용하는 사람마다 다소 다른 의미를 갖기 때문에 평등의 다양한 개념을 이해하는 것이 필요하다.

① 아리스토텔레스의 평등 개념

아리스토텔레스는 이전 플라톤의 평등 개념을 발전시켜 수적(numerical)으로 평등한 것은 크기나 양에서 평등하고 동일하게 하는 것이고, 가치(value)로서 평등한 것은 비율적으로 평등한 것이라는 평등의 개념을 수립했다. 산술적 평등과 비례적 평등.

② 절대적 평등과 상대적 평등

- 절대적 평등: 자연으로부터 물려받은 인간의 의지로는 어떻게 되돌려 놓을 수 없는 부분을 제외하고는 모든 면에서 인간은 동일해야 한다는 것으로, 모든 차별, 모든 불평등을 거부하는 개념이다.
- 상대적 평등: 사회적 차이와 이에 따른 차별을 피할 수 없는 것으로 받아들이는 입장으로 능력, 업적 등의 차이에 따라 그 사회적 보상도 달라야 한다는 태도이다. 비례적 평등과 유사하다.

③ 사회복지정책에서 주요 평등 개념

평등의 개념은 수량적 평등, 비례적 평등, 기회의 평등으로 대별된다(송근원·

김태성, 1994). 산술적 평등은 많은 사회복지정책이 소득재분배를 목표로 빈곤한 사람에게 능력이나 기여에 관계없이 사회적 자원을 배분하는 것을 의미하는 개념이다. 대부분 결과의 평등을 추구하고 있다. 예를 들면, 공공부조정책을 들 수 있다.

비례적 평등은 개인의 욕구, 노력, 능력, 기여에 따라 사회적 자원을 상이하게 배분하는 것으로, 공평(equity)이라 한다. 사회보험제도 등이 공평 가치를 실현하고 있다.

기회의 평등은 결과를 얻을 수 있는 과정상의 기회만을 똑같이 해주는 것을 말한다. 기회의 평등을 일반적으로 가난한 사람들에게 교육기회를 제공함으로써 자립할 수 있게 하는 방식으로 활용되는데, 예를 들어, 1960년대 미국에서 빈곤과의 전쟁(war on poverty) 시기에 강조되었던 각종의 빈곤층을 대상으로 한 교육, 훈련 프로그램을 들 수 있다. 그러나 이러한 기회의 평등 프로그램은 대부분 결과의 평등을 달성하는 데는 실패한 것으로 평가되고 있다.

(2) 형평

형평성의 가치는 공정한 처우라는 의미와 연관되며 비례적 평등을 말한다. 개인의 업적, 공헌, 능력 및 갹출 등에 따라 사회적 자원을 분배하는 것을 의미한다. 이는 자본주의 사회에서 실질적으로 가장 널리 사용되는 개념이다. 예를 들어, 보훈대상자에 대한 제반 급여, 사보험 가입자의 갹출금에 대한 보험급여 등이 포함된다. 전통적으로 영국의 구빈정책에서 활용되어 온 열등처우의 원칙도 그 한 예가 된다.

(3) 적절성

사회복지 급여의 수준이 신체적·정신적인 안녕에 적절한 정도가 되어야 한다는 것을 말한다. 즉, 개인이 살아가고 있는 사회적 수준에 적절한 정도의 수준이어야 한다는 것이다. 이 사회적 수준에서의 적절성의 가치는 시장과 환경에 따라 변화하는 성격을 지니고 있다. 적절성은 최저생계비, 최저임금, 빈곤선 등으로 구체화된다.

(4) 효과성

효과성은 사회복지정책이 어느 정도로 욕구 충족의 목표달성에 적합하였는지를 묻는 것을 말한다. 사회복지서비스를 필요로 하는 사회적 약자의 욕구에 대하여 다양한 접근방법이 있을 수 있다. 이들 욕구해결책으로 선택된 사회복지정책이 과연 어느 정도로 적합하게 목표를 달성하였는지에 대한 관심을 말한다. 가능한 한 사회복지정책을 선택함에 있어서 욕구를 효과적으로 해결할 수 있는 방안을 모색해야 한다. 하지만, 사회복지정책의 효과성의 가치는 계량적인 측면보다는 질적인 측면의 특성을 가지고 있는 경우가 많기 때문에 효과성을 측정하는 문제는 많은 난점을 가지고 있다.

(5) 효율성

한정되어 있는 최소한의 자원으로 최대의 결과를 만들어 내려는 관심을 말하는 것으로서 비용과 관련된 가치이다. 효율성의 개념은 어느 정도 계량적인 환산이 가능함에도 불구하고 인간의 욕구를 구체화하는 점에서 여전히 한계를 지니고 있다.

(6) 편익성과 접근성

사회복지대상자들이 그들의 욕구를 해결하는 과정에서 비화폐적이고 전문적인 욕구해결은 사회복지시설을 통해서 제공받게 되는데, 사회복지정책의 구상과 실천에 있어서 욕구를 가진 대상자를 어떻게 편리하고 쉽게 접근하여 사회복지서비스를 제공받을 수 있게 할 것인가를 고려해야 한다는 점이다. 즉, 문제를 가진 사회복지대상자들이 손쉽게 이용하고 접근할 수 있는 방안이 사회복지정책을 수립하는 과정에서 검토되어야 하는 것이다.

4) 사회복지정책의 형성과정

(1) 사회복지정책의 형성과정

사회복지정책은 사회 내에 존재하는 구성원의 욕구 불충족이 지속되고 개인문제가 사회문제로 변화되고, 사회문제가 점차적으로 사회적 여론을 바탕으로 공공의 개입을 필요로 할 때 비로소 출현하는 것이다. 따라서, 사회복지정책의 형성은 사회복지정책이 독자적인 존재양식을 갖춘 정책으로서 국가나 민간 조직에 출현하는 전체과정을 말한다. 그러나 사회문제들이 발생한다고 해서 특정 정책이 반드시 형성되는 것은 아니다. 그 문제가 이슈로 부각되고 그것을 진지하게 정책관련 집단에서 논의해야 한다. 그렇지 않으면 잠시 사회적 관심으로만 그칠 뿐 정책으로 연결되지 않는 경우도 생긴다. 이때 논의의 주제로 떠오른 것을 정책의제(아젠다)라고 하는데, 정책의제가 되어야 이에 대한 정책적 해결책대안을 모색하고, 이 중 적절한 정책을 결정하여 새로운 정책이 집행될 수 있다. 따라서, 사회복지정책의 형성과정이란 국가조직 내부에서 논의하기 이전에 개인이나 집단적으로 사회복지정책의 맹아로서 언급되어 공공의 관심을 받게 되고 국가조직 내부에 수용되어 정책으로 만들어지는 전체과정을 의미한다.

호페르난(Heffrnan)은 문세정의→정책아이디어→정책선택→ 정책실행 →정책평가 →정책조정의 과정으로 정책이 형성된다고 한다. 다이(Dye)와 디니토(DiNitto)에 따르면 사회복지정책의 형성과정은 크게 정책문제 확인→정책대안 형성→공공정책 입법화→공공정책 집행→정책평가의 과정을 거친다고 한다.

송근원·김태성 교수(1995)는 사회복지정책 문제 형성→대안 마련→사회복지정책 결정→집행→그리고 평가 및 되돌이 과정 등 여섯 개의 과정으로 구성된다고 제시했다.

본서에서는 [그림 10-6]과 같이 사회복지정책 형성과정을 요약하고자 한다. 사회복지정책 형성과정은 일련의 연속적인 과정을 거치는 것으로 묘사되고 있는데, 이러한 과정은 정책형성을 단순화시킨 것으로 각국의 사정이나 정책의 내용과 특징에 따라 현실적으로는 더욱 복잡한 과정을 밟고 있다.

[그림 10-6] 사회복지정책의 형성과정

정책 형성과정에 관한 학자들의 분류를 살펴보면 〈표 10-4〉와 같다.

표 10-4 형성과정에 대한 학자별 분류

제안자	Dinitto & Dye	Gilbert & Specht	Jones	Heffernan	현외성
명칭	정책결정과정	정책형성과정	정책과정	사회복지정책과정	사회복지정책과정
과정	정책문제 확인	문제의 발견	인지 정의	문제의 발견/인지	인간의 욕구 불충족 개인문제 사회문제
	정책형성	분석 일방계층에 홍보 정책목표 개발	결집/조직화 대표 형성	정치적 여과	사회복지정책문제 정책의제
	공공정책의 정당화	대중의 지지와 정당화	합법화	입법화	정책화
	정책실행		적용/집행	행정적 실행	정책실현
	정책평가			새로운 문제의 발견	정책평가
					욕구 불충족의 해결/미해결

(2) 사회문제와 이슈화

① 사회문제

사회문제는 정책형성의 시작이라 할 수 있다. 이는 단순하게 존재한다는 이유로 정책형성의 출발이 되는 것은 아니고 그 문제에 대해 사회적으로 관심을 갖고 논쟁하도록 해야 하는데 이를 이슈화라고 한다.

사회문제의 개념은 한 사회에서 다양하게 정의될 수 있다. 결국, 사회문제의 개념 정의는 궁극적으로 사회문제의 원인이 무엇이며, 그 해결책을 어떻게 마련할 것인가를 가름하는 의미를 지니고 있다. 도시에 사회적으로 그 문제를 해결하기 위한 인위적인 노력의 선택으로 간주될 수 있다.

이 과정에서 사회복지전문가는 사회문제의 배경과 원인에 대하여 조사하여 사람들에게 알릴 뿐만 아니라 이를 통하여 그 문제를 해결하려는 활동을 하게 된다. 특히, 아직까지 특정의 문제를 개인문제로 이해하고 있는 사람들을 보호하고 그 해결책을 강구하기 위한 옹호자로서의 역할도 수행하게 된다. 이러한 과정에서 세상 사람들의 관심을 집중시켜 여론을 환기시키는 역할도 하게 된다.

사회문제의 조건은 첫째, 많은 사람에게 영향을 준다. 둘째, 사회현상에 영향을 미치는 조건은 바람직하지 않다. 셋째, 바람직하지 않은 조건에 무엇이 행하여지기를 많은 사람들이 요구한다. 넷째, 집단적 사회행동에 의한 사회개입이 존재하는 것이다.

② 이슈화

사회적 이슈화 단계는 어떤 사회문제에 대해 부정적인 견해를 가지거나, 해결방법에 대해 다른 견해를 가지는 다수의 집단이 나타나, 문제해결에 합의점을 찾지 못하고 갈등을 야기하는 단계를 거쳐 특정 집단에게 혜택을 주면서 타 집단에게는 피해를 주는 경우 특정한 방법으로 문제를 해결하도록 하는 것이다.

사회문제가 사회적 이슈로 전환되기 위해서는 일반대중의 관심을 유도하는 것으로 자연재해와 사회적 사건정치적 사건이나 대형 참사 등인 이슈촉발 장치와 특정문제에 대해서 관심과 여론을 환기시키는 행위자, 정치가, 시민운동가, 국회의원, 특정집단의 이슈주도자가 있어야 한다.

(3) 정책의제(아젠다)의 형성

① 아젠다의 개념

사회복지문제가 정책문제로 제기됨으로써 이슈화하는 경우, 그 문제는 일반 국민들의 관심을 불러일으키고 결국 정책꾼들에 의하여 논의된다. 이러한 과정이 바로 사회복지정책 아젠다의 형성과정이다.

정책의제(아젠다, agenda)란 학자에 따라 여러 가지로 정의되지만 이 책에서는 공공정책으로 전환되기 위하여 정책 결정자들의 관심을 불러일으키고 논의될 수 있는 상태에 있는 문제나 이슈, 곧 의제들의 목록을 의미한다. 그리고 아젠다의 개념을 다음과 같이 한정하여 사용하고자 한다.

첫째, 아젠다는 문제나 이슈로 구성된다(Gerston, 1983; Jones, 1984; Kingdon, 1984). 다른 말로 하면, 아젠다의 구성항목에는 원칙적으로 정책대안이나 정책 우선 군위 따위를 포함시키지 않는다.

둘째, 문제나 이슈는 공고의 관심을 불러일으키거나 정책꾼(policy actor)들의 관심을 불러일으켜서 공적인 논의의 대상이 될 수 있는 위치에 존재해야 한다.

셋째, 아젠다는 공공정책의 개발을 위하여 논의될 수 있도록 모아 놓은 문제나 이슈의 집합체로 구성된 목록이라고는 하지만 반드시 문자로 쓰여 있을 필요는 없다.

② 아젠다의 종류

아젠다는 여러 기준에 따라 분류할 수 있다. 먼저 아젠다의 임자가 누구냐에 따라서 사적 아젠다와 공적 아젠다로 분류할 수 있다. 공적 아젠다는 어디에 귀속되어 있는가를 보다 구체적으로 나눔에 따라 대통령 아젠다, 의회 아젠다, 법원 아젠다, 선거 아젠다, 언론 아젠다, 정당 아젠다 등으로 분류할 수 있다. 이는 공공정책상의 논의를 개시하는 정책꾼들이 누구냐에 따라서 분류한 것이다.

콥과 엘더(Cobb and Elder, 1983)는 아젠다를 체제 아젠다와 제도 아젠다로 분류하고 있으며 체제 아젠다는 공공 아젠다라고도 하며 공고의 관심을 끌 가치가 있고, 현재의 정부 당국이 합법적으로 다룰 수 있는 문제라고 정치적 공동체의 구성원들이 공통적으로 인지하고 있는 모든 이슈들로 구성된다. 제도 아젠다는 정부 아젠다 또는 공식 아젠다로 부르기도 하는데 권위 있는 의사결정자가 뚜렷이 적극적이고도 진지한 관심을 기울이는 이슈들의 모임으로 정의된다.

아스톤(Eyestone, 1978)은 아젠다를 공공 아젠다, 공무 아젠다 및 운영 아젠다로 분류한다. 공공 아젠다는 사회 내 개개인의 개별적인 아젠다의 집합체로 정의되며, 문제를 단순화시켜 준다는 특색이 있고, 여론과 밀접한 관련이 있다고 한다. 공무 아젠다는 정책결정이 일상적으로 이루어지는 아젠다 항목으로 구성되며, 따라서 언제 그러한 이슈들이 공무 아젠다에 놓였는지 이야기하기 어렵다. 한편, 운영 아젠다는 건설적인 관심을 받는 이슈들로 이루어지며, 법원의 의사일정표나 입법부에 상정된 법안, 제출된 보고서, 청문회 등이 여기에 속한다.

킹돈(Kingdon, 1984)은 정부의 관리들이 신중하게 관심을 기울이는 주제의 목록을 정부 아젠다라고 정의하면서, 정부 아젠다 가운데 실제적인 결정을 위하여 놓인 주제들의 목록을 결정 아젠다라고 하고 이 둘 사이의 구별이 분명해야 한다고 주장한다.

마지막으로 아젠다의 관심 범위에 따라 아젠다 항목의 의제가 전 국민적 관심을 불러일으키는 것인지, 아니면 일정 계층이나 지역에 국한된 것인지에 따라 국민적 아젠다 또는 국가적 아젠다, 지역 또는 지방적 아젠다로 분류할 수도 있다.

(4) 정책 대안 형성

① 정책대안의 개념

정책대안이란 문제의 해결방법에 관한 것이며 2가지 의미로 나눌 수 있는데 좁은 의미는 주어진 목표달성을 위해 어떤 문제에 대하여 여러 가지 해결방안을 모색하고 개발하는 과정을 말한다. 넓은 의미로는 정책문제가 무엇인지를 파악하고 문제를 둘러싼 상황을 파악하여 정책 목표를 세우고, 그 목표를 달성할 수 있는 정책수단으로서의 정책대안을 개발하며, 어떠한 정책대안이 가장 바람직한 것인가를 비교하고 분석하는 과정을 의미한다.

② 정책대안의 형성과정

첫째, 문제와 상황의 파악이다. 문제를 파악하기 위해서는 먼저 문제를 일으키는 조건이 무엇이며, 그것을 문제라고 인식하는 사람들이 생각하는 욕구가 무엇인가를 정확하게 파악하여야 한다. 또한, 그 문제의 해결에 필요한 비용이나 자원이 무엇이며, 어느 정도 필요한 것인지를 파악하여야 하고, 그러한 비용이나 자원을 부담하는 사람들의 문제를 보는 시각에 대한 정확한 이해가 필요하다.

둘째, 미래의 예측 및 정책목표의 설정이다. 문제와 상황의 파악이 현재 상태에 관한 파악이라고 한다면, 앞으로 다가올 상황의 변화에 관한 예측 속에서 바람직한 미래의 상태인 목표를 설정하는 일은 미래지향적인 활동이다. 목표설정과정에는 세워진 정책목표를 구체화하는 과정도 포함된다. 이러한 구체화는 하위목표와 연결되는데 가능한 한 양적으로 측정 가능하도록 정의할 필요가 있다.

셋째, 정책대안의 탐색 및 개발이다. 정책대안을 만들기 위해서는 문제, 상황, 미래에 대한 정보를 수집하여 종합적으로 검토·분석하여야 한다. 정책대안을 개발하는 방법에는 그 문제와 관련된 과거의 정책이나 현존 정책 및 다른 나라나 다른 지역의 정책 등을 검토하는 방법과 사회과학적 지식이나 이론 모형으로부터 대안을 추론해 내는 방법이 있다. 이들 외에 주관적인 판단하에 직관을 통해 정책대안을 개발하는 방법도 있는데 이 방법은 보통 정책 대안에 관한 선례나 전문지식 및 상황에 대한 정보가 부족할 때 사용하는 방법이지만 부정확한 대안이 될 수도 있는 위험성을 가지고 있다.

넷째, 정책대안의 비교분석이다. 정책대안이 형성되면, 여러 가지 기준에서 분석되고 대안의 시행 시에 나타날 결과를 예측하며 다른 대안들과 비교 평가된다. 그러나 대안 분석에 여러 가지 이유로 인하여 제시된 모든 정책대안을 다 분석하는 경우는 드물다. 예컨대, 분석에 드는 비용의 한계, 시간의 제약, 기술상의 문제점 등의 이유 때문에 제시된 정책대안을 모두 분석하기에는 어려움이 많다. 정책대안의 과정에서 일반적으로 많이 사용하는 기준은 실현가능성과 바람직성이다(Mood, 1983).

다섯째, 마지막은 정책대안의 비교 분석 결과를 바탕으로 한 최선의 정책대안을 선택하는 것이다.

(5) 정책의 결정

정책결정이란 일반적으로 권위 있는 정책결정자가 문제해결을 위한 여러 대안 가운데 하나를 선택하는 행위 또는 과정을 말한다(송근원, 1994). 좁은 의미로는 정책결정자가 하나의 대안을 정책으로 채택하는 행위나 과정 자체를 말하기도 하지만 그러한 행위가 일어나기 위해 이루어지는 대안 간의 비교분석 행위 및 과정을 포함하는 것이 일반적이다. 정책결정이 어떻게 이루어지는가를 설명하기 위한 이론 모형을 살펴보면 다음과 같다.

① 합리모형

합리모형(rational model)은 인간의 이성과 고도의 합리성에 따라 행동하고 결정한다는 정책결정자나 정책분석가가 고도의 합리성을 가지고 주어진 목적의 달성을 극대화하기 위해서 최선의 정책대안을 찾는다는 것을 전제로 하고 있다. 그러므로 이 모형은 인간이 이성과 합리성에 따라 행동하고 결정한다고 보고 정책결정자나 정책분석가가 고도의 합리성을 가지고 주어진 목표달성을 극대화하기 위해 최선의 정책대안을 모색한다.

그러나 합리모형은 비현실적이라는 비판을 받고 있는데, 그 이유는 인간이 항상 이성적이고 합리적이지는 않기 때문에 최선의 정책대안을 선택하는 정책결정만 존재하는 것은 아니므로 비합리적인 정책결정과정이나 행태는 이 모형으로 설명할 수 없다. 또한, 합리모형이 가져오는 정책문제 해결에 대한 정보나 시간, 비용의 부족을 들 수 있다. 경우에 따라서는 정책대안을 최선의 것이라고 판단하더라도 매몰비용(sunk cost) 때문에 선택하지 못하는 경우가 있다.

② 만족모형

만족모형(satisfying model)은 합리모형으로 정책을 결정할 때 사회전체적인 상황을 충분히 파악하고 분석하는 데 한계가 있다는 점에서 출발한 모형으로 마치와 사이몬(March and Simon, 1958)이 주로 주장하는 형태론적 의사결정 모형이며 정책결정에 있어 결정자의 사회심리적 측면을 중시하는 현실적·실증적 접근이론이다. 이 모형에서는 정책결정과정에 비합리성이 존재하지만 완전히 비합리적은 것은 아니고, 인간의 제한적 합리성(bounded rationality)을 전제로 하여 만족스러운 정도의 정책대안을 선택함으로써 정책결정이 이루어진다고 본다. 따라서, 합리모형보다는 훨씬 현실적이고 경험적인 정책결정모형이라고 할 수 있다. 그러므로 현실적으로 가능한 모든 대안이 정책결정 과정에서 고려되는 것이 아니라 주변에서 쉽게 찾을 수 있는 대안을 우선적으로 검토, 그 대안이 어느 정도 만족한 수준일 경우에 정책으로 결정된다.

그러나 이 모형은 만족화의 객관적인 기준이 없다는 점과 만족할 만한 정책대안이 나타나는 경우 더 이상의 대안에 대한 탐색이 중단되어 더 훌륭한 정책대안이 있어도 사장될 수밖에 없으므로 보수주의적인 성향을 나타낸다는 비판을 받고 있다.

③ 점증모형

점증모형(incremental model)은 린드블롬(Lindblom), 브레이브로키(Braybrooke), 와일드브스키(Wildavsky) 등이 주장하는 정책결정 모형으로 과거의 정책결정을 기초로 하여 점증적 차이가 있는 정책대안을 검토하고 과거의 정책을 약간 수정한 정책결정이 이루어지며, 이루어진 정책결정에 대한 여론의 반응을 보고, 또 다시 정책을 수정하여 이전과는 다른 정책결정을 내리는 과정이 반복하여 이루어진다고 본다. 즉, 과거의 정책 결정을 기초로 차이가 있는 대안을 검토하고 약간 수정하는 결정이다. 보수적 성격을 띠며 합리모형이 실제의 정책 결정에 적용하기 어려운 비현실성에 대해 비판하면서 현실적인 정책결정 형태를 설명할 수 있는, 다시 말하면 실현 가능성을 높일 수 있는 이론모형이다.

기존의 정책들 중에 크게 다르지 않은 대안들을 선택하여 이들을 부분적 또는 점진적으로 약간의 개선 또는 수정·향상시켜 정책으로 발전한다고 보는 이론이다. 그러나 한계점으로는 '점증'에 대한 확고한 기준이 없다는 것이다. 또한, 사회적 가치의 근본적인 재분배를 필요로 하는 정책보다는 항상 정치적으로 실현 가능한 임기응변적 정책을 모색하는 데 치중하게 될 수밖에 없으며, 위기상황 시에 정책결정에 지침을 제시하지 못하기 때문에 그 적용이 제한적이다.

④ 혼합모형

혼합모형(mixed scanning model)은 에치오니(Etzioni, 1968)가 제창한 것으로 합리모형과 점증모형을 혼합 절충한 제3의 모형이다. 그러므로 합리모형은 중요한 문제이거나 위기적 상황인 경우 포괄적 관찰을 통해 대안을 탐색하여 기본적 결정을 하고, 이를 수정·보완하면서 세부적(점증적) 결정을 한다는 논리에 기초를 두고 있는 모형이다. 이 모형은 이상주의적 성격에서 나오는 단점과 점증모형의 보수성이라는 약점을 극복할 수 있는 전략으로 제시된 모형이다. 혼합모형이란 종합적 합리성(comprehensive rationality)을 바탕으로 하여 큰 범위에서의 기본적인 결정은 합리적으로 이루어지지만, 세부적 결정은 기본적 결정을 보완·수정하여 점증적으로 이루어진다고 주장하는 정책결정모형이다.

그러나 이 모형에 대해서는 두 개의 대립되는 극단의 모형을 혼합 절충한 것에 지나지 않으며, 현실적으로 그가 주장한 바와 같이 될 수 있겠는가에 대해서는 비판이 있다.

⑤ 최적모형

최적모형(optimal model)은 드롤(Drror, 1964)이 정책결정을 체계론적 시각에서 파악하고 정책성과를 최적화하려는 정책결정모형이다. 정책성과를 최적화한다는 의미는 정책결정과정에서 투입보다 산출이 커야 한다는 의미이다. 곧, 최적모형은 정책결정에 드는 비용보다는 효과가 더 높아야 한다는 것을 전제로 하고 있다.

최적모형의 단점은 정책결정에 있어 사회적 과정에 대한 고찰이 불충분하고, 초합리성의 구체적 달성방법이 명확하지 않으며, 너무나 유토피아적인 모형이라는 비판을 받고 있다.

⑥ 쓰레기통모형

쓰레기통모형(garbage can model)은 무정부상태에서 나타나는 몇 가지 흐름에 의하여 우연히 정책결정이 이루어진다는 것이다. 즉, 정책에 필요한 몇 가지 흐름이 우연히 통(기회) 안에 들어와 정책이 결정된다고 보는 이론으로, 정책 결정과정이 합리성, 협상, 타협 등을 통해 이루지는 것이 아니라 마치 쓰레기가 우연히 쓰레기통에 모아지듯이 사회문제와 정치적 상황과 정책적 필요성 등이 합쳐지게 되면서 정책의제화 과정이 형성되고 정책이 결정된다고 주장한다.

이 모형에서는 합리성이나 협상타협 등을 통해서 정책결정이 이루어지는 것이 아니라 조직화된 무정부상태 속에서 나타나는 몇 가지 흐름에 의하여 우연히 이루어진다고 보는 정책모형이다. 코헨, 마치, 올슨, 킹돈(Cohen, Marcg and Olsen, 1972; Kingdon, 1984)은 공공정책의 결정시기를 일컬어 정책기회의 창(policy window of opportunity)을 여는 것이라고 하였다(그림 10-7 참조).

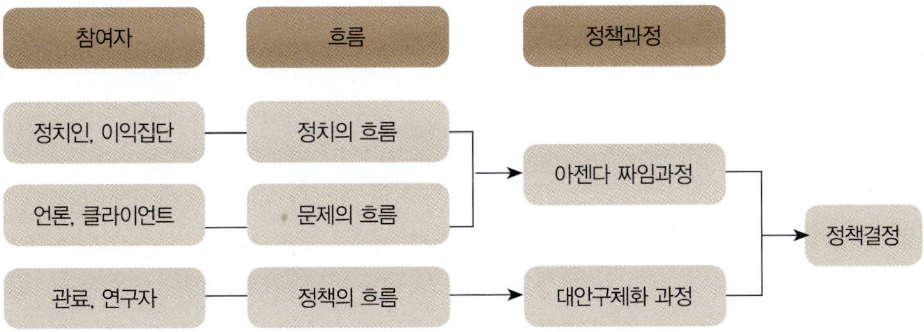

[그림 10-7] 킹돈의 정책결정모형

쓰레기통모형의 장점은 시간적 전후관계를 제시하고 있지만 이 모형은 과정에의 참여자가 각각 다르고 일시적이라는 것을 가정함으로써 보다 현실적인 결정모형을 제시한다. 그러나 이 모형에서 가정하고 있는 조직화된 혼합상태는 조직의 모든 결정형태에서 발견되는 것이 아니라는 점에서 일부분의 조직에서 또는 일시적으로 나타나는 결정상태를 설명하는 데 적합할 뿐이라는 비판이 있다.

(6) 정책의 집행

정책집행(policy implemention)이란 일반적으로 의도된 정책 목표를 달성하기 위하여 결정된 사항들을 구체화시키는 활동을 의미하는데, 프레스만과 윌다프스키(Pressman and Wildavsky, 1973)는 정책집행을 정책이 의도한 결과를 달성하기 위하여 인과적인 순서에 따라 차례로 진행하는 것이라고 정의하고 있으며, 판미터와

판호른(Van Meter and Van Horn, 1975)은 미리 설정된 목표를 달성하기 위하여 정부나 민간 부문의 개인이나 집단이 수행하는 활동이라고 정의했다.

사회복지정책의 집행은 정책집행자인 관료들과 클라이언트의 직접적인 상호작용을 통하여 정책목표를 구체화시켜 나가는 과정이다. 그러나 이 과정에는 해결하려는 복지문제와 관련된 이해집단이 역시 관여하게 된다. 따라서, 이 과정은 복지정책의 목표달성을 위한 기술적 과정이며, 동시에 정치적 과정이기도 하다. 사회복지정책 집행에 영향을 미치는 요인으로는 다음과 같다.

첫째, 정책 환경적 요인은 사회복지정책의 형성 및 정책참여자의 행태에 영향을 미치는 환경적 변수로서 정치, 경제, 사회적 상황 등의 변화와 관련된 변수들로 구성된다. 이 변수들은 정책집행과정에 직접적으로 영향을 미치기보다는 정책 자체와 정치인들에게 영향을 미침으로써 간접적으로 정책집행에 영향을 미친다고 볼 수 있다.

둘째, 정책 내재적 요인은 형성된 정책의 내용과 관련된 요인을 말한다. 즉, 구체적인 사회복지정책 프로그램에서 의도하는 정책목표의 타당성과 구체성, 정책수단 및 절차, 복지서비스의 형태에 관한 규정을 말한다. 이들은 정책 상황적 변수 및 정치인들의 가치와 태도에 따라 영향을 받으며, 정책집행에 직접적인 영향을 미친다.

셋째, 정책 행태적 요인은 정책 자체의 규정과는 관련이 없는 변수들로서 실제로 정책의 형성이나 집행에 관여하는 정책참여자들의 정치행태와 관련된 변수들을 말한다. 예를 들면, 정치기관의 지지, 정책집행자와 집행기관, 상급관청 및 경쟁부서의 관계, 클라이언트의 태도, 이익집단, 지역사회 주민, 일반 국민의 행태를 말한다.

(7) 정책평가

① 정책평가의 의미

정책평가란 정책 활동에 관한 평가를 말한다. 평가란 정보를 수집하고 분석하며 해석함으로써 그 가치를 판단하는 것을 뜻한다. 따라서, 정책평가란 가치를 따져 보기 위해서 정보를 수집, 분석, 해석하는 활동이다(송근원, 1994).

좁은 의미의 경우에는, 정책집행의 결과에 대한 평가, 곧 정책이 원래 의도한 문제의 해결에 얼마만큼 영향을 미쳤는가에 대한 평가활동을 의미하면서 사용된다. 즉, 정책 실시 이후에 이루어지는 것을 의미한다.

한편, 넓은 의미의 정책평가란 정책과정 전반에 걸친 평가활동을 뜻한다. 곧, 정책결정 이전부터 정책집행 이후까지의 모든 정책 과정 속에서 이루어지는 정책 활동에 대한 평가를 의미한다. 이러한 관점에서 볼 때 정책평가란 정책 활동이 시작되면서부터 정책이 종결된 이후의 모든 평가활동을 의미하며, 언제 평가활동이 일어나느냐에 따라 정책의제 평가, 정책대안 평가, 정책결정과정 평가, 정책집행과정 평가, 정책결과의 평가, 정책의 영향 평가 및 정책평가의 평가로 나눌 수 있다.

② 정책 평가기준

일반적으로 사회복지정책의 평가기준으로 많이 쓰이는 것은 정책프로그램의 목표나 클라이언트의 요구 또는 만족도와 관련된 기준으로 효과성, 효율성, 능률성, 적정성, 형평성, 공평성, 대응성 등이다.

사회복지정책의 평가 유형은 정책과정이나 목적에 따라 정책문제 평가, 정책의 평가, 정책설계 평가, 정책결정 평가, 정책집행 평가, 정책영향 평가, 정책가능성 평가, 정책평가에 대한 평가 등으로 나눌 수 있는데(송근원, 1994), 이러한 평가 유형에 따라 평가를 내리는 목적이 다르기 때문에 정책평가의 기준도 자연히 달라진다.

③ 정책평가의 평가절차

사회복지정책의 평가는 일반적으로 평가의 목표설정, 평가범위의 설정, 정책 프로그램의 내용 파악, 평가 설계, 자료수집, 분석 및 해석, 평가보고서의 작성 및 제출이라는 과정을 거친다(송근원·김태성, 1994).

첫째, 사회복지정책의 평가를 위해서 제일 처음 해야 하는 일은 평가목표를 설정하는 일이다. 평가목적이 어디에 있느냐에 따라 정책평가자가 결정되고, 평가의 기준 및 평가의 범위가 정해진다.

둘째, 사회복지정책의 평가목적이 결정되면 그에 따라 정책 평가의 범위를 결정해야 한다. 예를 들면, 사회복지정책 프로그램이 시행되는 지역을 전부 다 평가대상으로 할 것인지, 아니면 가장 잘 시행된다고 판단되는 모범 지역 한두 군데만을 평가대상으로 삼을 것인지, 또는 실패하고 있는 대표적인 지역 몇 개만을 선택할 것인지를 정책평가의 목적에 비추어 결정하여야 한다. 그리고 사회복지정책이 결정되거나 시행된 시점부터 현재까지의 정책결과를 평가할 것인지, 아니면 측정 시점까지를 평가의 대상으로 삼을 것인지도 결정해야 한다. 때에 따라서는 그 정책프로그램이 변화시키려고 하는 대상 집단인 클라이언트의 종류에 따라 그 범위를 한정시키기도 한다.

셋째, 정책평가의 목표와 범위가 설정되면, 정책평가를 받을 정책프로그램의 내용을 파악해야 한다. 예를 들면, 정책프로그램의 목표가 어느 정도 구체화되어 있는지, 그리고 그것을 달성할 수 있는 정책수단이나 자원은 어떠한 것이 있으며 활용할 수 있는 것인지 여부 등을 파악할 필요가 있다.

넷째, 정책평가를 위한 사회복지정책 프로그램의 내용이 파악되면, 그 정책 프로그램이 영향을 받거나, 그 정책프로그램이 영향을 미치는 과정에 관한 인과 모형을 형성한다. 이러한 인과모형은 우선 어떠한 결과가 나타났으며, 그 결과가 바람직한 것인가, 그리고 그러한 결과를 초래하는 데 영향을 미친 요인이 무엇인가 등을 규명하기 위한 분석틀로서의 의미를 가진다. 평가설계는 보통 실험설계, 준실험설계, 비실험설계로 나누어지는데, 이들 가운데 사회복지정책의 경우에는 대체적으로 사람의 행동변화를 연구대상으로 하기 때문에 실험설계가 채택되는 경우는 거의 없으며, 준실험설계나 비실험설계로 진행되는 경우가 많다.

다섯째, 평가설계가 끝나면 평가에 필요한 자료를 수집하여야 한다. 일반적으로 많이 쓰이는 일차적 자료수집 방법에는 관찰법, 면접법, 설문지를 사용하는 질문지법 등이 있다. 이들 가운데 어떠한 방법을 사용하여 자료를 수집할 것인지는 비용과 조사목적에 따라 이들의 장·단점을 고려하여 결정하여야 한다.

여섯째, 자료의 수집 및 측정이 끝나면 그것을 분석하고 그 의미를 해석함으로써 정책평가는 어느 정도 마무리된다. 수집된 자료의 분석은 질적인 분석과 양적인 분석으로 나눌 수 있는데, 질적인 평가분석은 객관적 입장에서의 형태론적 접근이나 체계론적 접근뿐만 아니라 정책행위의 주관적 의미를 찾아내는 해석적 접근이나 비판적 접근 또는 자연주의적 접근 따위에 의한 평가를 말한다. 양적인 분석은 통계적 기법을 사용하거나, 정책분석기법으로 개발된 여러 가지 분석기법에 의해서 이루어진다.

일곱째, 마지막으로 정책평가보고서의 작성 및 제출이다. 평가보고서의 작성은 읽는 이를 염두에 두고 이루어져야 한다. 왜냐하면 평가결과를 정책에 반영시키기 위해서는 읽는 이들이 정책평가보고서를 읽고 이해할 수 있어야 하는 까닭이다.

5) 사회복지정책의 분석

(1) 정책분석의 개념

드로(Dror, 1971)는 정책분석을 "복잡한 정책문제와 관련하여 바람직한 대안을 식별, 고안하기 위한 방법론"이라고 했으며, 퀴드(Quade, 1982)는 "사회기술적 문제에 대한 이해를 심화시키고 보다 나은 해결방안을 찾기 위해 수행되는 응용연구의 한 형태"로 규정했으며, 스토키와 잭하우저(Stokey & Zeckhauser, 1978)는 "합리적 정책결정자가 정책 문제를 구조화하고 목표를 설계하며 그것을 달성하기 위해 최선의 수단을 발견하는 논리적 과정"이라고 했으며, 던컨과 와일드(Duncan & Wilde, 1974)는 "여러 대안들 사이에서 최선의 정책을 선택하기 위해 이성적인 사고와 실제적인 증거를 활용하는 것"이라고 했다.

즉, 정책분석은 정책과정 전체에 연관되는 체계적인 노력이며, 최선의 정책대안을 창출하기 위해 수행되는 체계적인 활동을 의미한다.

정책분석은 다음과 같은 특성을 가진다(Mayer & Greenwood, 1980).

첫째, 정책목표와 정책수단의 관련을 명확하게 하려는 점에서 목표 지향적이다.

둘째, 정책현상이 사회과정의 여러 가지 요인의 상호의존을 전제로 하고 있다는 의미에서 체계적인 것이다.

셋째, 정책분석은 정책 실시의 예측이나 서술뿐만 아니라 필요한 행위의 제언에 이르기까지 관련된다는 점에 있어서 행위 지향적이다.

넷째, 정책분석은 정책목표를 달성하기 위한 방법을 구체적으로 검토한다는 점에서 조작적 성격이 강조된다.

다섯째, 다양한 성격을 지닌다.

여섯째, 문제의 접근방법에 있어서 다(多)학문적(multidisciplinary) 성격을 지닌다.

(2) 사회복지정책 분석의 유형

사회복지정책분석은 사회복지정책의 목표를 이루기 위해 정책의 내용, 과정, 평가 등을 분석함으로써 정책대안을 체계적으로 탐색하기 위한 접근방법이다. 정책 내용분석의 이러한 특징으로 볼 때, 길버트와 스펙트(Gilbert & Specht)의 사회복지정책 분석 접근법이 대표적이다. 길버트와 스펙트는 사회복지정책연구의 주된 분석접근을 과정분석(studies of process), 산출분석(studies of product) 그리고 성과분석(studies of performance)으로 구분하여 제시하고 있다. 이를 자세히 살펴보면 다음과 같다.

① 과정분석

사회복지정책의 과정분석은 사회복지정책 형성과정 분석, 사회복지정책 형성의 역동성을 중심으로 하여 분석하는 접근법으로 정책의 계획과 관련된 문제들을 분석한다. 정책의 계획과 관련된 각종 정보와 다양한 정치조직, 정부기관, 기타 조직들 간의 관계 및 상호작용이 정책형성에 어떻게 영향을 미치는가를 분석하는 것에 가장 큰 관심을 기울인다. 과정분석을 통하여 사회복지정책 형성에 영향을 주는 사회적, 정치적, 경제적인 배경요인 등을 파악할 수 있다. 그러므로 이 분석은 사회복지정책과 관련된 다양한 변수들의 영향력과 관계를 알아보려는 작업이다. 과정분석은 정책평가가 조직되어지는 초점, 보통 의사결정에 대한 정치적이고 기술적인 투입에 관한 사례 연구 형태로 이루어진다.

과정분석은 시간적 관점을 무시하고 정책결정이 이루어지는 사회적 맥락, 그리고 그 과정에 참여한 다양한 사람들의 행위, 동기, 목적 및 정책개발과정의 단계들과 같은 문제들을 취급한다. 결국, 사회복지정책의 과정분석은 사회복지정책이 목적하는 바가 무엇인가 하는 데에 궁극적으로 특별한 관심을 가진다.

과정분석의 장점은 과정분석을 통하여 사회복지정책 형성에 영향을 주는 사회적, 정치적, 경제적인 배경요인 등을 파악할 수 있다는 것이고, 단점은 과정분석에 연구자의 관점이나 가치, 혹은 편견이 개입될 소지가 있기 때문에 과연 과학적인 분석 방법인가에 대한 논란이 있다는 것이다.

② 산출분석

사회복지정책의 산출분석은 사회복지정책이 계획되고 수립되는 것은 일련의 정책적 선택과정을 거친다는 전제에서 출발한다. 따라서, 산출분석은 이러한 일련의 정책선택과 연관된 다양한 쟁점에 대한 분석을 말한다. 예를 들면, 정책선택에 대한 프로그램, 관련 법률, 기획안 등을 분석하는 것이다.

이 분석은 사회복지정책의 내용 분석(핵심 분석)으로 정책의 운영(행정)과 관련된 문제를 취급한다. 기획 과정을 통해 얻게 되는 산물로서 프로그램안이나 법률안에 대한 여러 가지 쟁점을 분석하고 특정한 방향으로 설계된 정책에 있어서 그 정책에 포함되어 있는 정책 선택의 형태와 내용을 분석하며, 특정 선택이 이루어져서 배제된 대안을 분석하거나 선택의 근거가 된 가치와 이론, 가정에 대한 문제를 분석한다.

결국, 산출분석은 선택에 초점을 두게 되는데 '정책을 구성하고 있는 선택의 형태 및 내용은 무엇인가?', '정책선택을 하는 데 있어 어떠한 조건을 제외시키는가?', '정책선택을 지지하는 가치, 이론, 가설은 무엇인가?' 등을 분석하는 것이라고 할 수 있다.

길버트와 스펙트는 산출분석을 위한 분석틀을 개발, 다음 그림과 같이 분석틀을 구성하기 위해서는 4가지 영역할당, 급여, 전달체계 및 재정의 질문에 대한 3가지 차원가치, 이론 및 대안을 고려해야 한다고 하였다. 할당, 급여, 전달체계 그리고 재원 등 4가지 차원의 선택은 정책대안, 가치, 이론이라는 세 축에 의해서 분석될 수 있다. 결국, 산출된 정책이란 4가지 차원에서 선택되는 정책대안, 정책대안을 지지하는 사회가치, 정책대안을 지지하는 이론 등 세 측면에서의 상호작용이라고 할 수 있다(그림 10-8 참조).

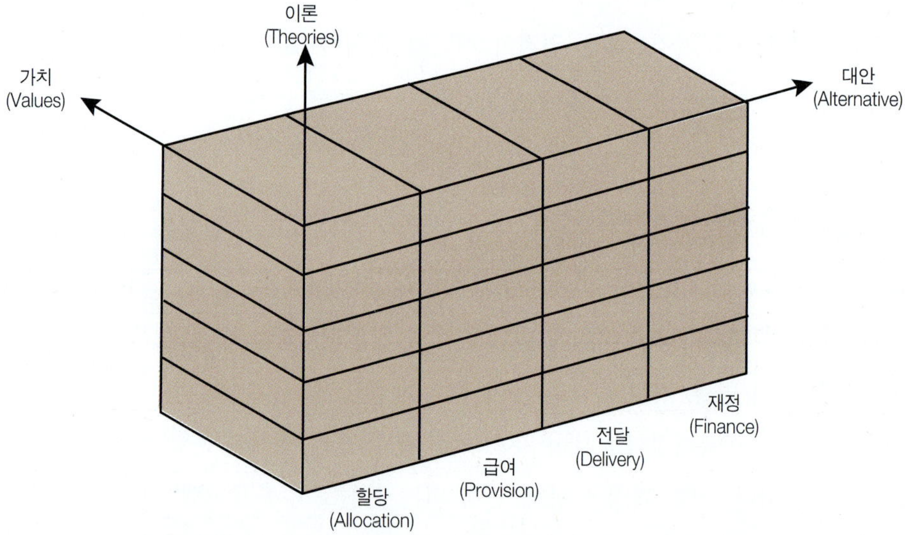

[그림 10-8] 사회복지정책의 가치, 이론, 대안 및 선택의 차원

출처: N. Gilbert & P. Terrell(1998). *Dimension of Social Welfare Policy*, Allyn & Bacon, pp. 55-56.

③ 성과분석

성과분석은 사회복지정책에 대한 평가를 분석하는 것으로 정책의 조사연구에 관한 문제들을 취급한다. 성과분석은 정책프로그램이 실행된 결과나 영향을 평가하는 것이며 다른 두 가지 분석 유형보다 더 객관적이고 체계적인 분석을 요구한다. 성과는 질적, 양적 자료의 수집을 통해서 다양한 학문분야에서 개발된 방법론적 도구를 통해서 측정할 수 있으며, 제도나 프로그램이 얼마나 잘 실행되었는가 또는 프로그램을 실시하여 얻은 영향이 무엇인가를 연구한다. 정책 선택의 프로그램적 결과에 대한 설명과 평가에 관심을 가진다. 이는 두 가지 질문을 던질 수 있다. 예를 들면, 특정의 프로그램이 얼마나 잘 수행되었는가? 그것의 영향은 무엇인가? 등이다. 첫 번째 질문은 대상 집단에 제대로 전달되었는가?, 비용은 얼마나 들었는가? 등으로 분석할 수 있다. 두 번째 질문인 효과성과 관련해서는 프로그램 실시 전과 후의 측정치를 비교하여 개입의 효과를 측정할 수 있다.

(3) 사회복지정책의 분석틀

사회복지정책의 내용을 분석하기 위한 분석틀을 개발한 학자에는 프리그머와 아서튼(Prigmore & Atherton, 1979), 질(Gil, 1976), 디니토(DiNitto, 1995; 2000), 길버트와 테렐(Gilbert & Terrell, 1974; 1986; 1993; 1998) 등이 있다. 각 모형마다 강조하는 부분은 다소 차이가 나지만 대부분 유사한 요소를 가지고 있다. 이 중에서 실제 많이 활용되고 있는 길버트와 테렐의 분석틀을 살펴보고자 한다.

길버트와 테렐은 법과 제도를 분석하기 위한 가장 일반적인 사회과학의 분석틀로서 할당, 급여, 전달, 재원이라는 4가지 선택의 차원을 가지고 사회복지 정책분석의 이론적 틀을 발전시켰으며, 단순하고 구체적이면서도 필요한 분석 요소를 포함하고 있기에 사회복지정책 분석에서 실제로 많이 활용되고 있는 분석틀이다.

길버트와 테렐은 〈표 10-5〉와 같은 4가지 질문으로 기본적인 분석틀을 제시했다.

① 사회적 할당의 기본은 무엇인가?: 누가 급여를 받는가?
② 할당된 사회적 급여의 형태는 무엇인가?: 무엇을 받는가?
③ 급여의 전달을 위한 전략은 무엇인가?: 어떻게 급여를 받는가?
④ 급여의 재원조달을 위한 방법은 무엇인가?: 누가 급여를 지불하는가?

표 10-5 산출분석의 4가지 질문

선택의 차원	의미	선택의 대안
할당 (allocation)	수급자격: 대상체계	귀속적 욕구, 사회적 공헌/사회적으로 부당하게 당한 손실에 대한 보상, 전문가 판단에 의한 진단적 차별, 개인 또는 가족의 자산상태에 따른 욕구
급여 (benefits)	급여종류: 급여체계	현금, 사회서비스, 물품, 신용(변제), 물품교환권(증서), 기회, 권력 등
전달 (delivery)	전달방법: 전달체계	중앙집권 또는 지방분권, 복수서비스 또는 단독 서비스, 동일건물 내 위치 또는 다른 건물에 위치, 협력관계 또는 대화단절, 전문가 의존 또는 소비자 및 준전문가 의존, 공공행정가 또는 민간행정가
재정 (finance)	재정마련방법: 재정체계	공공재원(사회보험 과세), 민간재원(사용자 부담, 민간모금 등), 공공과 민간 재원의 혼합

또한, 이들은 가치의 차원으로서 사회복지정책의 분석에 기본적으로 검토되어야 하는 3가지 가치와 실제적으로 4가지 각 영역의 실천 과정에서 발생할 수 있는 상대적·대항적 가치지향을, 개인주의적 가치지향과 집단주의적 가치지향에 대비시키고 있다. 물론, 사회복지정책 분석에서 기본적으로 고려되어야 하는 가치로 평등성, 공평성, 적절성을 제안하고 있다.

개인주의와 집합주의란 사회문제 및 정부의 역할에 대해 서로 대조적인 2가지 관점이 존재해 왔다. 개인주의는 정치적 보수주의이며 개인의 능력과 자율적 선택을 강조한다. 집합주의는 사회구조적인 측면과 정부의 역할을 강조하고 있다. 일반적으로 개인주의는 자본주의 사회에서 강조되는 사회가치이고 집합주의는 사회주의 사회에서 강조하는 사회가치라고 할 수 있다(Gilbert & Terrell, 1998).

〈표 10-6〉에서 보듯이 4가지 선택 차원에 따라 개인주의적 가치를 지향할 수도 있고, 집합주의적 가치를 지향할 수도 있다. 동일 정책이라 할지라도 할당에 있어서는 개인주의인 '비용 효과성'을 지향하고, 재원에 있어서는 집합주의적인 '중앙집권'을 지향할 수 있다.

표 10-6 선택의 차원에 따른 가치

개인주의		선택차원		집합주의
비용 효과성	←→	할당	←→	사회적 효과성
선택의 자유	←→	급여	←→	사회통제
불일치의 자유	←→	전달	←→	효율성
지방분권	←→	재원	←→	중앙집권

출처: N. Gilbert & P. Terrell. 1998. p. 73.

① 할당(비용 효과성과 사회적 효과성): 비용 효과성이란 서비스를 가장 필요로 하는 사람에게 급여를 집중함으로써 비용을 절감해야 한다는 원칙을 반영한 것이며, 사회적 효과성이란 급여 대상자 선정에 있어 모든 사람을 대등한 사회구성원으로 처우하여 비용 절감보다는 사회통합과 같은 사회적 효과를 더 중시하는 원칙에 기반한다. 예를 들면, 현행 국민기초생활보장제도는 모든 신청자에게 엄격한 자산조사를 통해 급여를 제공하므로 기본적으로 할당에 있어서 비용 효과성을 추구한다고 볼 수 있다. 비용 효과성을 추구할 때 가장 문제가 되는 것은 수급자에게 가해지는 낙인감(stigma)이라고 할 수 있다. 급여가 꼭 필요한 사람조차 낙인감 때문에 급여를 신청하지 않게 되고, 의료 등에 있어서는 오히려 나중에 도리어 비용이 더 많이 들 수도 있는 것이다. 즉, 비용 효과성을 추구할 경우 낙인감이 문제이고, 사회적 효과성을 추구할 경우는 급여가 꼭 필요하지 않은 사람까지도 급여 대상자로 선정되므로 자원이 낭비되는 문제가 있다. 이 할당에 있어서 비용 효과성 선별주의냐 혹은 사회적 효과성 보편주의냐의 논쟁은 사회복지의 고전적인 쟁점이라고 할 수 있다.

② 급여(선택의 자유와 사회통제): 선택의 자유란 수급자가 선호하는 형태의 급여가 주어져야 한다는 것으로 일반적으로 현금으로 제공될 때 가장 수급자의 자유가 보장된다고 할 수 있다. 한편, 사회통제는 급여의 형태를 제한하여 정책의 목표를 달성하는 것에 일차적인 관심이 있다. 예를 들어, 수급자의 건강증진이란 정책목표를 갖고 있다면 의료서비스로 급여가 제공되는 것이다. 따라서, 사회통제를 위한 급여 형태는 의료서비스, 주택, 식료품, 상담 등이다.

③ 전달(불일치의 자유와 효율성): 불일치의 자유란 전달체계가 개방적이며, 수급자에게 선택의 여지가 있고, 민주적으로 운영되어야 한다는 것이다. 한편, 효율성은 효율적으로 정책 목표를 달성하는 데 그 초점이 있다. 따라서 효율성을 추구할 경우 개별 수급자의 의사는 무시되고 전달체계가 관 주도, 전문가 주도로 관료화될 가능성이 있다.

④ 재원(지방분권과 중앙집권): 재원조달의 책임이 지방정부에 있는가, 중앙정부에 있는가의 문제로, 일반적으로 사회복지서비스의 재원은 지방정부 책임 하에, 공공부조의 재원은 중앙정부의 책임하에 두는 국가가 많다. 모든 사회복지정책의 재원조달과 배분은 각 프로그램의 성격에 따라 지방자치와 중앙집권의 연속선상에서 적절하게 선택된다.

(4) 정책분석의 방법

① 비용편익분석

비용편익분석(cost-benifit analysis)은 경제학자들에 의해 개발된 것으로서 사회정책 및 프로그램의 직·간접적 비용과 그러한 정책의 직·간접적 급여를 매개하려는 시도이다(Weimer & Vining, 1992). 비용편익분석의 특징은 정책의 비용과 편익은 모두 현재 가치의 화폐량의 형태로 계산한다는 점이다. 즉, 모든 비용과 편익을 화폐가치로 환산하여 기간별로 추정하고 할인율을 적용하여 전 기간에 걸친 비용과 편익의 현재 가치를 계산하는 방법이다.

그러나 이 방법은 종종 실행상의 난점이 따르는데, 그 이유는 사회복지정책에서 얻어지는 편익을 화폐가치로 환산하는 것이 불가능한 경우가 많기 때문이다. 예를 들면, 인명구조, 가족지원, 우울감에 빠진 어린아이를 위로하는 것 등의 가치는 돈으로 환산하는 것이 불가능하기 때문이다.

② 비용효과분석

원하는 정책결과를 얻고자 할 때 비용효과분석(cost-effective analysis)은 상이한 정책들 간의 비용을 비교 검토한다(Weimer & Vining, 1992). 즉, 정책목표를 달성하기 위한 대안의 선택과정에서 총비용과 총효과를 비교하여 여러 대안 중에서 하나를 선택할 수 있게 하는 방법이다.

비용편익분석과는 다르게 각 정책의 급여를 화폐로 환산할 필요가 없다. 비용과 편익을 모두 고려하지만, 편익을 화폐가치로 측정하는 문제를 피하므로 이윤 극대화의 논리를 따르지 않는다. 정책분석가들이 특정 급여의 화폐가치를 알 수 없다고 할지라도 예상되는 급여의 화폐적 가치와는 무관하게 어떠한 정책 혹은 프로그램이 동일한 결과를 얻기 위해 더욱 적은 비용을 소요하게 되는지 비교할 수 있게 된다.

③ 줄서기 분석기법(queuing)

줄서서 기다리는 사회적 비용과 이를 줄이기 위해 투자하는 시설투자비의 적정 수준을 찾아내기 위한 분석기법이다. 곧, 대기시간과 공공서비스의 수준을 결정하기 위해 사용하는 경제학적 분석기법이다. 줄서기 문제는 서비스 시설이 너무 한정적이기 때문에 모든 클라이언트에게 즉각적인 서비스를 제공할 수 없을 경우에 나타난다. 예를 들면, 사회복지정책 프로그램에서 상담서비스를 제공하는 경우, 두 명의 사회복지사를 고용할 것인지, 세 명의 사회복지사를 고용할 것인지, 또는 세 명의 사회복지사를 고용하고 한 시간의 점심시간을 줄 것인지를 정책대안으로 놓고 이들을 비교하는 데 사용할 수 있다. 비록 줄서기 모형에서 모든 요소를 화폐가치로 환산하는 것이 쉬운 일은 아니지만, 만약 그것이 가능하다면 위의 예에서 클라이언트의 대기 시간과 복지서비스 및 서비스 수용능력에 대한 효과적인 정보를 산출할 수 있다(송근원, 1994).

④ 모의실험

모의실험(simulation)이란 사회복지정책 대안들이 어떠한 변화를 가져 올 것인가를 실제로 집행하지 아니하고 비슷한 상황 속에서 분석함으로써 미래를 예측하는 방법이다. 따라서, 모의실험기법은 정책결정을 위한 정보를 산출하는 데 많이 쓰인다. 이 기법은 일반적으로 복잡한 수학적 이론을 사용하지 아니하므로 비교적 간단히 실행할 수 있고, 여러 가지 조건을 필요에 따라 적절히 가감하여 실험할 수 있으며, 필요한 경우 중·장기에 관한 정책의 효과를 수시로 실험하여 보다 빠른 정책결정을 할 수 있게 해주며, 고성능 컴퓨터의 출현으로 복잡한 문제를 빠르고 저렴하게 해결할 수 있다는 장점이 있다.

반면에 때로는 변수들 사이의 상호작용이 복잡하게 얽혀 있는 경우, 모형이나 프로그램의 작성이 쉽지 않기 때문에 주관적이 되어 타당성을 떨어뜨릴 가능성이 있다는 문제점이 있다.

⑤ 결정분석

결정분석(decision analysis)기법은 정책대안의 결과를 예측하기 위하여 나타날 수 있는 확률적 사건을 나뭇가지처럼 그려 놓고 분석하는 기법이다. 이때 그려진 그림을 결정나무그림(decision tree)이라고 하는데, 이 그림은 결정짓기에서 논리적 구조를 나타낸다.

결정나무그림을 통해 대안을 분석·비교하는 방법은 대안을 선택하는 경우 나타날 상황에 따른 결과들을 예측하고, 그러한 상황이 발생할 확률을 사용하여 기대이익을 계산하고, 각 대안의 기대이익을 서로 비교하여 기대이익이 큰 대안을 선택하는 방법이다.

연 구 과 제

1. 지역사회복지 사업을 진행하고 있는 인근 지역의 사회복지기관에 대해 파악해 봅시다.
2. 지역사회복지실천에서 사회복지사의 역할에 대해 토론해 봅시다.
3. 정부조직이나 사회복지기관의 조직도를 그려 보고, 그 역할에 대해 토론해 봅시다.
4. 사회복지기관에서 적절하다고 생각되는 리더십의 유형을 이야기하고 토론해 봅시다.
5. 사회복지정책의 개념과 형성과정을 단계별로 설명해 봅시다.
6. 하나의 사회문제가 이슈로 제기되어 정책단계로 진행되는 과정을 예를 들어 설명해 봅시다.
7. 현재 진행되고 있는 사회복지프로그램을 길버트와 테렐이 제시한 정책의 분석틀에 맞추어 설명해 봅시다.
8. 사회복지정책의 중요하게 생각하는 가치를 제시하여 토론해 봅시다.

CHAPTER 11

사회복지의 정책 분야

CHAPTER 11 사회복지의 정책 분야

학습목표

- 각 사회보험제도의 대상과 급여 종류와 내용을 이해한다.
- 공공부조의 개념과 원칙을 학습한다.
- 국민기초생활보장제도의 의의와 내용을 이해한다.
- 의료급여제도의 의의와 내용을 이해한다.
- 긴급복지지원제도의 의의와 내용을 이해한다.

1. 사회보험

사회보험제도는 국민을 대상으로 질병, 사망, 노령, 실업 기타 신체장애 등으로 인하여 활동 능력의 상실과 소득의 감소가 발생하였을 때 보험 방식에 의하여 그것을 보장하는 제도로, 질병과 부상에 대한 건강보험 또는 질병보험, 폐질, 사망, 노령 등에 대한 연금보험, 실업에 대한 고용보험, 업무상의 재해에 대한 산업재해보상보험제도가 있으며 이를 4대 사회보험이라 하며, 최근에는 노인장기요양보험 제도를 포함해서 5대 사회보험제도가 있다.

1) 국민연금

(1) 적용대상

국민연금제도는 국내에 거주하는 18세 이상 60세 미만의 국민을 대상으로 의무가입하고 있다. 다만 공무원연금, 군인연금, 사립학교교직원연금에 가입하고 있거나,

국민연금의 노령연금을 받는 국민은 가입대상에서 제외된다. 반면, 가입 연령에 해당되지 않는 자도 가입이 허용되는 경우가 있으며, 국내에 거주하는 외국인도 일정한 조건하에서 가입대상에 포함된다. 이에 가입대상은 반드시 가입해야 하는 당연 적용 가입대상과 가입이 본인의 선택에 맡겨지는 임의적용 가입대상으로 구분된다.

사업장가입자는 지역가입자와 달리 보험료(9%)를 노·사가 1/2씩 나누어 부담한다. 사업장가입자는 상시근로자 1인 이상 사업장의 임시, 일용직 및 시간제 근로자와 정규직을 포함한 근로자와 사용자이다. 반면, 지역가입자는 보험료를 전액 본인이 부담하는 대상이다. 지역가입자는 사업장가입자가 아닌 18세 이상 60세 미만의 당연 적용가입자로서 1995년 7월부터 군 지역 거주자 및 농어민에게 적용되었다가 1999년 4월부터는 도시지역 주민에게까지 확대 적용하고 있으며, 임시, 일용직 및 5인 미만 사업장 근로자를 2003년 7월부터 지역가입자에서 사업장가입자로 단계적으로 전환시키고 있다.

임의 가입자는 당연 적용 사업장가입자나 지역가입자가 아닌 전업주부, 공무원연금 수급권자와 다른 공적 연금 수급권자, 「국민기초생활보장법」에 의한 수급자 등이 연금 혜택을 받기 위하여 본인의 희망에 따라 가입한 경우이다. 임의 계속 가입자는 제도 시행 당시 이미 나이가 들거나 가입이 늦어 60세까지 가입하더라도 노령연금을 타기 위해 필요한 10년 이상의 가입 기간 요건을 충족시킬 수 없는 경우 연금 혜택을 받기 위하여 본인의 희망에 따라 연장하여 가입할 수 있도록 한 것이다.

(2) 급여 종류

국민연금제도에서 지급하는 급여는 일시금 형태의 급여를 제외하면 모두 확정-소득비례급여라고 할 수 있다. 노령연금을 비롯한 모든 급여는 급여 수준이 급여산정 공식으로 사전에 확정되어 있고, 또한 급여액이 소득에 비례하여 결정되도록 되어 있다.

① 노령연금

노령연금은 국민연금의 기초가 되는 급여로 국민연금 가입자가 나이 들어 소득 활동에 종사하지 못할 경우 생활안정과 복지증진을 위하여 지급되는 급여로서, 가입 기간이 10년 이상이면 수급연령 이후부터 기본연금액과 부양가족연금액을 합산하여 평생 동안 매월 지급받는다. 1952년 이전 출생자는 60세부터 노령연금을 받았지만 이후 출생자는 4년에 1년씩 수급개시 연령이 늦추어져 1969년 이후 출생자는 65세부터 노령연금을 받게 된다.

노령연금은 가입 기간, 연령, 소득 활동 유무에 따라 노령연금, 조기노령연금이 있으며, 이혼한 배우자에게 지급될 수 있는 분할연금이 있다. 그리고 연급 수급 연령이 되어서도 소득이 있는 경우 65세까지는 감액된 급여를 받는다.

② 장애연금

장애연금은 가입 기간 중에 발생한 질병 또는 부상이 완치되었으나 신체적 또는 정신적 장애가 남았을 때 이에 따른 소득 감소 부분을 보전함으로써 자신과 가족의 안정된 생활을 보장하기 위한 급여로서 장애 정도(1~4급)에 따라 일정한 급여를 지급한다.

③ 유족연금

유족연금은 국민연금에 일정한 가입 기간이 있는 사람 또는 노령연금이나 장애등급 2급 이상의 장애연금을 받던 사람이 사망하면 그에 의하여 생계를 유지하던 유족에게 가입 기간에 따라 기본연금액의 일정률(40~60%)에 부양가족연금액을 합한 금액을 지급하여 남아 있는 가족들이 안정된 삶을 살아갈 수 있도록 하기 위한 연금급여이다.

「국민연금법」상 유족이란 사망자에 의하여 생계를 유지하고 있던 가족으로, 배우자, 25세 미만 또는 장애등급 2급 이상 자녀, 19세 미만 또는 장애등급 2급 이상인 손자녀, 노령연금 수급개시 연령 이상 또는 장애등급 2급 이상 부모 및 조부모 중 최우선 순위자에게 유족연금을 지급한다.

④ 반환일시금

반환일시금은 60세 도달이나, 사망, 국외이주 등으로 국민연금에 더 이상 가입할 수 없게 되었으나 연금 수급요건을 채우지 못한 경우, 그동안 납부한 보험료에 이자를 더해 일시금으로 지급하는 급여이다. 반환일시금을 받는 경우는 다음과 같다.

- 가입 기간 10년 미만인 자가 60세가 된 경우(단, 특례노령연금 수급권자는 해당되지 않음)
- 가입자 또는 가입자였던 자가 사망하였으나 유족연금에 해당되지 않는 경우
- 국적을 상실하거나 국외로 이주한 경우

(3) 국민연금 관리운영

국민연금은 공무원 등과 같이 특수직에 종사하는 자를 제외한 모든 국민을 단일한 연금체계에 편입하여 관리하고 있다. 즉, 자영업자와 근로자, 저소득층과 고소득층에 따른 차이에 관계없이 국민이면 누구나 공통으로 국민연금제도에 적용되도록 중앙집중관리 방식에 의한 단일체계로 운영하고 있다.

국민연금제도 운영과 관련하여 정책 결정에 대한 책임을 지고 있는 것은 보건복지부이다. 보건복지부는 국민연금제도의 적용 및 적용 시기, 연금보험료의 부과기준 및 보험료율, 급여 수급요건 및 지급 수준, 장기재정 추계 및 기금운용계획, 가입자 및 수급자의 복지증진사업 등에 대한 정책을 계획하고 수립할 책임을 지니고 있어 직접적인 운영보다는 정책 결정과 감독업무를 수행한다.

국민연금공단은 보건복지부 장관의 위탁을 받아 국민연금 사업을 운영하는 집행기관으로 국민연금 가입자에 대한 기록 유지, 연금보험료 징수, 급여의 결정 및 지급, 가입자 및 수급자를 위한 복지시설의 설치·운영 등과 같은 복지증진사업 등 보건복지부 장관이 위탁한 사업을 수행하는 직접적인 관리운영기관이다.

2) 건강보험

(1) 적용대상

보험 대상자는 직장 건강보험 대상자, 지역 건강보험 대상자, 공무원 및 사립학교 교직원 건강보험 대상자로 크게 분류할 수 있다. 직장 건강보험은 「건강보험법」에 의하여 일반사업장의 근로자 및 부양가족을 적용대상으로 하여 임시직이나 시간제 근로자는 대상에서 제외하고 있다. 지역 건강보험 대상자는 「건강보험법」에 의하여 농민, 어민, 영세상인 등 자영업자인 지역주민을 적용대상으로 하며, 직장 건강보험 및 공·교 건강보험의 수혜자와 의료보호대상자 등은 그 적용대상에서 제외한다. 공·교 건강보험은 「공무원 및 사립교원교직원 건강보험법」에 의하여 공무원, 군인, 사립학교 교직원과 그 부양가족을 적용대상으로 하고 있다.

건강보험 대상자는 피보험자와 부양자로 나뉜다. 피부양제도는 피보험자를 보다 합리적으로 보호하고 사회보장의 증진이라는 건강보험의 목적을 달성하기 위하여 피보험자와 일정한 경제적, 가족적인 생활 관계에 있는 자에 대하여도 사회보험에 의한 급여를 받을 수 있도록 보장한 것이다.

직장가입자 보험료 산정은 보수월액에 보험료율을 곱해서 구한다. 국민건강보험은 단기보험으로 필요한 경우 8% 이내에서 보험료율이 변동할 수 있다. 2021년 기준 보험료율은 6.86%(사용자 3.43%, 근로자 3.43% 부담)이다.

지역가입자의 보험료 부과는 가입자의 소득, 재산(전·월세 포함), 자동차 등을 참작하여 정한 부과요소별 점수를 합산한 보험료 부과점수에 점수당 금액을 곱하여 보험료 산정 후 경감률 등을 적용하여 세대 단위로 부과한다. 2021년 현재 지역가입자의 보험료 부과점수당 금액은 201.5원이다.

(2) 급여 종류

건강보험의 급여는 현물(의료서비스)로 제공되는 요양급여, 건강검진과 현금급여인 요양비가 있으며, 부가급여로 대통령령으로 정하는 바에 따라 임신·출산진료비, 장제비, 상병수당, 그 밖의 급여를 실시할 수 있다. 하지만 현재

장제비와 상병수당은 실시하지 않고 있다. 그리고 2017년 3월 23일부터 선별급여를 신설하여 시행하였다.

① 요양급여

요양급여란 가입자 및 피부양자의 질병, 부상, 출산 등에 대하여 진찰, 검사, 약제, 치료 재료의 지급, 처치·수술 기타의 치료, 예방·재활, 입원, 간호, 이송 등의 의료서비스를 제공하는 것을 말한다.

요양급여(간호 및 이송은 제외)를 제공하는 요양기관은 의료법에 따라 개설된 의료기관, 약사법에 따라 등록된 약국, 약사법에 따라 설립된 한국희귀, 필수의약품센터, 지역보건법에 따른 보건소·보건의료원 및 의료지소, 농어촌 등 「보건의료를 위한 특별조치법」에 따라 설치된 보건지료소 등이다.

② 요양비

공단은 가입자 및 피부양자가 긴급, 기타 부득이한 사유로 인하여 요양기관과 유사한 기능을 수행하는 기관으로서 보건복지부령이 정하는 기관에서 질병, 부상, 출산 등에 대하여 요양을 받거나 요양기관 외의 장소에서 출산을 한 때에는 그 요양급여에 상당하는 금액을 그 가입자 또는 피부양자에게 요양비로 지급한다.

③ 부가급여

공단은 법이 규정한 요양급여 외에 임신·출산 진료비, 장제비, 상병수당, 그 밖의 급여를 실시할 수 있다고 규정함으로써 강행이 아닌 임의에 의한 급여가 가능하도록 하고 있다. 과거 이에 근거하여 장제비가 지급되었으나 2008년부터 폐지되었으며 상병수당은 실시한 적이 없다. 건강보험 임신·출산 치료비 지원제도가 전자바우처(국민행복카드)를 제공하는 방식으로 시행되고 있다.

④ 건강검진

공단은 가입자 및 피부양자에 대하여 질병의 조기발견과 그에 따른 요양급여를 지급하기 위하여 건강검진을 실시한다. 건강검진의 종류에는 일반 건강검진, 암검진, 영유아 건강검진이 있다. 가입자 및 피부양자에 대해서는 2년에 1회 이상을 기본으로 일반 건강검진을 실시하고 있다.

직장 가입자의 경우 비사무직은 1년에 1회, 사무직은 2년에 1회 건강검진을 실시하며, 피부양자는 만 20세 이상에 대해 격년으로 실시한다. 지역가입자의 경우 세대주 및 만 20세 이상의 세대원을 대상으로 2년에 한 번 해당 연도에 일반 건강검진을 실시하고 있다.

⑤ 장애인에 대한 특례

「장애인복지법」에 따라 등록한 장애인이 가입자 및 피부양자가 장애인 보조기기를 구입할 때 구입 금액 일부를 국민건강보험공단에서 보험급여비로 지급하는 제도이다. 의지, 보조기, 휠체어, 지팡이, 목발, 보청기, 자세보조용구 등 지정된 보험급여 품목에 대해 급여를 지급한다. 기준액, 고시금액 및 구입금액 중 최저금액(지급기준금액)의 100분의 90에 해당하는 금액을 공단이 부담한다.

⑥ 선별급여

비용대비 치료 효과는 낮으나 사회적 수요가 높은 최신 의료에 선별급여를 도입함으로써 건강보험에서 일부 비용을 지원한다. 즉, 의학적 필요성은 상대적으로 낮으나 환자부담이 높은 고가의 의료, 임상 근거의 부족으로 비용효과 검증이 어려운 최신 의료, 치료 효과 개선보다는 의료진 및 환자의 편의 증진 목적의 의료 등에 대해 건강보험의 급여항목까지는 아니어도 이른바 '선별급여' 대상으로 지정하여 건강보험에서 비용의 일부를 지원하는 것이다. 이는 예비적인 요양급여의 성격을 가진다.

(3) 건강보험 관리운영

국민건강보험은 보건복지부, 국민건강보험공단, 건강보험심사평가원에 의하여 관리·운영되고 있다. 보건복지부는 건강보험사업의 관장자로서 건강보험 관련 정책을 결정하고 건강보험업무 전반을 총괄하고 있다.

국민건강보험공단은 건강보험의 보험자로서 가입자 자격관리, 보험료의 부과·징수 및 보험급여비용 지급 등의 업무를 수행하고 있다. 그리고 건강보험심사

평가원은 요양기관으로부터 청구된 요양급여 비용을 심사하고 요양급여의 적정성을 평가하고 있다.

3) 고용보험

(1) 적용대상

1998년 10월 1일부터 1인 이상의 근로자가 있는 모든 사업주는 의무적으로 고용보험에 가입하도록 되었다. 다만, 상시근로자 4인 이하를 고용하는 농업, 임업, 어업 및 수렵업과 가사서비스업, 공사금액이 일정 미만인 건설공사를 행하는 사업주는 근로자 과반수의 동의를 얻어 고용보험에 임의가입을 할 수 있다. 고용보험에 가입한 사업장에 재직하고 있는 모든 근로자는 고용보험의 혜택을 받는다.

2004년부터는 60세 넘어 채용된 근로자와 국내 파견 외국인 근로자, 일용근로자도 고용보험 대상자이다. 단, 65세 이상인 근로자는 적용 제외 대상이다. 고용보험의 적용대상은 근로자를 사용하는 모든 사업이며 적용단위는 사업 또는 사업자이다. 공용보험의 적용대상은 당연적용사업과 임의적용사업으로 구분된다.

당연적용사업은 사업이 개시되어 적용요건을 충족하게 되었을 때 사업주의 의사와는 관계없이 자동적으로 보험관계가 성립하는 사업을 말하는 것으로, 다음의 적용사업을 제외한 근로자를 1인 이상 사용하는 모든 사업 또는 사업장은 당연적용대상에 해당된다.

임의적용사업은 「고용보험법」이 강제로 적용되지 아니하는 사업으로서 사업주가 자유의사로 고용보험에 가입하는 사업을 말한다. 이러한 사업의 사업주가 고용보험의 전사업(실업급여, 고용안정·직업능력개발사업) 또는 실업급여에 한하여 가입하고자 할 경우에는 근로자(적용제외 근로자 제외)의 과반수 이상의 동의를 얻어야 한다. 다만, 실업급여에는 가입하지 않고 고용안정·직업능력개발사업에만 가입할 수는 없다.

(2) 고용보험 사업

고용보험의 사업은 크게 소극적 노동시장정책이라 할 수 있는 실업급여와 적극적 노동시장정책이라 할 수 있는 고용안정·직업능력개발사업 그리고 모성보호 사업으로 나눌 수 있다.

① 실업급여사업

가. 구직급여

구직급여는 이직한 근로자인 피보험자가 이직일 이전 18개월 동안에 고용보험이 적용되는 사업장에서 피보험 단위 기간이 180일 이상이면서 근로의 의사와 능력이 있음에도 불구하고 취업하지 못한 경우에 지급한다. 이때 재취업 노력을 적극적으로 해야 하고, 이직 사유가 비자발적이어야 한다. 중대한 귀책사유로 해고되거나 자기 사정으로 이직한 경우에는 수급자격이 없는 것으로 본다.

구직급여는 이직 전 직장에서 지급받던 3개월 임금총액을 총일수로 나눈 기초일액을 기준으로 해당 일수만큼 지급한다. 일반적으로 기초일액의 60%를 지급한다. 만일, 기초액이 최저임금에 이직 전 1일 소정근로시간을 곱한 최저기초일액보다 낮을 경우 80%를 구직급여일액으로 한다. 이를 최저구직 급여일액이라고 한다. 다시 말하면, 구직급여의 하한액은 퇴직 당시 시간급 최저 임금의 80%에 1일 소정근로시간을 곱한 금액이다.

실업의 신고일로부터 계산해서 7일간은 대기기간으로 급여를 지급하지 않는다. 구직급여를 받을 수 있는 기간은 보험에 가입한 기간과 연령에 따라 최소 120일부터 최대 270일까지이며, 필요한 경우 연장급여를 수급할 수 있다.

나. 취업촉진수당

취업촉진수당은 구직급여와는 별도로 실업자들이 좀 더 빨리 재취업할 수 있도록 유인하기 위한 추가 급여의 성격이다.

- 조기재취업수당: 실업급여를 지급받고 있던 수급자격자가 빠른 시일 내에 안정된 직장에 재취업하는 경우에 지급되는 보너스 성격의 수당으로, 대기기간이 지난 후 재취업한 날의 전날을 기준으로 법 제50조에 따른 소정

급여일수를 2분의 1이상 남기고 재취업한 경우에 지급한다. 지급액은 남은 기간 동안 받을 수 있는 구직급여액의 1/2을 일시금으로 지급한다.

- 직업능력개발수당: 직업안정기관의 장이 지시한 직업능력개발훈련을 받는 경우에 훈련을 받는 데 필요한 교통비·식대 등의 비용을 지원하기 위하여 구직급여 외에 지급하는 일정액의 수당이다.
- 광역구직활동비: 수급자격자가 자신이 살고 있는 지역에 재취직하기 어려워 직업안정기관에서 소개하는 먼 지방에 출장하여 직장을 구하는 경우에 소요된 비용을 지급하는 수당으로 숙박비와 교통비에 준하는 금액을 지급한다.
- 이주비: 수급자격자가 취직하거나 직업안정기관의 장이 지시한 직업능력개발훈련 등을 받기 위하여 이사를 해야 하는 경우에 이사비용으로 지급하는 수당이다.

다. 기타 연장급여

- 훈련연장급여(최대 2년): 직업안정기관의 장이 수급자격자의 연령·경력 등을 고려할 때 재취업을 위하여 직업능력개발훈련 등이 필요할 경우, 그 수급자격자에게 직업능력개발훈련 등을 받도록 지시할 수 있다. 이 경우 구직급여를 연장해서 지급할 수 있다.
- 개별연장급여(최대 60일): 취업이 특별히 곤란하고 생활이 어려운 개별 수급자격자에게 재취직 지원을 위하여 소정급여일수를 초과하여 구직급여를 연장하여 지급할 수 있다.
- 특별연장급여(최대 60일): 특별연장급여는 실업급증 등 대통령령이 정하는 사유가 발생한 경우 60일 범위 내에서 구직급여의 소정급여일수를 연장하여 지급할 수 있다.

라. 상병급여

상병급여는 실업을 신고한 이후에 질병·부상 또는 출산으로 취업이 불가능하여 구직활동을 할 수 없는 경우, 구직급여를 받을 수 없으므로 대신 지급하는 급여이다. 급여액은 구직급여의 급여액과 동일하다.

② 고용안정·직업능력개발사업

실업 예방, 취업 촉진, 고용기회 확대, 직업능력 개발·향상의 기회 제공 및 지원, 그 밖의 고용안정과 사업주에 대한 인력 확보를 지원하기 위하여 고용안정·직업능력개발사업을 실시한다.

여기에 해당하는 사업은 다양한데, 고용창출과 고용조정을 지원하고, 다양한 고용촉진·고용안정을 지원한다. 직업능력개발을 위해 사업주에 대한 훈련비용을 지원하고, 피보험자에게도 필요한 비용을 지원한다. 지방자치단체나 비영리법인·단체의 경우에도 그 지역에서 피보험자 등의 고용안정·고용촉진 및 직업능력개발을 위한 사업을 실시할 경우 지원할 수도 있다.

③ 모성보호 육아지원

출산으로 인한 여성근로자의 이직을 방지하고, 사업주의 여성고용 기피요인을 해소하기 위한 모성보호의 사회분담을 통해 근로자의 일·가정 양립을 도모하도록 지원하는 제도이다. 현행 「근로기준법」에 의하면 임신 중인 여성에 대해 고용주는 출산 전후를 통해 90일의 출산휴가를 주어야 한다. 이는 출산전후 여성 근로자의 근로의무를 면제하고 임금상실 없이 휴식을 보장받도록 하는 것으로 대규모 기업의 경우 이 90일 중 최초 60일의 임금은 사업주가, 그 이후 30일분의 임금은 고용보험에 의해 지원된다. 또한, 출산 이후 영유아의 양육을 할 수 있도록 육아휴직을 보장하여야 한다.

(3) 고용보험의 보험료

고용보험의 보험료는 고용안정·직업능력개발사업과 실업급여의 보험료를 나누어 부과한다. 고용보험료율은 보험지수의 동향과 경제상황 등을 고려하여 3%의 범위에서 고용안정·직업능력개발사업의 보험료율 및 실업급여의 보험료율로 구분하여 대통령령으로 정한다. 이때 근로자는 실업급여 보험료의 1/2을 부담하며, 사업주는 고용안정·직업능력개발사업의 보험료 전부와 실업급여 보험료의 1/2을 근로자 개인별 보수총액을 기준으로 계산하여 부담한다.

(4) 고용보험 관리운영

「고용보험법」 제3조는 "고용보험은 노동부장관이 이를 관장한다."라고 규정하고 있다. 고용보험제고 및 운영에 관한 주요사항의 결정이나 기획에 관한 업무는 노동부 본부에서 이루어지고 있으며, 집행업무는 지방노동관서에 의해 이루어진다.

고용보험에 관한 주요정책의 결정은 고용정책심의위원회의 심의를 거쳐 노동부장관에 의해 이루어지게 된다. 이를 위해 고용정책심의 위원회에는 그 산하에 고용보험에 관한 자문과 심의를 위해 고용보험전문위원회를 두었다.

노동부 본부조직으로는 공용정책본부에서 고용보험 관련 정책과 기획업무가 이루어지고 있으며 고용보험법령 업무는 고용보험정책팀, 고용·산재보험료 징수업무는 보험운영지원팀, 고령자·자활업무는 고령자 고용팀에서 하고 있다. 또한, 고용보험에 관한 연구·지원을 위해 한국노동연구원에 고용보험연구센터가 1995년에 설치되어 활동을 하고 있다.

고용보험의 구체적 집행업무는 노동부 산하의 6개 지방노동청과 46개 지방노동사무소(이하 지방노동관서)에서 행하고 있으며, 근로복지공단과 한국산업인력공단에서도 업무의 일부를 위탁받아 하고 있다. 특히, 근로복지공단에서는 1999년 10월부터 고용보험가입, 징수, 적용업무를 근로복지공단이 피보험자 자격관리를 하고 있으며, 피보험자 자격관리 및 고용보험 관련사업은 지방노동사무소 및 고용안정센터에서 각각 업무를 담당하고 있다.

고용보험 피보험자의 권리구제를 위해 고용보험심사관(지방노동청)과 고용보험심사위원회(노동부 본부)를 두고 이의신청에 대한 권리구제 제도를 운영하고 있다.

4) 산재보험

(1) 적용대상

산재보험은 원래 개별 사업주가 피고용자의 재해에 대해 책임지는 원칙에 대해 사업주의 공동연대책임을 바탕으로, 경제적 부담을 분산하여 안정적으로 재해보장을 할 수 있도록 발전시킨 것이다. 이러한 산재보험은 사업자의 보험 성격과 근로자의 사회보장적 성격을 같이 지니게 된다. 현재 선진국의 전 국민에 대해 재해보장적인 성격으로 산재보험이 발전해 나가고 있다.

한국에서도 산재보험은 최초의 사회보험이며, 1963년에 법령을 제정하고 1964년에 시행되었다. 이후 산재보험은 약 18회 정도의 법 개정을 통해서 꾸준히 발전하여 왔다. 따라서, 한국의 사회보험 중 산재보험이 상대적으로 가장 선진화된 사회보험이라 할 수 있다.

산재보험제도 도입 당시에는 상시근로자 500인 이상 광업 및 제조업에 대해 적용한 이후 적용범위가 점차 확대되어 2000년 7월 1일부터는 근로자 1인 이상 사업장까지 적용이 확대되었다. 산재보험의 보험료 책정방식은 다른 사회보험 제도들과는 달리 정률이 아니라 위험등급에 따라 차등화되어 있으며, 고용주가 보험료 전부를 부담하는 것이 보통이다.

(2) 급여 종류

요양급여, 휴업급여, 장해급여, 간병급여, 유족급여, 상병보상연금, 장의비, 직업재활급여 등 8가지 급여가 있다. 산재보험의 급여를 받기 위해서는 업무상 부상·질병 또는 장해가 발생하거나 사망하여야 한다. 단, 근로자의 고의·자해 행위나 범죄행위 또는 그것이 원인이 되어 발생한 부상, 질병, 장해 또는 사망은 업무상의 재해로 보지 않는다.

① 요양급여

요양급여는 근로자가 업무상의 사유에 의하여 부상을 당하거나 질병에 걸린 경우에 당해 근로자에게 지급한다. 산재보험에서의 요양급여는 건강보험과는 달리 본인부담금이 없이 요양비의 전액을 급여로 지급하되, 근로복지공단이 설치 또는 지정한 의료기관에서 요양을 하게 한다. 단, 부상 또는 질병이 3일 이내의 요양으로 치유될 수 있는 때에는 요양급여를 지급하지 아니한다.

요양급여의 범위는 진찰 및 검사, 약제 또는 진료와 재료와 의지, 그 밖의 보조기의 지급, 처치, 수술, 그 밖의 치료, 재활치료, 입원, 간호 및 간병, 이송 등이다.

② 휴업급여

휴업급여는 업무상 사유에 의하여 부상을 당하거나 질병에 걸린 근로자에게 요양으로 인하여 취업하지 못한 기간에 대하여 지급하는 소득보장 성격의 급여이다. 1일당 지급액은 평균임금의 70%이며, 요양급여와 마찬가지로 취업하지 못한 기간이 3일 이내인 때에는 지급하지 않는다.

요양 또는 재요양을 받고 있는 근로자가 그 요양기간 중 일정 기간 또는 단시간 취업을 하는 경우에는 취업한 날 또는 취업한 시간에 해당하는 그 근로자의 평균임금에서 그 취업한 날 또는 취업한 시간에 대한 임금을 뺀 금액의 100분의 90에 상당하는 금액을 지급할 수 있다.

③ 장해급여

장해급여는 근로자가 업무상의 사유에 의하여 부상을 당하거나 질병에 걸려 치유된 후 신체 등에 장해가 있는 경우에 근로자에게 지급한다. 장해급여는 제1~14급까지의 장해등급에 따라 지급하며, 이 중 1~7급까지는 장해보상연금 또는 장해보상일시금 중 선택할 수 있다. 8~14급의 경우 장해보상일시금을 받는다.

④ 간병급여

간병급여는 요양급여를 받은 자 중 치유 후 의학적으로 상시 또는 수시로 간병이 필요하여 실제로 간병을 받는 자에게 지급한다.

⑤ 유족급여

유족급여는 근로자가 업무상의 사유에 의하여 사망한 경우에 유족에게 지급하는 것이다. 유족급여는 유족보상연금 또는 유족보상일시금으로 한다. 유족보상일시금은 유족급여를 연금의 형태로 지급하는 것이 곤란한 경우에 한하여 지급한다.

⑥ 상병보상연금

요양급여를 받는 근로자가 요양 개시 후 2년이 지난 날 이후에 그 부상 또는 질병이 치유되지 아니한 상태이며, 그 부상 또는 질병에 의한 중증요양상태의 정도가 대통령령으로 정하는 중증요양상태 등급 기준에 해당되고, 요양으로 인하여 취업하지 못하였을 경우 휴업급여 대신 상병보상연금을 지급한다.

⑦ 장례비

장례비는 근로자가 업무상의 사유에 의하여 사망한 경우 평균임금의 120일 분에 상당하는 금액을 그 장제를 지낸 유족 또는 장제를 지낸 사람에게 지급한다.

⑧ 직업재활급여

직업재활급여는 산재 피해자의 재취업을 돕기 위해 지급하는 것이며, 다음의 경우이다. 장해급여 또는 진폐보상연금을 받은 사람이나 장해급여를 받을 것이 명백한 사람 중 취업을 위하여 직업훈련이 필요한 사람에 대하여 실시하는 직업훈련에 드는 비용 및 직업훈련 수당이 있으며, 업무상 재해가 발생할 당시에 복귀한 장해급여자에 대하여 사업주가 고용을 유지하거나 직장적응훈련 또는 재활운동을 실시하는 경우에 각각 지급하는 직장복귀지원금, 직장적응훈련비 및 재활 운동비가 있다.

(3) 산재보험 관리운영

산업재해보상보험의 보험 관계는 관리 주체인 노동부장관의 위탁을 받아 산업재해보상보험업무를 실제로 담당하는 일선 집행기관인 보험사업 집행기관(근로복지기관)과 보험료를 납부하고 「산업재해보상보험법」이 규정하고 있는 제반 의무를 이행하는 보험가입자, 그리고 보험급여를 받을 권리가 있는 수급권자의 관계로 기본 구조를 형성하고 있다.

노동부는 산재보험사업의 관장자로서 보험료율의 결정, 고시, 보험급여 기준의 결정, 보험기금의 관리운용 등 주요정책 업무만을 관장한다. 또한, 산업재해예방 행정과 보험사업을 연계시키는 역할을 담당하고, 근로자 복지증진을 위한 각종 시설의 공정한 기준 확립과 그 집행의 투명성을 확보하는 역할을 수행한다.

근로복지공단은 산업재해보상보험업무의 집행기관으로서, 보험가입자 및 수급권자에 관한 기록의 관리·유지, 보험료, 기타 이 법에 의한 징수금의 징수, 보험금의 결정 및 지급, 산재보험의 시설의 설치운영, 근로자의 복지증진을 위한 사업 등을 수행하고 있다.

이 밖에도 산재보험업무의 공정성 확보와 보험급여에 이의가 있는 자의 권익보호를 위한 특별심사제도로서 2심제도를 채택하고 있다. 1심의 심사기관은 근로복지공단, 2심의 심사기관은 산재심사위원회가 노동부에 설치·운용되고 있다.

즉, 「행정소송법」 개정(98년 3월 1일)으로 행정심판 임의전치주의를 취함에 따라 심사청구 또는 재심사청구를 거치지 아니하고 행정법원에 소 제기가 가능하다.

한편, 노동부장관의 자문기구로 산업재해보상보험 심의위원회(산재보험에 관한 중요사항 심의)와 요양급여심의위원회를 두어 요양급여의 산정기준과 기타 요양관리에 관하여 필요한 사항을 심의하도록 하고 있다.

산재보험사업은 보험사업과 근로복지사업으로 구분되며, 보험사업은 사업주로부터 산재보험료를 징수하여 업무상 재해에 대하여 신속·공정한 보상을 행하는 사업이다. 복지사업은 보험료, 기금운용수익금, 적립금 등의 재원으로 운용되는 보험시설의 설치·운영과 피재 근로자의 재활 및 복지증진사업이 이에 속한다.

5) 노인장기요양보험

(1) 적용대상

노인장기요양보험은 고령이나 노인성 질병 등으로 인하여 일상생활을 혼자 수행하기 어려운 노인 등에게 신체활동 또는 가사 지원 등의 장기요양급여를 사회적 연대원리에 의해 제공되는 사회보험제도이다.

이는 치매·중풍 등 노인성 질환 등으로 인하여 혼자 힘으로 일상생활을 영위하기 어려운 대상자에게 요양시설이나 재가 장기요양기관을 통해 신체활동 또는 가사지원 등의 서비스를 제공한다.

노인장기요양보험사업은 보건복지부장관이 관장하며, 장기요양보험사업의 보험자는 국민건강보험공단이며, 가입자는 국민건강보험 가입자로 한다.

서비스 대상자는 65세 이상의 노인 또는 65세 미만의 자로서 치매·뇌혈관성 질환 등 노인성 질병을 가진 자 중에서 장기요양등급판정위원회에서 등급을 인정받은 사람을 대상으로 급여를 제공한다. 장기요양을 신청하기 위해서는 장기요양보험 가입자 또는 피부양자이거나 의료급여 수급권자이어야 한다.

재가 및 시설급여 비용 중에서 일부는 수급자가 부담한다. 재가급여 이용자는 장기요양급여 비용의 15%, 시설급여는 20%를 본인이 부담한다. 다만, 「의료급여법」 제3조 제1항 제2호부터 제9호까지의 규정에 따른 수급권자는 본인 일부 부담금의 60%, 소득·재산이 일정 금액 이하인 자는 본인 일부 부담금의 40% 또는 60%를 감경한다.

(2) 급여 종류

노인장기요양보험에서 제공하는 장기요양급여는 6개월 이상 동안 혼자서 일상생활을 수행하기 어렵다고 인정되는 자에게 신체활동·가사활동의 지원 또는 간병 등의 서비스나 이에 갈음하여 지급하는 현금 등이다.

① 재가급여

- 방문요양: 장기요양요원이 수급자의 가정 등을 방문하여 신체활동 및 가사활동 등을 지원하는 장기요양급여
- 인지활동형 방문요양: 치매가 있는 수급자에게 인지자극 활동 및 잔존기능 유지·향상을 위한 일상생활 함께하기 훈련을 제공하는 급여
- 방문목욕: 장기요양요원이 목욕설비를 갖춘 장비를 이용하여 수급자의 가정 등을 방문하여 목욕을 제공하는 장기요양급여
- 방문간호: 장기요양요원인 간호사 등이 의사, 한의사 또는 치과의사의 지시서에 따라 수급자의 가정 등을 방문하여 간호, 진료의 보조, 요양에 관한 상담 또는

구강위생 등을 제공하는 장기요양급여

- 주·야간 보호: 수급자를 하루 중 일정한 시간 동안 장기요양기관에 보호하여 신체활동 지원 및 심신 기능의 유지·향상을 위한 교육·훈련 등을 제공하는 장기요양급여
- 단기보호: 수급자를 보건복지부령으로 정하는 범위 안에서 일정 기간(월 90일 이내) 동안 장기요양기관에 보호하여 신체활동 지원 및 심신 기능의 유지·향상을 위한 교육·훈련 등을 제공하는 장기요양급여
- 기타 재가급여: 수급자의 일상생활 또는 신체활동지원에 필요한 용구로서 보건복지부장관이 정하여 고시하는 것을 제공하거나 대여하여 노인장기 요양보험 대상자의 편의를 도모하고자 지원하는 장기요양급여

② 시설급여

장기요양기관에 장기간 입소한 수급자에게 신체활동 지원 및 심신기능의 유지·향상을 위한 교육·훈련 등을 제공하는 장기요양급여

③ 특별현금급여

- 가족요양비: 도서·벽지 등 장기요양기관이 현저히 부족한 지역에 거주하는 자, 천재지변이나 그 밖의 이유와 유사한 사유로 인하여 장기요양기관이 제공하는 장기요양급여를 이용하기가 어렵다고 인정하는 자, 신체·정신 또는 성격 등 대통령령으로 정하는 사유로 인하여 가족 등으로부터 장기요양을 받아야 하는 자 등이 가족 등으로부터 방문요양에 상당한 장기요양급여를 받을 때 수급자에게 가족요양비를 지급할 수 있다.
- 특례요양비: 수급자가 장기요양기관이 아닌 노인요양시설 등의 기관 또는 시설에서 재가급여 또는 시설급여에 상당한 장기요양급여를 받을 경우 기준에 따라 당해 장기요양급여 비용의 일부를 당해 수급자에게 특례요양비로 지급할 수 있다.
- 요양병원 간병비: 수급자가 요양병원에 입원한 때 기준에 따라 장기요양에 사용되는 비용의 일부를 요양병원 간병비로 지급할 수 있다.

2. 공공부조

1) 공공부조

(1) 공공부조의 정의

우리나라 사회보장제도의 일반법이라고 할 수 있는 「사회보장기본법」에서는 사회보장을 "출산, 양육, 실업, 노령, 장애, 질병, 빈곤 및 사망 등의 사회적 위험으로부터 모든 국민을 보호하고 국민 삶의 질을 향상시키는 데 필요한 소득·서비스를 보장하는 사회보험, 공공부조, 사회서비스"로 정의하고, 공공부조를 "국가와 지방자치단체의 책임하에 생활 유지 능력이 없거나 생활이 어려운 국민의 최저생활을 보장하고 자립을 지원하는 제도"로 정의하고 있다.

1942년에 영국에서 발표된 베버리지 보고서에서는 공공부조를 "사회보험에 의해 포괄되지 않는 다양한 필요를 충족시키고 수입능력 회복을 촉진하는 조치로서 개인 분담금을 부담하는 사회보험 가입자에 대한 형평성을 고려하여 부조의 필요성에 대한 증명과 자산조사를 조건으로 국고에서 재정을 부담하여 급여를 지급하는 제도"로 정의하였다.

또한, 다른 국외 학자들 중 쇼트랜드(CH. I. Shorttland)는 "공공부조란 생활이 궁핍한 자에게 국가지원에 의한 부조를 제공함으로써 그들을 궁핍에서 벗어나게 해주는 국가의 사회보장"으로 정의한 바 있으며, 디니토(D. M. DiNitto)와 다이(T. R. Dye)는 공공부조를 "가난한 사람, 노인, 시각장애인, 다른 장애를 가진 사람 등 도움을 받아 마땅한 가난한 사람들(the deserving poor)과 아동을 양육하는 편모 또는 편부 가정이 각자의 현재 상황이 개선될 것 같지 않고, 다른 원조수단을 이용할 수 없을 때 이들에게 도움을 주기 위해 제공되는 공공프로그램"으로 정의하였다.

국내 학자들 중에서 김기원(2000)은 공공부조를 공공부조의 주체, 수급대상자, 급여내용, 재정, 목적 및 이념이라는 각 측면을 상세히 고려하여 "국가가 규정한 일정한 수준 이하에서 경제적으로 빈곤한 생활을 하고 있으며, 자신의 능력으로 독립적인 생활이 불가능하거나, 부양의무자의 도움을 받을 수 없어 보호를 필요로 하는 상태에 있는 자를, 신청에 근거하여 또는 직권으로 자산조사와 상태조사를 실시한 후, 수급권자로 판명되면 이들에 대해 건강하고 문화적인 최저한도의 기초생활을 유지할 수 있도록 현금급여, 현물급여 또는 증서를 제공해주고, 자활능력이 있는 자에 대해서는 이들의 자립자활을 촉진하기 위한 필요한 조치를 취하거나 근로를 조건으로 원조를 제공(workfare)하는 근로연계를 실시하며, 수혜자의 비용부담 없이 국가나 지방자치단체가 일반조세수입을 기초로 한 공적인 재원을 활용하여 필요한 비용을 충당하는 무기여-보충적 원조이며, 자본주의 사회의 공적인 최후의 안전망(the last public safety net)으로 정의하였다.

공공부조(公共扶助, public assistance)라는 용어 외에도 공적부조(公的扶助), 사회부조(社會扶助, social assistance), 국민부조(國民扶助, national assistance), 자산조사급여(means-tested benefit), 빈곤구제정책(anti-poverty policy), 무기여 소득보장 정책(non-contributory income maintenance program) 등이 유사한 의미로 통용된다.

(2) 공공부조의 기본원칙

① 보편성의 원칙

공공부조는 「헌법」 제11조에 입각하여 인종, 신앙, 성별, 사회적 신분에 관계없이 빈곤 상태에 있는 모든 국민을 공평하게 보장하여야 한다는 보편성의 원칙을 따라야 한다. 생활이 어려운 자라면 빈곤의 원인 및 근로 능력의 존재 여부와 관계없이 그의 인간다운 생활을 방해하는 모든 상황으로부터 보호하여야 하는 것이다. 이는 질병, 장애, 노령, 실업 등 특정한 원인에 의해서 야기된 위험으로부터 가입자를 보호하는 사회보험제도와는 다른 점이다.

② 보충성의 원칙

「국민기초생활보장법」 제3조 제1항에서는 "이 법에 따른 급여는 수급자가 자신의 생활 유지·향상을 위하여 그의 소득, 재산, 근로 능력 등을 용하여 최대한 노력하는 것을 전제로 이를 보충·발전시키는 것을 기본원칙으로 한다."라고 하여 공공부조의 보충성 원칙에 대해 규정하고 있다. 개인이 스스로 시장경제와 사회보장제도가 허용하는 모든 수단, 즉 자신의 재산이나 근로 능력, 부양의무자의 지원(사적부양 우선), 사회보험 및 사회보상제도 등을 활용(타법상의 부조 우선)하여도 빈곤을 극복할 수 없을 때 비로소 공공부조체계에 의한 보호가 이루어져야 한다는 원칙이다. 공공부조가 국가 재정으로 운영되기 때문에 이와 같은 전제조건이 충족되지 않으면, 사회정의와 공평의 원리에 반할 소지가 있다.

③ 개별성의 원칙

공공부조의 급여는 수급권자의 연령, 성별, 건강상태에 따라 개인 또는 세대의 개별적 필요를 고려하여 유효하고 적절하게 행해져야 한다. 이를 공공부조의 개별성 원칙(필요의 원칙)이라고 하며, 사회복지학에서는 필요즉응의 원리라는 용어를 쓰기도 한다. 사회적 위험이 현실화되는 경우 이에 따라 추상적으로 수요가 의제되고, 법에 정해진 급여를 지급받는 사회보험과는 달리 공공부조는 수요조사(needs test)와 자산조사(means test), 상태조사(status test)를 통해 보호대상자의 구체적인 사실상의 수요를 파악하여 급여를 차별적으로 지급한다.

④ 최저생활보장의 원칙

공공부조에 의해 보장되는 생활 수준은 건강하고 문화적인 최저생활을 유지할 수 있는 수준이어야 한다(「국민기초생활보장법」 제4조 제1항). 이러한 생존권 보장의 원리는 「헌법」 제34조 제1항에 근거를 두고 있으며, 생존권은 사회적 기본권으로 일정한 규범적 효력이 인정되므로 「국민기초생활보장법」을 대체입법 없이 폐지하거나 보호 수준을 최저생활의 유지보다 낮추는 입법을 하는 것은 위헌이 된다.

보건복지부 장관은 국민의 소득·지출 수준과 수급권자의 가구 유형 등 생활실태, 물가상승률 등을 고려하여 최저생계비를 결정하며 최저생계비 결정에 필요한 계측조사를 3년마다 시행한다(동법 제6조).

⑤ 자활조성의 원칙

「국민기초생활보장법」은 최저생활 보장과 함께 수급자의 자활조성을 목적으로 제시하고 있다. 공공부조 급여를 통해 현재 생활의 곤궁함을 면할 뿐만 아니라 급여의 수급 없이도 독립적으로 생활을 영위할 수 있도록 지원해 줌으로써 궁극적으로 빈곤이라는 사회적 위험으로부터 보호해 주고자 하는 것이다.

이를 위해 국가는 공공부조를 통해 근로 능력이 있는 수급자의 자활을 유인할 수 있는 정책을 실시하고 직업 교육의 지원을 바탕으로 근로 기회를 제공할 수 있도록 하여야 한다. 자활 지원의 원리는 공공부조 급여가 빈곤계층에 대한 시혜적·반복적인 지원으로서 이루어지는 것을 넘어 수급대상자의 사회참여를 장려하고 삶의 의욕을 고취시켜 자발적이고 적극적으로 빈곤 상태에서 벗어나게 하는 기능을 수행할 수 있게 한다는 점에서 큰 중요성을 갖는다.

2) 국민기초생활보장제도

(1) 국민기초생활보장제도의 의의

「국민기초생활보장법」의 제정은 보편성의 측면과 급여내용에서 생활이 곤란한 국민의 실질적인 최저생활 보장이라는 목적을 다하지 못했던 기존의 법령을 대체하여 종합적인 공공부조제도를 구축하였다는 점에서 중요한 의미를 가진다. 또한, 기존 제도의 미비점을 개선·보완한 것 외에도, 시혜적 차원으로 인식되고 시행되었던 생활보호를 국가의 의무이자 국민의 권리로 인식하게 하는 규범적 틀을 마련하였다는 점에서 이념적인 중요성을 지닌다.

기존의 생활보호법에서 '보호', '피보호자' 등의 용어 사용을 통해 시혜적인 의미를 내포하고 있었던 것에 비해 해당 용어를 '보장', '수급자' 등의 권리를 보장하는 문구로 변경함으로써 빈곤정책의 패러다임에 변화를 가져온 것이다. 「국민기초생활보장법」에서는 「생활보호법」과 달리 인구학적 기준과 근로능력 여부에 관한 요건을 폐지하였다. 따라서, 기존에는 부양의무자, 소득, 재산, 인구학적 기준을 모두 충족해야 지급받을 수 있었던 급여(범주형 선별주의의 성격)가 부양의무자 및 소득인정액 요건만을 기준으로 지급받을 수 있는 일반적 보편주의형 급여로 전환되었다. 소득과 재산 기준 역시 소득인정액으로 단일화함으로써 소득 요건과 재산기준 중 일부를 충족하지 못하여 수급대상에서 제외되는 불합리한 사례의 발생을 방지하고자 하였다.

또한, 수급권자의 주거실태에 따른 적정한 급여가 이루어지도록 하고 수급권자가 보다 나은 주거환경에 거주할 수 있도록 유도하기 위하여 주거급여를 분리하고 근로능력이 있음에도 근로를 하지 않는 수급자에게 자활사업 참가를 조건으로 생계급여를 지급하는 조건부 생계급여를 도입하였으며, 아직 수급대상으로 선정되기 전이라도 긴급하게 생계비를 지원받아야 하는 경우를 대비하여 긴급급여 제도를 새롭게 도입하였다.

이 밖에도 자활 지원의 원리를 강화하여 수급자의 근로능력, 가구여건, 자활욕구 등을 감안하여 가구별 자활 지원 계획을 수립하고, 이를 기초로 가구별 자활방향과 자활에 필요한 서비스를 결정할 수 있도록 하였다.

(2) 주요 내용

① 최저생활의 기준

가. 최저생계비의 의의

최저생계비(minimum living standard)란 생계를 유지하는 데 필요한 최소 비용으로, 우리나라에서는 국민이 건강하고 문화적인 생활을 유지하기 위한 최소한의 비용을 말한다. 빈곤 상태 여부의 판단기준으로 작용하기 때문에 빈곤선(poverty line)이라고도 한다. 최저생계비는 빈곤이나 최저생활과 같은 주관적이고 추상적인 개념을 객관적이고 계량적인 수치로 전환한 것으로, 그 정의가 어렵고 시대나 사회·경제적인 요인에 따라 변화하기 쉽다는 특징을 갖는다.

최저생계비를 설정하는 문제는 '빈곤'을 규범적으로 정의하는 것과 밀접하게 연결된다. 즉, 최저생계비 이하의 소득 수준을 가진 자를 빈곤자로 추정하여 수급대상으로 선정하고, 소득에서 최저생계비에 미달하는 부분을 보완하는 내용의 급여를 제공함으로써 빈곤의 해소가 이루어지는 것으로 보기 때문에 최저생계비의 설정은 규범적으로, 또는 정책적으로 빈곤의 개념을 어떻게 정의할 것인가의 문제에 대한 결론으로 볼 수 있다.

그러나 빈곤의 개념과는 별개로 빈곤 정책의 보장 수준의 적절성에 대한 논의를 위해서만 따로 활용되는 개념이기도 하다. 최저생계비는 공공부조를 비롯한 사회보장제도의 기획과 결정 단계에서 자료로 활용되고 각각 국가별 공공부조의 보호 수준을 나타내는 지표로서의 의미를 가진다.

나. 우리나라 최저생계비 계측 방식

현행 「국민기초생활보장법」에서는 최저생계비의 의미와 산정방식을 구체적으로 정하고 있지 않다. 다만 의미에 관해서는, 제2조 제6항에서 "국민이 건강하고 문화적인 생활을 유지하기 위하여 소요되는 최소한의 비용"이라고 규정함으로써 '문화적인'이라는 문구를 보아 생물적인 생존을 넘어 사회적 생존에 필요한 최소한의 비용을 의미한다고 추정할 수 있을 뿐이다.

제6조에서도 구체적인 산정방식에 대한 언급 없이 보건복지부장관으로 하여금 국민의 소득·지출 수준과 수급권자의 가구 유형 등 생활실태, 물가상승률 등을 고려하여 최저생계비를 결정하고 매년 9월 1일까지 중앙생활보장위원회의 심의·의결을 거쳐 다음 연도의 최저생계비를 공표할 것과 최저생계비를 결정하기 위하여 필요한 계측조사를 3년마다 실시할 것에 대한 의무만을 규정하고 있다.

사회보장심의위원회에서 시행한 계측은 엥겔방식에 의한 것이었고, 한국보건사회연구원이 행한 계측은 전물량방식(market basket)에 의한 것이었다.

다. 수급권자 선정기준

「국민기초생활보장법」에서 정하는 수급권자가 되기 위해서는 소득인정액이 최저생계비 이하면서(자산기준), 부양의무자가 없거나, 부양의무자가 있어도 부양능력이 없거나 부양을 받을 수 없는 상황(상태기준)이어야 한다(「국민기초생활보장법」 제5조 제1항). 위의 두 가지 요건에 해당하지 않더라도 생활이 어려운 사람으로서 일정 기간 동안 동법의 급여 전부 또는 일부가 필요하다고 보건복지부 장관이 정하는 사람도 수급권자가 될 수 있다(제2항). 그리고 외국인에 대해서는 제5조의 2에서 특례를 규정하여 일정 조건을 충족하는 경우 수급권자가 된다.

② 급여내용

「국민기초생활보장법」상 수급자로 선정된 자는 생계급여, 주거급여, 의료급여, 교육급여, 해산급여, 장제급여 및 자활급여를 지급받을 수 있다. 급여의 수준은 최저생활 보장의 원칙에 따라 급여(해산 및 장제급여 제외)와 수급자의 소득 인정액의 합산이 최저생계비 이상이 되도록 하여야 한다(법 제7조 제2항).

과거의 「생활보호법」과는 달리 주거급여가 분리·신설되었고 자활의 장려를 위해 조건부 생계급여가 도입되었으며(제9조 제5항), 급여를 신청한 가구 중에서 생계가 곤란하여 긴급 지원할 필요가 있는 경우에는 급여결정 전이라도 시장·군수·구청장의 직권으로 단기간 긴급생계급여를 지급할 수 있도록 하는 긴급급여제도가 신설되어 운영되고 있다(제27조 제2항).

가. 생계급여

생계급여는 수급자의 기초적인 생계수단을 보호하기 위한 급여로서 의복, 음식물, 연료비 및 그 밖에 일상생활을 유지하는 데에 기본적으로 필요한 수요를 충족시키는 기능을 수행한다(법 제8조). 급여는 원칙적으로 금전으로 지급되며 예외적으로 물품이 지급될 수 있다(법 제9조 제1항). 수급품은 보장시설이나 타인의 가정에 위탁하여 생계급여를 하는 경우를 제외하고는 수급자에게 직접, 매월 정기적으로 지급된다(제9조 제2항·3항, 시행령 제6조).

나. 주거급여

수급자의 주거안정을 위하여 임차료, 유지수선비 등을 포함한 주거급여가 지급된다. 주거급여는 최저생계비 중 최저주거비를 따로 분리하여 가구별 0원~최저주거비까지 정률급여로 지급한다. 임차료는 월세임차료를 지급하거나 전세자금을 대여하는 것을 내용으로 하고(시행규칙 제8조), 유지수선비는 주택을 소유하고 그 주택에 거주하는 수급자나 타인 소유의 주택에 무료로 거주하는 수급자를 대상으로 주택의 유지에 필요한 점검 또는 수선을 실시하는 것으로서 현물급여가 원칙이나 점검 또는 수선의 실시가 어려운 경우에는 금품으로 지급할 수 있다(시행규칙 제11조).

다. 교육급여

교육급여는 기초생활보장 수급자 및 그 자녀에 대하여 적정한 교육기회를 제공함으로써 빈곤이 세습되는 악순환을 방지하고 저소득층의 자활 기반을 조성하기 위해 실시된다. 「초·중등교육법」 제2조에 따른 초등학교, 중학교, 고등학교, 특수학교 등에 재학 중인 자를 대상으로 지급되는 급여이며 입학금, 수업료, 학용품비, 교과서비(부교재비) 그 밖의 수급품이 수급자 또는 수급자의 친권자나 후견인, 또는 필요한 경우 학교장에게 지급된다(법 제12조).

라. 해산급여 및 장제급여

해산급여는 수급자의 조산(助産) 및 분만 전후에 필요한 조치를 취하는 것으로서 보장기관이 지정하는 의료기관에 위탁하여 행할 수 있다(법 제13조). 수급자가 출산(출산예정 포함)하는 경우, 현금으로 지급되는 급여이며 2021년 기준으로 1인당 70만 원이 지급된다.

수급자가 사망한 경우에는 장제급여로서 사체의 검안, 운반, 화장 또는 매장 기타 장제조치를 행하는 데 필요한 금품이 지급된다. 실제로 장제를 실시하는 사람에게 장제에 필요한 비용을 지급하되, 그 비용을 지급할 수 없거나 비용을 지급하는 것이 적당하지 아니하다고 인정하는 경우에는 물품을 지급할 수 있다(법 제14조). 장제급여는 1인당 80만 원이 지급되고 있다.

마. 자활급여

자활급여란 수급자의 자활을 돕기 위하여 실시되는 급여로서 자활에 필요한 금품의 지급 또는 대여, 근로능력의 향상 및 기능습득의 지원, 취업알선 등 정보의 제공, 자활을 위한 근로기회의 제공, 자활에 필요한 시설 및 장비의 대여, 창업교육, 기능훈련 및 기술·경영 지도 등 창업지원, 자활에 필요한 자산형성 지원 등을 내용으로 한다.

3) 의료급여 제도

(1) 의료급여 제도의 의의

의료급여제도는 생활유지능력이 없거나 경제능력을 상실한 사람들을 대상으로 정부가 의료서비스를 제공함으로써 저소득층의 의료보장을 통한 건강증진과 복지향상을 목적으로 하는 사회보장제도의 하나이다. 2001년부터 시행된 「의료급여법」은 최저생계비 이하의 빈곤계층 등을 대상으로 상대적으로 낮은 수가로 의료서비스를 제공하는 의료급여사업의 근거가 되는 법령으로서 「국민기초생활보호법」과 함께 각 의료보장과 소득보장을 규율하며 공공부조제도 법제의 양 축을 이루고 있다.

(2) 주요 내용

의료급여의 수급권자의 범위는 「국민기초생활보장법」보다 넓게 확대된 것으로, 수급자를 근로능력의 유무에 따라 1종 및 2종 수급권자로 구분하여 본인 부담금에 차등을 두고 있다. 급여의 종류는 「국민건강보험법」상의 급여종류와 동일하게 질병이나 부상, 출산 등에 대한 진찰, 검사, 약제·치료재료의 지급, 처치·수술과 그 밖의 치료, 예방·재활, 입원, 간호, 이송, 기타조치의 제공이다. 수급자는 종별(1종, 2종)에 따라 달리 정해져 있는 법정 본인 부담금을 부담하고, 이 부분을 제외한 금액의 전액이 국가재정으로 지원된다. 또한, 수급권자의 부담을 완화하기 위해 대불제도, 본인부담보상제, 본인부담상한제 등이 운영되고 있다.

4) 긴급복지지원제도

(1) 긴급복지지원제도의 의의

긴급복지지원제도는 생계곤란 등의 위기상황에 처하여 도움이 필요한 사람을 대상으로 생계, 의료, 주거비 등을 신속하게 지원함으로써 이들이 위기상황에서 벗어나 건강하고 인간다운 생활을 할 수 있도록 하는 것을 목적으로 2005년 12월

23일 제정·공포되었고, 2006년 3월 24일부터 시행되었다.

이 제도는 2004년 12월 대구광역시 불로동에서 5세 남자 아이가 장롱 속에서 사망한 채 발견된 사건 이후에 절대빈곤에 처한 사람들에게 일시적으로 위기상황이 발생할 경우 위기상황에 처한 가구 또는 개인을 조기에 발견하여 '선보호·후조사' 조치를 취함으로써 저소득층의 생계형 사고를 예방하고 국민기초생활보장제도의 긴급급여제도를 보완하고자 하는 문제의식하에 제정되었다. 그러나 「긴급복지지원법」의 제정은 「국민기초생활보장법」의 테두리 내에서 수급요건을 완화하고 구상권 행사를 통해 '선지원 후조치'를 실시할 수 있도록 긴급급여를 보완함으로써 해결할 수 있는 문제에 대하여 체계와 요건을 달리하는 별도의 제도를 창설하여 운영함으로써 양 제도의 관계가 복잡해지는 등 기존 공공부조제도의 본질을 흐릴 수 있다는 비판을 불러일으키기도 했다.

(2) 주요 내용

긴급복지지원은 본인 또는 본인과 생계 및 주거를 같이 하고 있는 가구구성원이 주 소득자의 사망, 가출, 행방불명, 구금시설에 수용되는 등의 사유로 소득을 상실한 경우, 중한 질병 또는 부상을 당한 경우, 가구구성원으로부터 방임·유기되거나 학대 등을 당한 경우, 가정폭력을 당하여 가구구성원과 함께 원만한 가정생활이 곤란하거나 가구구성원으로부터 성폭력을 당한 경우, 화재 등으로 인하여 거주하는 주택·건물에서 생활하기 곤란하게 된 경우, 주 소득자와 이혼의 사유로 소득을 상실하고 가구구성원에게 다른 소득원이 없는 경우, 단전되어 1개월이 경과된 경우(소전류 제한기 부설 포함) 등의 사유로 인하여 생계유지가 어렵게 된 자를 대상으로 이루어진다.

지원 내용은 생계지원(식료품비·의복비 등 생계유지에 필요한 비용 또는 현물지원), 의료지원(각종 검사 및 치료 등 의료서비스 지원), 주거지원 (임시거소 제공 또는 이에 해당하는 비용 지원), 사회복지시설 이용 지원, 교육지원(초·중·고등학생의 수업료, 입학금, 학교운영지원비 및 학용품비 등 필요한 비용 지원), 연료비나 그 밖에 위기상황의 극복에 필요한 비용 또는 현물지원과 민간기관·단체와의 연계한 상담·정보제공 및 그 밖의 지원을 포함한다(법 제9조 제1항). 구체적인 지원기준·방법 및 절차 등에 관하여 필요한 사항은 대통령령으로 정하며, 생계지원과 주거지원의 경우에는 최저생계비를 한도로 한다(제2항).

연구과제

1. 우리나라에서 시행하고 있는 각종 사회보험제도의 급여에 따른 급액은 얼마인지 파악해 봅시다.
2. 국민기초생활보장제도 운영의 현황과 문제점에 대해서 토론해 봅시다.
3. 긴급복지지원제도 운영 현황과 신청 절차에 대해서 찾아봅시다.
4. 공공부조의 장점과 단점에 대해서 토론해 봅시다.

CHAPTER 12

사회복지의 실천현장

CHAPTER 12 사회복지의 실천현장

학습목표

- 사회복지 실천현장의 의미를 이해한다.
- 사회복지 실천현장의 다양한 유형을 이해한다.
- 사회복지 실천현장의 주요 역할과 기능을 이해한다.

1. 사회복지 실천현장의 의미

사회복지 실천현장이란 사회복지서비스가 직·간접적으로 제공되는 분야나 장소를 의미한다. 단지 장소만을 의미하는 것이 아니라 사회복지실천이 행해지는 장소(place), 문제(problem), 사람(people) 등을 모두 포함하는 포괄적인 개념이다. 또한, 전문직의 도움을 필요로 하는 사람들을 직접 만나 전문적인 서비스를 제공하는 장소를 의미하는 것으로 사회복지 실천의 중요한 공간이 된다. 나아가 사회복지 실천현장은 사회복지 대상자의 일상생활 공간이기도 하고 자주 이용하는 곳이기도 하다.

좁은 의미의 사회복지 실천현장은 직·간접적으로 사회복지서비스를 제공하는 장소를 가리킨다. 따라서, 사회복지실천이 이루어지는 구체적인 장소 혹은 사회복지서비스를 직접 또는 간접적으로 이용자에게 제공하는 사회복지 기관이 해당된다.

반면, 넓은 의미의 사회복지 실천현장은 사회복지실천이 이루어지는 분야, 서비스의 초점이 되는 문제, 대상집단 등을 모두 포괄하는 개념이다. 따라서 넓은 의미의 사회복지 실천현장이란 단순히 사회복지서비스를 제공하는 물리적 공간이나 장소를 넘어 사회복지실천이 이루어지고 있는 실천분야, 개입의 대상이 되는 문제 이용자 등이 포함된다.

사회복지 실천현장 분류는 기준에 따라 다양하게 분류된다. 기관의 목적에 따라 1차 현장, 2차 현장으로 구분되는데, 1차 현장은 사회복지서비스 제공이 1차적인 기능을 수행하며, 사회복지 종사자와 서비스 이용자의 직접적인 대면서비스를 주로 제공하는 현장으로 대부분의 사회복지시설이 포함된다. 2차 현장은 기관의 주된 서비스가 사회복지서비스는 아니지만 사회복지사에 의해 특수한 서비스를 제공하는 현장으로 학교, 병원, 교정시설 등을 포함된다.

기관의 설립주체와 재원 조달방식에 따라서는 공공기관과 민간기관으로 구분할 수 있다. 공공기관은 중앙정부(예: 보건복지부)와 지방정부(예: 시·군·구청, 읍·면·동), 공단(예: 국민연금공단, 국민건강보험공단, 근로복지공단), 공사(예: LH) 등의 공공기관으로 공공부조와 사회보험을 운영하는 기관을 의미한다. 공공 재원에 의해 운영되며, 사회복지사의 업무도 정부의 규정이나 지침에 의해 지도·감독된다. 반면, 민간기관은 「사회복지사업법」상 사회복지사업을 수행하기 위해 설립된 사회복지법인 등을 비롯한 비영리법인, 영리법인, 자원봉사단체 등이 포함된다. 운영을 위한 재원은 공공기관으로부터 보조금을 지원받거나 후원금 등 순수 민간 재원을 동원하여 운영된다.

그 외 서비스의 주된 대상에 따른 분류, 서비스가 제공되고 실천이 이루어지는 장소에 따른 분류 기준은 아래에서 살펴보고자 한다.

표 12-1 사회복지 실천현장 분류

기준	기관의 운영목적	기관의 설립 주체나 자금 조달 방식	서비스의 직접 또는 간접제공 여부	주거 서비스 제공 여부	이윤 추구 여부
유형	1차 현장 2차 현장	공공기관 민간기관	서비스 기관 행정 기관	생활시설 이용시설	영리기관 비영리기관

2. 대상별 실천현장

대상별 실천현장은 사회복지서비스의 주된 이용 당사자를 중심으로 구분되며, 관련 법률에서 이용 당사자의 기준과 사회복지시설 유형을 제시하고 있다.

1) 아동복지

아동복지는 아동이 행복한 삶을 누릴 수 있는 기본적인 여건을 조성하고 조화롭게 성장·발달할 수 있도록 하기 위한 경제적, 사회적, 정서적 지원을 의미한다. 아동의 권리를 강조하면서 아동의 삶의 질 향상과 다양한 서비스를 제공해 주기 위한 사회복지실천으로 아동에 대한 사회복지적 대응책이라 할 수 있다. 카두신(A. Kadushin)에 의하면 아동복지의 넓은 의미로는, 모든 아동의 행복과 사회적응을 위해 심리적, 육체적 잠재력을 개발시켜 주기 위한 각종의 방법을 말하며, 좁은 의미로는, 특수한 문제를 가진 아동과 그 가정을 대상으로 전문적인 기관에서 행하는 서비스이다.

표 12-2 아동복지시설 유형

시설종류	기능	비고
아동양육시설	보호대상아동을 입소시켜 보호, 양육 및 취업훈련, 자립지원 서비스 등을 제공하는 것을 목적으로 하는 시설	생활시설
아동일시보호시설	보호대상아동을 일시보호하고 아동에 대한 향후의 양육대책수립 및 보호조치를 행하는 것을 목적으로 하는 시설	
아동보호치료시설	아동에게 보호 및 치료 서비스를 제공하는 다음 각 목의 시설 가. 불량행위를 하거나 불량행위를 할 우려가 있는 아동으로서 보호자가 없거나 친권자나 후견인이 입소를 신청한 아동 또는 가정법원, 지방법원소년부지원에서 보호위탁된 19세 미만인 사람을 입소시켜 치료와 선도를 통하여 건전한 사회인으로 육성하는 것을 목적으로 하는 시설 나. 정서적 · 행동적 장애로 인하여 어려움을 겪고 있는 아동 또는 학대로 인하여 부모로부터 일시 격리되어 치료받을 필요가 있는 아동을 보호 · 치료하는 시설	

시설종류	기능	비고
공동생활 가정	보호대상아동에게 가정과 같은 주거여건과 보호, 양육, 자립지원 서비스를 제공하는 것을 목적으로 하는 시설	생활 시설
자립지원 시설	아동복지시설에서 퇴소한 사람에게 취업준비기간 또는 취업 후 일정 기간 동안 보호함으로써 자립을 지원하는 것을 목적으로 하는 시설	
아동상담소	아동과 그 가족의 문제에 관한 상담, 치료, 예방 및 연구 등을 목적으로 하는 시설	이용 시설
아동전용 시설	어린이공원, 어린이놀이터, 아동회관, 체육, 연극, 영화, 과학실험전시 시설, 아동휴게숙박시설, 야영장 등 아동에게 건전한 놀이 · 오락, 그 밖의 각종 편의를 제공하여 심신의 건강유지와 복지증진에 필요한 서비스를 제공하는 것을 목적으로 하는 시설	
지역아동 센터	지역사회 아동의 보호 · 교육, 건전한 놀이와 오락의 제공, 보호자와 지역사회의 연계 등 아동의 건전육성을 위하여 종합적인 아동복지서비스를 제공하는 시설	
아동보호 전문기관	학대받은 아동의 발견, 보호, 치료에 대한 신속처리 및 아동학대예방을 담당하는 시설	
가정위탁 지원센터	보호대상아동에 대한 가정위탁사업의 홍보 및 가정위탁을 하고자 하는 가정의 발굴, 가정위탁을 하고자 하는 가정에 대한 조사 및 가정위탁 대상 아동에 대한 상담, 교육, 위탁가정의 사례관리 등의 업무를 수행하는 시설	
아동권리 보장원	아동정책에 대한 종합적인 수행과 아동복지 관련 사업의 효과적인 추진을 위하여 필요한 정책의 수립을 지원하고 사업평가 등의 업무를 수행하는 시설(법인)	
다함께 돌봄센터	초등학교 정규교육 이외의 시간 동안 돌봄서비스를 제공하기 위해 시 · 도지사 및 시장 · 군수 · 구청장이 설치 · 운영하는 시설	

2) 청소년복지

청소년복지란 청소년이 정상적인 삶을 누릴 수 있는 기본적인 여건을 조성하고 조화롭게 성장·발달할 수 있도록 제공되는 사회적·경제적 지원을 말하며, 청소년시설이란 청소년활동·청소년복지 및 청소년보호에 제공되는 시설을 말한다.

표 12-3 청소년복지시설 유형

시설종류	기능	비고
청소년쉼터	가출청소년에 대하여 가정, 학교, 사회로 복귀하여 생활할 수 있도록 일정 기간 보호하면서 상담, 주거, 학업, 자립 등을 지원하는 시설	생활시설
청소년자립 지원관	일정 기간 청소년쉼터 또는 청소년회복지원시설의 지원을 받았는데도 가정, 학교, 사회로 복귀하여 생활할 수 없는 청소년에게 자립하여 생활할 수 있는 능력과 여건을 갖추도록 지원하는 시설	
청소년치료 재활센터	학습, 정서, 행동상의 장애를 가진 청소년을 대상으로 정상적인 성장과 생활을 할 수 있도록 해당 청소년에게 적합한 치료 · 교육 및 재활을 종합적으로 지원하는 거주형 시설	
청소년회복 지원시설	소년법에 따른 감호 위탁 처분을 받은 청소년에 대하여 보호자를 대신하여 그 청소년을 보호할 수 있는 자가 상담, 주거, 학업, 자립 등 서비스를 제공하는 시설	
청소년상담 복지센터	청소년에 대한 상담, 긴급구조, 자활, 의료지원 등의 업무를 수행	이용시설
이주배경 청소년지원 센터	이주배경 청소년지원 및 역량개발, 청소년의 다문화 감수성 제고, 정책 및 프로그램 개발 등	
청소년 보호 · 재활 센터	학습, 정서, 행동상의 장애를 가진 청소년, 약물 또는 인터넷 중독 청소년에 대한 보호 · 상담 및 치료 · 재활 지원	

3) 노인복지

노인복지란 개별 노인의 사회적 욕구를 국가 또는 사회가 최종적인 책임을 지고 보장해주는 일련의 시책·제도 및 실천을 의미한다. 성공적인 노년기의 삶을 지원하고, 노인이 가정과 이웃, 사회에서 소외되지 않도록 사회적 통합을 유지하며, 기본적인 삶을 유지하는 기능을 수행한다.

2021년 현재 우리나라 65세 이상 고령인구는 전체 인구의 16.5%를 차지하고 있어 본격적인 고령사회 진입에 따라 노년부양비가 지속적으로 증가하고 있다. 전통사회에서는 가족이 노인부양의 주된 책임을 맡으면서 노인의 소득, 건강, 주거, 여가, 가족생활 등 노인의 삶에 야기되는 욕구나 문제를 해결해 왔다. 그러나 현대화 이후 가족의 노인부양 기능이 약화되고, 노인문제의 원인이 사회 구조적인 것에 더 많이 기인함에 따라 국가의 노인복지정책은 매우 빠르게 확대되어 가고 있다.

표 12-4 노인복지시설 유형

구분	시설종류	기능	비고
노인주거 복지시설	양로시설	노인을 입소시켜 급식과 그 밖에 일상생활에 필요한 편의를 제공함을 목적으로 하는 시설	생활 시설
	노인공동 생활가정	노인들에게 가정과 같은 주거여건과 급식, 그 밖에 일상생활에 필요한 편의를 제공함을 목적으로 하는 시설	
	노인복지주택	노인에게 주거시설을 임대하여 주거의 편의, 생활지도, 상담 및 안전관리 등 일상생활에 필요한 편의를 제공함을 목적으로 하는 시설	
노인의료 복지시설	노인요양시설	치매 · 중풍 등 노인성 질환 등으로 심신에 상당한 장애가 발생하여 도움을 필요로 하는 노인을 입소시켜 급식 · 요양과 그 밖에 일상생활에 필요한 편의를 제공함을 목적으로 하는 시설	
	노인요양공동 생활가정	치매 · 중풍 등 노인성질환 등으로 심신에 상당한 장애가 발생하여 도움을 필요로 하는 노인에게 가정과 같은 주거여건과 급식 · 요양, 그 밖에 일상생활에 필요한 편의를 제공함을 목적으로 하는 시설	
노인여가 복지시설	노인복지관	인의 교양 · 취미생활 및 사회참여활동 등에 대한 각종 정보와 서비스를 제공하고, 건강증진 및 질병예방과 소득보장 · 재가복지, 그 밖에 노인의 복지증진에 필요한 서비스를 제공함을 목적으로 하는 시설	이용 시설
	경로당	지역노인들이 자율적으로 친목도모, 취미활동, 공동작업장 운영 및 각종 정보교환과 기타 여가활동을 할 수 있도록 하는 장소를 제공함을 목적으로 하는 시설. 경로당 활성화 프로그램, 정부관리양곡 구입비의 전부 또는 일부, 냉난방 비용의 전부 또는 일부 보조	
	노인교실	노인들에 대하여 사회활동 참여욕구를 충족시키기 위하여 건전한 취미생활, 노인건강유지, 소득보장 기타 일상생활과 관련한 학습프로그램을 제공함을 목적으로 하는 시설	
재가노인 복지시설	방문요양 서비스	가정에서 일상생활을 영위하고 있는 노인(재가노인)으로서 신체적 · 정신적 장애로 어려움을 겪고 있는 노인에게 필요한 각종 편의를 제공하여 지역사회안에서 건전하고 안정된 노후를 영위하도록 하는 서비스	

구분	시설종류	기능	비고
재가노인 복지시설	주 · 야간보호 서비스	부득이한 사유로 가족의 보호를 받을 수 없는 심신이 허약한 노인과 장애노인을 주간 또는 야간 동안 보호시설에 입소시켜 필요한 각종 편의를 제공하여 이들의 생활안정과 심신기능의 유지 · 향상을 도모하고, 그 가족의 신체적 · 정신적 부담을 덜어주기 위한 서비스	이용 시설
	단기보호 서비스	부득이한 사유로 가족의 보호를 받을 수 없어 일시적으로 보호가 필요한 심신이 허약한 노인과 장애노인을 보호시설에 단기간 입소시켜 보호함으로써 노인 및 노인가정의 복지증진을 도모하기 위한 서비스	
	방문 목욕 서비스	목욕장비를 갖추고 재가노인을 방문하여 목욕을 제공하는 서비스	
	그 밖의 서비스	그 밖에 재가노인에게 제공하는 서비스로서 보건복지부령이 정하는 서비스	
노인보호전문기관		지역 간의 연계체계 구축 및 노인학대 예방을 위한 중앙노인보호전문기관, 학대받는 노인의 발견, 보호, 치료 등을 신속히 처리하고 노인학대를 예방하기 위한 지역노인보호전문기관	
노인일자리지원기관		지역사회 등에서 노인일자리의 개발지원, 창업육성 및 노인에 의한 재화의 생산 · 판매 등을 직접 담당하는 기관	
학대피해노인 전용쉼터		노인학대로 인하여 피해를 입은 노인을 일정기간 보호하고 심신 치유 프로그램 제공	생활 시설

4) 장애인복지

장애인복지는 장애인의 능력을 최대한 활용하여 사회참여가 가능하도록 함으로써 장애인의 삶의 질을 향상시키고 궁극적으로 사회통합에 이르게 하는 총체적인 원조 서비스를 말한다. 장애인이란 신체적·정신적 장애로 오랫동안 일상생활이나 사회생활에서 상당한 제약을 받는 자이며, 장애 유형은 크게 신체 장애와 정신 장애로 구분할 수 있다. 장애인은 인간으로서 존엄과 가치를 존중받고 그에 걸맞은 대우를 받으며, 국가·사회의 구성원으로서 정치, 경제, 사회, 문화, 그 밖의 모든 분야의 활동에 참여할 권리를 가지고, 장애인 관련 정책결정 과정에 우선적으로 참여할 권리가 있다.

표 12-5 장애인복지시설 유형

시설유형	세부 유형	기능	비고
장애인 거주시설	• 장애유형별 거주시설 • 중증장애인 거주시설 • 장애영유아 거주시설 • 장애인단기거주시설 • 장애인공동생활가정	거주공간을 활용하여 일반가정에서 생활하기 어려운 장애인에게 일정 기간 동안 거주, 요양, 지원 등의 서비스를 제공하는 동시에 지역사회생활을 지원하는 시설	생활 시설
장애인쉼터	• 피해장애인쉼터 • 피해장애아동쉼터	학대로 인한 피해장애인, 장애아동의 임시 보호 및 사회복귀 지원하는 시설	
장애인 지역 사회재활 시설	• 장애인복지관 • 장애인주간보호시설 • 장애인체육시설, 장애인수련시설, 장애인생활이동지원센터	장애인을 전문적으로 상담, 치료, 훈련하거나 장애인의 일상생활, 여가활동 및 사회 참여활동 등을 지원하는 시설	이용 시설
장애인 직업 재활시설	• 장애인보호작업장 • 장애인근로사업장 • 장애인직업적응훈련시설	일반 작업환경에서는 일하기 어려운 장애인이 특별히 준비된 작업환경에서 직업훈련을 받거나 직업 생활을 할 수 있도록 하는 시설	
장애인 의료 재활시설		장애인을 입원 또는 통원하게 하여 상담, 진단, 판정, 치료 등 의료재활서비스를 제공하는 시설	
장애인생산품판매시설		장애인직업재활시설에서 생산한 제품의 홍보, 판매, 유통을 담당하는 시설	

5) 여성복지

여성복지는 여성이 국가나 사회로부터 존엄성과 인간다운 생활을 할 권리를 동등하게 보장받음으로써 여성의 건강, 재산, 행복의 조건들이 만족스러워지는 상태와 동시에 가부장적 가치관과 이에 기초를 둔 법, 기타 사회제도개선 등으로 여성의 인간다운 삶을 실현하기 위한 모든 실천적 노력을 포함하는 개념이다(한국여성개발원). 또한, 여성복지란 현존하는 여성억압 및 성차별 문제를 해결하여 여성의 복리를 증진하고 나아가 양성 평등적 사회를 구현하려는 사회적 노력으로, 사회보장과 사회복지서비스면에서 여성들이 필요로 하는 서비스를 제공하여 그들의 사회기능을 증진시키려는 사회복지의 한 전문분야이다.

우리나라에서는 아직까지 여성을 그 주요 당사자로 규정하는 사회복지법률은 존재하지 않으며, 사회복지 분야에서는 주로 여성이 피해자가 될 경우 지원하는 사회복지시설 규정이 있다(성폭력방지 및 피해자보호 등에 관한 법률, 가정폭력방지 및 피해자보호 등에 관한 법률).

표 12-6 성폭력피해자 보호시설 유형

시설유형	기능
일반보호시설	피해자에게 보호시설업무의 각 사항을 제공하는 시설
장애인보호시설	장애인차별금지 및 권리구제 등에 관한 법률의 장애인인 피해자에게 보호시설업무의 각 사항을 제공하는 시설
특별지원보호시설	「성폭력범죄의 처벌 등에 관한 특례법」상 친족관계에 의한 강간 등에 따른 피해자로서 19세 미만의 피해자에게 보호시설 업무의 각 사항을 제공하는 시설
자립지원 공동생활시설	일반보호시설, 장애인보호시설, 특별지원보호시설에서 퇴소한 사람에게 자립, 자활교육의 실시와 취업정보의 제공 및 그 밖에 필요한 사항을 제공하는 시설
장애인 자립지원 공동생활시설	장애인보호시설에서 퇴소한 사람에게 자립 · 자활 교육의 실시와 취업정보의 제공 및 그 밖에 필요한 사항을 제공하는 시설

표 12-7 가정폭력피해자 보호시설 종류

시설유형	기능
단기보호시설	피해자 등을 6개월의 범위에서 보호하는 시설 단기보호시설의 장은 그 단기보호시설에 입소한 피해자 등에 대한 보호기간을 여성가족부령으로 정하는 바에 따라 3개월의 범위에서 한 차례만 연장 가능
장기보호시설	피해자 등에 대하여 2년의 범위에서 자립을 위한 주거편의 등을 제공하는 시설
외국인 보호시설	배우자가 대한민국 국민인 외국인 피해자 등을 2년의 범위에서 보호하는 시설
장애인 보호시설	「장애인복지법」의 적용을 받는 장애인인 피해자 등을 2년의 범위에서 보호하는 시설

3. 직능별 실천현장

1) 학교사회복지

학교사회복지는 학교에서 일어나는 학생들의 심리·사회적인 문제들을 학생–학교–가족–지역사회 연계를 통해 예방하고 해결함은 물론, 모든 학생이 자신의 잠재력과 능력을 최대로 발휘할 수 있도록 최상의 교육환경과 공평한 교육기회를 제공하여 궁극적으로 교육의 본질적인 목적을 달성하고, 또한 학생복지를 실현할 수 있도록 도와주는 교육기능의 한 부분이며, 사회복지의 전문분야이며(한국학교사회복지사협회), 주석진 등(2019)은 학교사회복지를 학교에서 학생–학교–가정–지역사회의 연계를 통해 학생의 개인·환경적인 어려움을 예방 및 해결하고, 모든 학생이 자신의 능력을 최대한 발휘할 수 있는 최상의 교육환경과 공평한 교육기회를 제공하도록 돕는 사회복지 전문활동으로 설명하고 있다.

학교사회복지의 주된 실천현장은 학교 내이지만, 지역사회를 기반으로 지역사회 사회복지기관을 통해 서비스가 제공될 수도 있다. 또한 교육청(교육지원청), 공공 행정기관 내에서도 교육복지프로그램을 제공하고 있다.

학교사회복지의 주요업무와 학교사회복지사의 역할은 〈표 12–8〉, 〈표 12–9〉와 같다.

표 12-8 학교사회복지의 주요 업무

<table>
<tr><th colspan="2">목표</th><th>세부업무의 예</th><th>비고</th></tr>
<tr><td colspan="2">학교사회복지 실천을 위한 여건조성</td><td>• 관련 협의체 및 협력 부서 조직
• 사무실 및 학생 상담 공간 마련과 환경구성
• 학생, 학부모, 교사, 지역사회 대상 홍보 활동
• 자원봉사자 모집. 배치
• 학교욕구조사 및 지역사회 조사</td><td></td></tr>
<tr><td rowspan="3">학생 대상 활동</td><td>개별 사회 사업</td><td>• 수시 개별상담 및 전문가 의뢰
• 복합적인 문제와 욕구를 가진 학생을 위한 다양한
• 전문가로 구성된 지원팀 운영
• 심리검사</td><td>담임. 전문상담교사. 보건교사 협조</td></tr>
<tr><td>집단 사회 사업</td><td>• 자아성장을 위한 집단활동
– 학습전략, 진로탐색, 자원봉사, 또래상담 등
• 문제해결을 위한 집단활동
– 의사소통기술훈련, 분노조절, 행동수정 등
• 예방교육
– 폭력예방, 공동체의식 향상집단 등</td><td>상담자원봉사자 협조. 지역사회 전문 기관 활용</td></tr>
<tr><td>기타 문화 행사</td><td>• 문화체험 행사 및 방학 중 캠프
• 즐거운 학교생활을 위한 문화이벤트
• 건강한 청소년문화를 위한 학생활동 지원</td><td>학생회, 교사 협조. 지역사회자원 연계</td></tr>
<tr><td colspan="2">가족지원 활동</td><td>• 가정방문, 부모상담
• 장학금, 생활보조금 등 연계
• 결손가정학생을 위한 정서적 후원자 결연</td><td>지역사회 자원연계</td></tr>
<tr><td colspan="2">학교변화를 위한 활동</td><td>• 학생복지 이해 증진을 위한 교사연수
• 학생 원조를 위한 교내 서비스 체계 마련
• 학생 옹호활동 및 학교 체계 변화를 위한 활동</td><td></td></tr>
<tr><td colspan="2">지역사회 자원구축 및 연계 서비스</td><td>• 지역사회자원 조사 및 개발 활동
• 전문가, 전문기관과의 공조 체계 마련
• 지역사회 학생복지 지원협의체 결성. 운영
• 지역사회 인식개선과 환경개선을 위한 캠페인 및 참여 활동</td><td></td></tr>
<tr><td colspan="2">기타</td><td>• 활동기록, 평가, 자문
• 서비스 효과성 조사연구
• 활동홍보 및 보고서 작성 배포</td><td></td></tr>
</table>

출처: 한국학교사회복지사협회 https://www.kassw.or.kr/

표 12-9 학교사회복지사 역할

역할	내용
임상전문가	학생을 위한 개별, 집단 상담 및 치료적 개입
교육자/자문가	학습, 진로를 위한 정보의 제공 사회성 기술, 학습전략, 의사소통훈련, 각종 예방을 위한 교육
매개자/연계자	학생과 가족에게 필요한 자원의 발굴, 연계
조정자/중재자	학생과 환경 사이에서 양자 모두의 문제 해결 과정을 조정, 중재
옹호자	학생과 가족의 인권을 보장하기 위한 옹호활동
자원개발자	학생과 가족, 학교에 필요한 지역사회자원의 발굴 및 개발촉진
공조자/협력자	교사를 비롯하여 다양한 전문가, 관련기관과의 협력, 공조
조사연구자	실태조사 및 효과성 연구를 통한 효과적 복지서비스 제공
정책제언가	학생복지 증진을 위해 다양한 수준에서의 정책감시, 제언에 참여

출처: 한국학교사회복지사협회 https://www.kassw.or.kr/

2) 의료사회복지

의료사회복지란 병원에서 사회복지사가 치료팀의 일원이 되어 환자 및 가족의 전인적 치료에 걸림이 되는 사회적, 경제적, 심리적 문제를 해결할 수 있도록 개입하여 대상자의 안정적인 치료환경을 조성하고 나아가 삶의 질을 높이기 위한 총체적인 활동을 의미한다(대한의료사회복지사협회).

의료사회복지의 개념은 의료기관 내에서 환자의 질병과 관련되는 심리·사회적 문제를 해결하고, 건강회복, 건강유지, 사회적응을 위한 원조를 주요 서비스로 보는 미시적 개념과 의료시설뿐만 아니라 의료문제를 가지고 있는 지역 의료제도 및 정책결정기관을 중심으로 환자를 비롯해 가족, 지역사회를 대상으로 보건의식 개발과 건강한 생활태도 유지, 환경개선, 의료자원발굴, 의료정책개발까지 관여하는 거시적 개념으로도 살펴볼 수 있다.

의료사회복지사는 질병을 가진 환자와 그 가족, 지역사회를 대상으로 의료진과 함께 협의하여 클라이언트의 심리, 사회적, 정서적, 환경적 문제를 해결하도록 돕고, 입원 시뿐만 아니라 입원 전과 퇴원 후에도 사회적 기능을 원활히 수행할 수 있도록 질병의 예방과 회복, 사후 관리에 이르는 연속적 과정에서 개인에 대한 접근뿐 아니라 의료제도와 정책 차원의 접근을 통하여 의료사회복지실천의 목적을 달성하도록 돕는 보건의료 영역의 전문사회복지사이다(대한의료사회복지사협회).

의료사회복지사의 직무에 대한 구체적인 내용은 〈표 12-10〉과 같다.

표 12-10 의료사회복지사 직무

직무차원	하위직무차원	직무내용
사회 사업 임상	심리 · 사회 · 정신적 문제해결	환자와 가족의 심리사회적, 정서적 문제에 대한 사정, 개인력, 가족력, 사회력 조사, 문제해결을 위한 상담과 치료, 의료진과 협의 진단
	경제적 문제해결	경제력 평가, 진료비 지원, 무의탁 환자, 행려 환자 처리
	지역사회자원 연결	지역사회자원에 대한 정보 취합, 지역사회기관에 대한 알선과 의뢰, 지역사회기관과 연계망 구축, 자원 동원과 기금 모금, 기타 지역공동체 건설에 필요한 활동, 자원봉사자의 발굴과 활용
	사회복귀 및 재활문제해결	퇴원계획 상담, 재활계획 상담, 회복 상태 및 사회 적응도 평가, 직업 훈련 및 취업 지도
	팀 접근	회진 참여, 타부서와의 사례 회의, 고위험 환자의 조기발견, 사례분석 평가
행정	사회사업 행정	문서 수발, 사업 계획 수립, 보고서 작성, 업무 보고, 기록과 사례의 등록 보관
교육 및 연구	교육 및 연구조사	실습생 지도, 신규직원 교육, 의료사회복지실천 연구 및 조사

출처: 한인영 외(2013). 「의료현장과 사회복지실천」. 학지사.

의료사회복지의 분야와 실천현장은 첫째, 일반 의료사회사업 영역으로 종합병원, 개인병원, 완화 의료사회복지시설, 요양병원 등에서, 질병의 원인이 될 수도 있고 치료의 효과를 방해할 수도 있는 사회적, 정서적, 개인적 문제를 해결하도록 돕고, 퇴원 후 정상적인 사회적 기능을 잘 수행하도록 지원한다. 둘째, 정신건강 사회복지사가 정신장애의 치료와 예방을 목적으로 병원과 환자 사이를 정신의학적으로 관련시켜 활동하는 분야로 정신병원, 정신과의원, 종합병원 내 정신건강 증진과, 정신요양시설, 정신건강 증진센터 등이 있다. 셋째, 재활사회사업

영역으로 환자의 의료적 재활을 보다 효과적으로 성취시켜 가정과 사회에 원만히 복귀할 수 있도록 도와주는 분야이다. 여기에는 종합병원 재활관련부서, 재활병원, 보훈병원, 재활의료복지 시설 및 기관 등이 있다. 넷째, 지역사회 보건의료사회사업 분야로, 의료사회복지사가 지역사회를 대상으로 보건의료활동을 통해 지역주민의 건강증진, 질병예방, 자조활동지원을 하는 분야이다. 다섯째, 군병원 내 군의료사회사업분야로 군 조직 성원의 전투력 강화의 저해요인인 질병관련 심리적, 사회적, 정신적 문제의 해결을 위해 군 병원 내에서 행해지는 분야이다.

3) 군사회복지

군사회복지는 군대 내부 및 지역사회라는 현장에서 전문 (군)사회복지 인력에 의해 제공되는 복지서비스로 정의할 수 있다(박미은, 2008). 군사회복지는 군대 내에서만 이루어지는 것이 아니라 군입대전 병역의무 대상자와 그들의 가족, 군 간부가 되기 위한 후보생, 현역 군복무자 및 그들의 가족, 제대군인, 국가유공자, 그들의 가족과 유족 등이 포함된다는 점에서 군대 내에서의 군사회복지가 제공될 뿐만 아니라 군대 외에서도 군관련하여 해당되는 사람들에게 군사회복지 업무를 수행할 군사회복지 전문가로서의 군사회복지사가 필요하다(장정기·나동석, 2016).

군사회복지 실천현장은 일반적인 사회복지 실천현장과는 다른 특수성을 지니고 있다. 군사회복지의 대상이 군대 내부와 외부에 각각 존재하거나 군대 내부와 외부에 연계되어 있다는 것이다. 즉, 군사회복지 실천현장 중 군대 내부에는 현역군인과 군무원이 대상이 되고, 군대 외부에는 군인 및 군무원의 가족, 입대 전 병역의무 대상자와 그들 가족, 제대군인이나 제대군인의 가족, 군관련 보훈대상자 및 그들의 유가족 등이 있으며, 군대 내부와 외부에 걸쳐 있는 대상자로 현역군인과 군무원과 그들의 가족, 친지, 병사들의 가족, 친지, 애인 등의 문제로 난관에 봉착하여 병영생활을 유지하기 어려운 경우의 대상자들이다.

군사회복지 실천의 필요성과 중요성에도 불구하고 아직까지 군사회복지사에 대한 법적인 규정은 없는 실정이다. 2015년 제정, 2016년 시행된 「군인의 지위 및 복무에 관한 기본법」[1]에서는 군인이 군 생활의 고충이나 어려움을 호소하는 경우, 이에 대한 상담 등을 하기 위하여 일정 규모 이상의 부대 또는 기관에 병영생활 전문상담관을 둔다는 규정이 있다.

「헌법」 및 「사회복지사업법」과 「군인 및 보훈대상자 관련법」을 고려하여 군사회복지 영역을 정리하면 아래 〈표 12-11〉과 같이 정리할 수 있다.

표 12-11 군사회복지 영역

구분	영역	내용
군입대대상자 및 가족	사회복지서비스	군입대관련 개인신상 상담(가정, 학교 및 입대관련), 병과입대문제 및 절차, 군생활, 향후진로, 취업 등 상담
군인, 군무원	소득복지	보수, 연금
	주택복지	군관사/아파트지원, 자가마련지원, 군숙소지원, 주택우선공급, 전세대부, 이사지원
	교육복지	본인교육
	취업복지	취업정보, 직업교육, 직업보도, 전직지원, 전직교육,
	문화복지	군 복지시설이용(매점, 실내외체력단련장, 오락시설, 도서관, 문화시설 등), 영화/연극, 종교시설
	의료복지	군 내 · 외 병원진료 및 가료, 의료지원, 건강관리, 보호, 건강검진, 각종 질병과 부상 예방 · 치료
	사회복지서비스	법률, 신상, 가정, 진로, 취업 등 상담

1) 「군인의 지위 및 복무에 관한 기본법」 제41조(전문상담관) ① 군인이 다음 각 호의 사항으로 군 생활의 고충이나 어려움을 호소하는 경우에 이에 대한 상담 등을 하기 위하여 대통령령으로 정하는 규모 이상의 부대 또는 기관에 병영생활 전문상담관을 둔다.
1. 군 생활에 따른 부적응에 관한 사항
2. 가족관계 및 개인 신상에 관한 사항
3. 구타, 폭언, 가혹행위 및 집단 따돌림 등 군 내 기본권 침해에 관한 사항
4. 질병·질환 및 건강 악화 등 신체에 관한 사항
5. 장기복무 군인가족의 자녀교육 및 현지생활 부적응 등 사회복지에 관한 사항
6. 그 밖에 군 생활로 인하여 발생하는 고충이나 어려움에 관한 사항
② 성희롱, 성폭력, 성차별 등 성(性)관련 고충 상담을 전담하기 위하여 대통령령으로 정하는 규모 이상의 부대 또는 기관에 성(性) 고충 전문상담관을 둔다.

구분	영역	내용
군인 · 군무원 가족	교육복지	보육, 자녀교육(장학금지원, 학자금대부, 자녀기숙사
	문화복지	군 복지시설이용(매점, 실내외체력단련장, 오락시설, 도서관, 문화시설 등), 종교시설
	의료복지	군 복지시설이용(매점, 실내외체력단련장, 오락시설, 도서관, 문화시설 등), 종교시설
	사회복지서비스	가정, 진로, 취업상담 등
제대군인 등 보훈대상자	소득복지	보훈급여금(보상금, 수당 및 사망일시금), 상이연금, 유족연금, 유족연금부가금, 유족연금특별부가금, 유족연금일시금, 유족일시금, 사망보상금 등
	주택복지	주택의 우선 공급, 대부
	교육복지	교육지원 등
	취업복지	취업활동지원, 취업/창업지원, 직업교육훈련, 제대군인의 사회복귀지원, 사회적응교육, 직업 재활 교육 등
	의료복지	진료, 건강관리
	노령복지	양로지원, 요양지원, 노후설계교육, 국립묘지안장
	문화복지	군체력단련장, 군 종교시설, 공공시설이용, 고궁 등의 이용지원, 수송시설의 이용지원
	사회복지서비스	법률, 신상, 가정, 진로, 취업상담 등

출처: 장정기·나동석군(2016). 사회복지사의 법적 근거 및 제도화 방안. 한국군사회복지학. 9(2), pp. 37-38.

4) 교정복지

교정복지란 범죄인과 피해자, 또는 범죄의 원인이 되는 여러 환경을 재범방지와 재사회화의 측면에서 사회복지적 실천기법으로 개입하는 분야이다(천정환, 2012). 즉, 교정복지는 범죄자와 우범자 및 그들의 문제 그리고 유해환경 등을 대상으로 사회복지실천방법의 지식과 기술, 사회복지정책의 법과 제도적 장치 등을 활용하여 대상자들의 재범방지와 사회복귀는 물론, 관련 환경의 개선을 도모하는 사회적 노력과 활동이라고 할 수 있다.

교정복지는 실천현장은 교정시설이 주가 되는데, 수용시설인 교도소, 보호감호소,

특수교도소와 보호시설인 보호관찰소, 소년원, 소년분류심사원, 치료감호소 등이다. 그 외에 민간시설로 한국법무보호복지공단, 소년보호시설, 종교, 사회기관 및 시설, 지역사회복지관도 포함할 수 있다.

5) 국제사회복지

국제사회복지는 어느 특정한 국가에 국한되지 않고 세계적인 상황에서 취급되는 전반적인 활동내용이다. 다시 말하면, 세계적인 차원에서 광범위하게 또는 지역적으로 세계적인 사회복지의 목표와 활동이 이루어지는 것을 말한다.

국제사회복지 개념에 대해 미즐리(Midgley, 2001)는 국제사회복지를 다양한 접근법을 포괄하여 광범위하게 정의하는데, 국제사회복지는 ① 사회복지사가 국제기구에서 일할 수 있는 특정기술과 지식, ② 다른 국가의 사회복지사들 사이에서 이루어지는 연결 및 교류, ③ 초월적, 광범위한 글로벌 환경에서의 세계적 인식을 창출하는 활동을 의미한다. 힐리(Healy, 2010)는 국제사회복지를 국제적 전문활동과 사회복지 전문직 및 그 구성원들의 국제 활동 수행능력으로 정의하고, 이를 4가지 차원으로 구분하여 제시하고 있다. 구체적인 내용으로 ① 난민, 이주, 타국민 관련 업무, 국제입양, 국경에서의 사회복지 등의 국제 관련 국내 사회복지 실천 및 옹호, ② 사회복지 경험과 정보를 국제적으로 교환하는 전문교류, ③ 국제개발업무를 직접적으로 수행하는 국제실천, ④ 전 세계적으로 중요한 사회문제에 대해 입장을 정리하고 표명하며 그 문제를 해결하는 국제정책 개발 및 옹호 등이다. 허그먼 등(Hugman , 2010)은 국제사회복지의 5가지 요소를 다소 다른 차원에서 정리하여 제시하고 있는데, ① 사회복지사의 개인적 이동에 의한 본국 이외의 국가에서의 활동, ② 국경을 넘나드는 난민, 이주민들과의 활동, ③ INGO(International non-governmental organization)나 준정부기구 등 국제기구에 소속된 활동, ④ 여러 국가 간 교류나 프로젝트 협력, ⑤ 세계적 맥락과 지역 맥락의 이해에 기반한 국내 활동 등이 포함된다(이보라·김교성, 2018:34 재인용).

이러한 활동을 포함하는 국제사회복지 개념과 유사하게 언급되는 용어가 공적개발원조와 국제개별협력이다. 공적개발원조(Official Development Assistance: ODA)란 정부를 비롯한 공공기관이 개발도상국의 경제발전과 사회복지 증진을 목표로 제공하는 원조를 의미하며, 개발도상국 정부 및 지역, 또는 국제기구에 제공되는 자금이나 기술협력을 포함하는 개념으로 정의할 수 있다. 이와 같은 공적개발원조의 정의는 경제협력개발기구 개발원조위원회(Organization for Economic Cooperation and Development, Development Assistance Committee: OECD DAC)가 1961년 출범한 이후 통일되어 사용되고 있다(대한민국 ODA www.odakorea.go.kr). 우리나라는 2009년 OECD 개발원조위원회(DAC)에 가입하고 2010년 「국제개발협력기본법」을 제정하는 등 국제사회구성원으로서 공여국의 역할을 수행하고 있다. 공적개발원조는 대상국의 경제개발 및 국제사회복지와 불가분의 관련성이 있으며 복지향상에 기여할 수 있는 중요한 수단이 된다.

「국제개발협력기본법」 제2조에 따르면 국제개발협력이란 국가·지방자치단체 또는 공공기관이 개발도상국의 발전과 복지증진을 위하여 개발도상국에 직접 또는 간접적으로 제공하는 무상 또는 유상의 개발협력과 국제기구를 통하여 제공하는 다자 간 개발협력을 말한다. 국제개발협력의 목적인 빈곤감소와 복지증진은 사회복지의 근본적인 목적과 매우 유사하다. 따라서 국제개발협력과 국제사회복지는 필연적으로 중첩된 영역을 공유할 수밖에 없다(조윤호·김재환, 2015).

국제사회복지 실천현장이 주로 국외이다 보니 전통적인 사회복지기관이 아닌 비정부조직, 비영리조직, 국제연합과 산하 전문기구, 개발 NGOs,[2)] 시민사회, 민간기업, 국제민간재단 등을 중심으로 이루어지고 있다. 국제개발협력 주체는 대부분 공여국 국가인데, OECD 공적개발원조 회원국 국가들이다.

우리나라 대표적인 국제개발협력 단체로 한국국제협력단(Korea International

---

2) 개발 NGOs란 개발도상국의 개발과 빈곤 문제에 관여하는 비정부 비영리기관을 의미한다. 대표적인 개발 NGOs로는 옥스팜(Oxfam), 케어인터네셔널(Care International), 월드비전(World vision)처럼 세계적인 조직망을 갖추고 국제개발 이슈와 정책에 큰 영향력을 미치는 대규모 NGOs부터 규모가 영세한 NGO에 이르기까지 매우 다양하다(대한민국 ODA).

Cooperation Agency: KOICA)이 있다. 한국국제협력단은 개발도상국의 빈곤감소 및 삶의 질 향상, 여성, 아동, 장애인, 청소년의 인권향상, 성평등 실현, 지속가능한 발전 및 인도주의를 실현하고, 협력대상국과의 경제협력 및 우호협력관계 증진 등의 국제협력개발사업을 주도하고 있다.

4. 사회복지사

사회복지사(social worker)는 경제적, 심리적, 주변환경에서의 문제를 가지고 있거나 문제가 있을 것으로 예상되는 대상자에게 대상자가 겪고 있는 문제를 파악하고 이에 대한 문제해결방안 및 문제해결을 위한 여러 가지 방법을 지원하고 원조하여 문제에서 벗어나도록 도움을 제공하는 일을 하는 전문적인 직업이다. 또한, 대상자의 문제해결을 위해 주변의 여러 자원을 활용하고 접근하여 해결해 줄 뿐만 아니라, 대상자를 도와줄 지역 또는 주변의 도움을 줄 수 있는 후원자, 자원봉사자를 연계하여 지원하는 일을 하는 사람을 말한다. 또한, 사회복지사는 법적으로 사회복지에 관한 전문지식과 기술을 가진 자로서 보건복지부장관으로부터 그 자격을 교부받은 자를 말한다.

사회복지사는 여러 분야에서 다양한 활동을 하고 있다. 아동, 장애인, 노인 생활시설에서 거동이 불편하거나 중증 장애인을 대상으로 케어 및 상담, 후원 업무 등의 사업을 진행하는 생활시설 내 사회복지사가 있으며, 지역 내 저소득층의 심리적, 경제적인 문제해결을 위해 지역사회복지관을 중심으로 활동하고 있는 사회복지사가 있고, 학교에서 학교사회사업가로서 문제 학생을 위해 전문적인 상담을 통해 문제해결 및 예방에 도움을 주고 있으며, 병원에서 의료사회복지사로 참여하여 병원 내 환자들과 가족들의 심리적, 경제적 문제해결을 위해 노력하고 있다. 또한, 국가의 공공부조를 담당하기 위해 사회복지전담공무원이 활동을 하고 있으며, 요즘 기업에서의 사회공헌 및 자원봉사활동에서의 코디네이터 역할을 사회복지사가 맡아 활동하고 있다. 각 지역별로 있는 자원봉사센터에서의 자원봉사자 관리에 사회복지사가 직접 참여하고 있다.

사회복지사가 수행해야 하는 직무를 정리하면 아래와 같다.

- 사회적, 개인적 문제로 어려움에 처한 의뢰인을 만나 그들이 처한 상황과 문제를 파악하고 그들이 필요로 하는 서비스의 유형을 판단한다.
- 문제를 처리, 해결하는 데 필요한 방안을 찾기 위해 관련 자료를 수집하고 분석하여 대안을 제시한다.
- 재정적 보조, 법률적 조언 등 의뢰인이 필요로 하는 각종 사회복지프로그램을 기획, 시행, 평가한다.
- 공공복지서비스의 전달을 위한 대상자 선정, 복지조치, 급여, 생활지도 등을 한다.
- 사회복지 자원봉사자를 모집하여 교육시키고 배치 및 지도감독을 한다.
- 사회복지정책 형성과정에 참여하여 정책분석 및 평가하며 정책대안을 제시한다.
- 정신건강 사회복지사는 정신질환자에 대한 개인력 조사 및 사회조사 작업을 진행하며, 정신질환이 있는 자의 사회복귀 촉진을 위한 생활훈련 및 작업훈련, 그 가족에 대한 교육, 지도 및 상담 업무를 수행한다.

보통 전문대학 및 대학교, 대학원에서 사회복지학 및 사회복지 관련 학문을 전공하면 사회복지사 2급 자격을 취득하게 되고, 졸업 후 국가시험에 합격하면 1급 사회복지사를 취득할 수 있다. 대학에서 사회복지학을 전공하면 사회복지의 기초 이론과 방법론 및 각 분야를 전반적으로 학습하게 되기 때문에 향후 업무수행을 하는 데 많은 도움이 된다.

현재 우리나라는 각 대학이나 대학의 평생교육원에서 소정의 자격과정을 이수하면 사회복지사를 취득할 수 있어 사회복지사의 자원은 상당히 많은 편이나 질적인 수준을 더 높여 대상자의 욕구에 맞는 사회복지서비스 제공이 필요하다. 〈표 12-12〉는 2020년까지 사회복지사 자격을 취득한 사람의 등급별 현황을 나타낸 것이다.

그리고 사회복지법인 및 사회복지시설을 설치·운영하는 자는 대통령령이 정하는 바에 의하여 사회복지사를 그 종사자로 채용하여야 한다(「사회복지사업법」 제13조). 따라서, 대통령령이 정하는 예외시설의 경우를 제외하고는 사회복지사의 자격증이 있어야 사회복지사업을 할 수 있다.

「사회복지사업법」 시행령에서 "다음 각호에 해당하는 업무에 종사하는 자를 사회복지사로 채용하여야 한다."라고 할 때 사회복지사의 주요업무는 다음과 같다.

- 사회복지프로그램의 개발 및 운영업무
- 입소자의 생활지도업무
- 사회복지를 필요로 하는 사람에 대한 상담업무

표 12-12 사회복지사 자격취득 현황

(단위: 건)

연도	총계		1급		2급		3급	
	당해년도	누계	당해년도	누계	당해년도	누계	당해년도	누계
2011년	69,992	482,807	3,635	94,623	66,164	375,776	193	12,408
2012년	77,723	560,530	9,834	104,457	67,722	444,498	167	12,575
2013년	77,087	637,617	6,060	110,527	70,847	514,345	180	12,755
2014년	75,606	713,224	6,377	116,894	69,058	583,404	171	12,926
2015년	75,848	789,071	6,783	123,677	68,871	652,274	194	13,120
2016년	75,198	864,269	9,528	133,205	65,508	717,782	162	13,282
2017년	73,771	938,040	5,603	133,808	68,005	785,787	163	13,445
2018년	81,607	1,019,647	7,311	146,119	74,177	859,964	119	13,564
2019년	87,472	1,107,119	7,747	153,866	79,724	939,688	1	13,565
2020년	99,061	1,206,180	8,427	162,293	90,631	1,030,319	3	13,568

출처: 한국사회복지사협회. 2020 사회복지사 통계연감. p. 210

그런데 현행법이나 사회복지 현장에서는 사회복지사 1급과 2급의 구분을 명확히 하지 않고 있지만, 가능하면 전공 관련 학생들이 졸업한 뒤에 사회복지사 1급 자격취득이 권장된다. 사회복지사 1급과 2급의 자격취득이 법적으로 구분이나 실익이 없다고 하더라도 사회복지시설 중에 이용시설이나 생활시설에서 업무의 중요도가 높거나 행정을 기획하거나 관리하는 업무에는 사회복지사 1급 자격자를 선호하고,

또한 사회복지시설 평가 시에도 유리한 조건이 된다.

대학이나 전문대학에서 사회복지학과를 졸업하면 동일하게 사회복지사 2급 자격을 취득하게 되는데, 사회복지사 1급 자격취득은 반드시 국가시험에 응시하여 합격하여야 자격취득이 가능하다. 이때 응시자격에서 4년제 대학의 졸업자는 바로 응시자격이 주어지지만 전문대학 졸업자는 졸업 후 1년 이상 사회복지시설의 경력을 가져야 응시자격이 주어진다. 그 외의 사항에서 대학의 전공 졸업자와 전문대학 전공 졸업자를 비교해 보면 〈표 12-13〉과 같다.

표 12-13 사회복지사 자격취득 비교

구분	전문대학 사회복지학과	대학 사회복지학과	사회복지사 자격과정
입학자격	고교 졸업자		전문대학 이상 졸업자
취득자격	사회복지사 2급		
필수이수 과목	필수과목 10과목, 선택과목 7과목 이상		
1급 응시 자격	졸업 후 1년 이상의 경력이 필요	졸업 후 즉시 응시 가능	전문대학 졸업자: 1년 이상의 경력 대학이상 졸업자: 즉시 가능
시설현장 에서 대우	시설현장에서 특별한 차이는 없으나 1급 소지자를 선호함		

연구과제

1. 우리 지역에 있는 사회복지 실천현장을 유형별로 나누어 그 특징을 이야기해 봅시다.
2. 자원봉사활동 경험을 나누면서 사회복지 실천현장 내 사회복지사의 역할에 대해 자신의 생각을 정리해 봅시다.
3. 복지로 www.bokjiro.go.kr 사이트에서 우리 지역 사회복지시설을 검색해 봅시다.
4. 다양한 사회복지 실천현장 중 2차 실천현장을 직·간접적으로 경험해 볼 수 있는 방법에 대해 논의해 봅시다.

INTRODUCTION TO SOCIAL WELFARE

CHAPTER 13

사회복지의 전망

CHAPTER 13 사회복지의 전망

학습목표

- 사회복지 환경변화에 따른 사회복지 패러다임 변화를 이해할 수 있다.
- 4차 혁명시대 도래로 변화하는 사회복지 환경을 이해한다.
- 변화하는 사회복지 환경에 대한 대응방안을 이해한다.

1. 사회적 가치와 제도의 변화

우리 사회가 직면해 있는 현실은 경제성장에 따른 풍요로움 이면에 저출산·고령화에 따른 인구 구조의 변화, 4차 산업혁명 전개로 인공지능에 의한 노동력 대체, 기후 온난화 가속화로 생태계 위기 등 전 인류가 공통적으로 경험하는 새로운 위기 가운데 직면해 있다.

복지국가가 발전하는 주된 전환점이 된 19세기 후반에서 20세기 초 산업사회에는 실업, 노령, 질병, 산업재해 등으로 인한 소득 중단과 빈곤 등이 주된 사회적 위험으로 등장했으며, 이러한 사회적 위험에 대한 대응으로, 남성 가장 모델을 기반으로 사회보험, 공공부조 중심의 사회보장제도가 확립·발전하게 되었다. 하지만 21세기로 들어오면서 저출산·고령화, 여성의 경제활동 참여 증가, 노동시장의 구조적 변화와 불안정, 1인 가구 증가로 대표되는 가족 구조 변화와 더불어 노동력 부족과 잠재성장률 감소, 양육·돌봄 부담 증가에 따른 일·가족 양립의 어려움,

장기 실업과 근로빈곤, 청년 실업, 주거비 부담 등의 다차원적 빈곤과 사회적 배제 등의 새로운 사회문제가 대두되었다. 이러한 새로운 사회적 위험은 전통적인 사회적 위험에 대응하기 위해 설계된 사회보험 및 공공부조 등 소득보장 중심의 제도로는 대응하기에 한계가 있다(최현수·오미애, 2017). 이에 따라 사회보험의 사각지대 해소와 지속 가능성 제고를 위한 개편, 근로 연계를 통한 공공부조 개편 등 전통적인 사회안전망 개편 등을 통해 그 대응 방안을 모색하고 있다(최현수·오미애, 2017).

한국의 고령화 현상은 세계에서 유래 없을 정도로 빠른 속도로 진행 중이다. 2002년 고령화 사회에서 2017년 고령사회로 진입한 데 이어 2025년에는 8년 만에 초고령사회에 진입할 예정이다. 인구고령화와 평균수명의 연장은 노인 의료비 지출과 더불어 노인돌봄 및 노인장기요양보험의 돌봄관련 서비스 수요를 현저히 증가시키고 관련 비용도 증가시킬 것으로 예측된다(최성은·김우현, 2018). 인구구조의 변화로 인해 고령화 현상은 사회적 영향을 받을 수밖에 없는데, 예를 들어, 베이비부머 세대의 출생과 교육, 직업 그리고 노후 문제, 도시와 농촌 간 노인인구의 격차, 남성 노인과 여성 노인의 불균형, 노인가구세대 증가 및 단독 노인가구 증가 등이 주요 노인문제와 관련된다(최세영 외, 2018: 18-20; 이척희·노재철, 2020, 재인용). 또한 가족관의 변화로 노인돌봄에 대한 사회적 돌봄의 기능과 역할 강화가 지속적으로 요구된다.

2020년 「저출산·고령사회 대응 국민 인식 및 가치관 심층조사」에서 인구 변화가 우리 사회에 미칠 것으로 예상되는 영역 1순위로 '사회보장 부담 증가'(42.2%), 와 '노동력 부족으로 인한 경제성장 둔화'(31.8%)가 상대적으로 높게 나타났다. 그 외 '국방력 약화'(8.2%), '세대 간 사회갈등 증가'(6.4%), '인구 감소로 인한 지역 위기'(6.2%) 순으로 나타나 높은 응답을 보였다.

저출산·고령화에 따른 인구구조 변화 외에 4차 산업혁명과 지능정보사회로의 전환으로 아래와 같이 사회 전반적인 가치도 변화하고 있다(최현수·오미애, 2017).

- 일상성, 전문성 중심 → • 융합, 유연성, 창의성, 다양성 중심
- 성장, 효율 등 지속 가능성 중심 → • 인권, 형평, 분배 등 인간 중심
- 생산, 공급, 근로 중심 → • 소비, 수요, 여가 및 사회 참여 중심
- 물질, 자원, 소유 중심 → • 정보, 관계, 공유 중심

또한, 사회가 급격히 변화하면서 가족 유형이 다양화되고 개인화가 가속화되는 가운데 가족의 다양한 개념을 바탕으로 새로운 가족관의 변화도 요구되고 있다(김은정, 2021).

2. 4차 혁명시대의 사회복지

1) 4차 산업혁명

4차 산업혁명(Fourth Industrial Revolution)이란 정보통신기술(ICT)의 융합으로 이루어 낸 혁명의 시대를 의미하며, 2016년 스위스 다보스에서 개최된 세계경제포럼(World Economic Forum)에서 제시된 이후 크게 주목받게 되었다.[1)] 4차 산업혁명의 핵심은 인공지능(AI), 로봇공학, 사물인터넷(IoT), 무인 운송수단(자율주행차량, 무인항공기), 3차원 인쇄(3D 프린팅), 나노기술 등의 분야에서 나타나고 있는 새로운 기술 혁신이다(최현수·오미애, 2017).

이러한 기술 혁신은 산업 영역에서의 혁신뿐만 아니라 일상생활의 패러다임까지 변화시키게 되었다. 이러한 변화는 이전의 산업구조 변화와는 완전히 새로운

---

1) 1784년 영국에서 시작된 증기기관과 기계화에 의한 1차 산업혁명, 1870년 전기의 이용과 노동력의 분화를 통한 대량생산이 본격적으로 시작된 2차 산업혁명, 1969년 정보기술(IT)과 인터넷이 이끈 정보화 및 자동 생산 시스템이 주도한 3차 산업혁명에 이어 최근 모든 영역에서 가장 이슈가 되고 있는 4차 산업혁명은 인공지능과 빅데이터를 중심으로 주목받고 있는 혁신적인 변화이다(최현수·오미애, 2017).

양상으로 전개되면서 긍정적인 측면보다 새로운 위기에 대응해야 하는 혼란을 가져왔다. 강신욱 외(2017)에 따르면 산업구조와 기술의 변화에 따른 숙련 노동의 수요 감소 위험이 시장소득의 불안을 가중시킬 것으로 전망되고, IT 기반의 기술진화가 전 세계적으로 저숙련 노동수요를 줄임으로써 소득분배를 악화시켰다는 점은 이미 알려진 사실이며, 향후 기술변화는 고숙련, 전문지식 기반의 일자리도 위협할 것으로 전망된다. 또한, 노동 유형 및 구성의 다변화는 전통적 사회보장 방식의 포괄성을 약화시킬 가능성이 높으며, 청년층의 미취업 및 실업 증가로 인해 사회보험의 가입 경험이 없거나 경력이 짧은 저소득층 비중이 높아질 것으로 전망되며, 이 경우 사회보험 중심의 소득보장제도도 제한적인 기능만을 수행하게 될 우려가 있다.

이러한 지능정보기술의 활용으로 인한 4차 산업혁명과 지능정보사회의 변화 및 그에 따른 사회적 위험은 다음과 같이 정리될 수 있다(최현수·오미애, 2017).

- 평균 수명과 건강 수명의 연장에 따른 근로 가능 연령의 획기적인 증가
- 인공지능으로 인한 인간의 일상성·전문성 대체에 따른 노동시장 영역별 일자리 양극화
- 비정형 일자리의 증가와 양극화로 인한 소득 창출 기회 제한 및 개인별 소득과 부의 양극화
- 시간·공간적으로 유연한 근로 형태 증가와 일·가족 양립 환경 변화
- 다양한 정보와 오픈 소스를 기반으로 한 비정형 일자리와 1인 기업 증가로 인한 노사관계의 변화
- 소유 경제에서 공유 경제로의 전환에 따른 자본주의 생산, 분배, 소비체계의 변화
- 인간과 로봇이 함께 생활하는 사회, 현실과 가상이 혼재된 가상현실(VR) 사회의 윤리적 문제

2) 사회복지 분야 내 기술 활용

정보통신기술 등과 같은 공학의 발달은 이미 인간의 삶의 질 향상에 필요한 기술개발에 적용되어 왔다. 특히, 장애인 재활 분야에서 재활공학 접근이 활발하게 이루어져 왔다. 재활의학사전의 정의를 따르면 "재활공학이란 장애를 가진 개인을 위해 그들의 재활에 필요한 것을 제공하는 기술이나 공학분야"로 설명하고 있으며, 1986년 개정된 미국의 재활법에는 재활공학을 "교육, 재활, 취업, 교통, 독립적인 생활 및 여가활동을 포함한 분야에서 장애인들의 욕구를 충족시키며 장애인들에게 직면한 문제들을 해결하기 위한 기술공학, 공학방법론이나 과학적 원리들의 체계적인 응용"이라 명시되어 있다(권혁철, 2019). 이러한 재활공학 접근은 장애인 뿐만 아니라 노인인구와 아동까지 그 서비스 대상을 확대하고 있으며, 기술 지원이 약자 계층의 자립과 사회참여를 확대시키고 있다.

노인복지 분야에서도 노년공학(geron-technology) 접근은 활발히 이루어져 왔는데, 노년공학이란 노인의 일상생활에서 일어나는 여러 가지 신체적, 정신적, 기능적 적응 문제에 공학기술을 적용하는 것을 말한다. 인공지능(AI)과 사물인터넷(IoT) 등을 접목한 ICT 기반 서비스는 이미 노인 돌봄 분야에서 활발히 적용되고 있는데, 예를 들어, 보건복지부는 2008년 독거노인 u-care 시스템을 구축한 후 댁내 센서 및 응급 호출 장비로 중앙모니터링센터를 통해 화재·가스 누출 감지, 활동 감지, 응급 호출 등의 정보를 지역 소방본부에 전송하여 응급 상황을 지원하는 사업을 실시하고 있다(이연희, 2018). 뿐만 아니라 SKT와 여러 지방자치단체가 공동 사업으로 독거노인 응급안전서비스를 위해 인공지능 스피커를 활용한 스마트 기술을 보급하고 있다. AI 스피커에는 음성 인식을 통한 긴급구조 서비스뿐 아니라

날씨, 생활·건강정보, 복약시간 알림, 음악 듣기 등의 기능도 탑재되어 있다.[2)]

이렇게 노인 돌봄에 활용되는 첨단 IT 기술은 발전을 거듭하고 있다. 특히 최근엔 인공지능을 탑재한 돌봄 로봇이 주목받고 있다. 노인의 심리 안정을 돕기 위한 목적으로 만들어진 대표적인 인공지능 돌봄 로봇은 강아지 로봇 페퍼(pepper), 물개 모양의 팔로(Palro) 등이 있는데, 센서를 통해 촉각, 빛, 음향, 온도에 반응하여 노인과 상호작용을 수행하면서 그 효과를 평가하는 여러 연구들이 이루어지고 있다(송영애·김현정·이현경, 2018). 이들 돌봄 로봇이 노인과 상호작용하며, 노인의 외로움과 스트레스를 덜어 주는 등 심리적 정서 지원, 일상생활 지원의 역할을 수행할 것으로 기대하고 있다(조희숙·김지희·김새롬, 2019). 국내에서도 AI 돌봄로봇 '효돌이–효순이' 사례를 볼 수 있다. 효돌이–효순이는 음성과 터치 방식으로 작동되며, 식사, 약복용, 체조 알람 등 건강생활관리, 행동 움직임 감지를 통한 안전관리, 활기찬 안부인사, 노래, 말벗 등 정서관리 서비스를 제공한다. 여러 지방자치단체와 노인복지기관에서 효돌이–효순이를 독거노인의 돌봄 서비스에 활용하고 있는데, 김선화 외(2020)의 연구에서 한국형 소셜로봇인 효돌이–효순이가 지역사회 거주 독거노인의 우울증상 감소와 삶의 질 향상에 기여한다는 결과가 제시되고 있다.

ICT를 활용한 비접촉 돌봄서비스가 큰 관심을 받고 있으나, 그 이면에 있는 또 다른 사실을 고려할 필요가 있다. 정보 취약계층 1순위인 노인에게 ICT 돌봄서비스는 근본적으로 한계를 지닐 수밖에 없는 서비스라는 점이다. 디지털 정보화 수준이나 스마트 기기 보급률이 가장 낮은 집단이 노인으로(과학기술정보통신부, 2019), 많은 고령자가 비대면 방식의 서비스에 거부감을

2) 노년공학(geron–technology) 활용에 다소 소극적이었던 국내 노인돌봄 서비스 분야도 코로나 19 사태라는 급물살 속에 획기적인 변화를 맞이하였다. 인공지능(AI)과 사물 인터넷(IoT) 등 다양한 비접촉 기술(untact technology)과 돌봄서비스 간의 연계에 관한 관심이 더욱 높아지고 있다(김유진·박순미, 2020). 2020년 발표된 디지털뉴딜정책(기획재정부, 2020) 내 스마트 의료 및 돌봄 인프라 구축의 구체적인 내용을 살펴보면 디지털 기반 스마트병원 구축 및 어르신 등 건강취약계층 12만 명 대상 IoT·AI 활용 디지털 돌봄, 만성질환자 20만 명 대상 웨어러블기기 보급, 질환관리 등이 포함되어 있다.

나타내기도 하고, 평균 연령 50대를 넘는 돌봄서비스 종사자들도 정보기술 활용에 대해 부담감을 갖고 있다(이선형·임춘희·김원천, 2020). 트랜드 모니터의 「2020 현대사회 정보 격차 및 정보 소외 현상 관련 조사」(2020)에서도 응답자의 85.5%가 비대면 서비스가 증가하면, 노인 등 디지털 취약계층의 어려움이 더욱 커질 것이라는 우려를 표명하였다. 또한, ICT를 활용한 돌봄 서비스가 사람과 사람이 만나 이루어지는 돌봄을 대체할 수 없는 특성이 존재한다는 점도 간과할 수 없다(이선정, 2020).

3. 사회복지의 대응

앞서 살펴본 바와 같이 현재 우리 사회와 전 인류가 직면하고 있는 사회적 위험은 전통적인 사회적 위험 범주와는 차원이 다르며, 기존 논의되었던 새로운 사회적 위험에서 4차 산업혁명을 통한 지능정보기술의 활용으로 인해 더 심층적으로 나타나고 있다. 이는 기존에 대응해 왔던 사회안전망의 획기적인 변화를 요구하면서 지능정보사회의 사회적 위험을 대응해야 한다. 또한, 새로운 사회적 위험에 대응할 수 있는 개인과 사회의 능력을 향상시키기 위해 삶의 다양한 영역으로의 사회서비스 확대, 인적 자본 향상 및 사회 참여 기회 확대 방안을 모색해야 한다(최현수·오미애, 2017).

이러한 측면에서 앞으로 사회복지 분야의 대응을 몇 가지 제언해 볼 수 있다.

첫째, 지속 가능한 생산과 혁신적 성장을 촉진할 수 있는 유연한 사회보장체계, 사회복지정책의 포용성 강화가 필요하다(최현수·오미애, 2017). 산업구조 변화로 노동시장은 서비스 산업 중심으로 재편되었고, 이로 인해 불완전 고용이 증가하였다. 또한, 최근 전 세계적인 코로나 팬더믹으로 불안정 고용 상태에 놓여 있는 노동자 등 노동 취약계층의 위험도가 훨씬 증가하였다. 불완전 고용의 증가는 사회보험을 중심으로 설계된 20세기 복지국가모형에서는 불완전한 역할을 할 수밖에 없다(한창근, 2017). 즉, 현재처럼 고용관계를 중심으로 한 기존의 사회보험체계의 지속가능성은 더욱 떨어질 것이다. 이에 고용에 기반한 사회보험 가입체계를 소득에 기반한 가입체계로 전환이 필요하다(정홍원 외, 2020).

빈곤, 불평등, 사회적 양극화로 대변되는 사회적 배제(social exclusion)에 대응하기 위한 사회적 포용(social inclusion)은 사회통합[3)]의 첫 번째 요소로 인정되고 있으며 사회적 차별 및 배제가 낮은 상황은 사회적 자본의 형성을 돕고, 또한 사회이동의 가능성을 높일 수 있다는 점에서 중요하다(한창근, 2017).

둘째, 보편적 사회수당 확대 또는 기본소득 도입과 다양한 사회서비스 확대가 필요하다. 인공지능으로 인한 일자리 양극화로 소득과 부의 양극화는 더욱더 심화될 것이다. 기본소득 논의를 심화시켜 보편적 사회보장 제도와 결합하여 인구계층별, 생애주기별 소득보장제도를 확충하는 방안을 고려할 필요가 있다. 우선적으로 아동수당 증액 및 기초연금의 보편제도와와 연금액을 인상하고 청년수당의 신설 및 아동을 양육하는 여성에 대한 지원 정책과 전 사회 인구에 대한 참여수당 도입을 고려할 필요가 있다(정홍원 외, 2020).

셋째, 돌봄서비스의 공공화를 강화할 필요가 있다. 돌봄은 과거에는 상당 부분 가족 내에서 그 역할을 담당하였으나, 핵가족화와 여성의 사회참여가 늘어나면서 공공서비스로 많이 전환되었다. 현행 우리나라 아동 돌봄 정책의 대부분은 정규직 여성 근로자에게 집중되고 있으며, 여성 근로자들이 많이 종사하는 서비스업과 같은 비정규직 근로자에 대한 적용의 한계를 보이고 있다. 서비스직과 소규모 사업장의 고용된 여성 근로자들, 특히 비정규직과 같이 취약한 고용 안정성을 가지는 노동 시장의 특성이 여성 근로자들로 하여금 제도적 보호를

3) OECD(2011)는 급변하는 사회 속에서 사회통합(social cohesion)의 중요성을 강조하면서 사회통합의 3가지 요소로 사회적 포용(social inclusion), 사회적 자본(social capital), 그리고 사회적 이동성(social mobility)을 강조하고 있다. 사회적 포용은 사회적 배제(social exclusion)의 반대 개념으로서의 반대 의미로, 사회적 자본은 신뢰와 다양한 형태의 시민참여(civic engagement)의 형태로, 그리고 사회적 이동은 계층이동 정도 그리고 그 가능성에 대한 믿음 정도로 측정될 수 있다(OECD, 2011; 한창근, 2017 재인용).

받지 못하게 하는 요인으로 작용하고 있다. 즉, 현 제도가 임신 및 출산에 대한 휴직과 휴직급여를 주요한 급여형태로 하고 있음에도 불구하고 적용 대상에 있어 큰 사각지대를 가지고 있다는 것이다. 따라서 아동 돌봄이라는 사회적 위험에 대응하기 위해 제도의 보편적 보장을 강화하여 정책 실효성을 높일 필요가 있다(김주희·박병현, 2018). 노인돌봄, 또한 급속한 고령화, 가족구조의 변화 등의 영향을 받아 노인돌봄에 대한 사회적 역할이 강조되고 있다.

넷째, 사회복지의 주체로서 지역사회와 지역공동체 역할 강화가 필요하다. 코로나 팬데믹으로 인해 기존의 기관·시설 중심이 서비스가 아닌 일대일 중심의 서비스가 확대되고 비접촉 서비스가 확대되면서 지역사회 역할 비중이 더 중요하게 되었다. 이에 복지주체와 대상이 일체화되고 주민조직화가 강화되면서 결국 주체역량이 강화된 공공과 민간의 협력적 거버넌스 강화가 필요하다(이재완, 2020).

마지막으로, 보편적 시민권, 사회정의, 사회적 평등을 추구하는 사회정책 패러다임의 전환이 시급하다. 새로운 패러다임에서 개인 역량(capability) 강화를 중시해야 한다. 전통적 사회보장 제도가 빈곤층에 대한 사후 지원에 초점을 맞춘 반면, 향후 사회보장제도는 개인의 역량을 강화하고 빈곤 위험에 처한 인구에 대한 사전 예방 정책을 적극적으로 추진해야 한다(정홍원 외, 2020). 즉, 새로운 사회적 위험에 대응할 수 있는 개인과 사회의 능력을 향상시키기 위해 삶의 다양한 영역으로의 사회서비스 확대, 인적 자본 향상 및 사회 참여 기회 확대 방안을 모색해야 한다. 나아가 사회 전체적으로 권리와 의무의 상호 존중, 행동 가치와 윤리 규범 중시 등 사회적 신뢰 기반 구축이 필요하다(최현수·오미애, 2017).

연 구 과 제

1. 코로나 팬더믹 이후 뉴노멀(New Normal) 시대 특성은 무엇인지 의견을 나누어 봅시다.
2. 4차 산업혁명으로 실제 우리의 삶에 어떠한 변화가 있는지, 또 있게 될 것인지 서로 의견을 나누어 봅시다.
3. 인공지능이 대체할 수 없는 사회복지의 고유한 특성에는 어떤 것이 있는지 생각해 봅시다.

참고문헌

강신욱 외(2017). 복지욕구 및 환경변화에 따른 수요맞춤형 복지정책 발전방향 연구. 보건사회연구원 연구보고서.

강혜규 외(2007). 사회서비스 공급의 역할분담 모형개발과 정책과제-국가·시장·비영리민간의 재정 분담 및 공급참여 방식. 한국보건사회연구원 연구보고서.

고명순(2018). 국제사회복지실천이 저개발국가 지역공동체의 자조성과 지속성에 미치는 영향-적정기술의 활용 사례연구. 서울기독대학교 대학원 사회복지학과 박사학위논문.

고병무(2021). 2022 EBS 공무원 사회복지학개론 기본서. KTC에듀션케이션.

국가인권위원회(2017). 장애인 인권으로 본 장애인 인식개선(제고) 교재.

국가인권위원회(2018). 노인인권종합보고서.

권기현(2019). 커뮤니티 케어 시행에 따른 지역사회복지관의 대응방향. 한국가족사회복지학회 정책포럼, 6, pp. 59-65.

권승(2021). 사회복지학개론. 서울: 박영스토리.

권중돈 외(2019). 사회복지학개론. 서울: 학지사.

권혁철(2019). 재활공학에 대한 올바른 이해. 경기도재활공학서비스연구지원센터.

김경우·이경수·송순만·유주희·이상민(2021). 사회복지학개론. 서울: 동문사.

김미옥(2012). 인권 관점에서 본 한국 사회복지실천. 한국사회복지학회 학술대회 자료집, pp. 54-81.

김선화 외. (2020). 한국형 소셜로봇 효돌이 지역사회 거주 독거노인의 우울증상과 삶의 질에 미치는 영향. 한국노년학, 40(5), pp. 1021-1034.

김성천 외(2018). 사회복지학개론 원리와 실제제(제3판). 서울: 학지사.

김영종(2010). 사회복지행정론. 서울: 학지사.

김유진·박순미(2020). 현장의 경험을 통해 살펴본 코로나 위드 시대의 노인돌봄: 무엇을 그리고 어떻게 해야 하는가?. 한국사회복지조사연구, 67, pp. 89-121.

김은정(2021). 가족 기능 및 성 역할과 책임에 대한 인식. 보건복지포럼, 293호, pp. 22-38.

김주성(2011). 자유주의와 공정사회. 정치사상연구, 17(2), pp. 74-103.

김주희·박병현(2018). 새로운 사회적 위험에 대한 사회보장 전략에 관한 연구-AHP를 통한 전문가 인식을 중심으로-. 사회복지정책, 45(3), pp. 5-38.
김태완(2020). 코로나19로 인한 영향 및 사회정책 대응 방안. 보건복지 Issue&Focus, 385호, 1-8.
남찬섭(2016). 지방자치와 복지국가 간의 관계와 복지분권에의 함의, 한국사회정책, 23(4), 3-33.
노연희(2007). 비영리 사회복지조직에서의 책임성은 무엇을 의미하는가?-책임성의 주체, 대상 및 확보방안을 중심으로-. 사회복지연구, 33, pp. 35-64.
대한민국ODA http://www.odakorea.go.kr/
박미은(2008). 우리나라 군사회복지실천 현장의 동향과 향후 과제. 한국군사회복지학. 1(1), pp. 29-45.
박세경 외(2010). 민간복지자원 확충을 위한 자원봉사 활성화 방안의 모색. 한국보건사회연구원 연구보고서.
박종서(2019). 인구구조 변화 대응을 위한 장기전략 수립 연구. 한국보건사회연구원 연구보고서.
박종철(2019). 사회복지분권화를 위한 지방정부의 과제. 한국행정학회 동계학술발표논문집. pp. 751-766.
박춘희, 이지연(2020). 사회정의 관심과 실천 모형 검증: 공동체의식과 장애 인권감수성을 중심으로. 교육과학연구 51(1), pp. 85-110.
배기효·박영국·송정애·오현숙·이남순(2021). 사회복지학개론. 서울: 창지사.
백인립(2014). 국제사회복지의 의미와 한국 사회복지학에 주는 함의. 한국사회복지학회 학술대회자료집, pp. 786-802.
서보준·송은희·김우호·서민호·조웅(2020). 사회복지학개론. 경기: 지식공동체.
손철성(2011). 롤즈의 인권 개념에 대한 고찰. 윤리교육연구, 26, pp. 259-276.
오혜인·주경희·김세원(2015). 연령주의에 관한 생태체계적 영향요인에 관한 실증연구: 베이비부머와 노인세대의 차이 비교를 중심으로. 노인복지연구, 68, pp. 303-330.
원종욱 외(2017). 복지환경 변화를 고려한 복지서비스 및 인프라 중장기 발전전략 연구. 보건사회연구원 연구보고서.
유경동(2005). 양심적 병역거부와 기독교 사회윤리: 정의와 인권을 중심으로. 신학과세계, 52, pp. 192-220.
윤인진·송영호(2018). 사회적 약자와 소수자의 사회정의와 인권에 대한 한국인의 인식. 한국사회, 19(1), pp. 95-131.

윤홍식(2017). 기본소득, 복지국가의 대안이 될 수 있을까?. 비판사회정책(54), pp. 81-119.

이민홍·최지선(2020). 한국어판 '인권기반 사회복지실천' 척도 신뢰도 및 타당도 연구: 노인복지관 사회복지사를 대상으로, 노인복지연구, 75(4), pp. 9-31.

이보라·김교성(2018). 사회복지 학문분야에서 개발도상국에 관한 연구 동향. 한국지역사회복지학, 65, pp. 31-63

이선영(2004), "생태체계적 관점에서 본 정신장애인의 삶의 질 영향요인 연구", 서울여자대학교 사회사업학과 박사학위논문.

이선형·임춘희·김원천(2020). 노인장기요양시설의 차세대 기술 활용가능성에 대한 탐색적 연구: 노인장기요양시설 인력의 인식을 중심으로. 한국산학기술학회논문지. 21(5), pp. 191-205.

이연희(2018). 사물인터넷을 활용한 독거노인 고독사 예방. 보건복지 Issue&Focus, 345, pp. 1-4.

이척희·노재철(2020). 인구구조 변화에 따른 노인복지법적 대응 방안. 산업진흥연구, 5(4), pp. 73-79.

임정문·현영렬·박선태(2021). 사회복지학개론. 서울: 동문사.

장인수(2020). 인구 변화에 대응한 지방자치단체 재정 여건 제고 방안. 보건복지포럼, 280, pp. 63-72.

장정기·나동석균(2016). 사회복지사의 법적 근거 및 제도화 방안. 한국군사회복지학. 9(2), pp. 25-5.

장지연(2013). 사회서비스의 공공성 강화가 필요하다. 노동리뷰. 3월호, pp. 1-2.

정진옥(2012). 국제사회복지에서 인권 감수성 키우기. 국제사회복지학, 2(1), pp. 93-122.

정홍원 외(2020). 코로나 이후 시대 사회보장정책의 방향과 과제. 한국보건사회연구원 연구보고서.

조성은 외(2021). 보건복지 분야 국가·민간 역할분담의 역사적 전개와 과제-지역복지와 아동복지사례를 중심으로. 한국보건사회연구원 연구보고서.

조준(2005). 사회복지사업에서 공공 및 민간부문의 역할분담모형과 실제 공급방식에 관한 연구. 동신대학교 대학원 사회복지학과 박사학위논문.

조희숙·김지희·김새롬(2019). ICT 기반 토이 로봇의 재가 노인 돌봄 효과 관련 요인. 보건교육건강증진학회지, 36(5), pp. 43-51.

천정환(2012). 교정복지의 관점에서 본 범죄예방위원의 문제점. 교정복지연구, 27(2), pp. 1-29

최성은·김우현(2018). 인구고령화와 노인의료보장 재정정책에 대한 연구. 조세재정 Brief. 64호. pp. 1-23.

최성재·남기민(2016). 사회복지행정. 경기: 나남.

최순남(1994). 인간행동이해에 대한 사회체계이론의 접근. 한신논문집, 11, pp. 201-230.

최현수·오미애(2017). 4차 산업혁명 및 지능정보사회의 사회적 위험과 복지 패러다임 전환 필요성. 보건복지 Issue&Focus, 333호, 1-8.

최현숙(2003). 사회복지 공공-민간부분의 협력체계와 역할분담에 관한 연구.

트랜드 모니터(2020). 2020 현대사회 정보 격차 및 정보 소외 현상 관련 조사. https://www.trendmonitor.co.kr/tmweb/main.do.

한국국제협력단. https://www.koica.go.kr/

한창근(2017). 한국사회복지정책의 평가와 미래. 한국사회복지학, 69(4), pp. 9-33.

홍선미(2020). 포스트 코로나시대, 사회복지시설의 과제와 대응방안. 한국사회보장학회 정기학술발표논문집. pp. 23-34.

Bronfenbrenner. U.(1979). *The Ecology of human development: Experiments by nature and design.* Havard University Press, Cambridge, Massachusetts.

Chung, R.CY & Bemak, F. P.(2011). *Social justice counseling: The next steps beyond multiculturalism.* Sage Publications(CA).

Compton, B. R. and Galaway, B.(1999), *Social work processes*(6th ed.). Pacific Grove, CA : Brooks/Cole.

Ife, J.(2001). *Human rights and social work: Towards rights-based practice.* UK: Cambridge University Press.

Kemp, A.(1998). *Abuse in the family : An introduction.* NY: Brook/Cole Pub.

Sewpaul, Vishanthie & David Jones(2004). Global standards for the education and training of the social profession, Adopted at the General Assemblies of IASSW and IFSW, Adelaide, Australia.

UN Centre for Human Rights(1994). *Human rights and wocial work.* United Nations Publicatio.

저 자 소 개

문수열

진주보건대학교 사회복지과 교수

〈저서 및 논문〉

– 사회복지정책론(2020, 창지사)
– 노인의 여가활동 참여가 삶의 질에 미치는 영향(2019) 외 다수

김 병

진주보건대학교 사회복지과 교수

〈저서 및 논문〉

– 사회복지실천론(2021, 양서원)
– 뉴 실버세대를 위한 주거정책 제안(2021) 외 다수

박순미

진주보건대학교 사회복지과 교수

〈저서 및 논문〉

– 사회복지법제와 실천(2021, 정민사)
– 사회복지프로그램 개발과 평가(2021, 양서원)
– 노인맞춤돌봄서비스 전담사회복지사 직무역량 영향요인에 관한 연구: 개인역량과 조직역량 요인을 중심으로(2021) 외 다수

김수정

부산가톨릭대학교 사회복지학과 교수

〈저서 및 논문〉

– 사회복지법제와 실천(2021, 학지사)
– 사회복지정책론(2021, 창지사)
– 포용적 복지국가시대의 지역사회통합돌봄과 율곡의 복지철학에 관한 소고(2021) 외 다수

김예경

부산과학기술대학교 사회복지과 겸임교수

〈저서 및 논문〉

– 사회복지조사론(2021, 창지사)
– 노인공동생활공동가정에 대한 인식 및 선호도조사 논문

사회복지학개론

초판 1쇄 인쇄 2022년 2월 21일
초판 2쇄 발행 2025년 2월 11일

지 은 이 | 문수열·김병·박순미·김수정·김예경
펴 낸 이 | 김기섭
편 집 인 | 이광순
펴 낸 곳 | 창지사 www.changjisa.com
08589 서울시 금천구 가산디지털 1로 83 파트너스타워 1차 9층
전화(02) 719-2211~3
팩스(02) 701-9386
등 록 | 1977년 4월 28일·제1-421호

ISBN 978-89-426-1524-7 (93330)

값 24,000원